设计软实力评论

声誉、文化价值与设计的软实力

Design Soft Power Review

Reputation, Cultural Value and the Soft Power of Design

主编:孙磊

本书为国家社会科学基金艺术学
重大项目“设计创新与国家文化软实力建设研究”(21ZD25)阶段性成果

This book is a phased achievement of the Major Art Project of the National Social Science Fund of China: Study on Design Innovation and National Cultural Soft Power Construction (21ZD25)

项目管理单位:
中国山东工艺美术学院设计策略研究中心

Project Management Unit: Design Strategy Research Center, Shandong University of Art & Design, China

中国经济出版社
CHINA ECONOMIC PUBLISHING HOUSE
北 京

图书在版编目（CIP）数据

设计软实力评论：声誉、文化价值与设计的软实力/孙磊主编. --北京：中国经济出版社，2023.10

ISBN 978-7-5136-7465-2

Ⅰ.①设… Ⅱ.①孙… Ⅲ.①文化产业-产业发展-研究-中国 Ⅳ.①G124

中国国家版本馆CIP数据核字（2023）第180048号

责任编辑　杨元丽
责任印制　马小宾
封面设计　张　瑞

出版发行　中国经济出版社
印 刷 者　北京富泰印刷有限责任公司
经 销 者　各地新华书店
开　　本　710mm×1000mm　1/16
印　　张　25
字　　数　359千字
版　　次　2023年10月第1版
印　　次　2023年10月第1次
定　　价　118.00元
广告经营许可证　京西工商广字第8179号

中国经济出版社 **网址** www.economyph.com **社址** 北京市东城区安定门外大街58号 **邮编** 100011
本版图书如存在印装质量问题，请与本社销售中心联系调换（联系电话：010-57512564）

序 言 PREFACE

今天的世界各国之间，文化国力竞争面临着诸多机遇和挑战，设计作为一种吸引力、创造力和凝聚力的重要源泉，越来越成为文化国力竞争的首选因素。基于这样的思考，笔者于2021年正式提出“设计软实力”的概念，并获得国家社科基金重大课题的支持。从设计机会上看，21世纪兴起的全球价值链，使得发达国家和发展中国家在开发人的经济价值方面出现结构性变化，这种变化体现在前者专注于创造以设计主导的无形资产，后者则专注于制造有形产品。发展中国家生产性人口结构与创造性人口结构的比差调整，将为发展中国家更好地融入全球价值链提供更多的生产力增长机会；另外，设计不仅表现为物质、科技成果和审美价值的客观存在，也表现为价值观念、生活方式与意识形态的主观关系建构，这种“设计关系”不仅可以创造独特的吸引力，而且可建立人与人、人与社会之间的聚合关系，对驱动经济提振、社会变革、城市更新、环境提升和福利改善等产生积极的影响。

从设计挑战上看，回答并解决本土文化资源创新转化手段的匮乏与丰富的文化资源禀赋之间的矛盾、相对薄弱的现代文化吸引力与深厚沉潜的传统文化影响力之间的矛盾、中华文化更深层次结构内涵的张力与浅层次的模仿表达能力之间的矛盾，以及进一步消解中国制造存在的设计创新能力不足和人民对高品质生活的多层次需求之间的矛盾、技术创新领域阔步向前和非技术创新领域裹足不前之间的矛盾等系列重大问题，都需要开发并提升设计的软性价值。

新时代带来的机会与挑战，拓展了我们对设计软性价值的认知边界。设计创新不仅是推动文化软实力建设的关键力量，更是文化软实力的重要组成部分，是助推文化软实力传播的重要驱动力。20世纪80年代后期，美国国际政治学者、哈佛大学名誉教授约瑟夫·奈首先提出“软实力”概念，此后这个词风靡全球。国际政治界、学术界虽然对这一概念的阐释众说纷纭、莫衷一是，但将“软实力”与“文化国力”结合进行探讨是其共性。不同的是，国外学者大多从如何运用好自身的文化软实力来巩固本国在国际上霸主或领先地位的角度来探究，而国内学者对文化软实力一词的运用大多出现在与文化体制改革以及文化国力相联系的语境中，即文化软实力主要是指那些在社会文化领域中具有精神感召力、社会凝聚力、市场吸引力、思想影响力与心理驱动力的文化资源。综合来看，现有的文化软实力概念更侧重于指各种文化资源转化为软实力的结果和形式，是静态的文化软实力。事实上，文化软实力不仅是一种已有的成就状态，更重要的在于将各种文化资源创造、转化为实际的国家实力的过程、价值和机制，是一种基于过程的内在运行机理的展示系统和创造方法。事实证明，设计不仅可以创造文化的影响以及凝聚发散性的力量，而且自身就具有文化软实力的功能。因此，不能把通过设计提升国家文化软实力简单理解为一种对文化的包装、宣传与推广策略，而应当把设计作为一种国家文化的自我建构战略来整体布局、规划和落实。

大量实践案例已经表明，设计总是在软实力方面发挥作用。对于什么是设计软实力等问题，我经常借用“磁化效应”这个物理学名词来解释设计和设计软实力。设计具有类似磁体的功能，通过发挥设计的外磁场作用（设计思维和技巧），去磁化、吸引各种磁性材料（文化、科技等要素），在产生强大的磁吸力的同时，赋予这些磁性材料以新的磁性（关系、意义、价值、声誉等），这就是设计转化为软实力的过程。同样，在米兰理工大学教授埃佐·曼奇尼看来，设计具有双重能力，即“它通过提供解决方案来解决问题（设计作为问题解决者），又通过讲故事来产生意义（设计作为意义制造者）。这两种能力彼此密切相关，提出解决方案的同时传达了新的意义体系，反之亦然，通过产生新的意义体系（即通过讲述新故事），新的解决方案变得可以接受并具有吸引力。因此，既然软实力是指通过说服达成共识的能力，那么我们可以说，设计本身就具有软实力”。例如，超轻型自行车（解决方案）设计表达的故事是“可持续的交通方式”（意义），同时，“让人们重视可持续的交通方式”这一政治意愿（意义）也可以通过超轻型自行车（解决方案）来传递。有形设计如此，无形设计也是如此。

在现实中，我们都习惯用显露的冰山去解读“物化”的设计，却很少关注隐藏在海水下面看不见的“非物化”设计。在我看来，设计的真正中心不是“物”，而是“物”的使用者或者使用者与自然、社会、环境所建立的一种文化和意义的契合。所以，发现相关、创建意义并转化为价值，才是设计软实力的本质。人类任何的设计活动，都是人本质力量的对象化，这个过程反映了一个国家、一个地区、一个民族特有的一种文化创新力量和发展动力。概括地讲，设计软实力就是通过思想或象征性资源构建自我和他人的偏好、形象、意义和价值，导致他人行为改变而获得预期结果的力量。设计软实力体现的不只是静态的文化样式或作品产品，更是一种能够改变社会内部和外部的“亲社会性”文化、价值同化力以及包容与合理的政策制度，是一种与未来搭建科技、设计和商业紧密关联的“魅力关系”，也是一种赢得支持、拥护和认同的外部吸引力和内部凝聚力。

本书以“声誉、文化价值与设计的软实力”为论题，邀请来自美国、澳大利亚、英国、以色列、意大利等国家设计研究领域的数位知名专家开展研讨，并选取来自牛津大学、英国皇家艺术学院、罗马大学、清华大学、同济大学、中央美术学院、山东工艺美术学院等国内外高校学者共 26 篇文章进行汇编，按照“专家综述”与“专题纵论”的篇章结构，“博”“专”并举、“述”“论”结合，从不同角度对主题做了较为精深的阐释、解读、论述与点评。《设计软实力评论：声誉、文化价值与设计的软实力》一书，旨在研究设计创新推动文化软实力建设的现实需要和发展战略，作者较为全面地回答了构建设计软实力理论体系的核心价值、思想内涵、层次结构、实践意义，思考中国文化软实力如何通过设计创新在国际舞台上强化感知、深化凝聚、塑造形象、展示魅力、传播观念、培育人才，为中国设计的全球战略以及设计教育的发展建言献策。

《设计软实力评论：声誉、文化价值与设计的软实力》一书中提到的很多观点，都指向我们在建设国家文化软实力体系的理论研究和实践探索过程，发挥以文化创新为主导的设计软实力的重要性。毋庸置疑，设计创新成为文化软实力甚至文化国力的重要内容，既折射出社会经济发展对设计创新的基本需求，又体现出以设计塑造和传递国家文化软实力与社会主流价值观的重要意义。

《设计软实力评论：声誉、文化价值与设计的软实力》是国家社科基金艺术学重大项目“设计创新与国家文化软实力建设研究”的阶段性成果之一。此书得以顺利出版，要特别感谢全国艺术科学规划领导小组办公室的大力支持；在出版过程中，同样要感谢国际艺术、设计与媒体学院联盟（CUMULUS），国际设计创新管理学会（ADIM），设计政策联合会（DPU），牛津大学凯洛格学院，清华大学艺术与科学研究中心设计战略与原型创新研究所，山东工艺美术学院，中国经济出版社等机构和单位，以及所有作者和工作人员的关心、信任与帮助，没有他们从思想上、学术上和行动上给予的支持，也不会结出这些学术的硕果。

设计，兴于需要，成于文化，服务于国家。

山东工艺美术学院设计策略研究中心主任，教授　孙磊

2022 年 2 月 28 日

上编

CONTENTS 目 录

专家综述：研究设想与思路

Part I

Expert Review: Research Conceptions and Ideas

下编

专题纵论：研究探索与观点

Part II

Special Feature: Research Explorations and Perspectives

上编 Part I

专家综述：研究设想与思路

Expert Review: Research Conceptions and Ideas

洛伦佐·伊姆贝西
Lorenzo Imbesi

保罗·丘尔顿
Paul Cureton

盖尔达·贾姆瑟
Gerda Gemser

理查德·布坎南
Richard Buchanan

方晓风
Fang Xiaofeng

孙磊
Sun Lei

克里斯·罗利
Chris Rowley

渡堂海
Haim Dotan

娄永琪
Lou Yongqi

弗朗西斯科·加利
Francesco Galli

基于和平的设计文化

洛伦佐·伊姆贝西①

作为国际艺术、设计与媒体学院联盟的主席，意大利罗马大学的教授，以及建筑师和环境设计学的博士，我处于一个纽带与桥梁的位置，连接着部门与学科，致力于使设计的研究更加多元化。中国是我非常喜欢的国家，我也和很多中国高校有着密切联系，中国及中国高校一直在我们的联盟中扮演着非常重要的角色。下面我将介绍我们的联盟，介绍演讲的主题为“基于和平的设计文化”，即和平在当代所扮演的角色，以及如何在国际场景下通过设计呼吁和平。之后，给大家展示一些我们学校的项目。

成立国际组织的目的之一，就是把大家聚拢在一起为和平发声。每个人都在建设着设计文化，在设计的同时也会发展出不同的文化，而文化本身是与时空相关联的，与地点、历史、民族和未来相关。显而易见，设计与文化之间有着清晰的关联，没有文化就没有设计；不去寻求和平，我们就无法发展文化。因此，基于和平的设计文化是传递给世界的一个重要信息，其在国际交流中发挥着举足轻重的作用，并且对设计界有着重要启示。

① 国际艺术、设计与媒体学院联盟主席，建筑师，环境博士，意大利罗马大学教授。

我们彼此相聚交流是基于世界和平的大环境，因此保护和平和推进未来的和平进程至关重要。设计文化是今天演讲的主题，也是我们一年多以前在罗马举行的大会的主题①；当时聚集和连接了来自世界各地的专家学者和设计师，共同探讨设计文化这个广泛且深刻的话题，使大家在发表见解与观点的同时，能够更好地理解过去、现在和未来的设计文化。

国际艺术、设计与媒体学院联盟为大家提供了一个相见、相遇、分享知识的国际知识空间。它的成立基于“CUMULUS”项目②，即一个在欧洲范围内帮助学生和教授进行国际交换、在不同的高校交换学习和交换教学、分享文化与知识的项目，此项目改变了学生学习和教师教学的方式。基于此项目，我们发展了联盟，将其延伸至欧洲之外的国家。这与我们在博洛尼亚的进程也相关，博洛尼亚的进程主旨，是要向欧洲的高等教育区域进发，以便我们的学生和教授能去不同的国家，通过不同的项目比较彼此的优劣。在欧洲高等教育空间背景下，为了保持对外开放，和其他国家高等教育机构保持连接，我们遵循着一些共同原则，包括学术自由、院校独立性、师生参与、政府支持等，这样才能够鼓励师生自由行动，赋予学生终身学习能力，帮助教师创造高质量的学术成果，让师生成为更大的学术共同体的成员，最终促进社会凝聚力形成和经济发展。这些共同原则，对共同体中的每个成员都至关重要。如今，联盟会员数量已经增长到了350个，其中有121所高校和39个其他的学术组织，并有1个庞大的学生群体。CUMULUS正在给所有的成员提供良好机会，而成员可以利用此机会在世界各地访问、游学、分享和交流学术知识。在设计规划图中，我们对一些项目类型进行了标识，如时装设计、新媒体管理、产品设计、设计历史与理论、空间设计、服务设计、通信和绘图以及可持续社会创新等。其中，服务设

---

① 2021年6月8—11日，国际艺术设计与媒体学院联盟（CUMULUS）2021罗马年会在意大利罗马召开。本次会议以“Design Culture(s)设计文化”为主题，由国际艺术、设计与媒体学院联盟主办，罗马第一大学 Sapienza University of Rome 承办。

② 国际艺术、设计与媒体学院联盟于1990年由赫尔辛基艺术与设计大学、伦敦皇家艺术学院、丹麦设计大学、格利特·里特维特学院、艾森综合大学和维也纳应用艺术大学发起成立。在2006年法国南特召开的联盟会议上，当时的“欧洲设计艺术院校联盟”正式更名为“国际艺术、设计与媒体学院联盟”。

计作为新型设计正逐渐凸显出其重要性，我们也正在积极地推动服务设计的发展。

联盟涵盖了亚洲、北美洲、南美洲、非洲、大洋洲等各个地区，其中包括55所高校、28所普通学校，还有9个其他类型学术组织。一般而言，会议的主旨讲话后会有茶歇时间，借此机会大家可以相互自由交流以启发设计灵感；联盟就像一个“茶歇”，为大家提供一个相互交流合作的平台，以激发思想的火花。

几年前，汉娜·阿伦特（Hannah Arendt）的一个非常重要的关于人类的作品（《人的境况》，1958）中提到，人的状态和情况具有复合性，因男性与女性相互陪伴，无法脱离彼此而独立生活在一个环境里面，其能力无法被单独衡量。其中提到的人与人之间的关系，正是我们在设计中一直致力于去寻找的人与人之间的关联。作者提到，任何一个行动都不是隔离的、独立的，而是需要各种各样的人会聚在一起共同完成。因此，需要我们能够对所生活的社区以及整个世界持开放态度。联盟希望能够让更多的人互联互通，使得大家在更大的设计社区里进行交流与合作。皮埃尔·莱维（Pierre Levy）在其著作中（《集体智慧：赛博空间里的人类新世界》，1999）亦提及一个社会以及一个群体关于认知能力的意识。他认为，人和人会合在一起的时候，有着极大的智慧——其强调集体式智慧。因此，合作的重要性不言而喻。

另外一本很重要的书是《后现代状况——关于知识的报告》（1979），谈及宏大叙事的消失。让—弗朗索瓦·利奥塔（Jean Francois Lyotard）在其中提出了一个重要观点，即我们应当重新思考分享知识、共享知识的方式，进而需要我们去重新设计一种能够让设计者增进相互了解的方式。其中提到，继意识形态危机之后，我们对于意识形态有了进一步的需求，更加需要明确与坚持设计中的一些重要原则。例如，如何应对当代艺术背景之下道德的缺失问题，全球道德准则的缺失问题，书的撰写、出版、设计方面的一些道德缺失问题，等等，这些都是我们所面临的巨大挑战。

在意大利罗马大学的环境设计方面做研究之余，我会参加一些跨学科领域的合作和项目。其中不仅包括设计部门、设计学院，也包括建筑、计算机科学、工业机械设计—工程，还有心理、市场营销—管理等学院。各学院之间通过建立合作与跨学科联系，推动高品质设计项目的开展与研究。此类跨学科项目孕育着我们在未来致力推动的一种设计方式。我们在罗马、巴基斯坦、阿根廷与刚果等地的社区开展了各类设计项目，并将成果展示出来。其中包括一些我们与社区进行互动的成果，如一个名为“Urban M”的互动项目在欧洲开展，针对与城市制造业相关的一些内容进行研究，在此过程中，我们的关注重点是在城市建设设计等层面为社区提供能力或方式上的支持，帮助其开展更加有意义的项目。此项目不仅连接了意大利，还连接了英国、葡萄牙、西班牙、克罗地亚、斯洛伐克、立陶宛以及斯洛文尼亚等国家，具有深远意义。

最后，回到“基于和平的设计文化”，它主要强调和平的重要性。如同各国在边境处围建高墙，在未来，我们希望把这些“隔离区”彻底消除，逐渐变成我们提及的“接触区”概念。这不仅是消除隔阂、弥合差距，更多的是为人们提供一个适宜的空间，使人们能够进行相互交流与合作。世界各地的人们能够坦诚相见、互通有无、合作共赢，这是我们始终期待的一个美好愿景，也是我们联盟的主要目标。

设计以及我们如何创造文化

理查德·布坎南①

100 年前，优秀的美国哲学家约翰·杜威（John Dewey）来到亚洲。他首先去了日本，之后离开日本去了中国，到了北京。他在日本花了两周的时间，原本计划在北京待几周时间，结果他在中国待了两年。而后，他回到美国在哥伦比亚大学教书，我也是听课的学生之一。他提到，我们现在遇到了一个窘境，即在哲学理念和哲学实践中存在一定冲突，我们无法从哲学中选择一个词对此进行描述，最终我们基于在中国的一些经历所提出文化这个词。在这个过程中我也读了杜威的很多作品，包括去了解他在中国的经历，也去了解“文化”这个词的真实含义和哲学理念。

文化有定义，总的来说，多年来人们对文化一词有很大的分歧和误解，其实文化是不断渗透到人们的生活中，与人们的生活相结合并融合的体系化原则。

当我们了解文化的定义时，能够发现人们所认为的文化存在差异，大

---

① 美国凯斯西储大学魏德海商学院设计与创新系教授，卡内基梅隆大学设计学院前院长，教授、博士、国际设计思想家。研究方向为设计哲学、设计管理、互动设计等。

众对文化有4～5种不同的定义。在我的班级中有一些中国学生，他们对于文化也有不同理解。我们曾互相交流，比如我提问我们分享的是同样的文化吗？我的学生回答说“不是的”。我们分享的文化是不同的，我还问他是不是有一些非常珍视、值得一生追求的东西，他说有。其实我也有，我在全球旅行时，也在享受这个过程。在这个过程中看到不同的文化，也会问它是什么。我去过很多国家，遇到很多当地人，在这个过程中我发现在每个旅游目的地之间会有一些连接，即每一个国家和每一个国家之间都会存在各自的文化，这是一种系统化的文化。不同的地方、不同的背景有不同的文化，这是超验主义的理解和概念。不同的文化有不同的内容，比如中国的文化与其他国家的文化有所不同。但同时，在不同的文化之间有共通的东西。

文化有另一种定义：文化植根于技术成就中。我们看到不同的国家有不同的技术发展，从技术概念理解文化，世界上任何地方都会有技术的成就和进步，我们使用的机械、工具和电脑，都包含技术的进展和技术的意义。技术逐渐成为人们生活的一部分，形成基于技术的生活方式，这也形成了一种技术文化，这是一种超验主义的概念。

以上提到了文化的两种定义，我对文化有一种介于两种极端定义之间的定义。第一，文化其实是一种艺术，是人们遵守的一种规则，这种规则意味着我们所讲述的故事是文化的象征，通过国家的组织机制、故事的讲述与艺术的结合可以形成这样的文化，比如中国是一个特别会讲故事的国家，讲了很多当代的艺术故事或传统故事等。这种定义认为我们在日常生活中所说的、所做的就是文化本身。第二，文化是指我们创造的艺术作品。第三，文化是指在政策、活动之间的互动，这是一个新的研究领域。我也参与了该领域的研究，这个领域将设计视为一种在多个活动之间的互动，政策设计是政策之间的互动，法律设计是法规之间的互动，设计本身就是互动性的东西。我们当下处于数字化工作环境中，设计更多指的是一种文化体系。我不喜欢“设计文化”的说法，我们可以创造的是文化的影响，而非文化本身。这个概念会影响大众对文化的审美和理解。很多理念与概念都把文化和设计视为一种原则，视作一种互动性的存在。有人会关注沟通等一些高水平的互动，并认为使用对话的方式会使整个流程变得更加复杂。但这是误解，这个系统从一开始就存在，并不是我们建立体系，而是我们属于系统的一部分，我们能够在里面与周围互动，我们组成了整个系统。这是在设计过程中思维的转变，也是一种讲故事的方式。

很多年前，杜威在课堂上曾提到为什么在20世纪要思考文化这个问题。著名的哲学家理查德·麦基翁（Richard McKeon）教授，就杜威的话题提出自己的见解，他认为杜威就文化方面的经历所作的阐述十分有意义。Richard McKeon 教授有3个主张，内容如下。

第一个主张，一个民族的文化体现在它的艺术、制度和传说中——所做的和所说的事情中。而在我们文化理解的演变过程中，设计广泛涉及人们曾做过和说过的事情。这是一个很有趣的提议，我们学习什么、研究什么、思考什么，我们游走世界各地的时候会寻找相关制度，我们所实现的艺术、创造、秩序、法律等，都是对自己民族和国家的故事、历史文化的讲述。

第二个主张，在我们这个时代，设计正在成为文化交流的桥梁。一个时代的文化是交流的、互动的人民的文化。我们生活在一个交流分享的时代，我在清华大学方晓风教授的作品中看到时代的包容性，时代包容了文化的变革和跨界的文化交流等，比如我们既可以看到包豪斯的想法，也能够看到一些新的理念。我们如何接触、如何交流是设计在当代要面对的挑战。在当下，设计文化兴起，设计成为一座和平的、跨界沟通的桥梁。我们生活在一个动荡的时代，但我们终将得以生存发展，设计也得以生存发展。设计是一座能够创造影响力，进行文化沟通、跨界沟通的桥梁。有观点认为，设计已经过时了，但我认为恰恰相反，设计正在进入一个新时代，无时无刻都有设计的身影，这是更广义上的设计。

第三个主张，学习既是教育过程，也是科学组织。文化是一种民族的资格和一种“学习”的秩序。文化是给予资质，设计赋予文化资质，并且提供学习的秩序。我的电脑窗口有一个树屋，树叶在变黄；就像看到树叶变黄，我们观察事物时要看到它的质化，我们看到文化不仅是艺术、故事和制度，也是学习、分享的方式和如何同化别人。每种文化都有教育的功能，杜威的影响和中国文化的影响都是非常深远的。

教育也基于科学地组织。我们不仅有自然科学，还有社会科学、人文科学。当人们观看设计和创作的作品时，就是在实践上述科学。我们现在处于一个新的时代，处于一个组织不断变革的时代，这在很大程度上影响了人们的生活方式。这种状况在20世纪前后萌芽，我们意识到学科正在发生变化，文艺复兴时期的学科划分已不再有效，我们要探索新的学科划分方式。我很欣赏清华大学、同济大学和山东工艺美术学院，因为这些高校在积极地融合不同学科，进行新的学科划分，新形式的设计会成为一门新的科学。这是一个新兴学科发展的开端，我们需要参与其中，要用新的视角审视文化。我们通过接触与沟通，正在塑造更加广义的文化。设计本身也会促使我们对文化产生崭新的理解和共享的价值，我希望我们能充满活力地迎接这一进程。

跨领域研究：重要性、问题和前景

克里斯·罗利[①]

本部分内容如下。首先，说明跨领域研究的重要性；其次，分析跨领域研究中所面临的问题，以及从多视角提出可能的解决方案；最后，分享一些启示或经验。

首先，为什么要进行跨领域研究。原因是其具有不容忽视的重要性。我们去探讨文化价值和软实力，既包含理论也包含实践，还包含很多其他内容。目前很多学者的研究比较专精，在学术界看到相关研究越来越细分的趋势，包括学院和学科，等等，这其实也是教育界的发展趋势。但人们往往会忽略一点，即要去混合不同领域的知识，目前即使是在一些相互连通的学科之间，这种联系也尚处欠缺的状态。

1987 年，《金融时报》刊登了一篇有关人类学的文章。文章指出，人类学和其他很多学科都是有联系的，但我们处于一个茧房中或者固定的思维模式中，甚至某个领域的博士，如在生物学和物理学的细分领域的博士，

① 牛津大学凯洛格学院教授，兼任伦敦大学城市学院卡斯商学院、日本东京大学、瑞士日内瓦商学与国际研究大学教授，在多个国际期刊担任论文编辑，擅长商业与人力资源管理、亚洲及中国文化问题研究。

可能也不是特别确定自己学科的发展趋势，而隔壁的茧房发生着什么他们更不清楚，这就是学科之间的壁垒。某些学者如果只是研究物理或者化学，对其他学科的知识不够了解，就会缺乏和其他学科学者合作的能力。而茧房如何存在，也是值得关注的问题。我们看到一个鸡同鸭讲、不同学科之间存在壁垒的现状。他们有可能说着相同的语言，但是彼此却没有办法沟通，这是我们目前所面临的问题，而这个问题的存在会固化并限制我们的思维。

现在所说的学术细分领域的茧房或者壁垒，好比我们被困在一个个小小的高塔之中。这并不是一个暂时性的问题，而是会持续存在，因为我们的问题、课题正在变得越来越碎片化，学科也越来越专精。在这些茧房之中我们会看到更多更小的小茧房，例如，经济学有越来越内向、越来越狭隘的发展趋势，其内部的划分也越来越细。对于物理学、数学，甚至是生物学而言，也面临着同样的局面，定义正越来越严苛，社会科学亦是如此。

人们需要解决的现实世界中的问题，大多是复杂的，如新冠感染、俄乌冲突、经济危机、通货膨胀都具有复杂性，需要调用多学科、多领域的知识去解决。现实世界中的话题正在变得越来越复杂和多面，就像打开一个潘多拉魔盒——其实就是打开了一个黑匣子，当打开的时候会出现混乱或灾难，通货膨胀如此，现实世界中的诸多问题亦是如此。人们在应对这些问题的时候，仅用他们细分领域内有限的知识是不够的，现在需要做的是弱化这种细分，更多地从一个更宏观、更广阔的视角去思考，这就是为什么跨学科话题至关重要。

目前存在多种不同的研究类型，比如我们会探讨很多不同的问题，都觉得跨学科很好，但具体好在哪里也需要说清楚。首先，它会结合不同研究领域的知识，形成不同领域对同一个问题的解决方案。与此同时，我们也可以从不同类型的研究去整合不同的学科，会看到一种经典的跨学科模式，会借用其他领域的概念、方式、理论等。通常学者们会更倾向于做自己擅长的事情、在自己熟悉的领域工作，要想打破茧房走出舒适区并不容易。而要去创造这样一种趋势，去建立学科之间的交叉或融合其实更不容易。比如数学和语言学、生物学和物理学等，学者们应探索一种多学科融合的方法，可以从不同的学科视角去研究同一种现象。比如，人类学家可以从人类学角度开展研究工作，也可以从社会学、经济学角度开展研究工作，还可以从多学科视角去整合、实现跨越单一学科边界的研究。

实际上，这些方式行得通，背后是有理论依据的。Granovetter 所著的《弱关系的力量》（1973）是一部非常有名的著作，曾被多次引用。他将不同的学科连接到一起，介绍了强连接和弱连接的概念，强连接对应的是熟悉的、有益的关系，弱连接是指熟人或者工友、同事之间的关系。将这个理论带入生活当中，我们都有强连接，像亲朋好友；同样我们也有弱连接，就是普通的同事。这些人都有各自的长处。这是 Granovetter 被引用次数较多的文章里提及的理论。从书中强连接和弱连接的图示中可以看到，强连接和弱连接各有各的好处，这看起来很矛盾。如弱连接，虽然人们在工作场合并不想经常碰面，但这种弱连接有可能建立起一座桥梁，而它会让我们获得新信息，可以看出弱连接其实有它意想不到的长处，而这个是反直觉的。我们觉得和熟人一起融入工作感觉会更好，但这可能会导致群体思维、群体极化，其在设计学、心理学上是不太好的概念。此时弱连接的优势就体现出来了，它能建立一些桥梁，帮我们引入新的信息。像大学、公司同部门之间的频繁互动，就是弱连接的两端频繁互动，从而架起一座桥梁以产生新的信息。在今天，上述结论仍发人深省，且具有很强的实际意义，这也是相关研究的理论基础。

跨领域研究的未来亦需考虑。它不只是借鉴话题和理念，如在数学中去借鉴物理、生物学的理念，而是要真正地实现理念融合，建立一个知识宇宙。知识宇宙的概念来自 2018 年发表在《临床和调研医学》期刊上的一篇文章。知识宇宙是基于多学科、学科交互、跨学科建立的，不是简单的一个学科的知识。此概念出现在一本医学杂志里，大家可能会感到意外。我们要建立一个知识宇宙，它能真正地融合、混合不同的知识；但也会面临诸如研究人员、共识概念、偏误等问题。

研究人员受到的学术训练不同、背景不同，学科之间会有一些共同的语汇、词源，其凝聚着我们领域的核心，而关于知识的共识或者假设，有一种生成的方式。比如，软件工程师会有自己的术语、词源学、研究方式等。而做什么、怎么做、为什么要这样做等，都有本学科自己的语言。每个人的学术生涯的大部分是基于论文的写作和发表，而我们可以利用这种方式实现学术道路上的发展。问题是很多期刊，也是基于茧房或壁垒，甚至很多核心期刊或是被多次引用的期刊亦是这样，关注领域非常狭窄。一个人在自己的领域做研究并发表文章，就要聚焦于非常狭窄的领域，这会导致难以与他人沟通。要打破这种恶性循环，研究人员就要面对两方面的问题，一个是学科语言或其认识论，另一个是不同的职业发展道路。

通常人们非常注重概念研究。经常会有来自中国、韩国的很多专家相互沟通讨论如何对一些定义和测量方式达成一致意见。我曾花了较多时间对众多国家的罢工行为进行研究，如在法国因劳动争端比较多，罢工现象很常见。我们要对“罢工”这个词进行定义，但不同国家对罢工的理解不同，其定义也不同，所以无法统一标准。我们首先要了解究竟什么是罢工，什么是劳动争端。在英国，通过罢工的时长、罢工的员工人数等规模指标去定义它是否属于罢工。不同的国家划分标准不同，对于罢工的理解不同，所以最终的结果也不同。其次是意愿的偏见，即人们看到的是人们本身想要看到的。所以一些东西并非客观存在的，而是基于欲望或者预期的一种偏见。比如，我们在谷歌进行搜索时，会对一些定义有不同的理解，而这些定义是基于人们的意愿，基于人们想要看到的东西，从而希望获得这些东西来支持自己的想法，但其并不能真正地成为一种客观的概念。当你在网上搜集一些信息以确认自己的想法时，只看一些你想要看到的东西，这需要跨领域的研究才可以理解。

还有关于知识的共享和交互方面。把不同的知识进行融合后，如何进行知识的分享和交互很重要。我们要了解知识的来源方是谁，知识的接收方是谁，也要了解知识属于哪一类。知识可以划分为不同的类别，有些知识非常主观，很难分享，它不会被说出来，更像是一些缄默的知识。有些理论是直觉性的知识，也无法真正分享。潜在的解决方法，需要我们了解学习的循环性，以及一些具体方法。第一步是学习循环圈的概念，即必须形成一个闭环，在这个过程中首先需要进行假设，以及战略和技术的选择，然后是结果，再进行回旋，回到战略和技术上。要不停地进行循环，通过假设进行验证等。在这个过程中，如果想要解决问题，就必须对假设不停地质疑、不停地验证。此过程不仅可以进行单向循环，也可以是双向甚至多向循环，不停地回到原有步骤，一步一步地进行验证。在这个不断循环的过程中，我们可以学到很多东西，通过这个过程也可以了解我们为什么去做，为什么一个方法和假设不行，通过不停地询问上述问题，不停地质疑，然后在实验和实践中去解决这个问题。第二步是要构建知识管理的文化。我们不仅需要产生知识，还需要鼓励大家去学习，彼此之间互相学习，同时需要一些高级管理型专业人员致力于去做这件事情，创建良好的社会环境，国家也要致力于文化的定制化以及文化的发展。第三步是建立实践的集合，在这个过程中需要把不同的知识、不同的体验和经验进行汇合，通过这个过程去了解对于整个社区来说实践是什么，通过这些实践可以学到哪些东西，从而建立一个实践群体。同时，也要了解集体共同的意愿和发展目标，来建立集体的实践。第四步是要基于合理的计划和规划形成批判性思维。这里包括 7 个部分，即要了解里面包含的所有核心事实、核心因素；要了解里面的专业知识；要接受不同的见解和评价；要讨论清楚定位；要尊重不同立场关于优点和劣势的实证；通过不同的立场，了解立场可能带来的一些负面影响；要了解那些看似很好和真正能够带来合规性、合法性的概念之间的差别。我们要了解合法性是什么，要了解哪些是仅仅看起来好的，哪些是真正能带来益处的。

如何实现设计意识或者说艺术的合理性，有些事是我们需要实施的。首先要尊重他人的观点，无论你的立场是什么，都需要理解对方，了解对方的观点和立场。你不仅要知道自己的论点，还要知道他人的论点，而且在这个过程中要表达你的理解。在讨论的过程中，需要强调一下前面所提到的一些事情。在思考的过程中有一些独立的、个人的东西，需要进行深入的交流和研究，进而探讨更加复杂的问题，这需要我们更多地进行跨领域的研究。交流使我们更多地知道人们现在面临的问题是什么。无论在学术、实践还是日常生活中遇到问题，我们都要及时收集和了解，才能找到解决方案和拥有光明的发展前景，才能形成出真知的实践。

基于批判性的思维、知识的管理和文化等各方面的结合，我们才能够更好地进行学习；在之前所提到的学习闭环内不停地进行循环，不停地进行验证，最终才能真正地实现发展。在此过程中可以知道设计其实蕴藏着极大的软实力，我们能够通过上文所提到的方法去完善它，真正地寻找到解决上述问题的方案。

领异标新、兼容并包、知行相资

——同济大学的设计教育

娄永琪[①]

领异标新、兼容并包和知行相资是我在 2018 年提出来的，这既是对同济大学设计教育最重要特征的概括，也是近年来人才培养和学科建设最重要的指导原则，这 12 个字一方面内化为学生的能力，另一方面外化为同济的办学生态。

一、领异标新

每一个学院所处的区域不同、所在的文化环境不同，都应该有自己特色的办学取向和价值主张。对同济来讲，做不一样的事情、做新的事情，就是我们应该承担的使命。我们希望同济的老师和学生能够一直在学科的边缘工作，因为对我来讲，同济的老师和学生最重要的责任就是把设计的边界往外推一推。

---

① 同济大学副校长，教授，博士生导师，瑞典皇家工程科学院院士。长期致力于社会创新和可持续设计实践、教育、研究，积极探索设计在新时代的新使命、新角色、新方法和新工具，并将“设计驱动式创新”应用到城乡交互、产业转型、创新教育、社区营造、政策研究等多个领域。

上海处在改革开放的前沿地带，同济大学设计教育的历史传承与之有关。20 世纪 40 年代，同济建筑的创始人之一黄作燊教授跟随格罗皮乌斯在哈佛大学拿到硕士学位回到上海，把包豪斯的思想带到上海，所以同济的设计教育受到包豪斯思想的影响。而同济并不是静态地对待包豪斯思想的传承，而是特别强调设计应随着客观条件而改变，所以与时俱进是同济在发展设计过程中的一个不变逻辑。

2009 年，同济将艺术设计系从建筑城市规划学院里面分离出来，成立了一个全新的学院，学院名称为同济大学设计创意学院。从 2009 年开始，同济就把设计和创新语境紧紧地绑在一起。所以，设计驱动的创新和驱动创新的设计从那时开始就成为同济大学设计教育的主题词。

同济在两个领域进行上述工作：一个是把设计放到科学和技术的语境里面，就是科技中的设计；另一个就是放在社会创新的语境里面，即可持续发展设计，而且我们认为科技中的设计和社会创新中的设计最终是要融为一体的。为培养面向未来的创新型人才，我于 2012 年提出了“立体 T 型”设计创新人才培养框架，即把学生的以专业能力、实践能力为代表的垂直能力，以整合能力、领导能力为代表的水平能力，以及以研究能力、创新能力为代表的深度能力很好地整合起来。学校可以做什么呢？学校需要构建一个创新型的学习生态系统。对同济来讲，如何才能更好地扎根中国、更好地用全球视野创造这样的生态系统，实现浸润式育人的目的，是我们近年来一直在思考的问题，实质上这也是这么多年来同济大学设计教育最重要的学理支撑。

从 2012 年开始，我们举办了同济设计周，同济设计周最重要的会议是设计研究与教育会议，英文名称为 Emerging Practices。我们非常看重一些正在兴起的前沿思考，并且我们认为通过学术平台把这些思考和大家一起讨论，是推进学科发展很重要的一个手段。同时让学生尽可能地浸润在世界和中国的前沿思考当中，也有助于把他们培养成未来型的人才。

2007 年我创立了设计丰收项目，在这个项目中我们做了大量的设计研究，也在上海崇明岛的仙桥村和青浦的章堰村做了大量的设计实践，这也是中国最早的设计推动乡村振兴的项目。2007 年，同济大学和米兰理工大学建立了双学士学位合作机制，双方合作的方向为产品服务体系设计，就是现在讲的服务设计，所以我们从 2007 年就开始培养服务设计方向的学生。

2009 年，我和巩淼森老师在 Ezio Manzini 的支持下，在中国成立了社会创新和可持续设计联盟，清华大学、香港理工大学、广州美术学院、同济大学和江南大学 5 所学校是联盟的第一批成员，同时与之相应地开展了一系列与社会创新相关的研究。2016 年，MIT 把大量的课程放在网上，基于线上教学的模式，我们发现知识和信息在网上可以得到，但是物理层面的大学要培养什么？我们的答案是物理层面的大学更加注重培养学生的见识、胆识、情商与合作的能力，培养能够把学生的志向和真实世界的改变连在一起的能力。所以，2010 年我们和哈佛大学合作成立了同济大学中芬中心，同济大学也是哈佛大学全球第一个战略合作伙伴。中芬中心的主要工作一方面是设计一个“未来教育”的原型，另一方面是推动跨学科的研究和教学。中芬中心 95% 的学生来自设计以外的其他专业，我们非常鼓励用设计和设计思维把不同学科的人聚在一起，大家去发现问题、解决问题，同时作出各种各样的解决策略。可以发现，在这个过程中设计和设计思维是在创新链全过程起作用的。

自 2014 年起，同济大学设计创意学院更多的教育创新理念开始为学术界所熟悉，比如，我们在 2014 年就要求所有的一年级新生进入同济大学以后必须 100% 学习开源硬件和编程。更重要的是，学生要知道现在的设计创新必须在比特和原子紧密结合的语境下开展，其中更多的是一种思维上的准备。

2013 年，我们成立了中国内地第一个全制式的 Fablab，后期在中国建立了 6 个 Fablab，其中深圳的第一个 Fablab 也是我们建立的。此外还有孙效华教授领导的数字创新中心；曹楠教授领导的智能大数据可视化实验室，2017 年曹楠教授还负责推动成立了中国第一个设计人工智能专业；科斯塔斯教授领导的算法与设计实验室，主要是思考算法和人工智能如何去处理更多的设计问题；范凌老师领导的人工智能与设计实验室，这和他的初创公司特赞是紧密结合的……

从上面的例子可以看到，我们一直在追求创新，这是同济很重要的价值追求，我们非常享受在边缘工作。

二、兼容并包

任何一个创新的组织、创新的大学，其中很重要的一点是要做到多元：要有各种不同的声音，一个生态只有多元才能够真正健康和强壮，这来源于同济的传统。金经昌先生是中国城市规划学科的创始人，在摄影界他叫金石声，曾和郎静山先生一起创办了中国最早的摄影杂志《飞鹰》；陈从周先生是中国很传统的文人，以书画出名，是张大千先生的入室弟子……他们的背景都是不一样的，他们在一个学院里面共同任教，使得不同的思想可以碰撞。

在同济，各种不同背景的人在一起共同任教是传统。许多代表同济大学设计教育的老先生都没有在同济读过书，但是他们被认为是地道的同济人；同济大学设计创意学院现任院长也没有同济大学的学习经历，但他现在执掌了学院。我们还有大量的外籍教师，比如索达曼（Yrjö Sotamaa）教授——他当时在同济大学做了 4 年的全职教师，为同济的学科建设做出很大的贡献；康思大（Kostas Terzidis）教授——原来是哈佛大学设计研究生院设计博士的负责人，在哈佛掌管最高学位，但是 2018 年之后他加入同济大学设计创意学院；弗里德曼（Ken Friedman）教授——2012 年决定用 *She Ji* 来命名学报；阿尔多·西比克（Aldo Cibic）教授——他两度加盟同济大学设计创意学院，2018 年开始全职在学院工作，他著名的作品《Aldo Cibic 的中国小窝》近年来被全世界媒体广泛报道。

曹楠教授是主管科研的副院长，2021 年他是世界上最重要的设计研究大会 IASDR 的 6 个主旨演讲者之一，而且他和其他主旨演讲者比如 Don Norman 都是“80 后”，Don Norman 已经 80 多岁了，而曹楠教授是八几年出生的。2020 年刁志峰先生从华为移动互联网副总裁的岗位上辞职，全职加入同济大学。整个学院到 2022 年 6 月有 34% 的国际师资、40% 的教师来自设计领域以外，学缘非常丰富，有 40% 的研究生来自设计领域，30% 的研究生是外籍学生，有 12 个硕士学位，3 个双博士学位，让整个学院充满了活力。不仅要把各种不同的教学资源吸引过来，更重要的是能够让它们持久地发挥作用，其实学校就是一个道场，不同的学校有不同的道场，不同的道场核心有不同的道。

我做院长第一个重要的工作就是凝练学院的院训——“为人生的意义和世界的未来而学习和创造”，这个院训让同济有别于一般的设计学院。许多人因为价值追求而决定加入同济，学校的环境也要给予支撑，不仅仅是学习和工作的环境，还要有更多的学术活动，比如，每年都举办同济设计周等。此外很重要的一点是老师们必须要有共同的信念，看到国内的老师和外籍教师打成一片我感到非常欣慰，他们推动成立了艺术人工智能的实验室；在校外他们能够把设计、艺术、人工智能以及商业模式很好地结合起来，也正是因为共同的信念才能让合作更为持久。

三、知行相资

“知行相资”是王夫之所言，王阳明讲的是“知行合一”，但是王夫之在这个基础上又前进了一步，更加强调“知”和“行”之间相辅相成、相互促进的过程。对学校来讲，如何形成知识生产、知识传播和社会实践的互促机制；对于学院来讲，怎样把教学和科研更加主动地与实际问题的解决连接起来，一直是我们思考的问题。比如，刘力丹副教授推动创办的小猴科技公司，他们一直做的工作就是怎样让中国制造业的品质能够有一个大的提升。又如我们在新冠疫情期间搭建的抗疫神器：火眼实验室，哪里有疫情哪里就有火眼实验室，它在 6 小时内就能搭建起来，能够快速提升一个城市的核酸检测能力。所以在学术上它登上了 *Nature*，也获得了 2021 年中国设计制造大奖的金奖。

面对教育问题我们会思考怎样才能把基础教育做得更加创新，2016 年我们创办了同济黄浦设计创意中心，这个创意中心 60% 的教学是科目制的，40% 的教学是问题制的，把这两种教学模式交融在一起，可以让我们的学生同时具备创意能力和解决问题的能力。2020 年上海市基于这个学校的成功举办，又把能级提升了一个层面，成立了上海市青少年创意设计院。这两个平台院一个是青少年科技院，另一个是青少年创意院，分别抓两件事：一件是科学家从娃娃抓起，另一件是设计师从娃娃抓起；一手抓科技，一手抓创意，这是上海高质量发展的两大引擎。我们通过创意院培训老师、培训学生，使创意的火花绽放于上海所有的基础教育中。

在学校，我们不断地打破学校和社区交流的障碍，以让学校和社区能够更加紧密地互动。我们在周边的社区建立了大量的实验室，把周边的社区作为重要的育人和科研阵地，沉浸式育人、“三全育人”通过上述模式就能够非常好地体现出来。现在同济大学设计创意学院 60% 的教学和研究空间位于周边的社区，英国设计博物馆则把这个模式当作后疫情时代大学的新形态。

在知识创造上，同济有自己的主张，比如在 2014 年举办同济设计周时提出了复杂社会技术系统设计，其强调一种新的设计文化，这种设计文化是为更好地面对复杂的、真实世界的挑战，同时强调设计不仅需要提出策略，更要融入实施。

基于这些创新的思考和实践，同济的教师在全球较为重要的设计学报上发表了他们的研究，比如 *Design Issues* 和 *Design Studies* 等。当然我们也创办了自己的学报《设计、经济与创新学报》，这个学报在全世界的设计学报里还是一位“新人”，但 2022 年在 Web of Science 及 SCI 的统计中，学报的引用率排名已经远远超过全世界同类型的学报（包括 *Design Issues* 和 *Design Studies*）。我们还出版了很多相关的前沿书籍，比如《新经济的召唤：设计明日世界》《翻转极限：生态文明的觉醒之路》等，因为一个大学必须主动地融入社会，在这个过程中去创造新知识，同时把创造的新知识反哺教学。对设计学来讲，展览也是非常重要的一种形式，比如我们承办了 2022 年的世界设计之都大会，2022 年的主题展是我和其他几位策展人共同策划的，名为“人·人，人·自然”。我们思考的是设计如何面对世界六大挑战——食物、健康、信任、环境、技术和繁荣，怎样发挥更加积极的作用。组委会在全世界挑选了 100 个左右的展品，呈现的都是设计为一个日益繁荣的世界可能做的贡献，其中包括生态的繁荣、产业的繁荣，以及社会和文化的繁荣等。

我们学院下一个 10 年的目标是为人类的进步做出可见的贡献，我们认为全世界的设计学院应该有着共同但有区别的责任！如果说所有的设计学院都不太一样，那么中国的设计教育就会更有希望。

城市数字化转型中的设计领导力

保罗·丘尔顿[①]

联想兰卡斯特学院于2016年建立，与很多国际组织、政府合作，是一股学科后时代的新兴力量。这里有建筑师、工程师、技术人员、产品设计师和政策设计师等。工作涉及不同的空间和领域，学院研究的课题涵盖诸多方面，包括健康可持续发展、人类行为、人类与社会的发展以及心理韧性等。这种协作的环境和管理的安排，可以让我们探讨前沿的设计思维；推动设计边界和知识边界的扩展，让我们不停地服务于不断变化的世界。

城市是我们研究的一个主题。在大规模城市化时代，世界超过半数的人口居住在城市中，设计师要如何参与到城市规划之中？现在世界有大城市和超大城市，33座超大城市都有至少1000万人的常住人口。城市化威胁着人们的生活质量，但城市也是一个实验场，能够测试不同的解决方案。可视化的图片可以辅助研究，并有助于政府领导在不同领域做出决策。在这种互动可视化形式中，展现了城市环境和资源、城市外交、城市基础设

① 英国兰卡斯特大学研究生研究主任，设计学院院长，同时兼任联想兰卡斯特的设计高级讲师和数据科学研究所（DSI）成员。主要研究领域涵盖了探索新兴社会与技术关系的前沿，如数字双胞胎的设计、无人机的未来设计、未来城市等。

施和服务、城市韧性和城市创新等，从中可以看到部分学科之间存在交集。在大规模城市化过程中，设计领域可以结合其他领域，设计部门也可以结合其他部门。城市只有寻求创新才能可持续发展，提高社会福利，提高经济竞争力。技术推动第四次工业革命，其焦点就是创新。在城市发展过程中会面临很多问题和困境，如误用科技、颠覆经济、破坏社会和谐秩序，乃至部分工作被取代、扩大世界不平等。我们如何去管理这些风险？城市要如何充当沙盘的角色，让人们拥有探索的空间？如何进行参与式设计？建设智慧城市要有怎样的创新系统？公共领域和私有领域应该如何合作？这些都是设计师要面临的问题。

城市发展是一个非常迷人的多学科、跨学科甚至是后学科课题。在大规模城市化背景下，设计师研究这个课题具有紧迫性。美国国家航空航天局（NASA）1972—2015 年对拉斯维加斯的航拍图显示，绿色和其他颜色形成对比（绿色是在沙漠中蔓延的高尔夫球场），不同年份的照片体现出根本性变化，这提醒我们何为可持续世界以及可持续设施和组织。在城市化背景下，沙漠中要不要有高尔夫球场，是影响城市可持续发展的一个重要问题。如何塑造未来的城市，给城市引入怎样的功能和职能，都是设计师要探究的。经济学家约瑟夫·熊彼特认为：“最成功的城市要有两个要素，首先最重要的是发明，发现新的理念，这些理念有向未来延伸的潜能；其次是规范的创新，我们要适应新的理念，这些理念要适应环境，要以适宜的方式包装，以实际的方式去应用。”世界各地的智能城市在增值，人们不停地讨论城市的智慧化和城市的数字化转型，这其实就是所谓创新。在政府政策背景和国际化背景下，设计师要将新技术付诸实践。

一些设计工作室中会使用增长分类学这种简单的设计方式。我们可以回溯一些重要实验、发现和系统的时间节点，包括计算机辅助设计、物联网和智慧城市的概念、城市的信息化模型以及数字孪生等。数字孪生是城市的虚拟复制品，目的在于提高效率。现在还有一种联动的数字孪生，我们从中可以看到来自世界各地的城市的连接，此处还介绍了不同城市、不同指标和不同项目。这个增长分类学样本，体现了城市功能和涵盖的领导力，还包括采用何种分析方式和何种系统。比如，在城市规划和政府方面，中国就是形式比较复杂的智能城市大国。分类学样本不同的指标代表了城市的不同表现性能、城市的潜力、人们评价城市的方式以及城市面对气候的弹性等。在世界高度城市化进程中面临着很多问题，需要去面对和解决这些问题。

下面以英国本土为案例对智慧城市的政策进行探讨。英国的案例对于其他国家具有一定的参考价值，它基于信息政策建设数字英国的政策和成立国家基础设施委员会，并推出了相关的报告和政策，讲述如何为公众利益使用数据。英国还通过数字孪生服务城市的繁荣和发展，同时具有信息管理框架，这也是助力城市发展的重大举措。

设计路线图是服务设计师比较熟悉的设计表现工具，显示了设计师如何使用新的数据进行工作，体现了城市数字化当前的状态以及设计未来的目标。路线图可以辅助绘制一张蓝图，确定目标，思考如何协作设计相关政策，制订具体的行动计划，面对城市的格局做出恰当的反应。像股市的指标一样，衡量城市也会使用一些数值，包括智慧城市排名，以及城市环境和城市在健康、经济等方面的排名。但这些数据并不足以说明何为智慧城市，这就是为何要在智慧城市的概念中引入领导力的概念。有很多评论家对现在的智慧城市有一些意见。一是在文献回顾中看到的概念和方法学上的模糊性；二是企业驱动的乌托邦愿景；三是忽视公民生活和利益相关者碎片城市化的不平等表现；四是隐私和安全问题；五是缺少长远愿景，不考虑可持续发展和地方需要。结论说明，智慧城市并不那么智慧。

在新加坡的案例中，智慧城市项目计划建设一个新的首都，但最后却被政府抛弃。由此可知，智慧城市项目还会面临诸多问题。在多伦多的智慧城市项目中，多伦多市面临公众数据的管理和监管问题，最后这个项目也被抛弃。多伦多正在寻找新的发展场景和实现智慧城市的方式。智慧城市是什么？它的概念在当下城市社会的复杂性面前有待修正。我们要看到技术在未来的可能性，即它的潜力在哪里，因此现在又回到领导力话题上。

我们审视智能城市或智慧化、数字化转型时，可以用领导力的滤镜，把设计领导力当作一个有用的载体，从5个角度去审视其领导力：透过基于地点的方式、透过关键领导、透过管理定位、透过表现性能、透过过程和战略力。以下通过不同的项目从微观角度来阐述这些概念。

智慧城市项目是构建为智慧城市服务的公共和私有的合作伙伴关系。例如，我们在参加有茶歇环节的会议时，茶歇环节可能由机器人为参会人员服务。或者在城市中用智能和节能的方式运输一些小包裹，这种方式在英国已经付诸实践。在领导力模型中，公共领域和私有领域在移动方面进行合作，自下而上的合作也会加入这种参与式的设计方式中。在参与式设计中，我们可以看到绿色城市中的智慧化能够达到哪种程度。作为智慧城市的解决方案，这是一个很困难的方法，尤其是在设计的过程中，需要考虑到参与度的问题。这个线上和线下整合的项目，从各个层面创新角度来说都非常关注社区可持续的发展。所以，为了能够使用智慧城市的技术解决公民遇到的问题，在设计过程中应该对参与度有充分考量。

又如，在爱尔兰首都的都柏林智慧城市项目。这里有丰富的数据，汇聚在手机和可佩戴式的物联网设备中使用，可以进行大规模城市管理，比如预测人口变化和分布情况，又如预测公交车的到来和离开。都柏林项目从各个方面进行探究，包括设计、运营以及在生活中的应用。此项目从战略性的角度为智力提供支持，包括支持数据所主导的决策制定、实现数字化的发展以及数据的预测等。在都柏林项目面板上能够看到人们如何使用这些数据，这些数据是如何影响他们的生活，与此同时也可以为数据驱动政策制定做出贡献。

关于城市数字化的未来，我们希望能够创造一种智慧化，进一步推动像组织架构的创建等数据驱动情形，使城市更加有气候韧性和适应性等。关于智慧城市发展方面有3个主流趋势：第一，技术、设计等很多问题的解决可以更好地促进智慧城市的建设，在此过程中需要建立新的生态系统；第二，数字化的创新和支持对智慧城市的发展非常重要，设计师要了解以公民为中心的技术和互动，为公众带来益处；第三，了解智慧城市在数据管理方面的道德问题，这些数据可以对未来进行预测。比如，基于可靠性进行预测，如人工智能、机器学习等。我们要学会如何管理数据并让其变得可靠，帮助人们预测和决策得更加精准。在城市数字化过程中，设计领域要通过设计服务等来考量如何对这 3 个领域做出贡献。

我想展望一下未来的生活，在这里可以设计未来并使用一些互动方式实现高创意生活。在数据高复合性的未来，通过与环境互动，可以创造很多数据价值。当然也需要了解数据的用途，以及如何用数据帮助公民更好地生活。这种数据可视化，不仅展示了城市数字化未来的发展情况，也展示了社会的未来以及城市农业领域的未来等。未来如果实现这种智慧化，我相信人们可以在这种技术创新中不断繁荣发展，并在城市化发展中得到益处。

文化创新与数字化生产的逻辑

方晓风[1]

文化创新可分为两个层面，即内容创新与形式创新。在形式创新中有审美层面、审美路线、技术路线等方面的思考。我认为内容创新与形式创新的关系不是截然分开的，形式创新也会影响到内容创新。著名的巴西建筑师奥斯卡·尼迈耶曾指出，当一种形式成为美的时候，形式就是功能。在经济消费的时代，眼球经济并不完全是正面的，但不可否认，形式创新和内容创新之间存在互动关系。

下面主要从一些具体的案例中，了解当我们进入数字化、信息化时代时，技术将如何细微而全面地影响人们的整个生活甚至学科。

第一个案例，作品名称叫 Rust Harvest，由日本高校学生创作，是四五年前米兰设计周所展出的一个项目。这个项目有趣的地方在于作者做了一个电解装置，通过此装置使得金属产生锈，在容器里面注入亚克力材料，待亚克力材料成形后将它提取出来，把锈固定在亚克力材料里面或者背面，

① 清华大学美术学院副院长，长聘教授，博士生导师，《装饰》杂志主编。研究方向涉及建筑史与设计史、设计伦理等。

便会形成以锈迹、锈斑为材料的形式。此项目虽没有真正量产，但仍给我们一个很大的启发，并且说明了这个项目背后的几个问题，包括审美的转变，因为“锈”成为一种审美对象，成为一种形式语言，这与时代发展有关，作者敏锐地捕捉到了这一点，并以一种相对简易的方法收割“锈”，该行为同农民种田一样，所以使用了“Rust Harvest”一词，该案例给了我们很大的启发。

第二个案例，作品来自瑞士荷兰的院校，其致力于将刺绣这种传统的工艺与不同的材料相结合，既在织物上刺绣，也在皮革、木材上刺绣，或者使用某些新材料，从而形成一种非传统的样式。这种刺绣方式引入了数字技术，是机器刺绣，而非人工刺绣，是技术变化的一种趋势。所以，传统工艺与不同材料结合，反而形成一种新的观感、新的产品样貌，在商业中构成新的竞争力。

第三个案例是相对传统的产品形态，意大利的品牌 SICIS 致力于玻璃产品的装饰呈现。它早期的产品是基于传统的玻璃镶嵌技术，3 年前我再去看的时候，所有产品即使都是玻璃材质，但在数字技术的支撑下，材料的表现力已经发生了非常重大的变化。其核心是数字印刷技术的使用，数字印刷技术与材料相结合，产生了一个新的变化趋势，即任何一种材料都可以模仿任何其他材料。在产品样板中，玻璃可以模仿金属的质感、陶瓷的质感，甚至是植物的质感。从画面作品中我们可以看到，整体装饰墙面的材料全部是玻璃。关键在于这种模仿的逻辑为什么成立？当下任何一种材料可以模仿任何一种其他材料，但如果此种模仿不具备被模仿材料自身的特性，那么这种模仿是没有意义的。例如，玻璃模仿木头，为什么不直接使用木头，而用玻璃模仿木头？所以，简单的模仿是没有意义的，甚至是没有竞争力的。如果用玻璃模仿一种其他材料，而它具有其他材料所不具备的一些材料属性和产品属性，那它将会带来极大的竞争力。我们可以看到在装饰材料的研发中，一方面是模仿能力、替代能力；而另一方面，它保留了玻璃自身的光学特性，玻璃仍然是一种以光学特性作为装饰效果的主要材料，这就迸发出了极强的产品竞争力。例如，一幅传统的玻璃镶嵌的装饰画，从这个作品中可以看出玻璃制品所带来的丰富的表现力，是一个典型的玻璃材料模仿的作品。玻璃对天然石材进行模仿，并不拘泥于模仿，而是更强调如何将纹理与光学效果进行更好的整合，从而取得装饰性的效果与场景渲染能力。此作品给所有的参展人员留下了深刻的印象，同时是一个非常重要的变化趋势。

在展会上我还看到了另外一个企业的产品，此企业也是致力于深耕一种材料，并且这种材料本身非常传统——它就是铜。我们可以看到同样基于数字生产的支撑，基于铜这种非常传统的材料，赋予其丰富的肌理变化和材料组合逻辑的变化。虽然都是装饰性的产品类型，但是它大大拓展了材料的表现力和材料对于产品的支撑能力。该企业展出的所有家具为木家具贴铜皮，铜的工艺又有进一步的深化，金属的试样厚度最薄可以做到0.2～0.3毫米。在这样的厚度情况下，带来的一个变化是饰面材料的重量大大减轻，使得铜产品既具有金属材质特点、外观特性、装饰效果，又比传统的金属家具或者金属制品轻，所以铜材料便具备了广泛进入日常生活的可能性。我们看到的产品，都是基于铜这一单一材料所做的丰富的拓展，包括色彩的拓展、表面肌理的拓展、整体组合形式的拓展。这是值得我们深思的，即从表面装饰的角度看待一种材料、一种工艺，即使是非常传统的材料或者工艺，仍然具有创新的可能性，并且能够通过数字化生产的逻辑，极大地降低成本从而提升产品自身的竞争实力。

从另外一家意大利石材公司的产品中，我们可以看到它的不同之处是在传统石材上用数字切割技术做装饰图案，再用非常细微的玻璃马赛克做第二层的镶嵌，从而形成一种非常华丽的视觉效果。一方面，它是基于产品竞争的角度；另一方面，这种技术可以帮助厂商克服天然石材可能存在的瑕疵问题，通过进一步的加工掩盖材料的不足，从而提升整个装饰材料的装饰品质、审美品质与审美特性。我们可以看到，它的形式语言随时代发展而发展，工艺本身和底层逻辑非常传统，但由于生产逻辑在数字技术介入后发生了非常大的变化，产品形态的组成也相应发生了极大的改变。

还有一个地毯厂商的产品，虽然它是手工地毯，但整体图案借助于数字技术，使得挂毯呈现出一种斑驳的历史感，这种斑驳的历史感需要数字技术的辅助支撑才得以实现。另外，带有立体浮雕效果的色块分离形式的挂毯，其背后也都是通过数字技术的支撑，使得整体效果产生了非常大的变化。

最后再给大家分享几个装饰材料，如何在时代的材料语境、审美语境中发展出新的配饰产品。某个奢侈品品牌，其配饰产品是由小的玻璃条组合而成的基本单元，本质上是审美的巨大转变与创新，同时也是生产工艺的巨大转变。材料与壁布、室内家具的格调之间所形成的和谐的审美关系，是传统的装饰手段和装饰材料所不能覆盖的。

走进张家界玻璃桥

——从隐藏的文化宝藏软实力到21世纪中国创新设计

渡堂海①

一、从美到美——隐藏的文化宝藏

什么是美？如何定义美？我认为：生命就是美。美就是自然、和谐、平衡、美丽，即一种存在感或是存在本身，存在而不思考，或者说是宁静、静谧，像一叶扁舟在湖中央。倾听周围的世界在当今任何一个国家都是非常重要的。

自然就是美。我们从风吹竹叶中可以看到一种动态，不仅是竹叶本身，还有风的声音和竹叶的声音，这些是无形的，我们会感受到美。我认为世界最美的花是荷包牡丹，它像一颗滴血的心或是一颗流泪的心，自然界能够鬼斧神工地创造出这样一种形态是非常不可思议的。但我们生命中最美丽的其实是孩子。生命本身是最美的，因为人们每分每秒、每时每刻、每天每年都在变化，生命是永恒而变化的艺术。人们会去复刻生命、去歌颂

① 建筑设计师，先后于1990年和2010年在以色列特拉维夫市和上海市建立了Haim Dotan（渡堂海）建筑公司。其代表作极具先锋主义色彩，如2010年中国上海世博会的以色列国家馆、张家界玻璃桥等。

生命，这些作品被放在博物馆里或被拍出高价，而生命本身就是最美的存在。

生活也是美。我们从传统水墨画的留白中能感受到寂静之美，从世界上形态各异的建筑中能感受到功能之美。当人们把对美的讨论延伸到传统中国舞和中国文学上时，也是赏心悦目的。反观现代，在时尚方面，有自洁功能的新衣服，有自暖功能、自动降温功能的新衣服，它们都有很强的功能性，人们不需要每天换衣服，这就是基于功能性的新的美。还有蕴含传承之美的诗歌，除了身为建筑师、设计师外，我还是个诗人。我们从诗中能读到文字本身的宁静，还有字与字留白中的宁静，譬如李白的《静夜思》，仿佛能看到天上圆月、地上白霜以及诗人浓浓的乡愁。还有食物之美，世界各地的人都喜欢美食，对食物的设计也是文化软实力的一部分。大众的口味、摆盘的讲究、色香味的感受等，都是食物带来的美感。文化是隐藏的瑰宝，蕴藏着可以去享受的物质世界的乐趣。

提到美一定少不了哲学智慧。老子的《道德经》历经千年仍发人深省，其蕴藏着无穷无尽的智慧：道法自然、顺其自然，无为、无不为。人们如何与自然和谐相生？有时大道无为，我们不需要时刻强迫自己行动。中国讲究阴阳的平衡与和谐，这种平衡和谐的智慧值得所有人去学习并付诸实践。还有孔子“己所不欲，勿施于人”等名言，也是古老的人生哲学，教会人们一种处世之道，即与世界和谐相处的方式。

二、从文化到设计

隐藏的文化宝藏就是设计软实力。我在前面铺垫了很多隐藏的文化宝藏，当我们用赤子之心、用新生儿的眼睛去看世界时，就会看到无穷无尽的美。下面分享 2010 年我在中国上海世博会的设计——以色列国家馆。我在构思时希望结合中国和犹太两种古文明的文化，希望将两个文明间的交流体现在建筑中。想要体现两个文明和两种文化，就要去思考它们的关系，其实就是一种对话关系，而阴阳平衡就是我找到的隐藏文化瑰宝。最终付诸建筑设计，建筑工期为 6 ~ 7 个月，这是一个可喜可贺的成果，也是一项非常具有挑战性的工作。在这个过程中，我突然产生了对关系的思考，像面包、像蜡烛，也像手拉手一样，本质就是相互连接。中国的亭台楼阁都是相互连接、相互贯穿的结构，就像一个盘结在一起的建筑。在设计时，除了建筑本身还有类似预算等各种因素需要考虑，从最开始一直到设计完成后，不仅需要领导力，更需要考量安全性、人群满意度等其他因素。我们把阴阳的概念融入项目里，它们最开始各自独立，后来逐渐融合。我们选择的很多因素深深嵌入一个国家的文化里，这可以创造一个项目、一种崭新的文化、一个全新的传统性质的标志，它们是奠定未来的基础。

张家界玻璃桥也是文化宝藏软实力的体现，是从隐藏的文化宝藏软实力到21世纪新设计建筑的体现。张家界里有许多鬼斧神工的自然景观，类似于电影《阿凡达》里的悬浮山；还有很多蹦极活动和时尚秀，其实都可以与自然景观相结合。张家界本身已高耸入云，在此过程中我们不希望建一座桥，因为这会打破自然界的平衡，甚至带来摧毁性的破坏。因此，我们考虑与自然对话，让建筑真正“消失”，即类似大音希声、大象无形的概念。这个概念不仅关注建筑本身，更多的是保留大自然的美景，在人与自然之间保持一种平衡。这座桥梁建造起来，又若有若无，隐藏在环境中。我们团队同政府交涉3年，又耗时2年进行建筑工作。为了避免受地震影响，我们将其设计成蝴蝶的形状。同时，使用玻璃材料打造一座“无形的桥梁”，这类似老子《道德经》里面提到的“大象无形”的概念。这个项目推动了当地旅游业的发展，参观者络绎不绝，本地农民得以销售一些有机食物、蔬菜、服装等，政府也在税收方面有了更多的收益，我也获得了张家界的荣誉公民称号，这就是建筑对经济和文化方面做出的贡献。

三、从设计到未来

我与上海复旦大学的很多教授进行过深入交流，探讨中国走传统的道路、现代化的道路或是技术的道路。在15～20年前，计算机芯片改变了人们的生活，如今人们进入大数据时代，生活中方方面面都是数据，而数据恰恰是改变人们生活的真正技术。人们经常讨论未来，但其实世界没有未来，因为未来就是现在。现阶段，人们仍面临气候污染、环境污染、全球变暖等系列挑战，导致德国、美国、澳大利亚、巴基斯坦和中国等国在未来可能都没有冬天。那么建筑在未来会怎样？我非常赞同习近平主席“绿水青山就是金山银山”的观点，我们要利用自然环境、生态环境与自然建立更密切的关系。不仅是自然，还有交通、人工智能，以及持续3年的新冠疫情等问题，都督促着我们要更全面地思考设计，思考如何设计技术型建筑。

21世纪最需要考虑的因素就是压力，随着技术和数据的大量涌入，全世界范围内每一个人都会面临巨大的压力。人工智能与人类的联系日益密切，人们在享受人工智能带来益处的同时，还应在自然和社会生活间保持平衡——既要使用人工智能，也要保持一份爱，这是冰冷的机器无法替代的。引申到教育方面，首先要让我们的孩子了解生活，了解爱。爱因斯坦说过：“想象力就是知识。”教师需要与学生进行沟通，让学生们了解就业，了解竞争，即使讨论这些话题会产生压力。教师还要告诉学生什么是智慧，什么是创新，要帮助他们往这些方面发展，要有憧憬、要有热情、要勇敢、要求知、要创新、要快乐。其次就是灵感，源于自然的灵感。我和学生在重庆、大连、上海等地常进行工作坊形式的教学，在教育的过程中，老师是园丁，学生是花朵，老师要教给学生如何汲取养分，这需要光、空气和湿度等。这是我们在黄山的教学实践——“行不言之教”。老师作为引导者，引领学生以雨作画、以月作诗，学生们发现了自然之美，也发现了人性之美。在4天时间里，重庆有3个学生受到荷花启发，将自然融入建筑，设计了很多荷花形的现代化建筑。因为荷花就是生于自然，因此整个建筑中水资源的汲取、收集体系也遵循荷花从自然汲取养料的状态。建筑的立面也仿佛花一样，把这些建筑放在一起如同置身花园，而且越高会有越多的楼层。这是一个非常成功的教学案例。

如何激活意识和知识，赋能未来创新型领导者

弗朗西斯科·加利[①]

虽然我的专业是设计，但我做的不是单纯的设计，兴趣领域是将设计知识应用到设计领导力中，即“在地缘政治场景中激活意识和知识，以赋权未来创造性和领导者”。

我长期从事设计教学和研究工作，思考权力、设计和领导力的概念。从哲学的角度来看，有“当代社会”这个概念。“当代社会”的重要特征是透明，现在却被掩盖。在这个表象之下，知识看似可以触及，但事实上我们缺乏对知识恰当的理解，这也说明为什么需要通过设计学科去设计。

这种积极社会或正向社会为透明度所主导，信息的荒诞性、设计的生产和透明度会降低人性，人性最终会降低为功能性系统的元素。负面知识在软实力产生中具有重要性，Knorr－Cetina 将“负面知识”作为一个跨学科概念进行了讨论，认为该词起源于实验物理学，并在社会科学的背景下进行了解释：负面知识是有限的认知、人们在试图了解事物时所犯的错误、

① 米兰理工大学设计领导学博士，米兰 IULM 大学商业、法律、经济和消费系领导力与创造性思维等专业教授。设计领导力和批判性思维专家。

干扰人们认知的事物、人们不感兴趣和不想知道的知识。社会中常见的批判或者对人类喜好正向的批判，预示着我们的积极社会在避免一切阴暗面和负面知识，因为这种负面知识可能会改变现有的交流和生产方式，并且改变设计本身。正向社会、积极社会的乌托邦是现代设计领域的核心所在。

此外，在设计的背景下，边缘现象是在整个设计过程中被丢弃或忽视的思维轨迹。如此一来，一种新的设计观点便诞生了，即设计是一种非学科、准则式的活动，包含颠覆性，并将颠覆性转化为具有重要文化价值的创新。从活动系统的角度来看设计学科，很容易理解负面知识是其组成部分之一。创意系统产生了人们尚未完全理解的问题，因为缺乏我们可以称之为“设计”“碎片”的认知和兴趣。这既适用于演变为自我参照的系统的内部流动，也适用于在全球范围内提高产出。在其他方面，我认为需要更新对设计的看法，认识到设计不遵循预先确定的规则。应该改变看待“设计”的方式，包括呈现给全球市场的方式，并认识到“非学科、准则式”推理方式的文化价值。从这个意义上说，颠覆的作用是揭开结果的重要性，揭示创新过程的真正本质，打破现有规则，创造新的文化范式。

设计领域有一种对积极生产和积极知识的寻求与掌握，这具有一种哲学意义。这种精通的实践，并不应作为一种单一的概念去实践，也不仅作为一种积极的层面去实践。这种权力的概念，其实仍为很多谜题所笼罩，而前面提到的透明度，也会降低权力的阴影度。反之，阴影会强化权力的概念；设计软实力作为今天谈论的话题，需要吸收这一点。软实力本身是什么？我们对话的灵感来自亚洲的哲学，同时参考了之前我学到的知识。比如在中国，我们经常提到领导和权力。在哥伦比亚的学术会议中，学者们也在讨论权力，大家都在思考如何掌权，以及权力的相反面是什么。

软实力与权力的最终目标形成对比，权力的最终目标是通过提供方向、保护、导向、冲突控制和准则来维持平衡。相反，软实力原则通过强化文化价值使自身比吸引力和说服力更为重要。设计师应该发挥领导作用，用软实力进行控制。新的设计领导者必须从个人、组织和环境层面的持续动态中观察和学习，了解如何以吸引力而不是胁迫力来引导。同时，这意味着要接受批判，并帮助构建新的观点和权力动态。

权力缺乏概念上的清晰度，有些人对此形成了理念和理论。权力对于一些人意味着压迫，而对另一些人是一个建设性的因素，有助于沟通和生产。有些时候权力和自由相联系；有些时候权力的理念与观念和束缚与约束相联系。有些人认为权力来自共同的行动协作；另一些人会将权力、张力和冲突联系到一起。有些人将强权或力量与权力分开；有些人则在力量和强权中看到表现强烈的设计形式和权力形式。面对这种理论层面的混乱，人们发展出灵活的权力概念，需要聚合很多截然不同的观点。权力理论可以根据哲学去理解，因此可以引入哲学的概念，比如“自我关照”和“自我保护”，软实力也是基于这样一种关照，无论是一个国家还是具有文化的自我关照、自我保护，软实力都应该关照到这种关系。

我们要注意哲学是如何卷入“自我占有”的概念中的，我的设计、我的项目、我的理论、我的概念或者是自我占有，这些具有力量的哲学表达出一个清晰的设计形式，或者是一种伦理道德，一种自我的审美。与此同时，它会发展出一种驱动力或者一种辩证法，而这种驱动力或者辩证法能够将权力引到权力自身之外，这也是我所研究的领域，一种超越物理的东西。

生命的本质或核心，其实是一种权力意志的结果。这种权力的意志在底层是一种生存的意志和设计的意志。在艺术出现之前，即使是美的概念，也会遵循权力的经济学。美其实有一种强大的力量，它代表胜利者的哲学，也代表权力的经济学，我们可以看到它们被保护，它们的荣耀体现在设计之中，权力会体现这种美的增值，每一个有生命的个体、有生命的民族和国家都渴望成长与延伸；渴望将其他事物引向自己；渴望获得繁荣；渴望获得权力。软实力也是一种力量，它并不是在起始点去寻找更多的道德或不道德，而是一种事实；因为存活就会有这些渴望，因为生命，权力的欲望自然随之而来。从理论的角度上看，权力是一个常态，在历史上我们随处可见权力的身影。慷慨其实也是一种权力，它被设计在权力的冗余之中，它的核心所在首先是自我得意，其次是对财富的觉知，最后才是想要给予自我的欣喜或者得意。我们可以看到一种批判性的比较，要明晰矛盾的领域和理论上的短视，设计领域可能会被影响，我们要意识到自己的局限性并辩证地看待。

我的总结如下：我特别喜欢中国，喜欢优秀的中国文化，也喜欢中国的名言；我认为中文特别美，因此我引用成语“水至清则无鱼”表达如此美丽又如此矛盾的事物，这与我之前关于权力的理论不谋而合。我重新解释了“软实力”的概念，约瑟夫·奈（Joseph Nye）于1990年首次提出“软实力”的概念，“软实力”是一种吸引注意力、并将注意力转移到重要性的一种方式，这种重要性是社会和关系资源的重要性，而不是可感触资源的重要性或设计的重要性。

下面介绍一下布坎南教授的理论成果——设计的新秩序。设计的第五个秩序，其实是基于权力驱动。问题在于：一方面权力学是教授给学生的一个东西，另一方面我们也在充满权力关系的社会中长大，包含政治权力与社会权力。我们的学生知道如何掌权，如何主导权力的动态关系。我的书中同样提到这一点，两年前在山东大学的学术会议中，我以“从设计中学习”为主题，提到一个观点——“打开我们的视野”，我们需要看到、认识到，反思为什么会有这种意识，从我们的观看到去吸收，最后去改变。我们可以看到这些一对一对的矛盾，如个体、集体、自我赋权和社群共享；批判性思维对美学价值、美学功能性；导航、迷失方向对控制权力；权力对学生的思维、学习的心态；自主对控制，虚无对实在；还有每个人都能设计和只有特定群体（受教育的少数人）才能设计等。

点燃设计领导力：设计领导力视角

盖尔达·贾姆瑟[①]

多年来，我开展了诸多产业领域的设计价值研究，同时与政府有着密切合作。本文将从领导力和企业经济学的角度介绍一下设计的重要性。

我非常关注专业设计者，研究成果包括两本书。一本书是《战略设计》，希望能够帮助设计者更多地从战略的角度进行设计，使其了解有价值的实践及从战略角度去寻找实践的意义；另一本是关于设计领导力的书（2022 年 2 月由斯坦福大学出版社出版），重点聚焦于“领导力”概念。我们对领导力的定义是：个体的一些举措和行为，做出有效决策，并和他人互动；一种去影响、启发、帮助企业里其他个体实现共同目标的能力。

管理者和领导者的区别可以概括为：管理者对周围的情况做出反应；而领导者高瞻远瞩、有远见，去预判变化，不是等事情发生，而是让事情发生。

设计界乃至一些组织中发生的一些事情，使当下领导力的作用越发突

① 墨尔本大学管理与市场学系创业学教授、创业硕士项目主任。她与政府、专业协会和行业合作，开展各种研究项目，研究领域涉及创造力、企业家精神和创新、设计领导力等。

出。3M 的首席设计官 Eric Quint 的观点（与我相同）是，驱动设计领导力正成为企业成功的关键。另一位来自高校的同僚认为，现在是做设计领导者的一个非常好的时机。持有此种观点是因为在我们周围，能看到这样一些现象：谷歌、IBM、3M、三星、苹果、戴森、微软、菲利普斯等很多大公司都在设计领域投入更多，从而扩大自己的内部设计团队。大公司显然发现了设计的软实力、设计的价值，而建设内部的设计团队，认为设计团队是他们的核心竞争力，并希望这种核心竞争力蕴藏于企业之内。

另一个现象是一个新职能、新头衔——首席设计官正在崛起。一般人知道有首席市场官、首席财务官，包括首席战略官，但不一定知道还有首席设计官。这是前几年各大公司涌现的一个新兴职位——企业开始招募设计人才作为设计部门的领导人，并重新定义职务——不是设计部长之类的传统标签，而是首席设计官。与之前相比，设计被提升到了战略地位。例如，菲利普斯的首席设计官 Sean Camey（菲利普斯是来自荷兰的跨国公司，在健康领域发挥着重要作用）、百事的首席设计官 Mauro Porcin、IBM（Apac）的首席设计官 Kim Bartskowski。即使在城市层面也设有首席设计官一职，如赫尔辛基城市首席设计官 Hanna Harris。

众所周知，麦肯锡有诸多硬核的管理咨询业务，同时也在开展新业务——将设计战略作为服务业务之一，有专门的设计部门提供设计和设计战略方面的服务。所有现象都指向一个事实，即设计师被提升到了组织内部的战略高度，重要启示是公司开始意识到设计的价值。此外还能获得一个信号，即设计在商业领域的价值正在被提高。

很多企业在设计思维举措方面的投入越来越多，将设计思维付诸行动，以便提高自己的创新能力。理解设计思维的方式，非设计师也可借用设计工具和设计师的一些举措，以便更加有创造力地解决问题，并提高自己的创新能力。很多公司特别是大公司都在积极运用设计思维。《哈佛商业评论》作为著名的商业期刊，其封面都在讲设计思维。所以，此时是成为设计师的最佳时机。出于对此类现象和话题的兴趣，我们决定对顶尖的设计领导，特别是一些通常在复合型的大公司工作的资深设计领导进行深度访谈，回顾其职业生涯，探索其如何组织管理，并领导设计。

总体而言，《点燃设计领导力》一书的内容以访谈为主体，关注一些资深的设计师。我们共访谈了59位设计领导者，包括公司的设计总监、设计部长、首席设计师、首席设计官等。我们尤为感兴趣的是一些大型企业，因为在大型公司能够看到内部设计团队在公司里的整合，并且要有全球视野，因此访谈的设计领导均在位于欧洲的公司、总部位于Apac地区的公司或者总部位于北美的公司工作。我们谈论了他们的职业生涯和遇到的挑战、他们具体采取了哪些行动以及他们的实践，并探讨了给我们的启示。

最终，这些设计领导用一种有效的方式，将设计整合到一个大型的组织中。设计是一个新的亮点，大多数设计领导非常忙碌，而把设计整合到公司中，能让设计以最高效的方式去运营。引用一名设计领导的话："当我和其他设计领导对话时，大家都在面临着同样的困境、同样的问题，就是如何将设计整合到大型的组织中；我们确实有这样一个新头衔就是首席设计官，这并不代表着设计被充分地尊重、被充分地信任，在组织内部更是如此。"大型组织的变革通常非常缓慢，设计领导者每天都可以感受到来自组织的惯性的困扰，以及不得不面对的挑战。

我们看到一个趋势，设计领导力在公司确实存在，而且不是一个简单的任务；设计领导者尝试进行整合，将设计思维系统整合到组织内部，最终能够在战略层面用一种有效的方式去运营。我们尝试帮助这些设计领导实现设计卓越性。因为设计领导是一个新的职位，我们在这方面并没有太多知识经验。基于访谈，我们设计了一张蓝图，能够帮助设计领导者管理他们的团队以实现卓越。

设计领导执行路线图、实现卓越性有3个连续的阶段。首先作为一个设计领导者需要奠基，其次为设计团队赋能，再提升到设计卓越性的层面。这里有两个步骤，有一系列具体的任务，而具体的任务需要设计领导者完成。

第一个核心任务是确定设计方向，确定设计的组织框架和设计的语汇、术语，然后调动设计的资源，给设计搭建好一个框架，让它形成规模，最后实现设计的卓越性。对于设计领导者而言，第一个步骤、第一个活动需要有战略层面的视角，有未来的视野。设计领导者要有一个长期的目标和意图，进而让设计职能部门有一个长期的目标和意图，要建立一个“灯塔”，进行细化并具体说明如何去做。有些领导往往会困于眼前和当下，对未来的目标趋势“在3~5年要去哪儿”这个问题考虑得不充分，而真正的设计领导会坐下来思考长期目标，制定相关原则，通过战略性的计划去体现和实现。联合作家Aric在设计过程中提及：“通过合作模式的创新，如何去设计有意义的品牌体验以及丰富的创新体验？”设计能力十分重要，是因为多元化的设计能力能够帮助驱动竞争力优势，并且推动业务发展，为客户提供更多的服务，对世界产生更为积极的影响。

第二个核心任务是制定和实施组织结构框架。必须考虑设计并不是一个人完成的，而是需要整个执行团队共同完成，因此在进行卓越设计时需要考虑设计团队的组织架构。组织架构问题主要包括：究竟谁能够对这个设计进行最终的细化？设计的预算来自哪里？谁会就此进行决策？

解决上述问题最重要的是，我们要以一种中央化的或者集中式的模式来完成设计，在设计的时候不仅仅是企业本身，赞助商、投资者也要参与进来。只有这点做到了，才能够更好地拥有一种去中心化的设计模式。另外，谁会对整个设计进行阐述？是设计的领导团队，是企业的管理者，还是不同部门的管理者进行设计的最终汇报？解决此问题的最好方法，就是设计者能够将整个设计汇报给设计领导团队，进行设计的研发阐述。当组织中的高级设计者如首席设计师或首席设计官进行汇报时，最好将其汇报给顶级管理者，这样才能影响顶级管理者形成关于资源分配或者企业战略方面的一些决策。同时，设计团队应该分布在现场，能够与所有的现场工作人员进行相互沟通，确保最终的设计和实施高度一致，将设计真正地融入生产、制造和构建中。

第三个核心任务是对设计进行适当分类。设计团队应有一定的分类学能力，例如工作内容，需要具备什么样的能力才能进行设计等，对于设计师而言能够了解彼此的角色。IBM逐渐成长为一家设计公司，它通过引入设计分类学的方法为设计师创造各种可能的机遇，乃至提供设计师双职业模式，通过在他们擅长的设计领域进一步发展，实现更多的价值。一些设计师被称为特殊的工程师，设计师也可以作为管理者，而管理者也可以视为特殊的设计师。很多人身上肩负着不同的职责，需要充分发挥他们的特长，进一步刺激其创新力的不断提升。

第四个核心任务是管理设计资源。设计师在进行设计的过程中，必须了解自身表现以及众多的设计文化，包括过去的设计研究等。设计师自身要很好地管理设计资源，也要了解设计泡沫对于设计团队的作用。设计泡沫指的是在特定的环境下，人们过多地关注他们的设计，而不会过多地考虑设计的效力和优化。此点对于设计师非常重要，尤其从企业角度来说更是如此。很多时候我们看到设计师由于受到压力可能会成为设计的机器而觉得不开心，会认为这是自己的工作而必须进行创新，必须为我们的设计团队创造更多创意性的泡沫，所以没有办法关注设计的高效性和精准性。在设计的过程中，要尽可能地避免设计泡沫，对管理者来说更是如此。

第五个核心任务就是有效地进行规模化的设计。设计团队战略性实施的能力正在不断地增强。为了能够更多地加强战略性思考，很多设计活动都十分关注教育。Eric 指出："我会持续对组织架构进行改善，如果人们并不欣赏设计，仅仅是因为人们没有办法了解设计。在此过程中内部和外部要进行很好的协调，让人们意识到设计的重要性。"通往设计卓越性的道路没有终点，需要不断地转变，不断地实现设计的卓越性。

设计和设计投资对于有效的设计领导力而言会有很大的影响。高效的设计领导力是非常重要的，同时是很有挑战性的事情，尤其对于大企业和组织来说，必须考虑引领整个设计团队，去实现设计的卓越性，同时要将企业与战略通过整合进行设计。在这个过程中，要完成我们提到的"三步走"的战略和方法，以及"三步走"的框架。同时，设计卓越性的道路，更像马拉松长跑而非短跑，需要循序渐进地持续发展，而且永无终点。

设计软实力：一个概念的提出及其分析框架

孙　磊[①]

当今世界，各国之间综合国力竞争日趋激烈，文化越来越成为民族凝聚力和创造力的重要源泉，越来越成为综合国力竞争的重要因素。面对诸多机遇和挑战，设计作为一种吸引力、创造力和凝聚力的重要源泉，俨然成为综合国力竞争的重要因素。与经济、科技、军工等硬实力不同，设计属于一种柔性力量，不仅可以创造独特的吸引力，而且可以建立人与人、人与社会之间的聚合关系，发挥着推动经济社会文化发展“软价值”和“巧实力”的作用，对驱动经济提振、社会变革、城市更新、环境提升、话语博弈和福利改善等产生积极的影响。

一、规模与竞争：概念的发轫

中国是全球最大的设计需求国和消费国，产业规模和市场潜力位居世界第一。设计作为规模经济发展最快的领域之一，得益于我国经济规模所

① 设计政策联合会(DPU)中国学术中心主席，山东工艺美术学院设计策略研究中心主任、教授。研究方向为设计管理、设计战略与政策、设计型制造、工艺美术设计等。

形成产业链的完整性以及资源配置与创新效率的持续提高。透过百姓生活，我们很容易看清这种发展的思路和趋势。

一是喝茶。中国是全世界最大的茶叶生产国和消费国，产量位居世界第一。2021 年中国的茶叶产量达到 318 万吨，占全球的 50% 以上，每年出口 20 多万吨。这么大的产量和消费，需要增加多少茶器茶具去适应它？在中国传统的茶道到茶器的文化体系的背后，有一只“看不见的手”，这不是利润，而是在文化背后隐藏着的文化的力量和规模。二是过生日。中国每天有近 40 万人要过生日，在个性化、定制化的今天，需要多少来自蛋糕的创意和食物的设计来满足这些快速迭代的需求？三是旅游。虽然受新冠疫情影响较大，但中国的旅行社数量由 2019 年疫情发生前不到 3.9 万家增加到 2021 年的 4.24 万家。这么大规模的人口流动，我们又该如何通过设计来稀释这种流动性？该如何通过设计赋予场所文化意义，以吸引参观者和旅游者的注意？又需要多少乡村与城市空间、场所和文化遗产被设计、生产、转化为可被参观的景观？四是购物。在新零售环境中，营销触点、资讯来源、渠道迭代、沉浸体验、元宇宙等场景营造在急速增加，中国消费场景又需要多少设计来满足新生代消费者更深层次精神与情感的共鸣式需求？除购物外，在银行、汽车、餐饮、电信、航空、医院等众多服务空间中，也有大规模服务的场景存量需要被生产和设计出来，为消费者带来更多新的服务体验。除此之外，作为全球制造业大国，中国制造业的附加值已达到 2.2 万亿美元。过去 30 年，制造业规模增长了近 20 倍。全球 80% 的空调、90% 的个人计算机、75% 的太阳能电池板、70% 的手机和 63% 的鞋子产自中国，这又需要多少创新更迭和设计供给来支撑这种大规模的增长？

中国的制造业面临着大量市场机会和创新需求。这些巨大的生产潜力，需要更多的设计师和设计来弥补，而制造业能够直接拉动设计师的就业。据统计，中国每年约有 40 万名设计师进入就业市场。中国制造业目前的规模和优势决定了设计的市场规模。当规模超过竞争，就需要在研发、建厂、资金、市场推广及其他方面投入更多，市场领导者的定位很难被撼动。综上所述，设计更像亚当·斯密（Adam Smith）所说的那只“看不见的手”，是一种蓬勃发展的新型文化力量，成为综合国力竞争的重要因素。只有重视、策动和发展这种设计型文化，国家才能获得巨大的软实力。

二、何谓“设计软实力”？

美国哈佛大学教授约瑟夫·奈于1990年最早提出“软实力”的概念，2006年重申国家软实力来自文化吸引力、政治价值被接受程度和对外政策有效性三个方面。对于“软实力”问题的阐述，国外学者大多是从如何运用好自身的文化软实力来巩固本国在国际上的霸主地位的政治角度进行探究。因此，国外学者对中国文化软实力的研究，也大多是从中国特色社会主义建设的政治角度进行分析，认为中国文化软实力正处于发展和上升时期，其发展将会在全世界掀起一场巨大的变革，将改变世界的格局，具有不可阻挡的发展趋势。而中国学术界普遍将“软实力”的定义专指为“文化软实力”，认为国家文化软实力主要是指那些在社会文化领域中具有精神的感召力、社会的凝聚力、市场的吸引力、思想的影响力与心理驱动力的文化资源。可以看出，“文化软实力”在中国语境下，是对西方的软实力概念过于浓重的政治实用主义和明显的工具性的一种矫正。

在中国，目前文化动能推动大体量经济发展过程中，我们提出“设计软实力”的概念是其特殊发展背景中的必然。设计和文化是不可分割的，文化融于设计，设计体现文化，两者互为辩证、不可分离。一方面，设计是文化的物质与精神、智力与情感等的外在表现，常指受文化支配下所产生的意图成果或实践成就，是文化得以保护、转化、再生、传承（播）的重要力量。文化深刻地影响着设计的发展，它决定了设计的方向、设计的样式、设计的风格、设计的观念以及设计价值、设计政策、设计战略、设计领导力等诸多内容。另一方面，设计是为大众解决问题和为社会创造意义的一系列价值观和实践的总和，设计的程度影响着文化的支配力量。毋庸置疑，设计问题本质就是文化问题，一个国家综合设计能力越强，文化的实力也就越强。因此，从价值属性来看，国家文化软实力是设计软实力的“母体”和“坐标”，而设计软实力则代表和决定着国家文化软实力的整体形象和话语水平。

因此，“设计软实力”是通过特有的文化资源或创新的文化语言产生强烈的吸引力和同化力，来影响他人行为而获得预期结果的一种整体性、连续性和可持续性能力。简言之，“设计软实力”就是赋予文化资源以设计意义与再生效率而吸引并导致他人行为发生改变的力量。当然，并不是所有的文化都是软实力，只有经过设计满足人们生存、生产、生活所需，并易于跨域传播，在这样一个前提条件下，才能够影响大众的基本价值观或主流文化，才构成文化软实力。这也正是我们提出并构建国家“设计软实力”理论体系的初衷和基础。

三、“设计软实力”的研究维度及其分析

在研究“设计软实力”的过程中，我们有 4 点发现。第一，“设计软实力”是一个国家文化和智慧的集中体现，其中知识体系、价值体系、战略决策、话语体系、教育体系的创新创造都属于设计软实力的研究范畴。因此，不能简单地把设计理解为一种对文化进行包装、宣传或推广的工具，而应当把设计视为国家经济、社会、文化、生态等自我建构的战略进行整体布局、规划和落实。第二，深度利用设计，与一个国家文化软实力的增长有着正相关的紧密关系，“设计软实力”体现的不只是作品和产品，更是一种能够改变社会和世界的制度以及知识、价值的创造力与影响力，是一种赢得社会和世界支持与认可的魅力及凝聚力。第三，现有的文化软实力概念更侧重于指各种文化资源转化为软实力的结果和形式，是静态的文化软实力。但“设计软实力”不仅是一种已有的成就状态，更重要的在于将各种资源转化为实际的国家文化实力的过程和机制，是动态的文化软实力。第四，通过增加跨学科性，运用新的设计方法和促进新领域不断地迭代出现，聚焦构建中国设计软实力的研究议题，可以提高国家转型发展对设计潜在贡献的政治认识。

为了便于理解，我将从以下 6 个研究维度对“设计软实力”进行分析。

（一）本土化设计：保持传统文化资源创造性转化与创新性发展的可持续

中国是世界文明古国和文化资源大国，有着文化交流与创新的历史基因和丰富的现实资源。如何转化和创造使其变成一种新的设计语言和设计文化，这是中国当下以及未来发展中一个非常重要的学术命题。我们看到，在一个国家的宏观经济中，无形资产所占的比重以及无形资产在 GDP 中所占比重是判断这个国家是否富有和可持续发展的主要评价依据之一。文化作为一种无形资产，在为国家和地区创造新的价值中成为竞争优势的主要来源。在研究中，需要找到文化资产的转化与本土化设计的逻辑思路、基本方法和实践流程。本土化设计如何将文化资源转化为当代生产生活中的综合实力，面临 3 个要素的作用力和反作用力：一是增长问题，二是包容问题，三是可持续问题。按照联合国教科文组织对这 3 个要素互动的关系判断，三者之间既不可分离，又相互反制。本土化设计的关键在于改善和优化增长方式的问题，因为如果没有包容性的、可持续的增长，这三者之间就会产生相互牵制的反作用力。如何围绕增长方式的改善来平衡和协调三者之间的关系，是实施本土化设计的关键。近年来，中国政府通过制定和实施本土化设计的策略与政策，帮助一些经济落后的地区成功脱贫。例如，2018 年工信部通过了《设计扶贫三年行动计划（2018—2020 年）》，这项政策的出台就是尝试解决增长、包容和可持续三者之间相互困扰的问题，以及通过该问题的解决，探索在贫困地区实现设计减贫和可持续发展的可行性。

（二）设计社群：深化公民共有价值观的社会共识和文化凝聚

“设计社群”建构的本质是借助文化资源，通过将个体创新活动“群体化”，复活草根的、大众的、民主的创造活动，其目的是将新的设计力量通过现实或网络化协作的方式实现可持续的社会转型，提出一定的思想，确立一定的规范，塑造出一定时代的精神诉求，获得人们的认同，拥有一定的信众，最终形成大众凝聚力。中国政府倡导的“大众创业、万众创新”

行动计划，从根本上说就是为了激活大众的、民主的、自下而上的创新设计活动，并使其融入社会治理和社会建设的全过程中。在这一过程中，构建以公共需求和在地问题为中心，强调心智的精神连接，将新的设计力量通过现实或网络化协作的方式实现可持续的社会转型，满足大众在面对安全、教育、健康、环境、经济等挑战时产生的内向聚合力和外向吸引力，发挥设计在解决社会凝聚力危机、归属感、身份认同、创造人与人之间的信任关系、增强设计的“亲社会性”和“社会复原力”方面的价值，形成“万众创新”的生动局面。目前，在上海蓬勃发展的集聚式设计社群，成为探索万众创新带动社会凝聚和社会建设的试验场。

（三）设计型制造：塑造中国制造高质量发展的新形象

中国制造业高质量发展的动力来自价值链上游，设计作为涵盖产品生命周期和价值链每一环节质量的“总开关”，至关重要。设计型制造，强调在设计开发阶段就应把采购、工程、生产、流通、销售服务和回收处理等各阶段贯通起来，形成全企业、全过程、全员的设计质量管理规范，消除周期性低效和低质，不断提高产品的设计能力、设计质量和文化品性。因此，深化中国设计与全球市场的联系，将给本土企业和跨国公司带来重大影响。根据国际贸易组织 2016—2020 年对设计产品出口额的统计数据，近 5 年，中国的设计产品出口额达到 12 亿美元，且在 G20（二十国集团）中排在第一位。5 年平均出口额，中国仍然排在第一位，而且增长的速度也比较快，与二十国集团中其他国家的出口额度正在拉大差距。在中国制造业向价值链上游转移以及与全球价值链融合的过程中，设计驱动型制造这种新的发展模式会迭代旧有的以产品价格为中心的发展模式，成为一种新的增长极。比如，在全球电动汽车市场，凭借着电池动力硬实力和时尚设计软实力，全球最大的 10 家电动车制造商中超过一半是中国的品牌。当前，中国已经占据欧洲 10% 以上的市场份额，而且发展速度很快，带动了更多传统汽车公司成功实现转型。这个案例表明，以设计驱动的绿色快捷的电动出行方式正在替代以燃油汽车及其价格驱动的产品制造思路。

（四）跨文化设计：传播中华优秀文化的价值理念和道德观念

跨文化设计作为超越语言的一种“全球性”语法，其主要目标在于打破文化界限，提高中国故事的国际表现能力和表达效果。如何提高中国故事的国际表现能力和表达效果？首先，要了解外部世界怎样知觉自己的文化，需设计出增强这种全球知觉的文化战略与政策。其次，要加强对自身文化的识别、反思、诠释、创新等方面的设计转译能力建设。再次，要强化引发注意、信任、记住和喜爱的设计触动力，形成文化身份特征。最后，要借助国际贸易、重大活动和重要媒体，增强设计师、艺术家和文化从业人员的行动能力，形成更广泛的文化扩散。

设计作为跨国界的通用语言形式，在跨文化交流中往往会有很强的传播力。北京冬奥会，从场馆设计到吉祥物设计，从开/闭幕式创意到表演展示创意，充分发挥设计超国界的作用，创造中国文化新的编码方式，向世界成功转译、展示和传播中国美学和中国文化。另外，《中国日报》海外版推出的插画设计，将中国传统工笔画表现手法与电脑板绘相结合，用带有浓浓中国美学韵味的装饰风格和具有国际化风貌的新插图，讲述了一个个生动的中国故事，其设计表现手段与装饰风格，都堪称国际设计与本土设计相结合的典范之作，该设计也因此获得素有报业“奥斯卡”之称的英国报业年度大奖，并获“最佳国际报纸奖”。这都是通过设计讲述中国故事、开展跨文化交流最成功的案例。

（五）设计政策：准直国际感知、接受乃至共情的声誉管理制度

声誉的主要功能是通过国家过去的行为来预测、解释未来的行为。研究表明，一个国家的声誉越好，它的国际竞争力也就越强。一般来说，声誉得分每提高 1 个百分点，一个国家接待的外国游客数量就会提高 0.9%，出口提高 0.3%。中国的人口、出口规模居全球第一位，GDP、FDI（外商直接投资）也排在美国之后，位居全球第二，旅游业排在全球第四位，但在有效经营、高品质的产品与服务、居民受欢迎程度、文化场所与景观、参与全球文化议题及制度建设等方面与其他国家存在差距。文化接触和感

知是提高国际声誉和软实力最有效的方式，而设计创新恰是这种方式的助推器，我们在这个方面明显重视不足。美国的设计版权、德国的工程设计、法国的时尚设计、日本的精微化设计、意大利的设计品位，这些文化价值“粘连”在这些国家的产品上，形成具有吸引力的声誉。因此，声誉与设计之间存在一种天然的互动关系，也可以说，两者互动构成一个完整的创新系统，包括如何通过设计构建声誉、如何通过设计发展声誉、如何通过设计增强声誉，以及如何避免因设计模仿抄袭而导致的声誉受损，这是我们当前需要思考和研究的。作为以文化为特定属性的声誉系统，设计政策具有汇聚、放大、传输和准直声誉的功能，对于国家声誉系统的创建和运转具有难得的可及性、易获性和有效性。超前规划设计战略和制定设计政策，有利于国家、城市和企业声誉的构建、发展与增强，进而产生更多的“溢出效应”。

（六）设计素养：打造适应未来挑战的高端设计人才核心素养

中国是设计人力资源大国，每年大概有40万名设计类专业学生进入职场，但目前我国各大高校仍然偏重双基（基本能力和基础知识）方面的培养，与未来国家经济、社会、文化发展对于新型能力或素养的要求存在较大差距。核心素养是指个体融入社会、职业发展、自我实现等需要的知识、能力与态度的综合体，具有21世纪知识经济时代的基本特征。在中国，全面提升青年设计师核心素养是当前高校设计教学综合改革的热点，目前全国有设计专业的本科高校占全部高校的77.4%，是面向未来设计人才培养转型的重点和主体。面对未来挑战，山东工艺美术学院2017—2022年尝试在人才培养方案中融入包括15个核心素养指标在内的培养内容，通过第三方评测机构对2018届学生进行了4年跟踪调查，发现大四学生的总体亲社会性、自我规划与管理、解决问题能力、适应性、创新能力、本土意识、审美素养、民生素养以及数字技能等核心素养指标均超过85%，较大一学生提升明显。该成果全方位提高了学生面向未来发展的核心素养，整体水平优于国内同类艺术院校。

综上所述，设计软实力有其提出的背景和现实意义，以上6个方面分别对应文化禀赋、文化凝聚力、竞争优势、跨文化对话、文化声誉和人才培育，呈现与众不同的文化面貌、文化形象和文化优势，归属于不同的知识体系、价值体系、战略决策、话语体系和教育体系，既相互独立，又相互贯通。这些新兴领域需要通过重构新的理论研究体系，来回答我国设计软实力的内涵、核心价值、阐释与传播，以及国内和国际的作用点，思考中国文化软实力怎样通过设计创新在世界话语体系中强化感知、深化共识、塑造形象、展示魅力、传播观念、培育人才，以此推进设计创新进程和文化强国建设。

下编 Part II

专题纵论：研究探索与观点
Special Feature: Research Explorations and Perspectives

卢晓梦
Lu Xiaomeng

陶海鹰
Tao Haiying

王怡琛
Wang Yichen

王允中
Wang Yunzhong

伊曼纽尔拉·科尔蒂，艾琳·帕西娜
Emanuela Corti,Irene Pasina

崔仕锦
Cui Shijin

蒋红斌
Jiang Hongbin

李艳，李薇，毕壹
Li Yan, Li Wei, Bi Yi

詹尼·德纳罗
Gianni Denaro

郑建鹏
Zheng Jianpeng

孙丽萍
Sun Liping

高璇
Gao Xuan

潘镜如
Pan Jingru

王建罡，高迎进
Wang Jiangang, Gao Yingjin

孙之森
Sun Zhisen

邓剑烨，毛成伟，马库斯·克林格弗斯
Deng Jianye, Mao Chengwei, Markus Klingelfuss

张瑞，孙强，毕欣雨
Zhang Rui, Sun Qiang, Bi Xinyu

陈确
Chen Que

郑依
Zheng Yi

邹渊，高瑞彤
Zou Yuan, Gao Ruitong

袁硕
Yuan Shuo

邵洪波
Shao Hongbo

张航
Zhang Hang

骆顺华
Luo Shunhua

程庆涛
Cheng Qingtao

戚艺
Qi Yi

中国地域文化视域下“跨文化”产品设计研究
——基于语义网络分析

卢晓梦[①]

一、序言

（一）研究背景和目的

1. 研究背景

不同国家、地区间的文化形式与文化特色均存在差异，而国家间、地域间的不同文化属性形成了其独特的文化特色。随着全球一体化趋势的不断发展，这些特色文化逐渐需要通过跨文化交际等方式进行融合及更新，这也给当前的产品设计领域带来了新的生命力。[②]文化是产品设计的基石，产品是文化的载体，产品设计的生命力以文化内容为支撑。在文化差异与产品设计相互融合与发展的时代背景下，跨文化因素也不再仅仅为社会学所研究，也必将为设计学服务。

20 世纪 80 年代后期，中国对“跨文化”的研究就已起步，迄今为止，跨

---

① 山东工艺美术学院应用设计学院副院长、副教授。

② 王成凤，徐圣超．浅谈地域文化元素在文创产品设计中的应用[J]．艺术科技，2017，30(9)：34－35.

文化传播、跨文化管理、跨文化广告等“跨文化”相关研究在各领域均有一定建树。然而，跨文化研究尚未与文化产品设计达到融合。在此背景下，本文提出的“跨文化”主要是指中国地域文化视域下的不同地域文化间形成的“跨文化”关系，以及“跨文化”产品设计。而开展基于中国地域文化视域下的跨文化产品设计相关研究也符合产品设计研究领域的发展需求。

2. 研究目的

本文研究的目的主要分为理论方面和实践方面。理论方面，旨在梳理地域文化视域下的跨文化产品设计思路，明确地域文化属性中的相关元素与产品设计的关系，研究地域文化视域下的跨文化产品主要内容、设计方法及设计流程，构建地域文化视域下的跨文化产品设计模型。实践方面，通过将跨文化产品设计模型应用于实践，对跨文化产品设计模型的价值与意义做出进一步论证。

（二）研究方法和数据来源

本文以语义网络分析法为主要研究方法，辅以田野调查法、文献分析法、社会网络分析法。通过中国知网学术平台以“文化产品设计”“地域文化产品”为主要关键词进行检索和数据收集，对相关文献的主题、摘要等内容进行数据整理和分析，提取关键词，结合一元、二元模型进行相关性分析的研究，得到两组数据的共性及个性关键词，并据此归纳出地域文化视域下的文化产品设计要素和相关设计因子，将地域文化与文化产品设计进行有机结合，形成能够突出地域文化表达的“跨文化”产品设计流程，并结合中国地域文化构建“跨文化”产品设计模型，为以文化为内容表达的、具有中国文化特色的产品设计提供理论支持。

二、地域文化与文化产品设计的关联

随着世界文化逐渐趋同化发展，以及部分发展中国家地域文化和本土特点被取代甚至消失，将地域文化融入产品设计则显得更加迫切。[①]地域文

① 李恒．产品设计与地域文化的关系[J]．现代装饰(理论)，2014(1)：105.

化是指具有悠久传承历史、独具地域民俗民风特征，且仍影响社会生活的特定区域范围内的文化传统，是特定区域范围内民生生态文明的表现。其中“地域”与环境相融合，“文化”依托单要素或多要素，通过长期不断地发展变化而形成。我国地大物博，民族众多，地域文化相互碰撞与交织，也可以看作一种“跨文化”的交流与文化表达。当地域文化与产品通过设计相互关联和融合，成为一种新的“跨文化”产品设计思路的更新迭代。在文化产品设计中，地域文化与产品的关系主要体现在“外形、材质、工艺”3 个方面。①例如，外形上具有浓厚地域特色的纹样通过设计增加更多的变化，进而装饰产品外形，在产品实用性基础上兼顾审美性；材质上结合地域特色材料进行产品设计和制作，丰富产品材质，促进材料升级，提升使用效果；工艺上借鉴地域文化中的特色工艺，形成产品独特性。

因此，随着地域文化与产品设计的深入融合，形成独特的“跨文化”产品设计思路与设计模式，构建独特的“跨文化”产品设计模型，是本文研究的主要内容。传统意义上的跨文化产品设计，其设计思路与设计原则等都是依托中西方文化差异因素进行研究和构建的，而在中国地域文化视域下，不同的文化 IP 具有其独特性，但又被中华民族文化包含，也有其共通性。因此，在中国地域文化视域下进行的“跨文化”产品设计相关的设计思路、设计流程、设计原则等更要遵循以人为本、以文化为核心的理念。

在地域文化视域下的跨文化产品设计中，了解其他地域文化是第一要素。由于地域文化之间的差异性甚至相悖性，使某些逻辑性、设计性、认可度较高的产品设计并不能满足其他地区或某些区域用户的需求。换句话说，并不存在能够涵盖所有问题的单一解决方案，地域文化可能是单一文化，也可能是多元文化共存，在进行产品设计时，要尽量保证单一文化下产品的个性，以及多元文化下产品的共性。也就是说，在进行跨文化设计时，要充分了解文化因素下的差异，通过分析差异，确立跨文化设计原则和设计形式。

---

① 付振宇．基于地域文化的文创产品创新设计[J]．包装工程，2019，40(20)：215－218.

目前，无论是香港理工大学梁町（Benny Ding Leong）教授于2003年提出的文化三层次，还是中国社会科学院何星亮教授提出的文化空间理论，又或是林荣泰提出的文化产品设计要素等，均以3个层级对文化产品进行理论研究，主要包括“外在层、中间层、内在层”，抑或“有形的、行为的、无形的”“物质的、习俗的、精神的”“物质、制度、精神”，以及“形态、行为、精神”等论述，而本文在研究过程中通过文献分析法，将上述理论与吉尔特·霍夫斯泰德在20世纪90年代初提出的不确定性回避（Uncertainty Avoidance）、权力距离（Power Distance）、长期目标（Long Term Orientation）、放纵性（Indulgence）、男性主义（Masculinity）、个人主义（Individualism）共6个维度的霍夫斯泰德文化维度理论（Hofstede's Cultural Dimensions Theory）进行了有机结合。[①]将文化层次与产品设计相结合，在本文中归纳为“价值、行为、精神”3个层级，为下一步的语义网络分析、提取文化产品设计要素，构建跨文化产品设计模型等研究打下了一定的理论基础。

综上所述，在地域文化视域下，结合文化层级概念与文化要素（信仰、价值观、规范和法令、符号、技术、语言）[②]、产品设计要素（产品功能、形态、物质技术条件）[③]等概念，依托大数据及社会网络分析等方法，结合地域文化与产品设计，将文化产品与设计要素进行整合，总结归纳了“文化产品设计三大要素”，主要包括“文化理念与价值观、用户行为及功能与交互体验、视觉偏好与外观审美”，形成包含设计原则与设计形式的创新设计思路，通过识别、分析、解释、重构等过程最终形成地域文化产品，为后续构建“跨文化”产品设计模型提供理论支撑，在此构建了“地域文化与产品设计关系理论模型”（见图1）。

---

① 王丽文．跨文化理论导入TCL手机品牌文化推广研究[D]．无锡：江南大学，2006.

② 文化构成的四大要素，http://www.ccutu.com/280010.html。

③ 产品设计的基本要素，http://www.jiechdesign.com/news/388.html。

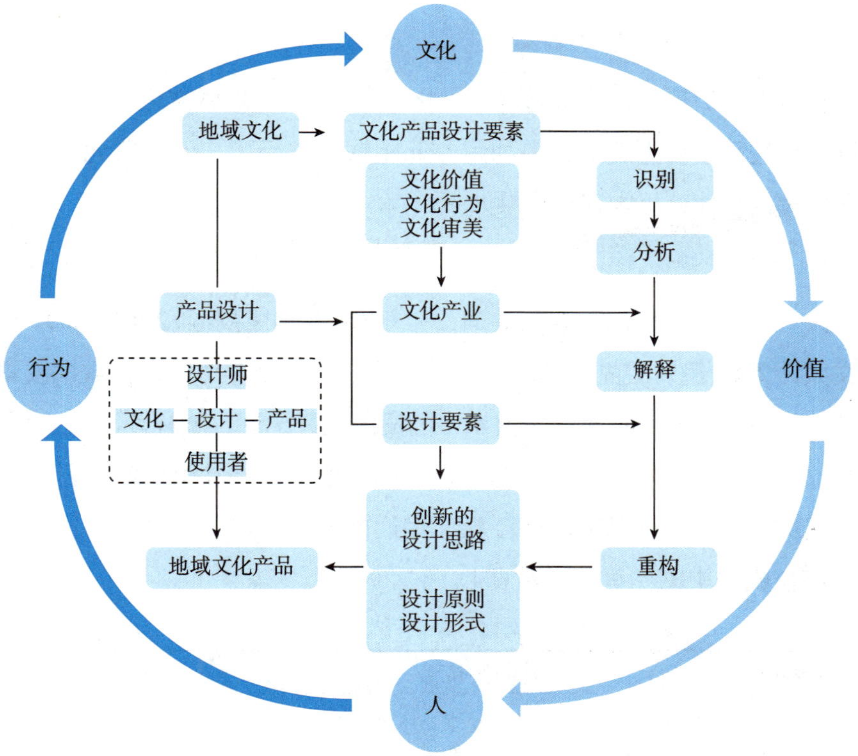

图1　地域文化与产品设计关系理论模型

资料来源：笔者绘制。

三、基于语义网络分析的跨文化产品设计模型构建

（一）需求分析概述

社会网络分析法（Social Network Analysis，SNA）是一种将可视化与可量化相结合的分析方法，它通过对网络群体内部的各种主体之间的关系进行量化分析，研究这种关系结构对群体内部主体的影响力。网络分析是建立在非概率方法基础上的，它的数据通过最大甚至是全部的群体成员获得，能够提供更准确和更真实的分析，可以建立一个社会关系模型，将数据挖掘出的信息进行可视化，并以网络结构的形式表达，从而可以清晰地发现社区中参与者之间的各种社会关系。

（二）文本分析结果

在数据分析部分，笔者通过“文化产品设计”“地域文化产品”分别在知网平台进行了数据爬取，并利用 Ucinet 软件进行了一元与二元分析及可视化处理。具体分析内容与结果如下。

1. 一元数据分析

以“文化产品设计”为关键词，在知网平台中搜索到 2017—2022 年的论文共计 2769 篇。首先，选取每篇论文的题目及摘要部分进行数据收集和整理，然后利用 Python 程序将文章中的词汇进行统计，屏蔽掉诸如“可以、不断、一个、文章”等被判定为无意义的词汇后，将其余词汇进行词频统计；其次，在统计过程中，整合意义相近的词汇，如将“我国、国内、中华”整合成“中国”等，详见表 1。

表 1 “文化产品设计”关键词处理

处理方式	处理前词汇	处理后词汇
屏蔽、删减	可以、不断、一个、文章、形成、我们、更好、国家、作用、目前、从而、主要、对于、一种、一定、不仅、当前	—
整合、合并	我国、国内、中华	中国
	特点、特性、独特魅力、特征	特色
	地区、地方、当地、地域性、本土、区域	地域
	时尚、潮流	潮流
	结合、融合	融合

最终形成高频词汇库，并选取词频数为 60 及以上的关键词汇共计 55 个。在上述词语清理过程中可以发现，目前国内相关领域的专家学者们在研究“文化产品设计”的过程中，关注点较为分散。因此，通过对所选取的高频词汇进行中心度计算，并在语义网络分析过程中研究相关重点词语及节点关系等内容，可以尝试找到目前国内“文化产品设计”相关研究的研究内容分布及关注点分布、关系等基本要点。通过数据筛选与整理，在 Ucinet 软件中经过词汇中心度计算后得到表 2。

表 2 “文化产品设计”关键词词频及中心度数值

序号	关键词	词频	中心度	序号	关键词	词频	中心度	序号	关键词	词频	中心度
1	产品	5759	272738	20	符号	571	39052	39	潮流	121	38612
2	设计	5491	258693	21	品牌	540	38587	40	材料	111	38842
3	文创	3491	156540	22	历史	540	38587	41	纪念品	107	38942
4	产品设计	2871	126160	23	纹样	495	38002	42	剪纸	102	39077
5	地域	2395	103788	24	体验	411	37246	43	民俗	99	39164
6	特色	2099	90468	25	市场	387	37078	44	文化底蕴	94	39319
7	传统	1988	85695	26	消费者	331	26798	45	装饰	86	39583
8	旅游	1828	79135	27	语义	321	36768	46	同质化	84	39653
9	中国	1664	72739	28	视觉	303	36750	47	因子	81	39764
10	融合	1617	71000	29	审美	302	36751	48	故宫	75	39998
11	非物质文化遗产	1094	52695	30	色彩	266	36859	49	实用性	75	39998
12	传承	979	48900	31	情感	262	36879	50	动漫	75	39998
13	民族	494	47970	32	衍生	261	36886	51	情感化	70	40223
14	艺术	889	46230	33	数字	207	37372	52	皮影	64	40505
15	产业	861	45474	34	文化产业	171	37768	53	面具	62	40603
16	载体	747	42624	35	互联网	146	38093	54	交互	61	40654
17	技艺	703	41612	36	设计师	145	38108	55	刺绣	60	40707
18	造型	648	40457	37	服饰	145	38108				
19	红色	600	39545	38	IP	145	38108				

资料来源：笔者整理。

根据语义网络分析思想，在文章整体环境中，屏蔽掉无用词汇后，词频数高的词汇会在语义上形成相应的语境，来描述整篇文章所要表达的基本含义。因此，如果将所有文本数据看作一篇文章，将文章中的重点词汇（高频数关键词）汇总出来，并以中心度进行度量后，按照一定的顺序进行组合，就可以形成一定的语境来描述作者（所有文章的作者）想要表达的主要思想（即总文本的中心思想）。在此原理的基础上，通过 Ucinet 软件的 Concor 分析，经过 25 次迭代后将最大分割数（Max Depth of Splits）参数设置为 3，进行 3 次分割（形成 3 个层次），并进行数据统计，最终将上述 55 个高频词汇在第一层次（3 次分割）后，归纳形成 8 个组别；第二层次（2

次分割）后归纳形成 4 大类；第三层次（1 次分割）后提取总结文本中心思想。另外，将每次分割后的词汇代入文本语境中进行分析，词汇组合后可以形成相应的语境，具体见图 2 和表 3。

表 3 “文化产品设计”分割语境

<table>
<tr><th>词汇</th><th>3 次分割后所反映的语境</th><th>2 次分割后所反映的语境</th><th>1 次分割后所反映的语境</th></tr>
<tr><td>产品、设计</td><td>产品设计</td><td rowspan="2">研究的对象是文化产品的设计</td><td rowspan="6">文化产品设计更需要从历史、民俗的角度，以非物质文化遗产和民族艺术为载体，使不同地域背景下的特色传统产品产业化。在这个设计过程中需要注意历史情感语义对产品的影响，充分吸收传统色彩和纹样，注意材料的合理运用。在产品产业化和销售推广上可以借助互联网、数字、交互技术，</td></tr>
<tr><td>文创、产品设计</td><td>文创产品设计</td></tr>
<tr><td>地域、特色、传统</td><td>需要注重地域特色和文化传统</td><td rowspan="2">设计过程需要结合地域特色和文化传统，可以融合旅游作为推广的载体</td></tr>
<tr><td>旅游、中国、融合</td><td>融合（结合）中国旅游</td></tr>
<tr><td>非物质文化遗产、传承、民族、艺术、产业</td><td>重点应关注民族艺术和非物质文化遗产的产业化</td><td rowspan="2">需要关注民族艺术和非物质文化遗产，注意产品的造型和技艺，需要结合文化符号创造品牌</td></tr>
<tr><td>载体、技艺、造型、红色、符号、品牌</td><td>注重造型和技艺的载体、品牌符号和红色文化理念</td></tr>
<tr><td>历史、纹样、体验、市场、消费者、语义、视觉、审美、色彩、情感、衍生</td><td>需要注意色彩纹样、历史情感语义、消费者体验和衍生品市场</td><td rowspan="2">在具体的设计工作中需要关注历史情感语义，关注消费者体验、传统色彩和纹样；在产业发展过程中需要结合文化底蕴，可以利用互联网、数字、交互技术推广，具体的产品可以是皮影、刺绣等纪念品。设计过程中需要注意同质化和实用化的问题</td><td rowspan="2">推广具有特定文化底蕴的文化产业，具体的产品可以是皮影、刺绣等纪念品，也可以是动漫形成的 IP</td></tr>
<tr><td>数字、文化产业、互联网、设计师、服饰、IP、潮流、材料、纪念品、剪纸、民俗、文化底蕴、装饰、同质化、因子、故宫、实用性、动漫、情感化、皮影、面具、交互、刺绣</td><td>具体的表现形式：故宫、剪纸、皮影、面具、刺绣、服饰等纪念品；结合互联网、数字、交互技术推广 IP；设计师更需要了解民俗和文化底蕴，设计要符合潮流，注重材料，注重情感化，从实用性角度考虑装饰，并注重产品的同质化问题</td></tr>
</table>

以“地域文化产品”为关键词，在知网平台中搜索到 2017—2022 年的论文共计 1219 篇。选取每篇论文的题目及摘要部分进行数据整理，并利用

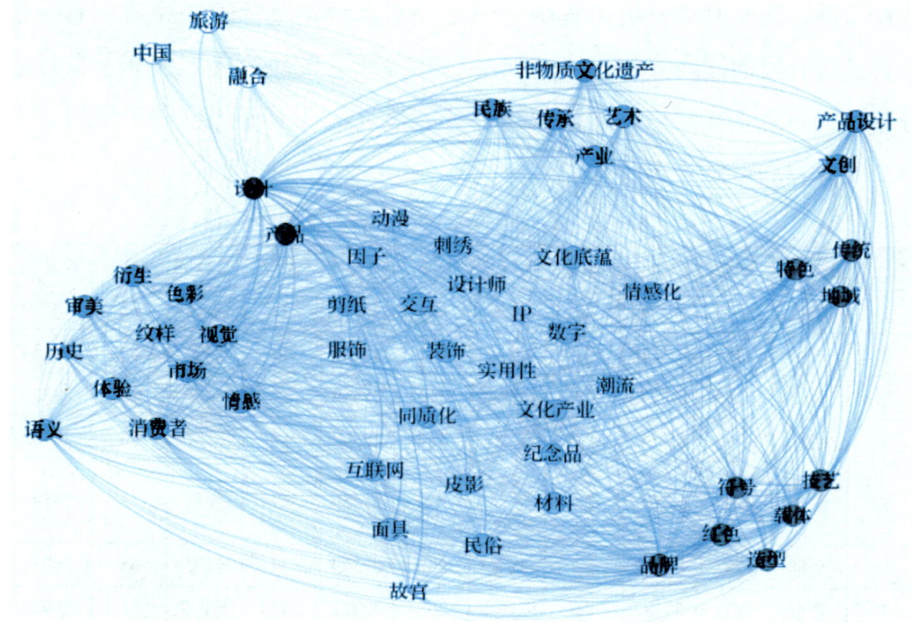

图 2　“文化产品设计”语义网络可视化图谱

Python 程序爬取数据，将论文中的词汇进行数据统计，屏蔽掉如“国家、文章、一个、目前”等被判定为无意义的词汇后，进行词频统计；在统计过程中，整合意义相近的词汇，如将“地区、地方、当地、地域性、本土、区域”整合成“地域”等，详见表 4。

表 4　“地域文化产品”关键词处理

处理方式	处理前词汇	处理后词汇
屏蔽、删减	可以、不断、一个、文章、形成、我们、更好、国家、作用、目前、从而、主要、对于、一种、一定、不仅、当前	—
整合、合并	土特产、土特产品、农产品、陶瓷产品、海产品、特产	土特产品
	地区、地方、当地、地域性、本土、区域	地域
	时尚、潮流	潮流
	结合、融合	融合

最终形成词频数为 48 及以上的关键词汇 56 个。在此过程中可以发现，国内相关领域的专家学者们在研究“地域文化产品”的过程中，关注点主要在不同省市的土特产品上。因此，通过对所选取的高频词汇进行中心度

计算，并在语义网络分析过程中研究相关重点词语及节点关系等内容，可以尝试找到目前国内“地域文化产品”相关研究的研究内容分布及关注点分布、关系等基本要点。通过数据筛选与整理，在Ucinet软件中经过词汇中心度计算后得到表5。

表5 “地域文化产品”关键词词频及中心度数值

序号	关键词	词频	中心度	序号	关键词	词频	中心度	序号	关键词	词频	中心度
1	地域	5548	283935	20	载体	384	28875	39	基因	92	28229
2	产品	3354	163265	21	市场	381	28824	40	小镇	87	28334
3	设计	3260	158283	22	纪念品	360	28509	41	动漫	85	28380
4	旅游	2296	109119	23	艺术	330	28509	42	设计师	80	28505
5	特色	2253	107012	24	土特产品	270	27459	43	规划	77	28586
6	文创	1783	84922	25	技艺	260	27369	44	叙事	65	28934
7	省市	1151	56482	26	消费者	239	27222	45	产业化	61	28934
8	产品设计	1047	52010	27	乡村	225	27152	46	民俗	61	29058
9	融合	965	48648	28	视觉	216	27125	47	文化名城	56	29233
10	产业	711	38742	29	体验	183	27092	48	休闲	52	29381
11	包装	704	38483	30	政策	179	27096	49	商业	52	29381
12	传统	624	35683	31	语义	173	27114	50	互动	52	29381
13	品牌	566	33769	32	纹样	171	27124	51	媒介机制	50	29467
14	博物馆	538	32901	33	衍生	162	27187	52	文化底蕴	49	29512
15	民族	504	31915	34	审美	160	27205	53	IP	49	29512
16	历史	456	30619	35	服务	151	27304	54	地理	49	29512
17	符号	400	29219	36	情感	132	27551	55	竞争	48	29565
18	非物质文化遗产	394	29081	37	游客	113	27836	56	景区	48	29565
19	造型	386	28913	38	色彩	110	27887				

资料来源：作者整理。

通过 Ucinet 软件的 Concor 分析，经过 25 次迭代后将最大分割数（Max Depth of Splits）参数设置为 3，进行 3 次分割（形成 3 个层次），并据此进行数据统计，最终将上述 56 个高频词汇在第一层次（3 次分割）后，归纳形成 8 个组别；第二层次（2 次分割）后归纳形成 4 大类；第三层次（1 次分割）后提取总结文本中心思想。另外，将每次分割后的词汇代入文本语境中进行分析，词汇组合后可以形成相应的语境，具体见图 3 和表 6。由于知网中关于该主题的内容不是很多，1219 篇论文的摘要只有 389134 个总字数，文本数量并不是很多，因此将最大分割深度数值设置为 3，进行分割时，会产生部分单独词汇，因此我们可以在 2 次分割后进行讨论。

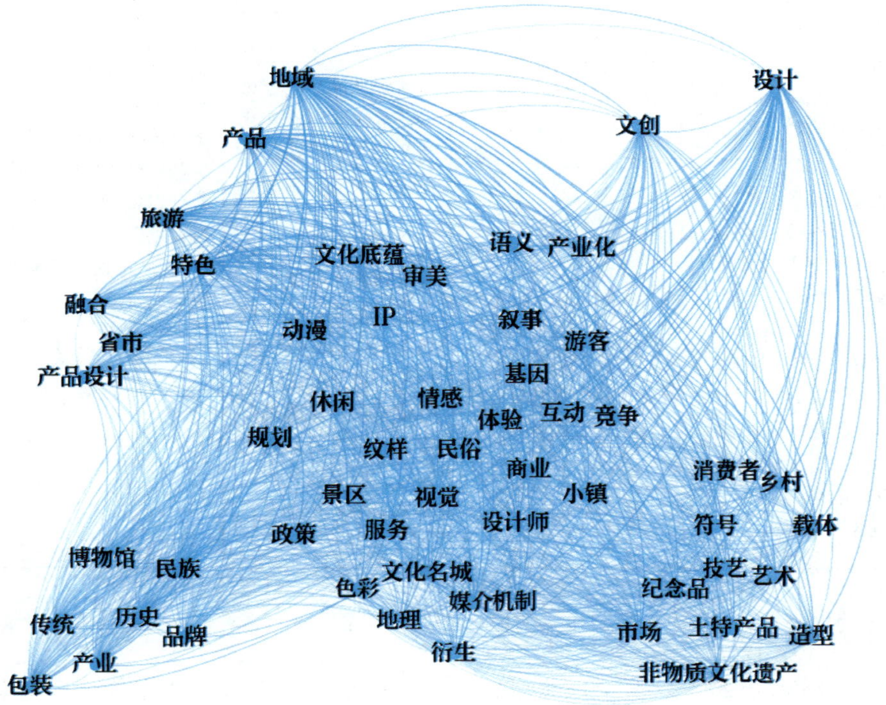

图 3　“地域文化产品”语义网络可视化图谱

表 6 “地域化产品”分割语境

<table>
<tr><th>词汇</th><th>3 次分割后所反映的语境</th><th>2 次分割后所反映的语境</th><th>1 次分割后所反映的语境</th></tr>
<tr><td>地域、产品</td><td>地域产品</td><td rowspan="2">对象为地域产品设计</td><td rowspan="8">地域文化产品是指各省市在政策机制下对本地域内的文化名城、休闲小镇进行规划以吸引游客，购买以民族艺术或传统技艺为载体的非物质文化遗产产品、旅游纪念品或者乡村土特产品。主要是在视觉审美上以传统纹样或者色彩为基础对产品包装进行设计以实现其产业化。目前也在尝试运用动漫 IP 的方式推广地域文化和民俗</td></tr>
<tr><td>设计</td><td>设计</td></tr>
<tr><td>旅游、特色</td><td>旅游特色</td><td rowspan="2">以文创和旅游为特色</td></tr>
<tr><td>文创</td><td>文化创意</td></tr>
<tr><td>省市、产品设计、融合</td><td>各省市融合地域文化特色进行产品设计</td><td rowspan="2">不同省市的产品特点由于民族历史和文化传统而不同，设计时需要注意品牌、包装和产品化问题</td></tr>
<tr><td>产业、包装、传统、品牌、博物馆、民族、历史</td><td>文创品牌应结合民族、历史文化，以及在包装中的价值</td></tr>
<tr><td>符号、非物质文化遗产、造型、载体、市场、纪念品、艺术、土特产品、技艺、消费者、乡村</td><td>地域文化产品主要是具有民族艺术的非物质文化遗产和土特产品</td><td rowspan="2">地域文化产品主要指以乡村特色技艺为载体的纪念品、具有民族艺术的非物质文化遗产和土特产品。各地均在政策机制影响下以休闲小镇、文化名城规划等商业方式吸引游客来完成文化产品的推广。设计师更应该从文化底蕴、民俗、情感、语义等方面突出产品的视觉审美，注重纹样色彩研究，也可以利用动漫等媒介进行 IP 推广</td></tr>
<tr><td>视觉、体验、政策、语义、纹样、衍生、审美、服务、情感、游客、色彩、基因、小镇、动漫、设计师、规划、叙事、产业化、民俗、文化名城、休闲、商业、互动、媒介机制、文化底蕴、IP、地理、竞争、景区</td><td>在国家相关政策的指引下，以文化名城、特色小镇为代表的地域产品开发及其衍生商业，使设计更具有竞争力</td></tr>
</table>

2. 二元数据分析

通过社会网络分析法，把总文本“跨文化”产品设计作为一个整体“项目”进行研究。这个“项目”的两个“分项”分别是“文化产品设计”和“地域文化产品”。完成这两个“分项”分别需要有 55 个和 56 个“元素”，将这些“元素”进行二元分析可以得到“分项”的“共性”和“个性”。“共性”和“个性”的整合能够为“跨文化”产品设计过程中构建基本设计思路和设计模型提供重要依据（见图 4）。

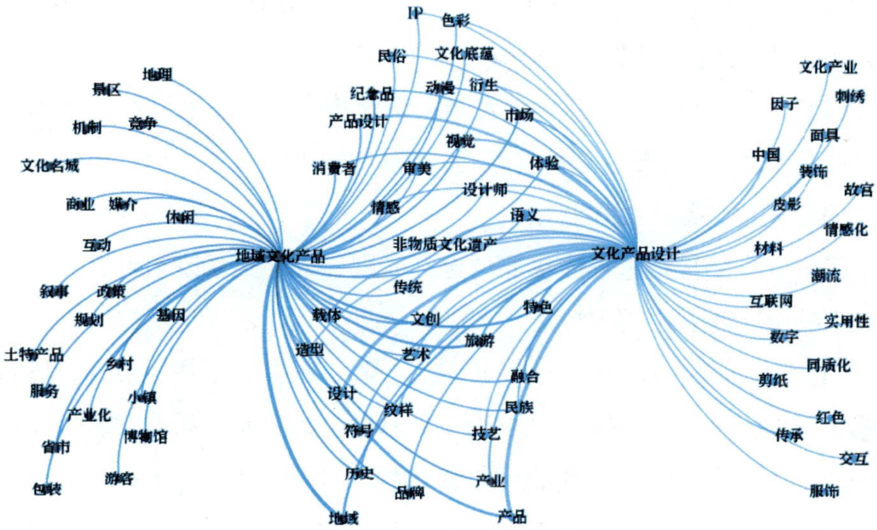

图 4　二元数据分析网络关系图谱

如图 4 所示，“产品、设计、文创、产品设计、地域、特色、传统、旅游、融合、非物质文化遗产、民族、艺术、产业、载体、技艺、造型、符号、品牌、历史、纹样、体验、市场、消费者、语义、视觉、审美、色彩、情感、衍生、设计师、IP、纪念品、民俗、文化底蕴、动漫”共计 35 组词汇为“两个分项”共有关键词。把这些关键词汇代入总文本库中查询上下文语境，归纳出以下三点内容。

（1）无论地域文化产品还是文化产品设计，都需要从民族艺术或非物质文化遗产中寻找创意。

（2）需要注意历史情感语义，并形成符号元素，结合传统色彩、纹样、材料进行设计。

（3）需要设计师创造或发掘文化属性，并结合纪念品、动漫等多种形式进行推广。

此外，“中国、传承、红色、数字、文化产业、互联网、服饰、潮流、材料、剪纸、装饰、同质化、因子、故宫、实用性、情感化、皮影、面具、交互、刺绣”共计 20 组词汇仅出现在“文化产品设计”分项中。将上述关键词汇代入总文本库里查询上下文语境，可以归纳出以下四点结论。

（1）文化产品设计更注重中国文化的传承，更需要具体的事物作为载体，如故宫、皮影、服饰、刺绣等。

（2）需要从材料上入手，结合当下潮流将文化产品进行产业化升级，同时在设计过程中需要注意并改善文化产品的同质化现象。

（3）注重产品的实用性。

（4）在产品推广过程中主要结合互联网、数字交互技术，也就是说，文化产品设计更注重实际产品。

“省市、包装、博物馆、土特产品、乡村、政策、服务、游客、基因、小镇、规划、叙事、产业化、文化名城、休闲 、商业、互动、媒介机制、地理、竞争、景区”共计 21 组词汇仅出现在“地域文化产品”这一分项中。将上述关键词汇代入总文本库里查询上下文语境，可以归纳出以下两点结论。

（1）各个省市在政策机制下，结合自己的地理特点，依托小镇经济、文化名城、博物馆等人文景区，吸引游客，并销售土特产品。这种形式的地域文化产品推广已经初具规模。

（2）在设计过程中，设计师更注重土特产品的包装问题。

另外，通过 Ucinet 软件获取上述两个分项的各项中心度数据如表 7 所示。

表 7　中心度测量数据

分项	度中心度 Degree	2－桥接中心度 2－Local Bridges	紧密中心度 Closeness	中介中心度 Betweenness	特征向量中心度 Eigenvector
文化产品设计	0. 714	0. 195	0. 608	0. 497	0. 697
地域文化产品	0. 740	0. 199	0. 626	0. 531	0. 717

根据表 7 数据结果来看，“地域文化产品”的各项中心度均略高于“文化产品设计”，因此在地域文化视域下的“跨文化”产品设计过程中，设计师不仅要基于民族艺术、非物质文化遗产进行文化产品设计，更需要从地域文化特点入手，紧紧围绕地域内的民俗特色和文化传统，结合特有的色彩、纹样、材料进行设计，与此同时，要兼顾产品实用性、跨地域的受众

接受度、与当下潮流文化的结合度，并且尽量避免同质化，同时要在如何进行产业化升级等方面进行深入研究。另外，可以结合互联网、数字交互等多种现代新媒体技术，利用动漫、影音等多种形式构建多类型文化 IP。另外，进行“跨文化”产品设计时，更需要结合当地政策、法规等规章制度，以及政府相关领域的规划机制，才能对地域文化视域下的跨文化产品进行产业化升级，并进一步进行产品推广。

（三）“跨文化”产品设计模型

依托上述数据，结合语义网络分析法，并且从“跨文化”产品设计的复杂性、互动性、系统性等观点来看，跨文化产品的设计开发过程就是一个由设计师、地域文化背景、文化资源、消费群体、政策支持、设计要素等诸多客观因素和主观审美、心理等主观因素构成的整体设计系统。上述设计因子与各文化要素既具有一定独立性，又相互关联与影响，并同时影响设计。本文基于此逻辑构建出跨文化产品设计模型，如图 5 所示，并在梳理了各个设计要素、设计原则、设计形式的基础上，总结设计思路，确立了地域文化视域下“跨文化”产品设计的内涵和基本逻辑，为设计者和研究者提供视角和参考。

此设计模型主要有 3 个模块内容：文化识别模块、文化产品与设计模块、跨文化（地域文化视域）的文化表达模块。每个模块间的内容是相互联系和相互作用的，同时都是依托于大数据下的社会网络分析与语义社会网络分析进行的，是一个循环的设计模式。

1. 文化识别

此模块对应“跨文化”产品设计的企划阶段，在地域文化产品与文化产品设计两个分项上均有相关性，地域文化产品模块中涉及文化三要素及相关政策支持等内容，将其与地域文化相结合，表现在文化产品上；文化产品设计模块中涉及设计师和文化表达两个要素，不同的设计师进行文化识别的效果和结果不同，所构建的文化 IP 也不尽相同。因此，在进行“跨文化”的产品设计时，要结合社会网络分析，对所涉及的地域文化或相关

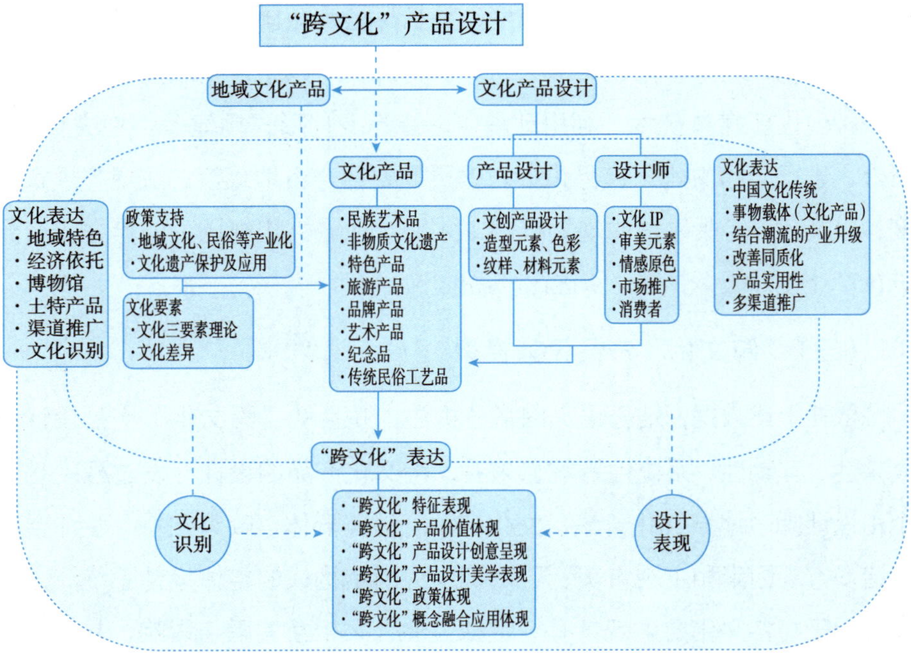

图5 "跨文化"产品设计模型

资料来源：笔者自绘。

传统、民族、民俗等文化内容的表达进行整体把握和选取，这是该阶段主要考虑的内容。也就是说，设计者首先要进行调研，通过调研包括社会网络分析法在内的多种研究方法，对数据进行分析，定位目标用户的需求；其次依据地域文化设计内涵，筛选和提炼地域文化内容，从而实现文化识别。

2. 文化产品与设计

此模块对应"跨文化"产品设计的规划设计阶段，即主要设计阶段，通过文化产品，以及包括社会网络分析法在内的各种研究方法，进行产品设计的各类设计元素提取，以及设计师各种影响因素的确定，并依托文化识别模块及产品设计、设计师两个要素进一步确定文化产品类型等设计目标。在此基础上，构建产品设计需要表现的内容，如"创意、交互、创新、传统、潮流"等，以及需要解决的问题，如"同质化、推广渠道"等。同时，结合文化产品设计分项中的文化表达，在设计表现中，通过创新设计手段表现产品的设计概念，运用不同的设计语言诠释产品的内涵，进行“跨文化”表达。此部分要时刻遵循产品创新性、文化性、实用性3个设计原则。最终达到极具地域特色，契合用户需求和视觉表现，符合用户审美，提升用户满意度的目的。

3. 跨文化（地域文化视域）的文化表达

此模块对应“跨文化”产品设计的评估阶段，属于产品设计模型的最终阶段，主要包括“跨文化”表达的各要素。具体包括“跨文化”特征表现、“跨文化”产品价值体现、“跨文化”产品设计创意呈现、“跨文化”产品设计美学表现、“跨文化”政策体现、“跨文化”概念融合应用体现等要素。此过程主要是从用户角度出发，通过“跨文化”表达模块对地域文化视域下的“跨文化”产品设计进行反馈及评价，以满足用户需求和审美，并以此为标准考量“跨文化”产品设计模型应用效果。

四、结论

本文从学科交叉的角度出发，将文化与产品设计相结合，通过社会网络分析、语义网络分析对“跨文化”产品设计进行研究。通过数据分析，总结构建地域文化视域下的“跨文化”产品设计模型。首先，阐述了地域文化、产品设计的关联性，构建了关系模型图；其次，通过社会网络分析的语义网络分析，进行数据采集和元素提取，从而深入了解“跨文化”产品设计中的文化特征、产品价值、外观功能和美学表现等，形成文化识别、文化产品与设计、跨文化（地域文化视域）的文化表达3个模块，分析阐述“跨文化”产品设计研究的现状与发展趋势，并最终构建了相关设计模型，为今后相关研究及产品设计者的设计过程提供一定的借鉴。在研究过程中，由于中文的复杂性和多样性，文本处理过程仍存在一定的不足，对于设计模型的实践案例和效果评估将在后续研究中完成。通过本文的研究，希望能够为中国地域文化视域下的“跨文化”产品设计原则、设计思路、设计模式，以及文化创新等方面提供一定的参考。

参考文献

[1]冯娴. 南方工业设计事务所[J]. 工业设计, 2003,9(4):23-25.

[2]白欲晓."地域文化"内涵及划分标准探析[J]. 江苏社会科学,2011(1):76-80.

[3]李卓卓,丁子涵. 基于社会网络分析的网络舆论领袖发掘:以大学生就业舆情为例[J]. 情报杂志,2011,30(11):67,70.

[4]王成凤,徐圣超. 浅谈地域文化元素在文创产品设计中的应用[J]. 艺术科技, 2017,30(9): 34-35.

[5]卢纯福,乔晓玲,娇东芳,等. 基于Hofstede文化维度理论的跨文化产品设计研究[J]. 包装工程,2020,41(12):117-124.

[6]顾周媛. 文创设计中城市地域文化元素的提取与设计研究[J]. 旅游纵览,2021(15):107-109.

[7]王可鑫. 地域文化信息可视化设计的跨文化传播策略研究[J]. 文化产业,2021(26):93-95.

[8]宗成武,罗洁. 跨文化设计的多维度解读[J]. 包装与设计,2022(1):130-131.

[9]齐欢. 旅游文创产品设计地域性表达[J]. 包装工程,2022,43(2):306-309.

[10]舒文鑫. 地域文化视角下地区特色文创产品开发设计[J]. 文化产业,2022(18):131-133.

社会设计视域探析感质体验对声誉价值之影响

王允中①

一、引言

我国自改革开放以来，大量以加工制造为安身立命之本的代工企业（Original Equipment Manufacturer，OEM）应运而生，而随着中国经济由高速发展向高质量发展转型，此类贴牌企业正经历着供给侧结构性改革与产业链融合升级所带来的“阵痛”。尽管 OEM 商业模式在我国经济总量中占比巨大，但其价值活动却长期处于全球供应链底端，因而原物料价格波动、劳动力成本上升，以及能源供应紧张等外在因素，都将对缺乏自主品牌价值与核心技术的厂商造成风险打击。鉴于此，传统劳动密集型产业应当向价值链两端延伸，即以社会责任意识为导向，将消费者需求作为支点，撬动经济高质量发展的杠杆。

新兴经济体的产业发展，依赖于产品供给与消费者需求间的动态平衡；在劳动力紧张、产能不足时，消费端容易形成通胀；而随着科学技术的发

---

① 湖北美术学院视觉艺术设计学院当代设计文化研究中心讲师。主要研究方向为文化产业、战略设计。

展进步，劳动力密集、产能过剩时，则容易造成消费端的通缩压力，甚至在远期市场存在滞胀风险。因此，过去相当长一段时间，我国各行业根据中央财经委员会2015年第十一次会议精神指引，积极落实供给侧结构性改革与产业链升级。然而无独有偶，大量小微企业受限于资源禀赋、规模经济，以及创新能力等因素，既不具备技术壁垒，又难以扩大生产，导致传统产业在转型过程中举步维艰。大量试图通过技术迭代更新，实现由OEM或ODM（Original Design Manufacturer）向OBM（Original Brand Manufacture）跨越的企业，被迫使出浑身解数，避免因市场萎缩而导致企业微型化的外部环境因素持续侵蚀品牌声誉价值。本文认为：此类无法从内生性角度提升核心竞争力与品牌自主创新能力的小微企业，应当寻找创新商业模式与发展路径。考虑到当前代工企业经营处于困境，面临产业升级转型的巨大压力，结合“十四五”规划强调推进产业数字化转型，在复杂多变的市场环境下，文化、旅游、数字产业快速融合可谓新的破局途径。与传统商业模式强调企业创新力及产品竞争力不同，文化与旅游融合的新业态发展，注重消费者感质体验，即以文化软实力为抓手，侧重于休闲观光，对产品进行数字创意与设计赋能，从而实现企业多角度经营并塑造文化消费惯性之商业模式。

因此，本文试图以社会设计视角探讨如何通过服务思维，为消费者创造情感场域、感质体验以及感知价值。在此基础上，在企业社会化发展过程中，文化、声誉、责任等无形价值，又将如何建立与消费者、用户乃至社群之间的共感心理链接？探寻感质体验商业模式的生活化发展，进而提升文化与旅游业态之声誉价值，正是本文旨在探讨的重点。

二、理论与研究综述

当前文化旅游资源开发强调，基于“五位一体”的总体布局，拉动区域经济发展，帮扶地方文化构建，以社会责任作为润滑剂，促进区域产、研、文、旅协同发展。这就要求企业组织与社会组织在复杂的系统环境中，发挥相应的自组织能力。换言之，以服务社会的形式进入市场之业者，更加适应产业转型的趋势，它们通常关注市场端的资源配置、环境保护、弱势群体、食品安全、妇幼保护、长期照护等社会问题，以及区域农业、农村协同发展的困境与难点。

（一）社会设计的意义

社会设计在近 30 年间受到西方主流学术圈重视的根源，在于人类生活痕迹与过度消费造成不可逆的生态环境破坏，加之市场经济的操纵，社会不平等与文化差异频频引发社会矛盾与冲突。因此，广大学者提出以设计作为方法，通过社会设计以解决社会问题（边兰春、陈明玉，2018）[2]。例如，Farrell 和 Aubry 从人力资源的角度，研究欧洲年轻人高失业率问题，指出失业率并非源于工作压力及劳动力市场供需关系，解决该问题重点在于改变人群的工作方式，开发属于自己的空间，建构自我存在的意识[3]。因此从社会问题着手，关注到社会人群，转向开发尚未被商业体系占领的社会空间、文化空间、城市空间，正是社会设计的意义所在。

社会设计在中国有其独特的语境，不同于西方社会蕴藏的大量矛盾与冲突，我国促进社会发展的宏观战略规划，始终围绕市场结构稳定性以及供给侧、产业链升级层面。就城市文化空间的协调与发展策略而言，推进乡村振兴战略，正是行之有效的为社会而设计的理念，即通过文化自信引领乡村特色旅游发展，以特色旅游带动产业链升级，从而实现区域经济高质量发展，并最终提升人居环境与居民生活品质。

近年来，面对国际形势的不稳定因素，加之新冠疫情对营商环境的干扰，我国旅游业态及行业结构均受到一定程度影响，全球经济也从一体化发展，顷刻转变为各自发展的区域经济保护主义。但值得注意的是，在全球化浪潮褪去，国际供应链亟待重组的新格局下，中国并没有跟随西方保护主义退缩，而是极力促进新秩序的建构，推进双循环战略，以国内大循环带动国内国际双循环，承担起大国的责任，为全球经济的复苏做出重大贡献。在此情势之下，传统产业仅仅关注要素禀赋与供需平衡的模式，已不足以承载新时代经济建设的高质量发展，取而代之的是以创造社会价值为目标，关注社会问题进而引导人居生活方式选择，致力于服务社会的产业新生态。

社会设计作为一种开放式的新形态，强调空间的“生成性”，即由社区力量调度个体，促使“自我”组织过程演化为“合作”组织，进而形成“自组织”经营模式[4]。相对于传统依靠政府统一规划进行布局与设计的战略，自组织形态的文化、产业、生态建构更具有区域性特色与差异化竞争优势，并能够通过不断循环累积创造附加价值。以此为基点建设文化旅游产业，不仅覆盖生态文明的保育开发，更在于辐射区域文化资源，孵化地方性产业创新，进一步为传统发声，扩大影响力，从而增加人口流动性与区域经济活力。由于社会设计关注创造社会价值而非商业价值，加之当前推动乡村发展的文旅项目仍以政府为主导，尚未形成有机的商业体系，具有社会属性的行业发展，以及具有社会服务意识与愿景的相关业者，始终面临难以维系的困境。

因此本文认为，倘若能将消费者的知觉体验融入社会设计，以服务质量为依托，创造体验式营销环境，提升消费者满意度，必然能够提升用户忠诚度与声誉价值，进而促进商业循环，在体现社会价值的同时，也能促使感质属性的附加价值得以被创造。

（二）企业组织的社会属性

著名经济学家诺贝尔经济学奖得主大卫·蒂斯曾从产业结构及组织行为的角度系统阐释企业组织的定义及其结构性特征，企业组织强调动态发展过程中的价值活动，是企业在经营过程中形成的一种管理结构，它的意义在于更加有效地发挥企业协同作用[5]。因而，在此概念提出之后，大量学者从企业社会责任（Corporate Social Responsibility，CSR）角度，进一步探讨企业组织的社会属性及其边际效应[5~7]。不同于西方发展路径，我国经济的飞速发展促使各界迅速意识到社会责任问题，因而政府及社会并没有过多呼吁企业组织应当承担的角色与责任，便已有大量自组织形式的社会企业形成，其初衷与远景目标始终锁定在社会服务而非产品与创新方面。社会企业强调运营的功能性、社会使命感及其服务品质，注重通过资源整合实现社会价值创造的目标；以服务相关群体、族群为对象；以设计战略作为工具，解决社群的痛点[8]。利用社会企业在经营模式上的差异化，以及公益性特征、专业性竞争优势，以设计介入的方式，切实贯彻产业之社会使命，显然能够在供给侧层面有效补短板，进而协同解决社会问题，是传统产业转型的良善之策。

因此，任何企业组织的社会属性都包含企业社会责任，区别在于以盈利为驱动的企业将社会责任作为一个独立的事业部运营，而社会企业则是以社会责任作为营运的根本逻辑与依据进行战略布局。此外，由于经营方式的差异，社会企业大多属于第三产业，以旅游观光、服务、休闲相关的业务为主，同时包含部分微制造业，如文化创意、创意设计等相关行业。而一般企业则集中在制造业供应链，更侧重于产品科技属性与研发创新。社会企业的运营方式对于传统企业也是一个启示，即传统制造业者如何在产品开发难以形成差异化的境况之下，通过产业资源活化利用来完成企业转型。以往传统业者仅能通过产品面对消费者，不少企业还需面临直营与代理的经营抉择难题，这就导致相关业者不仅要面临产品同质化与被替代的风险，还需承担上下游供应商与客户施加的压力；企业经营环境之窘迫可见一斑。若对以生产模式为导向的思维进行调整，转变为以服务模式为主的经营形态，从设计层面着眼，关注消费者用户体验，提升服务品质与感知价值，减少对经销商的依赖，则对品牌文化构建、扩大消费群体，甚至强化品牌认同、提升品牌价值层面，都将大有裨益。以高附加值科技产业举例而论，当下大量科创企业都已经从制造并贩售硬件转型到软件设计开发，再由设计端转向为客户提供咨询服务，也即成为客户的“客户”；继而由于提供咨询与顾问服务，又能增加用户黏性，反哺并拓展产品线，从而帮助企业获得可持续性的竞争优势。具有社会属性的企业，在产业互补层面较之科技企业更具有优势与便利性，故而亦可如法炮制。

当前为助力乡村振兴，文化旅游的融合发展正是传统产业转型之契机，在宏观战略设计框架之下，企业通过为社会而设计来助力产业振兴，以文化为依托打造符合旅游情境之产品，进而为游客的体验提供服务，正是提升消费者感知体验价值的有效介入方式与可行性途径，同时也是解决社会痛点与区域经济发展“瓶颈”的可循证实践。

（三）产业协同的社会设计倾向

产业发展从追求高效与利润的资源结果转变为关注社会议题导向，不仅仅是企业社会责任使然，更意味着产业协同的理念与方式正发生着变革。这点可以通过OEM型企业与OBM型企业经营策略之差异充分体现出来：在传统代工企业的经营模式下，强调低成本战略而非差异化经营，因此非但不重视设计，更有甚者压缩创新设计与研发之占比；然而具有品牌意识与声誉价值的企业则恰恰相反，通常强调设计赋能概念并配置大量设计与创新资源，以利于形成差异化经营战略。因此，产业的社会设计倾向可以看作企业社会化的设计价值观呈现。在以设计为主导的经营理念下，盈利问题将被为何设计、为谁设计，以及专业性设计取代[10]。换言之，消费者体验与满意度将被放在首要位置，产品需求更具有针对性，服务品质也将更具有可靠性；同时，此种交互体验进一步引导消费者参与更多关于产品细枝末节的设计构想，使之能够通过设计来协同服务社会需求。

正如美国设计理论家维克多·帕帕奈克在《为真实的世界设计》一书中所提倡的：设计必须成为一种得以回应人类真正需求，既具有创新意义又富创造性的跨学科工具，且更偏重其研究导向。故而设计思维的发端应当注重协同效应，不应该忽略社群与社会的真正需求，必须高度融入社会属性，符合社会核心价值评判标准，进而为社会发展带来积极正向的影响。Schiffer在帕帕奈克的基础之上，进一步指出设计应该为大多数人服务，针对社会群体的需求而非欲望，且对品质、理念以及批量的标准化生产流程（Standard Operation Procedure，SOP）迷思有所突破，甚至应当是因人为创造的期望而设计[11]。这一观点正随着社会发展而进步，在强调以人本位构建生态文明和谐融通的土壤中生根发芽。经济、文化、科技创新协同之格局，恰逢其时地促进产业形态演变成以战略高度、设计思维引领行业增长之轨迹。自国务院办公厅于2018年发布《关于促进全域旅游发展的指导意见》以来，地方产业、特色文化、乡村旅游如雨后春笋般快速发展，其多元融合、开拓创新模式助力区域经济成长，焕发勃勃生机。随着政府大量资源投入，产业日益重视设计赋能，进而提升产业竞争力，创造企业竞争优势，从而带动人才流动，促进营商环境区块链发展，形成去中心差异化生产格局，以在地孵化为目标，解决区域资源配置及平衡发展问题。故而关注社会发展，了解女性、儿童、残障人士、老龄人口等弱势族群之需求，是产业转型升级的重要依据，不仅是为社会而设计，更是为构建人类生态和谐而助力。

长久以来，产业社会设计导向始终存在经营难题；在资本裹挟之下，社会责任与消费主义形成巨大冲突，然而这并不意味着社会设计应排除具有经济效益的商业模式，抑或放弃利益的最大化；相反，产业转型应当结合文化旅游及全域旅游概念，从服务对象及设计动机与方法介入，进一步创造社会价值，引导消费者提高涉入程度，参与感质体验，反馈社会需求；为社会而设计需要协力经营，消费者及社群就是最合适的设计者，而为了满足消费者需求的产品与服务，应以用户感知与技术作为前置条件，凭借具有创意设计的经营模式，提升消费者感质体验[12]。因此，“参与式设计”（Participatory Design，PD）与“共同设计”（Co－design）俨然成为实践社会设计可行性的重要概念[13]。其中，参与式设计着重设计、研究及参与者的共同研发，参与者可能来自产业的上下游供应链，也可能是相关产品或服务的使用者，核心设计倾向是人与社会的互动以及如何改善生活。而共同设计则是指所有利害关系人一起体验现状、发现问题、设计并参与修改的过程，且在产品内容的每一阶段都可以提出建议。从社会设计的角度出发，提供服务与产品的角色不再单单是替消费者进行设计的专家，更需要的是着重提升消费者的参与程度与兴趣。由此可见，社会设计与社会企业之精神，都是强调共同参与以及利他帮助的重要性；社会企业的产业协同倾向始终秉持社会设计的理念，从人与社会之需求出发，并且顾及组织的财产利益，创造品牌声誉价值，力求产生良好的商业循环。

三、感质体验模式路径分析

体验式营销最大的困扰在于，消费者对价值感知的不可预测性，即表明消费者对于体验过程的满意度，是衡量该项目或产品价值属性的重要指标。据此，本文反其道而行之，提出感质体验模式，聚焦产品质感与服务品质，借由设计端缩短消费者心理距离。

在消费者体验文化旅游的过程中，如何彰显差异化特色是最为重要的设计构想，其中包含文化属性及空间属性的塑造。优质的体验设计不仅展现出区域文化表征的差异，更重要的是引导消费者进入场域之中，即沉浸式体验过程与活动。典型案例有迪士尼乐园、环球影城、VR 虚拟现实技术的元宇宙设计等，然而这些都集中关注产品的娱乐属性，没有与在地化资源产生联动效应。换言之，可以将迪士尼乐园作为一个优秀的文化传播与输出案例，但并不意味着类似根植于本土文化，进行跨境传播运营的商业模式，发挥出所在地区位优势与资源比较优势。因而本文认为，以社会视角关注教育、人口、环保、饮食、医疗、就业等问题，并通过文化旅游缔造与日常生活息息相关之场域，营造一个合理的消费空间，是提升消费者感知价值的有效途径。

如图 1 所示，消费者随着一系列价值活动，逐渐由对商品及服务的基础感知价值，提升为社会责任意识，进而追求感质体验，关注社会价值，并最终实现区域品牌与全域产业声誉价值的提升。

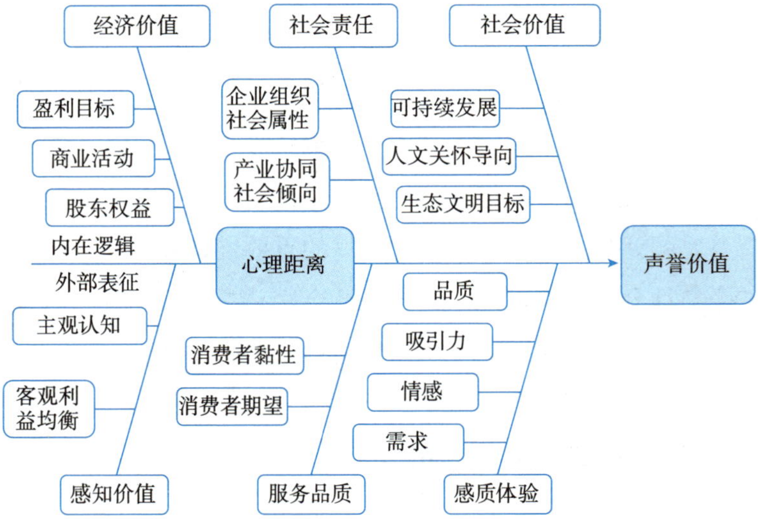

图 1 感质体验价值活动分析

创造感质体验的商业逻辑核心要素就在于用户心理距离，从内在机制角度来看，以传统经济价值为导向的营运模式，不足以体现社会价值，实现社会责任，当企业注重以商业价值活动为主的盈利目标导向时，将股东权益视为根本要务，那么客户端难以感知产品、服务以及全过程的体验价值。而当社会责任介入之后，可以发现企业的社会属性被激活，对产业形成社会协同效应倾向，从而强化人文关怀，以用户体验感增加差异化竞争优势。从外部表征上看，服务品质的提升增加了用户黏性并提高了期望，因此塑造了主观认知的情感场域，让用户体验到附加价值，是增加产品吸引力与满足用户需求的有效路径。在品质与情感需求叠加作用下，用户与供应商的心理距离缩短，由产品需求、服务需求转变为情感联系，从而提升整体感质体验。该模式路径从品牌及声誉的角度，有效地提供了新的企业营运思路，建立黏性需求的情感场域，实现全流程体验感知附加价值。

在体验经济时代，商品不仅仅是具体的产品，还包含虚拟的产品、项目和服务；当下消费者对于产品的考量不再集中于功能性，还要关注审美设计以及全过程体验。由此可见，文化旅游融合的经济态势，恰恰顺应了体验经济发展的大趋势，社会责任、设计赋能与附加价值逐渐成为企业的核心竞争力。此模式的表征在于消费者通过主观认知与客观利益均衡，形成与服务品质的情感联结，进而提高消费主体的黏性需求与期望。随着此种期望与需求的提高，情感场域也越发重要。如前所述，情感场域是包含时间、空间、文化的集合，因而让消费者身临其境，有重回历史现场之感，乃是重中之重；在保留地理特征的同时，加入设计元素与动线规划，让整体游览体验更具有愉悦感，是感质体验融入空间并重塑地域文化，呈现历史记忆的重要实践路径。所以，当社会设计介入感质体验，能够在结合区域产业发展的同时，以设计赋能促进社会实践，开发独具特色的情感场域，进一步丰富消费者对于文化空间的需求；此外，随着消费者对品质、情感需求的增加，又能反哺区域产业声誉价值，达到新的利益均衡。在感质体验模式中，感知价值、服务品质、情感场域三者的相互循环，不同于传统产业以产品质量来提升品牌声誉，而是以情感链接，通过缩短心理距离与满足体验需求来实现声誉价值的提升。

通过对外部表征的论述，可以清晰地了解该模型的机制，但还不足以辨析该理论的成因。实际上，感质体验模式的内在逻辑并非源自经济价值导向。传统产业在以盈利为主导的战略目标之中，重视商业活动价值与各利害关系人的相应权益，因而与消费者具有较远的心理距离，导致感质体验行为被阻断。以文化和旅游为主的产业则不同，其更关注社会责任，以社会议题为切入点，注重社会属性与社会倾向，故而此类具有社会设计属性的产业，通过关注生态文明建设，实现可持续发展，进而通过人本位的思想，提升声誉价值。

四、结论

本文以社会设计的视角，分析感质体验与声誉价值的内在逻辑联系；情感的场域、感质的体验与感知价值，如同点、线、面一般勾勒出以文化和旅游为主体的服务经济立体画面。在此架构之下，企业组织不仅是制造商，也是社会构建的参与者，通过挖掘消费者深层次需求，提高产品与服务的附加价值，从而满足更高层次的社会期望。该理论为体验式营销延伸的产业形态，提出一种以社会需求为导向的商业模式，在理论与实务上都具有积极的参考价值。

参考文献

[1] 李田，刘阳春，毛蕴诗．OEM 企业逆向并购与企业升级：台升及万向的比较案例研究[J]．经济管理，2017，39(7)：67－84.

[2] 边兰春，陈明玉．社会—空间关系视角下的城市设计转型思考[J]．城市规划学刊，2018(1)：18－23.

[3] Farrell S J, Aubry T, Coulombe D. Neighborhoods and neighbors: do they contribute to personal well-being? [J]. Journal of Community Psychology, 2004, 32(1): 9－25.

[4] Dreessen K, Huybrechts L, Schoffelen J. Generativity revisited, participatory design for self-organization in communities[J]. The Design Journal, 2021, 24(3): 449 – 470.

[5] Teece D J. Firm organization, industrial structure, and technological innovation[J]. Journal of Economic Behavior & Organization, 1996, 31(2): 193 – 224.

[6] Felix R. Market orientation plus: antecedents and consequences of market orientation and corporate social responsibility in Mexico[J]. Journal of Global Marketing, 2015, 28(3/5): 172 – 188.

[7] Antonioli D, Mazzanti M. Techno – organisational strategies, environmental innovations and economic performances. micro – evidence from an SME – based industrial district [J]. Journal of Innovation Economics Management, 2009, 3(1): 145 – 168.

[8] Carrasco – Monteagudo I, Buendia – Martinez I. Corporate social responsibility: a crossroad between changing values, innovation and internationalisation[J]. European Journal of International Management, 2013, 7(3): 295 – 314.

[9] 刘妃敏,刘文杰,唐茜茜,等. 引入社会企业解决老旧小区改造中公共文化空间被占用问题的探索[J]. 中国集体经济,2022(19):166 – 168.

[10] 周子书. 社区作为方法:用社会设计建构城乡融合协作平台[J]. 装饰,2022(3):37 – 43.

[11] Schiffer A. Issues of power and representation: adapting positionality and reflexivity in community-based design[J]. International Journal of Art & Design Education, 2020, 39(2): 418 – 429.

[12] 李帅, 魏虹, 倪细炉, 等. 基于层次分析法和熵权法的宁夏城市人居环境质量评价[J]. 应用生态学报, 2014, 25(9): 2700 – 2708.

[13] Huybrechtsl, Beneschh, Geib J. Institutioning: participatory design, co-design and the public realm[J]. CoDesign, 2017, 13(3): 148 – 159.

“设计园区”赋能“一带一路”产品创新经济
——以广东工业设计城为例

蒋红斌[①]

引子

2023 年是中国提出“一带一路”倡议的 10 周年。如何推动构建团结、平等、普惠和共赢的高质量全球发展，不断探索共创普惠、协调包容、合作共赢、共同繁荣的全球发展新路径，是强化之年的关键问题，也是探索“一带一路”倡议如何迈向更为坚实的发展之路的关键议题。

古往今来，“产品”一直是世界贸易的基本物品，丝绸之路就是最好的证明，或瓷器或绸缎，不仅是不同时代人们生活形态和生活品质的见证，也是人们构建美好生活、体现生活品质的实际印证。产品创新既包含着对生活方式的重构，也融合了社会生产分工、科技创新能力，以及在新兴市场上捕捉的活跃动能。发展产品创新经济，是人类创造美好生活、组织社会生产的基本活动和根本要求。

通过新产品，建立新发展格局。中国自改革开放以来，产品制造和创

① 清华大学美术学院副教授、清华大学艺术与科学研究中心设计战略与原型创新研究所执行所长。

新之间的联结日益密切，尤其是制造业相对发达的广东地区，其“外向型经济”一度成为中国经济走向世界的名片，广交会、深交会和粤港澳大湾区等，成为世界各国寻求新产品的窗口和目的地。近年来迅速成长和壮大起来的“设计园区”在产品创新领域的作用和地位分外瞩目。

大量案例表明，“设计园区”正在成为深度连接海外市场，积极响应海外客商要求的产品创新基地。以创新思维为核心，以产业优势聚合和企业新品拓展中试为要领的研发集聚区，正在构建和实现中国具有跨领域、跨文化沟通和创新能力释放的高效经济“能量体”。近 10 年壮大起来的广东工业设计城，就是中国设计创新园区的翘楚，在连接当地创新资源，形成外向经济能力中发挥着重要作用，是当代中国“设计园区”的突出代表。

围绕以上几个方面，我们以广东工业设计城为例，从“设计园区”的全球创新能力、本身具有的融合聚能优势和创新能力的内在逻辑，以及如何响应国家“一带一路”倡议的事业发展几方面展开论述。

一、依托地区实体经济的产能优势，以产品创新和设计创业为主线，建设园区平台，拓展新兴市场

广东工业设计城地处广东省顺德区北滘镇。经过 10 年的功能提升，已打造成 7 万平方米的“国家级工业设计示范基地”“全国创业孵化示范基地”“5G 智慧化产业标杆示范园区”。园区入驻设计研发企业达 285 家，拥有高新技术企业 50 家，孵化原创品牌 50 多个，中国工业设计十佳设计公司 3 家，国家级、省级工业设计中心 6 家，科技型中小企业 97 家，计划 IPO 上市企业 3 家。园区通过引导驻园企业，发挥基地优势，带动周边创新创业资源，如美的全球创新中心、太火鸟（顺德）设计科技联合加速基地、智点汇、云创空间、广东工业设计城—国际创新设计中心等设计创新能量体，将产品设计创新经济推向国际贸易市场，形成产业集聚创新区。

目前，园区联合广东顺德创新设计研究院、D2C 实训平台等人才服务平台，已与国内外 200 多所高校建立合作关系，累计培养硕博人才 3494 人，安排设计师实习就业约 2000 人，为区域内超过 200 家设计和制造企业提供

专业设计人才培养服务，辐射和服务区域2万多名工业设计人才。园区正在成为全国设计创新人才的集聚地。

近年来，广东工业设计城通过政策扶持、产业引导、资源对接等多种方式，促使更多设计企业与制造型企业开展深度的产品创新合作，将设计资源更加深入地连接到家电、家居、珠宝、机械装备、医疗器械等当地优势产业当中。通过企业群的经济能力和渠道能力，将设计创新赋能为提升产业价值和拓展海内外市场的能量源。其以“设计园区”的社会职能，推动制造业转型升级，助力区域产业向“微笑曲线”两端延伸，实现区域经济的高质量发展并成为产品创新经济的核心驱动力。

如今，广东工业设计城通过这样的经济模型，同时引流和培育孵化出一批国内知名的设计研发企业，如东方麦田、宏翼、斗禾、臻信、库尔兹、计客、潜龙、中世纵横、米壳、和壹和青鸟等设计创新企业。园内设计企业的业务已从单一的设计服务，拓展为能够服务和连接国内外市场，辐射数字化产业、机械装备、智能装备、医疗器械、珠宝、教育、卫勤装备等领域。更多制造企业为生产更好的产品，主动到园区寻求设计联合研发，将传统的设计服务关系向创新伙伴关系和战略同盟关系转变。

截至2021年12月，广东工业设计城驻园企业已获国内外设计大奖400余项，孵化原创品牌50多个，有效知识产权数达2679项。园区企业累计设计服务收入达80亿元左右。2021年，园区企业设计服务收入约为15.55亿元，其中许多项目均是为给制造业企业提供丰富的外向型创新设计拓展而服务。

广东工业设计城还逐渐形成了一个以设计为主题的国际设计创新交流基地，先后与美国、德国、瑞典、日本、韩国等国家超过30个机构建立战略合作关系、全球创新设计资源共享体系，先后引进了“日本喜多俊之设计工作室”“英国设计大师迈克尔·杨设计工作室”“中韩设计（顺德）中心”“中法设计产业合作中心”“德国库尔兹设计事务所”“设计城中德设计服务中心”和“土耳其比约卡设计公司”等工业设计机构及团队，实现中外设计要素资源双向交流。目前，广东工业设计城园区的国际设计联合活动不仅满足区域的创新设计需求，还为全国乃至世界各地的企业提供产品创新的综合服务与活动赋能。

二、“设计园区”，将在战略上引发中国创新经济的新兴。建设产品设计创新园地，将是探索符合国情与社会综合发展路径的良好机制

第一，通过广东工业设计城的发展事实，我们可以看到，“设计园区”在落实政策、成为国家战略意志、联结当地产业优势和转化人才创新创业等方面，成为最佳场域。当今世界经济全球化，突出表现为一种跨国界的物流、人流、资金流和信息流的高度综合。这些要素的流动所引发的产业形态变化以国家为单位的谋划发动为特征。人们常把当今时代比喻为“后工业时代”“数字经济时代”“知识经济时代”或“创新时代”。它的主体不再只是企业，而是地区产业集聚的国家体系。城市化、市场化和生态问题等可持续发展已经成为人类社会面向未来的核心难题。地区产业体系和区域间竞争，已上升为国家产业结构合理性和地区经济可持续发展能力的竞争。

工业化被夯实为当今社会主体生产方式的同时，通过怎样的能量来调整产业生态，尤其是产业调整与新兴产业重建，已成为世界各国面临的关键问题。工业的地区性、国家性产业结构，决定着地区间的经济、贸易，以及经济形态的基本面貌。以国家为单位的产业集聚有效地牵动着世界范围内的经济事态。近年来，世界经济体发展已印证，产业形态要素的“分散”与“集中”，传统产业与第三产业之间的平衡，以服务经济、总部经济、金融和高新技术，以及知识经济为背景的国家策动，成为产业结构深化和进步的主力。虽然每个国家内部的产业情况不尽相同，但是，国家作为最有力的行政机器，在推动和管理上的成效十分显著。社会经济发展离不开国家管理力量的导入和赋能。

在中国，“设计园区”正成为落实国家战略、赋能企业获得国际贸易的可持续技能，以及助力当地产业经济发展的人才聚集地和创新策源地。

第二，广东工业设计城的发展表明“设计园区”是汇聚世界创新资源和形成最佳交流的公共平台。“设计园区”作为一个“体系”，反映的是一个地区如何在一定的条件下与社会各领域建立创新生态关系。

设计的各种资源在这里组合、联结并发生集合。各层级之间、层级的上下游之间都发生着不同的连接。除常规的网状结构连接之外，园区还实现了与实际社会运行机制之间的跨领域柔性连接。这种互助的机能，有助于各种创新理念的交融和实施。“设计园区”在物理上既反映全局，又具有各层级清晰的职能，是高度符合知识经济社会中人们生产和生活的综合场域。

设计是所有先进工业产业发展的核心之一。国际市场的高品质产品和品牌，均来自完善的设计创新机能。20 世纪，德国实施振兴地区设计计划，使经济如虎添翼；英国更是把设计园区与国家整合在一起，成为创新型发展国家。“设计园区”正成为一种生产方式，截至目前，全球共有 23 个城市或地区以建设“设计之都”的名义获取文化和经济的引流和势能，从而赋能城市发展和经济转型。

所以，“设计园区”在国内外的社会创新和城市更新等方面都呈现出令人刮目相看的赋能作用。

三、“一带一路”倡议十分需要跨文化交流的共生性平台，能将国内和国际优势有机地联系在一起，在各自发展要求中获得共赢

第一，“一带一路”倡议是共商共建共享的联动发展倡议，而非中国的对外援助计划。“一带一路”建设是双边或多边联动基础上通过具体项目加以推进的，是在进行充分政策沟通、战略对接，以及市场运作后形成的发展倡议与规划。

“一带一路”建设是促进人文交流的桥梁，而非触发文明冲突的引线。“一带一路”跨越不同区域、不同文化、不同宗教信仰，但它带来的不是文明冲突，而是要实现各文明间的交流与互鉴。“一带一路”在推进基础设施建设、加强产能合作与发展战略对接的同时，也将“民心相通”作为工作

重心之一。通过弘扬丝绸之路精神，开展智力丝绸之路、健康丝绸之路等建设，在科学、教育、文化、卫生、民间交往等各领域广泛开展合作，"一带一路"建设民意基础更为坚实，社会根基更加牢固。法国前总理德维尔潘认为，"一带一路"建设非常重要，"它是政治经济文化上的桥梁和纽带，让人民跨越国界更好交流"。因而，"一带一路"建设就是要以文明交流超越文明隔阂、文明互鉴超越文明冲突、文明共存超越文明优越，为相关国家民众加强交流、增进理解搭建了新的桥梁，为不同文化和文明加强对话、交流互鉴织就了新的纽带，推动各国相互理解、相互尊重、相互信任。

第二，"一带一路"倡议是中国为了构建人类命运共同体而发起的跨文化、跨领域和跨国家的国家行动，具有国家资源和国家意志的双向推动力和利益一致性。通过设计创新基地，或者园区的建设，将不同文化、不同领域和不同国家的共同利益连接在一起，不仅符合"一带一路"倡议的基本要求，同时，这本身就是一种创新、一种融合和一个战略。通过设计园地和设计园区进行创建，是落实和实现"能够辐射各国人民对美好生活的向往和安居乐业发展目标"这一战略要求的具体路径。

四、"设计园区"的开创性、开放性和经济拓展性，是实现新经济、新模式、新产品和新方略的根本路径

第一，创新驱动是以创新作为引领发展的第一动力。科技创新与制度创新、管理创新、商业模式创新、业态创新、文化创新和设计创新相结合，推动发展方式向依靠持续的知识积累、技术进步和劳动力素质提升转变，促进经济向形态更高级、分工更精细、结构更合理的阶段演进。

当前，我国创新驱动发展已具备发力加速的基础。人才队伍不断壮大，科学、技术、工程、产业和设计的自主创新能力快速提升。

庞大的国内外市场、完备的产业体系、多样化的消费需求与互联网时代创新效率的提升相结合，为创新提供了广阔的空间。中国特色社会主义制度能够有效结合集中力量办大事和市场配置资源的优势，为实现创新驱动发展提供了根本保障。

第二，产品创新是推陈出新、共创共赢地实现新型的国家与国家、地区与地区、领域与领域之间的一次新时代的新融合。

“知识密集型”企业具有生产竞争优势，正在迅速成长为进入知识经济和服务经济时代的生产主体。转变发展模式客观上也成为中国企业面向未来的重大难题。

中国的工业发展历程有着自己的轨迹，设计经济在中国的角色与作用，不能只从作为一个学科被引入大学殿堂起步，更应该从工业化的过程中所能发挥的作用来衡量。就像“设计”不局限在学校里获得意义一样，融入时代，融入社会变革，方能获得历史的首肯和地位。今天，发挥设计创新的能量与理念，也要与中国国情和国家战略相结合，与地区产业聚集和人才集聚相结合，来建构并寻求发展之路。

通过跨文化、跨领域和跨国家的“设计园区”，将“一带一路”理念转变成一种面向未来的协同创新机制，以产品创新为内容，将不同的生活方式和文化背景融合在一个园地型的基地中持久性地培育，从而构建以创新经济为动能的“一带一路”经济新方略。通过设计创新，赋能出新经济，是技术打破不同文化之间存在的沟通桎梏和固有壁垒的最好路径。

五、结论

当今世界正发生复杂深刻的变化，国际金融危机深层次影响继续显现，世界经济复苏缓慢、发展分化，国际投资贸易格局和多边投资贸易规则酝酿深刻调整，各国面临的发展问题依然严峻。

共建“一带一路”倡议顺应世界多极化、经济全球化、文化多样化、社会信息化的潮流，秉持开放的区域合作精神，致力于维护全球自由贸易体系和开放型世界经济。建设“一带一路”需要在促进经济要素有序自由流动、资源高效配置和市场深度融合中，推动沿线各国实现经济政策协调，开展更大范围、更高水平、更深层次的区域合作，共同打造开放、包容、均衡、普惠的区域经济合作架构。

将“设计园区”建设于“一带一路”之上，符合国际社会的根本利益，彰显人类社会共同理想和美好追求，是国际合作以及全球治理新模式的积极探索，将为世界和平发展增添新的正能量。

一方面，通过创造和建构“创新经济”，为社会谋利益，才能将中国的人才优势、产品优势、产业优势和产能优势与各国的人才、经济、文化和地区发展有机结合，以共同利益为准绳，建设性地对接创新创业，通过产品创新经济，实现新时代文化与经济共同发展的美好前景。

另一方面，以产业基地和设计园区为内容，将产品创新与各国生活方式和文化内容相结合，以设计创新为动能赋新产品经济。在效能上呈现以下 4 个要点：

（1）通过设计创新，促使不同文化、不同民族和不同国家的人们因共同的愿景和利益而凝结起来。这不仅符合中国“一带一路”倡议的基本要求，同时，这样的凝结本身就是一种创新、一种赋能、一种战略。

（2）以产品创新为内容，将不同的生活方式和文化背景等发展要素进行融合，通过一个园地展开交融与沟通，持久性地培育和获得创新推动力，从而构建起以创新为动力的经济新生态，是中国“一带一路”倡议与各国营建具有社会影响力和地标性基地的经济新方略。

（3）通过“设计园区”的建设，赋能中国“一带一路”倡议在高度尊重各国文化、社会制度、生活方式，以及面向未来开创新价值等方面的主动力和发展智慧。

（4）“设计园区”将成为一个无形的组织机制，形成一个网络性布局。以跨领域、跨文化和跨国界的方式联合各类创新人才，在基于美好生活方式和创造新文化的主题下交流与融合，形成创新人才的新集聚和文化软实力。

参考文献

[1] 王义桅．“一带一路”：机遇与挑战[M]．北京：人民出版社，2015.

[2] 刘伟，张辉．一带一路：区域与国别经济比较研究[M]．北京：北京大学出版社，2018.

[3] 王守军,胡必亮.“一带一路”与新发展格局[M]. 北京:北京师范大学出版社,2022.

[4] 颜少君.“一带一路”经贸合作研究[M]. 北京:中国经济出版社,2022.

[5] 国家开发银行,联合国开发计划署,北京大学.“一带一路”经济发展报告[M]. 北京:中国社会科学出版社,2017.

[6] 中国(深圳)综合开发研究院.“一带一路”倡议下的中国境外园区开发运营[M]. 北京:中国经济出版社,2020.

[7] 国务院发展研究中心国际合作局. 推动共建“一带一路”高质量发展:进展、挑战与对策研究(国务院发展研究中心丛书 2021)[M]. 北京:中国发展出版社,2022.

[8] 骆雪娟,欧阳芳晖.“一带一路”框架下中国—中东欧国家合作发展报告(2019—2020)[M]. 广州:中山大学出版社,2022.

[9] 王保林,吴德庆,马月才. 管理经济学(第五版)[M]. 北京:中国人民大学出版社,2010.

[10]亚历山大·奥斯特瓦德,等. 商业模式新生代[M]. 黄涛,郁婧,译. 北京:机械工业出版社,2016.

[11]刘益东. 智业革命——致毁知识不可逆增长逼迫下的科技转型产业转型与社会转型[M]. 北京:当代中国出版社,2007.

基于 MEC 理论的设计赋能乡村振兴方式探究

郑建鹏①

一、乡村振兴与设计赋能

《乡村振兴战略规划（2018—2022 年）》提出，“乡村是具有自然、社会、经济特征的地域综合体，兼具生产、生活、生态、文化等多重功能，与城镇互促互进、共生共存，共同构成人类活动的主要空间”。实施乡村振兴战略是建设现代化经济体系的重要基础、建设美丽中国的关键举措、传承中华优秀传统文化的有效途径、健全现代社会治理格局的固本之策、实现全体人民共同富裕的必然选择[1]。在乡村振兴战略实施过程中，设计作为重要的赋能手段起到了不可替代的积极作用。在社会工作中，赋能强调改变将赋能对象，尤其是弱势帮助对象视为问题的消极思维，将其视为问题解决的能动者，将赋能方视为具有可用知识和技巧的协作者，关注赋能对象对自我及自我相关事务的掌控[2]。

在设计助力乡村振兴活动中，设计赋能往往采取社会创新设计或参与式设计的方式，设计者和研究者在设计过程中同以村民、企业和政府为代

① 山东工艺美术学院创新创业学院副院长、教授。

表的设计赋能用户共享权利、协同共创。董玉妹等认为，赋能在社会创新设计中不仅是设计的出发点和价值导向，其设计结果更可以作为设计师与用户之间的中介赋能用户，激励用户参与设计的能动性[3]。因此，从设计过程赋能、设计结果赋能两个层次和角度对设计赋能乡村振兴的方式进行全面深入的探究更为科学合理。

在乡村振兴的战略导向下，众多设计机构、企业组织、政府团体等均以各种形式和方式投入赋能乡村振兴的实践中去，其中有大量以设计，尤其是社会创新设计方式赋能乡村用户的案例。本文试图通过对这些典型案例的分析，梳理设计赋能乡村振兴的方式，进而形成可复制、能检验、有效果的操作方法和通用模式，为乡村振兴深入推进提供经验参考，为设计赋能理论拓宽学术视野。

二、设计赋能乡村振兴的案例研究

为全面准确地展现设计赋能乡村振兴的状况特点，本文结合设计创新性和乡村振兴全面性的属性特征，选取了全国范围内的 6 个典型案例，兼顾了视觉传达设计、产品设计、环境设计等设计主要类型，以及产业振兴、人才振兴、文化振兴、生态振兴、组织振兴等乡村振兴主要领域（见表 1）。案例分析以田野调查、深度访谈和资料研读为主要方式，并据此对案例的主题相关性进行准确判断。

从设计过程赋能角度看，本文将通过案例分析，探讨这些案例是否围绕赋能的核心价值和出发点，引导村民、企业和政府等用户积极参与乡村振兴活动；从设计结果赋能角度看，自我决定理论（Ryan and Deci，2000）和内在动机研究（Thomas and Velthouse，1990）认为赋能具有 6 个心理评价维度，即关联性、自主性、能力感、影响力、意义感、复原力[4]。在案例分析中，本文将通过以上 6 个维度评价设计活动的结果如何，以及设计结果是否促进了乡村振兴用户的积极参与。

表 1　6 个典型设计赋能乡村振兴案例

案例	设计形式	五个振兴	赋能对象	区域
Marni Miao：民族工艺与国际时尚跨界合作	物理产品：服装； 服务：发布会、展览会、代言人	产业/文化	村民/企业	西部
寻找远方的美好：县域乡村整合设计公益项目	物理产品：包装、文创； 数字产品：品牌设计、IP 形象、数字藏品、网站； 空间：民宿设计； 服务：特派员、网络营销活动	产业/人才	村民/企业/政府	全国
丹寨小镇轮值镇长：开放性参与式乡村品牌建设	服务：线上直播、线下活动	产业/人才	企业/政府	西部
三洞溪浪潮云：可复制的数字乡村治理新模式	数字产品：数据库、平台、客户端	组织/人才	村民/企业/政府	东部
朱家林田园综合体："三生三美"的生态艺术社区	物理产品：包装、文创； 空间：民宿设计、建筑改造、公共文化空间； 服务：创业支持、就业机会	生态/组织/产业	村民/企业	东部
设计丰收：城乡交互、创新创业的社群营造平台	空间：民宿设计、公共文化空间； 服务：艺术家驻村项目、创业支持、线下公益活动	生态/人才/产业	村民/企业	东部

（一）Marni Miao：民族工艺与国际时尚跨界合作

Marni Miao 是 2021 年意大利 OTB 集团旗下时尚品牌 Marni 推出的结合贵州凯里苗绣工艺的系列时尚服装产品。Marni 提供服装整体造型设计，苗绣艺人在服装上进行手工刺绣绣片装饰。在两个月的时间内，贵州凯里一家企业组织 300 多名绣娘，做出了 28 款 1882 件苗绣绣片，最终签署订单 145 万元。Marni Miao 将苗族的民族美学文化及编织、刺绣和靛蓝染色工艺等传统工艺，加入西方追求速效的成衣理念及剪裁上，设计出方格拼贴恤衫、花与蝶刺绣长靴等充满民族特色的系列服装服饰。Marni Miao 由中国超模刘雯代言，在国外秀场举行发布会、展览会等，引起强烈反响，也让当地绣工和苗绣产业从业人员看到传统工艺与国际大牌结合的无限可能，提升了当地苗绣工艺水平和苗绣产业发展质量。

（二）寻找远方的美好：县域乡村整合设计公益项目

“寻找远方的美好”是阿里巴巴发起的精准扶贫设计公益项目，由来自阿里巴巴和蚂蚁集团、社会各界以及高校学生等的 1000 多名设计师组成的“公益设计官联盟”具体实施。自 2020 年 5 月起，设计团队先后完成陕西宜君县、山西平顺县、河北巨鹿县、河北张北县、江西寻乌县、湖南城步县、湖南永顺县、吉林汪清县 8 个县域的设计，涵盖区域品牌设计、农产品包装设计、旅游景区 KV 设计、NFC 数字藏品设计、IP 形象设计、文创产品设计、民宿设计等。项目在淘宝、飞猪等平台搭建了“寻找远方的美好”县域品牌销售和旅游推广渠道，通过设计助力县域农产品品牌塑造、互联网营销与美丽乡村建设，年均为当地增收 3000 万元以上，有力地推动了县域乡村产业振兴。

（三）丹寨小镇轮值镇长：开放性参与式乡村品牌建设

“丹寨小镇轮值镇长”是丹寨万达小镇推出的品牌传播活动，后者是万达集团在贵州建设的精准扶贫旅游项目。轮值镇长作为小镇的推广大使，可在小镇施政一周并采用直播方式对外传播，每位镇长施政期间必须策划实施一件对丹寨小镇或丹寨县有意义的事。自 2017 年 6 月轮值镇长全球招募启动以来，迄今已有 120 多任轮值镇长，包括企业家、电影导演、作家、运动员、艺术家、资深媒体人等国内外名人。线下赴小镇实地履职，提出发展建议，线上利用个人影响力和流量不断推广宣传小镇，轮值镇长打通线上线下，为小镇带来了实打实的品牌传播效果。2018 年该项目获戛纳国际创意节铜狮奖、ONE SHOW 中华创意奖全场大奖、大中华区艾菲奖金奖，2019 年获全国脱贫攻坚奖组织创新奖，2022 年入选十大年度国家 IP。

（四）三涧溪浪潮云：可复制的数字乡村治理新模式

千年古村三涧溪村位于济南市章丘区，是全国乡村治理示范村。该村由3个自然村组成，全村1000户，3100人。作为乡村振兴的齐鲁样板，三涧溪村借助浪潮云平台，以云服务、大数据、工业互联网为基础打造了数字乡村典型样板，以数据创新赋能基层治理，以工业互联网推动产业发展，成为全国乡村振兴的“桥头堡”。在乡村数字化治理方面，三涧溪建有“一库一屏两端”，即基层治理数据库、乡村管理大屏、村务工作者网格端和村民居民端。在工业互联网方面，融合应用标识解析、区块链、大数据等技术，建有黑猪产业互联网平台、生产设备监测平台等。三涧溪浪潮云探索出一个以算力支撑整合数据聚集，以激活驾驭数据赋能村务管理、支撑众多乡村生态产业和合共生的乡村振兴新模式。

（五）朱家林田园综合体：“三生三美”的生态艺术社区

朱家林原本是一个坐落在沂蒙山区深处的贫困小山村，房屋破败，荒草丛生，常住人口多为七八十岁的留守老人，村中一半房屋空置。自国家实施精准扶贫与乡村振兴战略以来，规划设计团队依托村内石墙、石屋等保存比较完整的生态资源优势，通过老旧房屋设计更新、环境景观生态修复等方式，建成主题民宿、田园客厅、创客公寓、乡村美学馆等服务平台，吸引燕筑生态、故里民宿等近20个创客团队入驻创业，实现了贫困户脱贫、村集体增收、村民共同富裕的生产美、生活美、生态美“三生三美”共建共享目标，并结合政府项目投资，建成了国家级田园综合体，成为山东省弘扬沂蒙精神、促进乡村振兴的齐鲁样板。

（六）设计丰收：城乡交互、创新创业的社群营造平台

“设计丰收”项目是由同济大学娄永琪教授在崇明岛仙桥村发起的聚焦城乡交互、创新创业的社群营造平台。“设计丰收”项目希望能从设计思维出发，发掘乡村传统生产和生活方式的潜力，探索一个研究和实践的“原型”来讨论城乡可持续发展的路径和愿景。“设计丰收”项目将闲置房屋改造成民宿，用于旅游接待；将废弃大棚改为创新中心，用于工作坊项目和

课题开展；吸引年轻人参与到设计丰收社区支持农业项目中，吸引非艺术领域人士参与到设计丰收艺术家驻村项目中。项目通过需求升级、循环经济、社群思维和平台逻辑“四大范式转型”，以创新农业为基底，融合“智、农、工、商、旅、文”，打造“乡村硅谷”，将乡村作为全新的“创新源头”，提出破解乡村组织振兴、人才振兴、产业振兴、文化振兴和生态振兴难题的上海方略。

三、基于 MEC 理论的设计赋能案例分析模型

MEC 理论又称手段—目的链理论（Means - End Chain Theory），其核心观点认为消费者通常将产品或服务的属性当作实现其最终利益目的的手段。产品属性、消费结果、最终价值是 MEC 理论的 3 个层次，且层层递进。杨青红、杨同宇认为，MEC 模型中的属性包含具体属性和抽象属性，结果包含功能性结果和社会心理结果，价值包含助溢性价值和最终价值[5]（见图 1）。董玉妹等则以积极养老服务设计为例，提出在 MEC 理论的手段—目的链下，设计赋能包含赋能方式、赋能特征、用户活动、赋能结果和赋能体验 5 个层次，进而构成了可视化的层次价值地图工具[3]（见图 2）。

本文着重探究设计手段如何通过具体的特征和属性，引发特定的行为，从而对乡村振兴用户进行赋能，进而产生相应的赋能价值。与董玉妹的“积极养老服务”案例不同，本文所关注的乡村振兴设计服务，牵涉范围广泛、服务对象复杂、赋能过程复杂、赋能结果杂糅，因此在设计赋能的手段—目的链结构中，我们重点明确了设计的形态，并将赋能方式纳入赋能特征描述中，同时区分了结果的不同类型，即功能性的表层用户行为结果和社会性的内在赋能结果，而在赋能体验方面则延续采用赋能理论的 6 个心理评价维度（见图 3）。

基于乡村振兴设计赋能的手段—目的链结构模型，本文对 6 个典型案例的桌面调研、田野考察、用户访谈等文本数据资料进行了关键词整理和质性分析，总结出 8 种设计形态、5 种赋能特征、6 种用户行为结果和 7 种赋

图 1 MEC 模型

图 2 设计赋能手段—目的链结构

图 3 设计赋能乡村振兴的手段—目的链结构模型

能结果，连同 6 个赋能体验心理维度，形成了若干条“设计形态—赋能特征—用户行为—赋能结果—赋能体验”的手段—目的层级价值地图，宏观展示了在乡村振兴领域设计如何通过具体的方式和手段引发用户活动，进而对用户进行赋能的模式过程（见图 4）。

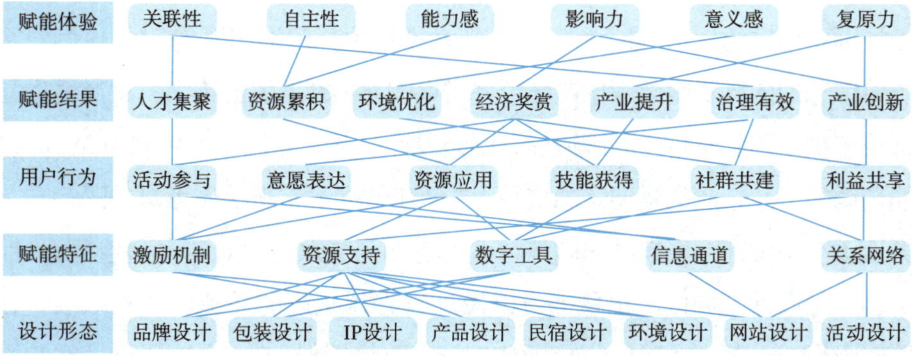

图 4 设计赋能乡村振兴的层级价值地图

四、基于 MEC 理论的设计赋能方式解读

基于图 4 中呈现出的乡村振兴视野下的设计赋能价值体系，本文对 6 个典型设计赋能案例进行手段—目的链的层次分析，认为存在 3 种不同的

赋能方式，分别是设计物赋能、信息场赋能和关系网赋能。其中设计物赋能聚合赋能特征中的数字工具与资源支持，信息场赋能对应信息通道，关系网赋能聚合关系网络与激励机制。以下结合 6 个典型案例进行详细阐释。

（一）设计物赋能：单方资源支持

设计物赋能是通过具体的设计产出来支持乡村振兴的，为诸多用户解决产业、组织、人才、文化、生态等方面的各种问题。这是设计赋能乡村振兴的初级方式，是赋能方向赋能对象单方向输出的资源支持。在“寻找远方的美好”案例中，阿里巴巴联合众多设计师，在全国范围内采用类似的方式进行设计扶贫：为当地创意设计县域品牌，然后挖掘当地特色文化与特色农产品，通过“挖掘—转译—重塑”的设计模式，推出更具文化特色的县域品牌，并延伸到当地农产品上，再利用阿里巴巴集团淘宝、飞猪等电商和旅游平台资源，为区域传播品牌，为农民增加收入，展现出设计赋能的意义感和影响力。

在“Marni Miao”案例中，同样存在着设计物赋能的显著痕迹。Marni 设计师将苗绣绣片植入时尚服装的创意设计中，塑造出既有时尚风尚，又有传统味道的创新服装服饰产品，并借助 Marni 的品牌影响力，将苗绣作品与技艺推向国际舞台。品牌设计、服装设计甚至明星代言等均成为 Marni 赋能苗绣绣工、企业的重要资源支持。“设计丰收”案例提供大量的民宿与艺术活动空间设计，朱家林田园综合体的老旧房屋改造设计、环境空间设计、文创产品设计等均体现出赋能方以设计物进行赋能的便捷性和直效性。在“三涧溪浪潮云”案例中，作为数字基础设计的数据库、数字平台、客户端等也可看作以工具、资源和支持设施形式出现的设计物。

（二）信息场赋能：双方场域互通

信息场赋能是在设计赋能乡村振兴的过程中，以信息、思维、观念等为中介载具与村民、企业和政府进行互动影响的赋能方式。信息场的赋能体现为赋能双方的信息互动交流。首先，赋能方将赋能对象的信息带出乡村，这些信息包括自然、物质、文化、观念等多个方面，其结果是赋能对象信息的广泛传播和形象的良好塑造。典型如“丹寨小镇轮值镇长”案例，轮值镇长的角色设定成为信息场赋能的核心所在，轮值镇长通过施政直播的方式将小镇的信息传播至全球各地，无形中推动了小镇的文化形象输出，带来了小镇村民、企业和政府的产业提升和经济回报，进而提升了关联性、自主性等赋能体验。

其次，赋能方将乡村场域外信息带入乡村，包括产业的趋势、创新的观念、设计的思维、跨界的方法等。在“Marni Miao”案例中，绣工及企业从项目中不仅获得了经济奖赏，更得到了能力提升，如了解到国际时尚服装品牌的流行设计观念，学习到国际知名品牌的质量管控意识与措施，意识到品牌塑造过程中高质量平台传播的价值和意义，并提升与国际知名品牌合作的应变素质和议价能力。在赋能体验上，关联性、自主性、能力感、影响力、意义感、复原力 6 个方面的价值均得到了满足。

“寻找远方的美好”项目也存在着双方的场域互通与信息交互。设计师们将县域文化进行“挖掘—转译—重塑”，本身就是信息提取、重新编码、生动传播的信息交互过程。在这个过程中，作为赋能方的设计师将最新的设计理念赋能村民、企业和政府，也同样接收了来自赋能对象的物理信息、诉求信息、情感信息和文化信息。在信息场赋能的过程中，双方场域交叠、信息交互，共同获得关联性、意义感和复原力等赋能体验。

（三）关系网赋能：全面共生共创

在价值链条下，我们看到赋能案例中存在着多个“设计形态—赋能特征—用户行为—赋能结果—赋能体验”链条，这些链条交错融合，形成了赋能方与赋能对象共生共创的动态关系网络。董玉妹等认为，赋能关系结构有两种性质[3]：一是基于共同的背景、经历和诉求建立的互助自助同质关系；二是基于差异性的能力和需求建立的协作互补异质关系。在设计赋能乡村振兴案例中，同质关系体现为同类赋能对象之间的自助互动和资源共享，如在“Marni Miao”案例中，300 多名绣工进行绣片制作的合作；在“寻找远方的美好”案例中，每个县域区域品牌下，可同时允许多种特色农产品使用该形象，并延续核心县域形象，衍生创意出相应的包装形象。异质关系则更为复杂，它既可以体现为赋能方与赋能对象之间的资源配合，也可以体现为不同赋能对象之间在领域、能力等方面的差异性互补。前者如在“朱家林田园综合体”案例中，落地团队招聘大量的留守老人参与民宿管理等工作，提升赋能对象的参与感、能力感和关联性；在“设计丰收”案例中，异质性关系网络更复杂，如融合了“智、农、工、商、旅、文”等多个赋能方和赋能对象，关系网络越繁杂，若处理得当，其共生共创效果越佳。后者如“朱家林田园综合体”案例，赋能对象中的村民以土地、房屋、人力等自有资产参与赋能，企业以产品、店铺、资金、生产力等资本参与赋能，政府以基础设施、政策、管理等资源参与赋能，三者与赋能方一起，相互补充支撑，共生共创共享。

五、结论

在乡村振兴战略实施过程中，以社会创新设计为代表的注重赋能价值的创意设计形式，扮演了非常重要的角色。设计赋能乡村振兴不仅是提供单一的设计支持物，更是设计赋能方与乡村赋能对象之间创新思维与传统样态的互通互鉴、互相影响，进而扩展发散出多个赋能方交叉连接多个赋能对象的关系网络，并在关系网络中借助物理资源、数字工具、信息通道等产生共生共创的错综关系，实现设计赋能乡村振兴的核心价值。

参考文献

[1] 中国政府网．乡村振兴战略规划:2018—2022 年[EB/OL].(2018－09－26)[2023－04－13]. http://www.gov.cn/zhengce/2018－09/26/content_5325534.htm.

[2] Julian R. Studies in empowerment:introduction to the issue[J]. Prevention in Human Services,1984,3(2/3):1－7.

[3] 董玉妹,刘胧,董华．积极老龄化视角下的设计赋能方式探究:基于“手

段—目的链”的案例研究[J]. 装饰,2021(2):92－97.

[4] Avelino F, Dumitru A, Cipolla C, et al. Translocal empowerment in transformative social innovation networks[J]. European Planning Studies, 2020(5): 955－977.

[5] 杨青红,杨同宇. 手段—目的链理论应用[J]. 商业时代,2013(21):35－37.

被展示的文化

——传统文化在北京冬奥会开幕式的数字化呈现

潘镜如①

今天的文化展示无处不在且形式多样，文化展示的场所已经从20世纪博物馆、展览会和文化中心类型的陈列室，拓展到社会公共空间乃至全球信息传播媒介。在奥运会、世博会等国际大型活动开幕仪式中，国家形象越来越多地以现场表演和直播结合的“多媒体实景演出”形式展示给大众，逐渐形成了展现国家声誉、文化价值和设计软实力的开放式新窗口。2022年北京冬奥会开幕式演出，是一次关于中国文化和奥林匹克精神的全新艺术表达，也是一次从中华符号观念到数字思维的联觉演绎。整场演出使用1万余平方米的地面及立面屏幕营造全新视听多维空间，通过数字影像、AI实时互动、裸眼3D、AR、自动激光跟踪、8K等前沿技术，将中华传统文化重塑为流动的多维影像，与表演艺术、舞台美术、场景设计等当代艺术形式相结合，以和谐共融的文化所指唤起观众感情。

---

① 中央美术学院设计学院副教授、博士。

一、时空对话：后数字时代文化遗产的联觉演绎

文化是众多社会力量和潮流汇聚起来的结果。遗产成为一种求助于过去的现代文化生产模式，是当代社会所热议的“回到过去”的表征。中国式“怀古”有其必然道理，其一方面作为职业诠释者与规划者的资源，另一方面作为国人在公共舞台表现自己的历史和身份的有效象征。梁漱溟在《中国文化要义》中提出：“中国文化本来极富生趣，比任何社会有过之无不及；但无奈历史太久，传到后来，生趣渐薄。此即所谓老衰了。”[1]所谓“中国文化五大病”之一自觉持续力沦丧的症结，依然是百年后开放思潮下设计师无法回避的难题。未来学大师阿尔文·托夫勒早在20世纪90年代就提醒：“我们正在进入一个文化比任何时候更重要的时期，文化又不是凝固在琥珀里的，它是我们每天都有所创新的那种东西。”[2]如何保持意趣犹新的文化内涵讲好中国故事？如何让文化遗产在新兴技术中打造未来的曙光，同时突出新媒体艺术与认知意识的碰撞？这些都对后数字时代导演和设计师团队提出了新的挑战。

文化展示首先承诺的是对丰富意义的体验，这种体验常常是通过时间、空间和情感的联觉通道所创立的。中国人自古讲究时空生活美学。从时间观念来看，与西方文明着眼于此时（当下）不同，中国人更倾向于过去、现在、未来周而复始地无限延续，就像许倬云在《中国文化的精神》中概括中国人的两条生命线：“一条是对生命延续的盼望，一条是对于过去岁月的忆念——两者是平行的长流。”[3]演出序幕以世界非物质文化遗产二十四节气承担倒计时功能，展示了中国传统历法阴阳合历，以太阳运行周期科学地制订农耕社会生产生活计划。24张切换的摄影照片，仿佛让我们看到《诗经》中《豳风·七月》描写的场景：“五月斯螽动股，六月莎鸡振羽，七月在野，八月在宇，九月在户，十月蟋蟀入我床下。”开幕式的初亮相便表现了中国人对于时间的敏感性，营造出祖辈对生命规律的期盼和生活仪式感的记忆。

文化的高级展示离不开艺术，而艺术区别于其他再现手段的特征被阿

瑟·丹托归纳为“隐喻、表现与风格”[4]3 个方面。从隐喻层面来看，中国人善于把自然的感受融入生活和艺术当中。在冬奥会开幕式演出第一个节目中，发光杆随着韵律舞动出草长莺飞的自然景象（见图 1），以光影互动表演展现数字科技分形美学，隐喻万物复苏，生机勃发，中国人的价值观、宇宙观被展现得淋漓尽致。从表现层面来看，演出展示了当代技术的呈现力和数字多媒体对演员、机械、舞美、编导等环节的整体调度。例如，“冰立方”的正面可以看到左、右、背面以及底面 4 个面的影像内容（见图 2），制作的视频拆分精准投放到各个屏幕使内容完美呈现，有效地衔接各种互动，实现“五面裸眼 3D”视觉效果。从风格层面来看，演出延续文化艺术根脉的继承，借助场地的立体空间叙事。例如，“黄河之水天上来”的垂直立体影像（见图 3），借由河水磅礴之势从立面屏幕倾泻流向地面屏幕，使观众联想到古诗词“奔流到海不复回”的前进壮志。水墨纹理还绘成层层山峦，以此生成赛博风格的数字山水画。

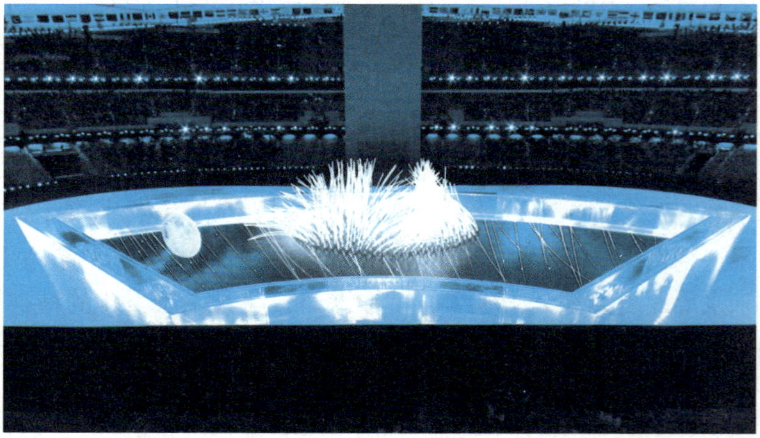

图 1　北京冬奥会开幕式“立春”现场摄影

资料来源：新华社。

中国传统美学认为，审美活动就是要在物理世界之外建构一个意象世界，即所谓“于天地之外，别构一种灵奇”（《天慵庵随笔》）。这种似真似幻的意象在整场演出中被张艺谋导演定位为“浪漫、空灵”。演出以中国古诗“燕山雪花大如席”作为创意理念，“一朵雪花的故事”诉说着“诗中有

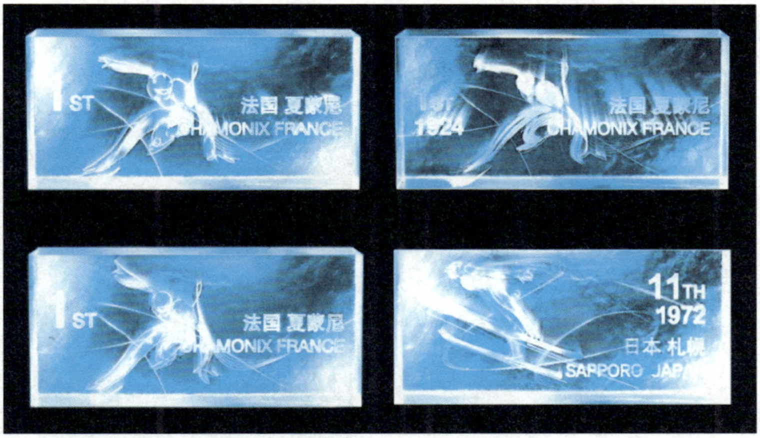

图 2　北京冬奥会开幕式“冰立方”设计效果图

资料来源：冬奥会开幕式视效团队黑弓。

图 3　北京冬奥会开幕式“黄河之水天上来”

资料来源：冬奥会开幕式视效团队黑弓。

画，画中有诗”诗情画意的冰雪之约。“闹花灯”“折柳寄情”“中国门”“中国窗”等中国传统意象，还有贴福字、戴虎头帽、编中国结等民俗活动，让活态历史跃然于眼前。“一切真实历史都是当代史。”[5]如贝奈戴托·克罗齐所言，作为历史证物的文化遗产，虽然可能无法充当现实社会意识生产的主舵手，但依然具有定调当代展示意义的话语权。策划者将文化遗产转化为被展示的属性以延续其生命，不仅为他者充当展示，也为自己用作文化教育资源。演出策划从国家与历史的关系，拓展到展示与现场的关系，形成一个意涵丰富的表述逻辑。

文化遗产的展示过去曾是一个直观的过程，将文物挪移进“白盒子”空间供人观赏，或是将民族志艺术表演实景重现，此类展览从18世纪开始延续200多年，由此造成了展品和相应受众的等级分化[6]。如今进入后数字化时代，由于新媒介的介入，源文化开始经历“拆解—构思—重组”复杂的改造，在这个过程中，联觉的感官现象可以达成归属感的身份认同，“看见他者”的主观意识被放大，也打破阶层让更多人“身临其境”的同时产生更深刻的认知。此次点火仪式现场，火炬手将手持火炬与火炬台结合，一朵朵“小雪花”拼接成一朵“大雪花”，各参赛国家和地区名字闪耀其间，汇聚成2022年北京冬奥会主火炬台（见图4）。这种融会贯通的文化展示，越来越多地围绕编排逻辑和意义展开，导向模仿基础上的重塑文化，而非复制文化。

图4　北京冬奥会主火炬

资料来源：新华社。

二、匠心再智：“中华之门·吉祥之窗”传统装饰应用

“夫户牖者，风气之所从往来”（《淮南子·氾论训》），门、窗连通着世界的交流。在北京冬奥会开幕式演出的运动员入场环节，场地中央LED屏幕包裹的长方形门框和地面通道，向世界人民呈现的是来自中国各省份最具代表性的传统建筑纹样和非物质文化遗产装饰图案所组成的“中华之门·吉祥之窗”视觉画面（见图5）。25套变换的图案根据地理区域划分为主办地和中、西、南、北、东六部分，设计团队在此基础上进行图案区域

特点的创新组合。一幅幅流光溢彩、晶莹剔透的传统纹样，包含传统造物纹样的吉祥美好寓意，不但展示了中华传统造物的匠心智慧，还传递出了当代中国有容乃大的开放情怀。

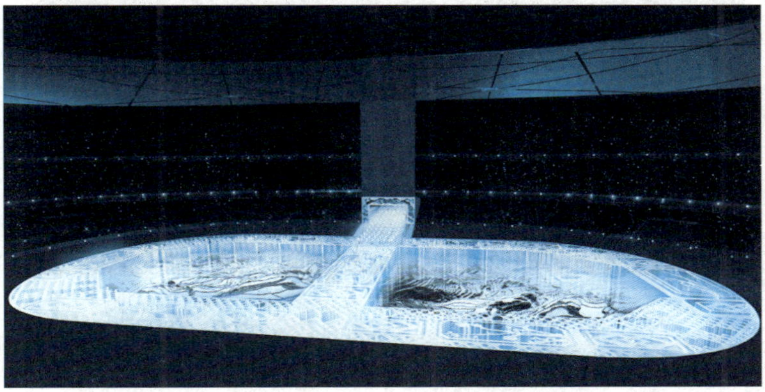

图5 北京冬奥会开幕式“中华之门·吉祥之窗”效果图

资料来源：冬奥会开幕式视效团队黑弓。

（一）窗棂门楣纹样

“窗，聪也，于内窥外为聪明也”，意味着与外部世界沟通能够让人变得有智慧[7]。地面通道图案主要选取传统建筑门窗格扇、格心、环板以及裙板上的装饰图案，主要应用于地面环形展示，由此围成的内部区域里呈现的是中国自然人文景象。对窗棂图案做了立体透明化处理，实现效果上加入五彩弥散感的当代视觉特效，呈现出一幅流光溢彩、晶莹剔透的环形冰晶窗棂。

（1）北京地区选用的是步步锦式窗格搭配三交六椀窗棂（见图6）。步步锦是四合院民居中常用的由长短不等横竖棂条按规律组合排列的一种窗格图案，棂条之间有工字、卧蚕或短棂条连接支撑，《园冶图说》中对格棂式便捷性表述为“时遵柳条格，疏而且减，依式变换，随便摘用”[8]。“步步锦绣，前程似锦”的寓意尤其受人赏识。三交六椀窗棂是清代宫殿建筑门窗槅心花纹装饰之一，由三根棂子交叉相接，相交点以竹或木钉固定装饰成花心。这些纹样来自故宫隔扇窗，以及恭王府垂花柱及拐子纹镂空雕刻。

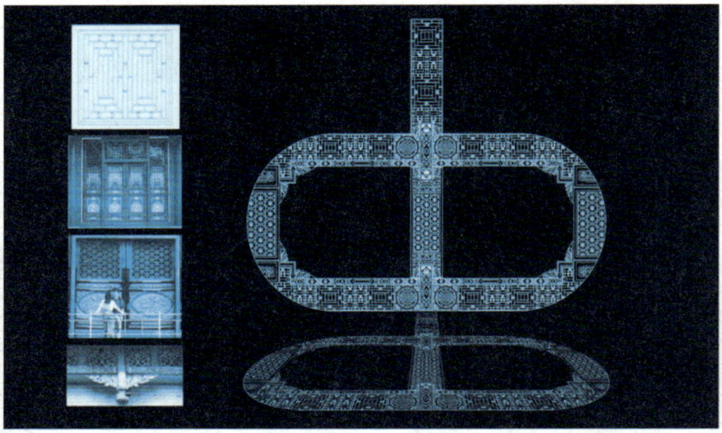

图 6 北京冬奥会开幕式“吉祥之窗”窗户纹样设计草图——北京一步步锦拐子纹式窗花参考

资料来源：冬奥会开幕式视效团队黑弓。

（2）河北地区选用的是团寿什锦窗棂。团寿图案是“寿”装饰纹的一种，大多取篆书的“寿”字字头部分[9]，线条环绕不断，两段式或四段式半圆分布在正圆形中，寓意生命绵延不断，无疾而终。团寿图案搭配束腰式菱格，这种菱格由两个四边形垂直交错构成。这种菱格便于拼组搭配，“如长槅预齐短槅并装，亦宜上下用”[10]。素材实物分别出自河北保定古莲花池和河北蔚县六神庙。

（3）中部地区选用了如意纹式窗棂、海棠凌角套方式窗棂、吉祥拐子纹隔扇等。如意纹呈对称的心形结构，形状宛如云朵、灵芝，常采用环扣二方连续或四方连续组合方式。海棠凌角套方棂花幽姿淑态，内涵美中之美，象征“玉棠富贵”。例如，取自江西吉安、婺源县民居所使用的吉祥拐子纹是一种变形的几何图案，由龙头和纵横曲折的几何纹组成，“拐”与“贵”谐音，又有“贵子”的寓意，象征子孙昌盛。

（4）西部地区选用了福庆槛窗、步步锦纹窗花、如意套方吉祥纹窗花、盘长纹窗棂。其中，盘长纹因为绳结的形状连绵不断，没有开头和结尾，用它来表示佛法回环，含有长久永恒之意。参考图片取自四川马尔康松岗的藏式窗。福庆槛窗体现了中国传统建筑的对称美，在视觉上给人一种规范、平衡的秩序美感。如意套方吉祥纹将如意与四方十字相套，寓意万事如意，硕果累累。

（5）南部地区选用了花卉窗棂、如意海棠吉祥棂、花草海棠棂窗花、花鸟如意拐子纹窗棂。花卉窗棂将当地花卉样式描绘装饰在门窗格心间，花形婀娜多姿，寓意一片生机盎然的美好景象。如意海棠吉祥棂是如意纹与被古人称为花中之仙的海棠结合，寓意万事顺意。窗棂取自云南南部寺庙，裙板以套方纹边雕刻花卉祥瑞，外框来自云南大理白族民居门板浮雕，设计中内部填充梅兰竹菊，并以方胜纹做辅助装饰。

（6）北部地区选用了如意海棠窗花、三交六椀拐子纹窗花、盘长式窗花、花式镂窗、吉祥纹样灯笼锦窗棂、隔扇菱花格心窗棂、步步锦套方窗棂等。其中，盘长纹配合寓意长寿萱草图案[10]，寓意无穷无尽、长久永恒。灯笼锦窗棂拟灯笼外貌简化为八角形或长方形，朴实而不失雅致。隔扇菱花格心窗棂的菱形纹是先民捕鱼的网形状，是大自然赐予人类的丰硕果实的象征符号。步步锦套方样式含有四方形、十字、八角等纵横交错步步高升等美好的吉祥象征。三交六椀窗棂搭配灯笼锦和兰花花卉，实物参考自哈尔滨普照寺灯笼锦槅扇和雕花裙板、极乐寺三交六椀槅扇。

（7）东部地区选用了冰裂纹式窗棂、冰裂套方梅花纹、套方锦窗棂、花卉窗棂、灯笼窗棂。冰裂纹仿自然界中冰面碎裂的形态，是中国图案中少见的非对称图形，视觉冲击力强，《园冶图说》赞称："冰裂为风窗之最宜者，其文质减雅，新花如意。"[8]图案取自番禺余荫山房、横批窗。冰裂套方梅花纹以冰裂纹为地，线段交叉处绘以枝梅或朵梅，观感犹如梅花飘落于冰面。梅花纹由五片圆形花瓣环绕花蕊组成，寓意"梅开五福"。套方锦图案是借鉴木窗的纹饰，通常镂雕成方、圆相套合的四方连续图案。

（二）非物质文化遗产图案

古人言："宅以门户为冠带"，大门有展示形象的"门面"作用，也是户主"门第"身份地位的象征，同时传递家族规范"门风"。蒋勋认为，"所谓'传统'，就是活着的文化，不但活着，而且不能只活在学者专家身上，必须学在众人百姓之中"。[11]在运动员入场门框设计中，黑弓设计团队不仅限于上述六大区域中国传统建筑图样，而是放眼于民间美术、传统民俗等国家级非物质文化遗产的代表性图案的拓展性应用。

主办地北京选用的是天坛、故宫、鸟巢等古今建筑与制作工艺精湛的曹氏风筝，展现浓郁的京城兼容并包的文化胸怀；河北选用的是构图丰满、线条粗犷、设色鲜亮的武强年画，门柱两边一对憨态的老虎尽显浓郁节俗特色（见图7）；北部地区选用了喜鹊登梅剪纸纹样、土族织绣、安塞剪纸、蒙古族图样、刺绣、杨家埠木版年画、平度木版年画，展现北方地区人民爽直忠厚、朴实坦诚的艺术性格；中部地区选用了平阳年画、年年有余剪纸、织锦纹样、吉祥花卉纹样、徽派建筑木雕、织锦纹样，彰显当地居民对国泰民安、欣欣向荣吉祥盛世的追求；东部地区选用了漳州木版年画、木雕、桃花坞木版年画、豫园建筑小校场木版年画、佛山木版年画，可窥见这个地区人文鼎盛、精益求精的进取风貌；西部地区选用了彝族漆器、荣昌折扇和梁平木版年画、藏毯（见图8），映射出秦砖汉瓦、人杰地灵、勤劳上进的民族情怀；南部地区选用了白族民居彩绘、安顺蜡染，纹样清新典雅，体现了少数民族敢于尝试的创新精神。

图7　北京冬奥会开幕式“中华之门”河北地区设计草图

资料来源：冬奥会开幕式视效团队黑弓。

设计前期，主创团队将民间美术、传统民俗、传统戏剧、传统建筑以东西南北中地域作为分类建立了一套中国传统纹样的数据体系库，在设计阶段灵活调用数据库内容，做到有据可依、有证可考。在设计实践过程中，还通过数据库内容提取的中国传统纹样重新解构排版组合，形成一套对于

图 8　北京冬奥会开幕式“中华之门”西部地区设计草图

资料来源：冬奥会开幕式视效团队黑弓。

传统文化新的解读语言。后期应用阶段，设计团队将纹样在鸟巢进行多次实景测试，寻找到观众席及运动员角度的最佳视觉尺度，以免造成纹样过大，运动员近距离视角无法识别，或内容过于繁复，观众席视角解读困难等问题。最终，经过不断地丰富数据库及调整设计内容，汇聚中国各地特色的中华文样瑰宝，表达了以“中华之门”与“吉祥之窗”热切欢迎世界各国运动员来客的期盼与愿景。

三、数媒现场：当代展示技术的跨码性转译

技术是文化展示的核心。列夫·马诺维奇鉴于新媒体能将各种传统媒体转换成数据，在计算机世界到整体文化的“概念迁移”概念下[12]，提出新媒体跨码性法则。他认为新媒体总体上由文化层面和计算机层面组成。文化层面如故事与情节、组合关系与视点、拟态与情感宣泄、喜剧与悲剧；计算机层面如网络传输的数据包、分类与匹配、函数与变量、计算机语言与数据结构等。他认为现在感受到的文化环境都可能会是被计算机化的进程影响了的，优秀的多媒体展示，既能体现文化，也能体现计算机技术本身，观众可以在两种格式之间捕捉到更为全面的信息。

以技术展示文化的方式本身就是一种艺术行为。关于技术与人的关系，

张笑宇在《技术与文明》中提到："技术可以在很大程度上左右人类这一物种的生物属性，但反过来人类也可以赋予技术以灵魂。"[13] 例如，演出中的一部分影像运用 AI 图像处理算法，通过机器学习大量中国传统水墨画，建立具有水墨纹理特征的中国美学模型。闭幕式视效总监王志鸥认为："数字技术除了是'脚本'，还是'舞台'和'演员'。"可以理解为，技术除了是拉近观众与文化距离的秩序和模式外，还可以被想象成一个棋盘，或一颗棋子，既可以被操控和布局，也可以作为主体自行创造价值。与一段传统舞蹈配合现代音乐的拼接式展示不同，全景沉浸式演出的展示需要重译一段虚构的"真实"，技术语言恰巧提供了跨码转译艺术的技巧，让整个展示叙事变得更易接近。当然，设计者也应遵循"可读性"原则，在仿真和异化中权衡技术的使用尺度。

科技不仅带来了丰富视觉的展现，还能解决很多展现上的客观难题。以"冰立方"环节激光与视频的互动为例。庞大体量的视觉内容使得激光跟踪的最远距离需要达到 132 米，在有限的场馆内无法实现，因此激光需要分组对应不同的视频内容，以"接力"的形式完成与视频的互动。专家团队最终确定为由 32 根激光勾勒影像内容，通过编程的方式，研发了一套从动态的三维点位翻译为激光可直接读取的点位数据的工作模式，达到了激光追踪所需的条件（见图 9）。

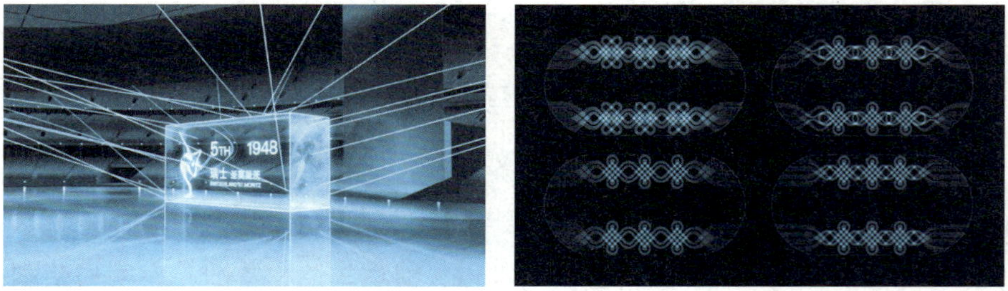

图 9　北京冬奥会开幕式"冰立方"激光点位示意图

资料来源：冬奥会开幕式视效团队黑弓。

除此之外，技术也帮助策划者提高了演出排练效率。科技联排手段降低了传统大型演出演员编排、机械调度验证、要素合成、转播设计等工种的成本，提前规避问题和风险。例如，"立春"环节数字内容制作，由花开、柳枝、风车、蒲公英 4 个象征春天的形态组成，在视频特效制作深化阶段就可将当前确定的舞蹈动态点位输出预演和进行速度规划，配合 393 人队形编排、研讨不断完善迭代。动态点位被直观地投放在鸟巢场地中，演员在现场即可快速了解行进轨迹，导演在现场也可快速高效地进行表演调整，视频的动态点位预演再根据导演现场的调整调度更新，以达到最终表演效果。9250 多帧的成品动态视效，从花朵、风车、飞燕、柳条、蒲公英到空中璀璨的焰火，完成了由裸眼视效到物理空间再到实景表演似真似幻的完美效果。从创意构思到可视化预演的推导，再到变成可视化排练方案，再到编导排练手册，形成了闭环“创编排演一体化”的创新排演思路。

麦克卢汉认为，展示媒介具有改变社会进程和人类的关系和行为的力量。在冬奥会开幕式演出“致敬人民”章节中，影像照片展现了世界各地人们的生活瞬间，以及冰雪运动健儿们挥洒汗水的画卷。演出制作团队研发出基于人工智能和交互引擎技术的实时交互视频特效系统，轮滑演员随着有交织感和生长走向的动态线条向前滑行，实时互动推开地面实时生成的层层白雪，露出冰面上“更高、更快、更强、更团结”的发光口号，形成了全世界人民“一起向未来”的视觉阐释。画卷两侧由中国结纹与画卷映衬装饰，传递出平安永恒绵延的寓意，黑弓设计团队在策划期间还尝试了双钱、纽扣、团锦、万字、盘长、双联等结式滑冰线条，充分展现了艺术与科技融合的科技奥运的魅力。

四、结语

很长时间以来，人们喜欢把技术看成一种与文化割裂的对立面。尤其是具有高度形而上学和超脱物质之外的中国文化，但这并不妨碍技术贯穿于文化展示的途径中，由此传递精神意义。不仅如此，全球范围内跨文化交流成为当前社会的新常态，技术是交流的解码器，能将博大精深的中国文化翻译成一种通俗的语言。2022 年北京冬奥会开幕式演出成功彰显了中国文化审美水准和数字科技艺术实力。中国设计的多元化合作也汇聚成展示传统文化价值的重要力量，中国设计师以设计自觉、文化自信的坚定态度，带观者徜徉于5000年的历史、现在与未来，为世界了解中国新时代新风貌提供了窗口与平台。

参考文献

[1] 梁漱溟. 中国文化要义[M]. 上海:上海人民出版社,2011.

[2] [美]阿尔文·托夫勒. 预测与前提[M]. 栗旺,译. 北京:国际文化出版公司,1984.

[3] 许倬云. 中国文化的精神[M]. 北京:九州出版社,2018.

[4] [美]阿瑟·丹托. 寻常物的善变[M]. 南京:江苏人民出版社,2012.

[5] 贝奈戴托·克罗齐. 历史学的理论和实际[M]. 傅任敢,译. 北京:商务印书馆,1982.

[6] [美]贝拉·迪克斯. 被展示的文化:当代"可参观性"的生产[M]. 冯悦,译. 北京:北京大学出版社,2012.

[7] 朱广宇. 中国传统建筑:门窗、隔扇装饰艺术[M]. 北京:机械工业出版社,2008.

[8] 计成. 园冶图说[M]. 赵农,注释. 济南:山东画报出版社,2010.

[9] 罗泽文,彭才年,翟利群. 中国传统建筑门窗[M]. 哈尔滨:黑龙江美术出版社,2005.

[10] 文轩. 中国传统吉祥图典[M]. 北京:京华出版社,2010.

[11] 蒋勋. 写给大家的中国美术史[M]. 北京:生活·读书·新知三联出版社,2008.

[12] [俄]列夫·马诺维奇. 新媒体的语言[M]. 车琳,译. 贵阳:贵州人民出版社,2021.

[13] 张笑宇. 技术与文明[M]. 桂林:广西师范大学出版社,2021.

实现设计的社会责任

——在英国高等教育中，通过元共情应用设计思维方法的设计创新实践

邓剑烨　毛成伟　马库斯·克林格弗斯①

一、简介

我们生活在一个面临多重大规模挑战的世界中，涉及从生态系统的退化到权力及其表象的社会和文化不平等诸多方面。越来越广泛的设计实践促进了社会、文化和经济发展，高等设计教育在应对现实棘手问题的挑战中，面临着许多问题。

Deng（2021）在她的研究中总结道："设计教育必须更多地考虑内部焦点和外部需求之间的平衡……为了成功地建立一个支持设计创新和文化的教育体系及课程，课程开发者必须确保这两方面的需求是相似的。"然而，"通常只有当我们熟悉分析工具和框架，从更广泛的角度为决策提供信息时，才能实现设计结果"（Boehnert，Sinclair，and Dewberry，2022）。

基于上述背景，作为教育工作者和设计师，我们需要考虑到，设计教育只有在"教育者做出实质性承诺，支持可持续性知识和设计方法，服务

① 邓剑烨，英国伦敦艺术大学讲师、英国莱斯特大学高级讲师；毛成伟，英国皇家艺术学院研究生、格拉斯哥艺术学院研究型在读硕士；马库斯·克林格弗斯，英国莱斯特大学讲师。

于不同相关利益者时，才能更有意义地参与到应对新冠感染、人口统计模式变化以及其他生态社会问题的挑战中”（Boehnert，Sinclair，and Dewberry，2022）。

然而，只有在跨学科的广泛参与下，教学和学习才变得更有意义。但英国的设计教育长期以来都偏重狭隘的技术性教学，特别是在本科水平教育阶段，这让本学科的教与学变得困难。正如 Boehnert 等（2022）所述：“在传统的本科阶段课程中，由于向生态社会责任设计教育过渡的过程中，越来越多地处于管理主义的框架下，这并不容易实现。”邓剑烨目前在伦敦艺术大学传媒学院设计管理专业（学士学位）授课，这是英国唯一的本科阶段开设的设计管理课程。社会正义方面的创意实践议程，既有对教育制度的要求，也有对政策指导的要求。

因此，本文在英国高等教育环境下，通过开发元共情思维模式和应用设计思维方法作为创新核心的实践，探讨了社会责任设计的主题。

本文的研究目的是：①介绍通过元共情运用设计思维去学习的方法；②运用多个案例研究，对棘手问题进行定性洞察，通过设计情境产生元共情；③对构建的设计思维模型进行验证，进而实现高等教育教学情境下设计的社会责任。

二、背景理论

（一）设计思维的学习方法

在达成社会责任的设计中，如何参与空间设定并得出结论，以满足利益相关者需求，变得越来越重要。例如，在未来参加创意和文化产业工作，培养学生多种设计技能并提升其能力方面，高等教育发挥着关键作用（Klingelfuss，2021；Ashton，2017；Naudin，2013；Nesta，2007）。在笔者所处的教学环境中，教学与学习的理论基础是设计思维的学习方法。设计思维被应用到社会模糊问题设置中，以处理日常生活中难以解决的问题，即 Horst Rittel（1972）发表的“棘手问题”概念。此外，笔者认为，设计思维意味着发明、测试、开发和再开发，设计师通过从一个问题的定义到解决这样一个迭代的过程，来强调创意过程的迭代和原型观（Deng，2013）。

运用设计思维去学习，应用了从学习过程到知识创造高度迭代的五维模型。这些过程可以被看作类似的学习概念，与 Kolb（1984）的体验学习理论相联系。

Kolb 认为“学习是通过经验的转化创造知识的过程”，而这反过来又被更狭义地定义为“通过做来反思学习”（Felicia and Patrick，2011）。如图 1 所示，这种经验形成了“观察和反思的基础”，学生有机会考虑什么是有效的或失败的，并在下一次尝试时思考改进的方法。每一次新的尝试都是由以前的经验、思考和反思的循环模式所决定的。Kolb 将学习过程描述为 4 个阶段的重复循环，即具体体验、观察反思、抽象概念化和主动测试。

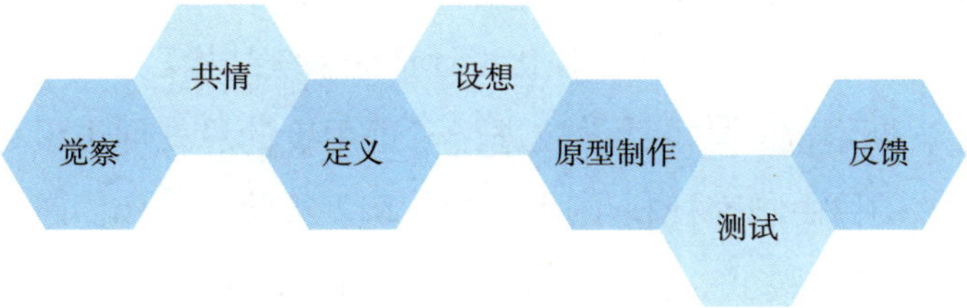

图 1　Kolb 的体验学习模型（ELM）

换句话说，体验式学习是从做某件事开始的，然后通过反思，实践者检查经验，利用经验来理解现状，并从他们的经验中学习，这强化了实践者（在这种情况下是设计师）“通过做”学到最好东西的信念。Schön（1991）进一步阐明了与思维实践的发展特别相关的两种反思类型。该模型提出了“实践中的反思”和“发展中的反思”的概念：Schön 的反思观点关注的是专业人员“在做的时候思考他们在做什么”的能力。他认为，职业实践需要有应变思考的能力，需要把以前的经验运用到新的境况中去。

同样，在学习中评价设计思维过程有助于理解设计知识和实践的相关因素。因此，综上所述，假设“四阶段循环”位于接近设计思维方法学习的过程中。当一个人在设计思维 4 个阶段的循环中进步时，就可以看到有效的学习过程：①抽象：对具体的经历，进行②研究：对经历的观察和反思，引出③概念：对抽象概念的形成和概括，最终进行④设计：用于在未来情境中检验假设，从而产生新的体验（Klingelfuss，2021）。

（二）元共情及其应用

设计思维过程从同理心开始，建立对他人体验的理解，并将共情转化为一种工具，帮助人们认识固有身份对理解他人的影响。变革共情的核心是倾听理解，同时明确我们是如何倾听的。

“设计的同理心”可以定义为通过他人的眼睛看世界，感受他人的感受，并体验他人所做的事情，这是设计思维过程的第一步，也是最基本的一步（Plattner，2017）。我们将研究一个确切的解决方案，聚焦在设计思维过程中，来探索同理心。然而，需要强调的是，我们的同理心能力往往受到个人关系、信仰和认知的影响，而忽略了社区和人群更广泛的影响力，从而压缩了设计师的空间，用以强化设计责任系统结构。

2017 年，斯坦福大学设计学院进行了运用设计思维促进设计工作公平性的研究，该项目由国家社科项目和学院 K12 实验室合作。研究为设计思维过程添加了额外模式，揭示了在共情阶段与他人产生关联的更多方式——观察和反思（见图 2）。这些模式要素被放置在共情身份反思活动之前，该活动要求个体从阐明他们发自内心的核心价值观开始，之后定义自己的身份。然后，他们会反思自己当时的感受，以及可能起作用的偏见。最后，有关共情创建的反射过程观测就完成了。

从不同的角度，该过程可以分为 3 个层次。通过使用修改过的共情地图和 3 个基本共情问题，该模型促进了认知，并支持共情体验的形成（Ortiz，2016）。

· 个人：我的身份如何影响我对观众体验的理解？

· 制度性：在观众体验中起作用的重要习俗和惯例是什么？

· 结构性：习俗和惯例是如何共同作用来接纳或排斥我的受众的？

先验现象学是在社会科学和人文学科研究中使用的一种研究方法论，在理解和解决社会背景下的设计问题时，它是元共情思维的另一种替代方法。先验现象学最初要求研究人员在整个研究过程中取消他们的偏见和假

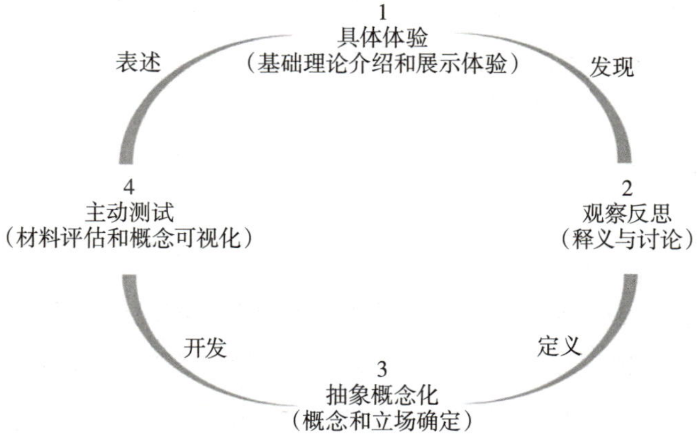

图 2　斯坦福大学设计学院 K12 实验室设计过程

设（梅洛—庞蒂客观思想），以研究对象的主观现象学描述作为切入点（Romdenh – Romluc, 2021）。经过从胡塞尔到最近的穆斯塔卡斯理论的长期发展，“它通过聚集一些个体的主观体验来发展客观的‘本质’，抹去了笛卡尔的主客观二元论”（Moerer – Urdahl and Creswell, 2004），先验现象学承认、尊重和重视主观体验，这些主观体验通过对棘手问题的理解和对设计思维的应用，进行了多层次的共情。

存在现象学研究需要有共情存在和对变革性反思的深入倾听（数据分析）（Churchill, 2022）。存在现象学研究是一种共情方法，通过研究与他人生活的意义产生共鸣（Churchill and Fisher – Smith, 2021）。

先验现象学用不同的研究方法，发展了一种类似元共情的思维模式，在更广泛的生态社会环境中，对不同层次的研究对象（包括人类和非人类）进行研究。

反思上述建设性的设计方法和方法论，一系列创新工作坊活动使我们能够反复探索和开发从试点教学活动中产生的想法。工作坊的性质旨在使用创造性教学方法的教学实验（Stenvall – Virtanen et al. , 2016）。这种方法通过提供相关的、鼓舞人心的、互动式的、参与性的、体验式的和以学生为中心的自主学习（Nesta, 2007；Agusita and Ashton, 2020），发展新的和新兴的教学方法，并对其动力做出了双重反应，以满足创造性学科学生的需求（Kellet，2006）。因此，在不同阶段的活动，参与者被邀请在小组中工作，使用视觉工具，运用创造性的方法完成任务。

三、实践——运用设计思维学习（DTAL）工作坊

该工作坊利用先验现象学设计研究方法，通过参与式和协作式的体验学习，让创作者、教育者、参与者提供他们的想法和经验。它包括参与到当代艺术和设计之间的对话中，这为审视艺术和设计在社会背景下发挥作用提供了机会。该过程的最终解决方案是探讨合作者、参与者、人工制品、社区和空间的邻近性。

根据本文背景理论，工作坊设置了一个混合空间，旨在确认支撑该项目的相关理论知识。工作坊的内容包括学术观点讲座、项目建议及合作活动。

（一）研讨会的目标

研讨会的目标如下：

（1）在社会环境中通过设计思维的方法学习和实践，介绍学习环境中元共情思维的方法和途径；

（2）探索新兴主题和思想，通过自我实现、创建创造性工作两种方法实现学习；

（3）合作活动将引导到工作坊的实践阶段，并反思在社交环境中应用思维方法；

（4）使参与者能够以混合模式遵循活动的流程、工具包、研讨会，目标受众是线上或线下的学生，以及所有有兴趣参加工作坊的人。

（二）活动策划

本次研讨会采用面授和在线混合模式，重点内容为：①基础理论介绍；②进行发散性和趋同性的讨论；③个性化叙事；④网络联播。为适应创意和文化实践环境变化，研讨会应用了视觉传达工具、流程和平台等通信技术。活动（见图3）包括以下三部分。

第一部分，理论、讨论、展望、反思：研讨会的参观者由不同背景和跨学科人员组成，主要来自艺术和设计领域。在这个过程中，每个参与者都可以体验到关于一个或多个人工制品的不同层次的概念和想法。

笔者将本工作坊活动设计为理论主导型。例如，研讨会的第一阶段设置了一个在线活动，旨在确认项目的相关基础理论知识。如图 3 所示，理论主导的在线活动包括学术观点的讨论，以及项目提案和合作活动。

第二部分，材料准备：工作坊参与者将创造艺术的“再现”。他们可以根据在工作坊第一部分的艺术、设计作品中获得的信息、想法、概念和感受，选择合适的形式和材料，然后转入混合讨论和对话。

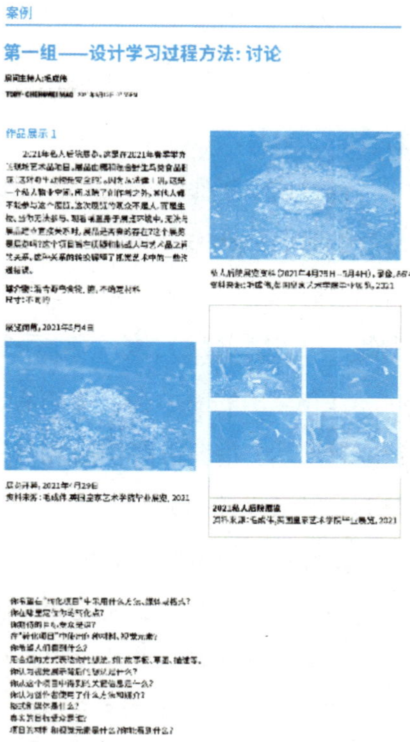

图 3　利用 Kolb 的体验学习模型（ELM）和双钻石的工作坊活动安排

第三部分，复制：参与者将一起或单独工作，对他们选择的艺术作品进行“再现”。这种思维和制作过程，可以通过个体参与者不同的视觉语言，来阐明概念可视化的方法。

（三）预期结果

参与者再现的作品将与原工作坊艺术作品一起展示，或在线展示，形成组织者、艺术创作者、参与者和观众的共同合作展览（投影仪展示）。

安排：交付成果/作品在实际空间和线上平台展示。人们将能够遵循活动的每个阶段的工作流/工具包/工作坊。因此，工作坊可以轮流进行，以满足观众和参与者的不同需求。

（四）潜在产出

方法探究：探讨转移到合作者、参与者、人工制品、社区和空间的邻近性。

通过这个工作坊，我们寻求明确的挑战和可能的“邻近性”，进一步加深我们对如何为变化而设计的理解。在项目就邻近性进行探讨的过程中，特别要研究工具、方法和材料如何支持设计研究人员，并考虑到包括线上和线下（在本领域），合作和参与式设计研究的“全球本土化”本质。

参与艺术的展示会。参与者通过平面设计、传播设计和艺术作品，进行成果展示。展览以跨学科和外部跨学科的概念为特点，主题是多元跨学科的艺术与设计交流。

工作坊连同最终的展示，将触及不同的参与者：

（1）对于工作坊的主办者和主办机构来说，这是一个有创意的推广和联系的机会，也是一个开放式的对话活动，以获得目标观众的反馈。

（2）对于工作坊参与者来说，由于工作坊对会议开放，它提出了一个概念，让更多的人接触到艺术。

（3）对于教育机构和研究人员来说，它可以作为艺术与设计传播、唯物主义研究和画廊研究的主要研究资源。

（4）对于展示空间来说，加强对物理空间的理解和文化交流。

四、结论

本文是尝试将社会责任意识与设计思维方法论相结合的理论和实践。我们认为，让最受影响受益群体的声音和体验发挥主导作用对这一新进程至关重要。

设计发生在一个社会环境中，每个人都有创新的能力。这种切入点的多样性，将为新的发明和促进公平的创新创造条件。在一个社会环境中，设计不仅仅是对美学的追求，更是对人类需求的解决方案。每个人都是这个环境中的一分子，他们的需求和问题也不尽相同。因此，我们需要从不同的角度和切入点来创新解决方案并提供新产品。同时，创新并不是一种天赋，而是一种能力，它可以通过学习和实践不断提升。只有当我们鼓励每个人参与到创新的过程中，并提供公平的机会和条件时，我们才能发现更多的新思路和解决方案。因此，切入点的多样性和公平的创新环境将为新的发明和创新创造更多的可能性，从而推动社会的进步和发展。

本文的实践为设计公平建立内部能力和信心，对于教育工作者、设计师、倡导者和鼓动者团队具有明确的意义。能力和信心对于设计公平至关重要，因为许多教育工作者、设计师、倡导者和鼓动者在这一领域具有较少的经验和知识。将设计公平的理念内化并转化为实际的策略和实践，需要培养意识和技能，以帮助他们更好地理解公平设计的原则和方法。通过提供相关思维模式，能够有效地加强对公平设计的信心和能力。这有助于确保设计师能够为社会大众提供更具包容性和公正性的服务和产品，从而更好地贡献于社会的可持续性和发展。

人类的想象力是不可估量的，我们可以通过运用这种力量来拓展我们的思维方式，培养全新的思想。通过大胆想象，我们可以推翻旧有的思维模式，制定新的公平制度和政策。总之，想象力可以成为培养新思想、制定公平制度和改革有偏见政策的关键手段。通过运用想象力，我们可以探索新的思考方式，创造创新性的解决方案，开创一个更加平等、公正的未来。

参考文献

［1］Agusita E，Ashton D. “Unexpected Enterprises” – investigating the pedagogic potential of emerging forms of entrepreneurship for media enterprise education［R］. UK：University of the West of England；University of Southampton，2020.

［2］Ashton D. Media enterprise education：professional practices and everyday creativity. In B De Abreu，P Mihailidis，A Lee，et al.（Eds.），The international handbook of media literacy［M］. UK：Abingdon，Oxon：Routledge，2017：289 – 304.

［3］Boehnert J，Sinclair M，Dewberry E. Sustainable and responsible design education: tensions in transitions [J]. UK: Sustainability,2022(14): 6397.

[4]Churchill S D. Essentials of existential phenomenological research, essentials of qualitative methods series [M]. US: American Psychological Association, Washington, DC, 2022.

[5]Churchill S D, Fisher – Smith A. Essentials of existential phenomenological research [M]. London:Routledge routledge, 2021.

[6]Deng J Y. Postgraduate design management education in China: an investigation into the transferability of design management knowledge, curricula, teaching and learning strategies from the UK to China [D]. UK:Staffordshire University,2013.

[7]Deng J Y, Klingelfuss M. Transformative teaching practice through a design thinking approach in social settings: a reflection on the delivery of a design research methods module in a graphic design programme at undergraduate level [C]. DRS, LEARNxDESIGN 2021: 6th International Conference for Design Education Researchers, 2021:24 –26.

[8]Felicia, Patrick. Handbook of research on improving learning and motivation [M]. US:IGI Global Information Science Reference, 2011.

[9]Kellet S. Emergent practices in entrepreneurship education for creatives [R]. UK: Higher Education Academy, Advance HE, 2006.

[10]Kolb D A. Experiential learning: experience as the source of learning and development (Vol. 1) [M]. Englewood Cliffs, NJ: Prentice – Hall, 1984.

[11]Merleau – Ponty M. Phenomenology of perception: an introduction [M]. London:Routledge, 2002.

[12]Moerer – Urdahl T, Creswell, J W. Using transcendental phenomenology to explore the "ripple effect" in a leadership mentoring program [J]. International Journal of Qualitative Methods 3, 2004:19 –35.

[13] Moustaka C. Phenomenological research methods [M]. United States of America:SAGE Publications,1994.

[14]Naudin A. Media enterprise in higher education: a laboratory for learning. In D Ashton & C Noonan (Eds.), Cultural work and higher education[M]. Basing-

stoke, Hampshire: Palgrave Macmillan, 2013:110 – 130.

[15] Nesta. Creating entrepreneurship: entrepreneurship education for the creative industries [R]. London: Nesta, Higher Education Academy, Advance HE, 2007.

[16] Ortiz C M. Racism and inequity are products of design. They can be redesigned. EquityXdesign [R]. 2016. https://medium.com/@equityXdesign/racism – and – inequity – are – products – of – design – they – can – be – redesigned – 12188363cc6a.

[17] Plattner H. An introduction to design thinking process guide [R]. The K12 Lab Design Process, Institute of Design at Stanford, 2017.

[18] Rittel H W J. On the planning crisis – systems analysis of the first and second generation [J]. Bedriftsokonomen, 1972(8): 390 – 396.

[19] Romdenh – Romluc K. Merleau – ponty: perception and methodology, in: purpose and procedure in philosophy of perception [M]. Oxford: Oxford University Press, 2021: 258 – 275.

[20] Schon D A. The reflective practitioner: how professionals think in action [M]. London: Temple, 1991.

[21] Stenvall – Virtanen S, Gronlund M, Malinen P, et al. How to teach entrepreneurship to communication and creative industries students [M]. Lisbon: Instituto Universitário de Lisboa. Centro de Investigação e Estudos de Sociologia, 2016.

从软空间到软实力：
城市更新的价值重构与城市设计的“第三空间”转向

陈　确①

随着文化软实力在国家竞争中的优异表现，城市竞争的主战场也发生了微妙变化。“城市建设从规模转向质量，从注重功能转向重视人文，从围绕经济转向围绕文化为核心……世界经济发展的中心正在向文化积累厚重的城市转移。”② 尤其新冠疫情以来，宜居、安全、去中心化和具备文化美誉度的城市，更令人向往。经济体量和城市人口规模大的城市反而吸引力不如以往。这已经超越了《城市的胜利》所宣扬的城市价值和竞争逻辑③。以普惠、分权、市民主体性为价值取向，以文化酿造和艺术设计为工具，介入城市规模的实体空间和更多维度的非实体空间，既提高了城市韧性又提升了城市魅力，是世界城市转型趋势中的一条明晰线索。这逼迫中国的“城市更新”重构价值立场，也给予了“城市设计”定义刷新和策略创新的机会。

---

① 山东工艺美术学院设计策略研究中心副教授，设计学博士。

② 中国新闻网．中国设计 40 年：我们的城市故事还动人吗？［EB/OL］．［2023－04－13］．https://www.chinanews.com.cn/m/cul/2018/04－03/8482533.shtml.

③ ［美］爱德华·格莱泽．城市的胜利［M］．刘润泉，译．上海：上海社会科学院出版社，2012.

城市设计的范式转型意味着城市塑造权力主体位移的可能性。与政府和城市管理部门以及社会文化精英不同，市民大众具备一种独特的智慧与活力。三明治状的“三层”划分起源于社会分层理论，在实际的城市发展运动中，呈互相兼容、影响和流动的状态。文化精英阶层、社会机构与市民大众互相穿插，形成综合性的城市美学表达。官方政府和市民大众在某些层面也是合作和共谋的。意大利社会学家帕累托说，精英群体要从底层吸收精英才能保持活力。[①]“城市游击”的鼓吹者侯志仁指出：“空手营造新的城市空间不是市民的专利，专业者与创作者也可以参加，甚至能动员更多的人来参与发展另类的城市营造模式……将城市从制度与观念的枷锁中解放出来。”[②]

结合空间政治经济学、社会心理学、都市人类学、文化创意产业的研究视角和数字化世界的背景，我们发现了市民的新的空间诉求，为了塑造更强的存在感、主体性和反驳的力量，需要寻求更多的生存空间和表达空间。软空间时代的到来，意味着价值主体性的微妙变化，亚文化、边缘文化和自下而上的实践有了更充分的施展舞台。城市更新不再是钢筋水泥的实体场所的更新，而是精神与价值的更新；城市设计的目标和策略不仅是城市的审美天际线和生活便利度，而是推进上述价值的落地。

此处借用了爱德华·索亚（Edward W. Soja）的“第三空间”理论，来映射和指代这一层实践的处境和意义。“第三空间”理论最早由苏联心理学家利维·维果斯基（Lev Vygotsky）提出。对“第三空间”理论的阐释，学术界历来有不同的声音。我们之所以引用爱德华·索亚的理论，是因为它蕴含了发起日常生活实践的位置基座。爱德华·索亚尝试从人文地理学的角度重新思考生活的空间维度（这当然受到了列斐伏尔的影响，列斐伏尔批判了在物理感知和认知建构空间之间的二分法）。爱德华·索亚把第一空间界定为直接感知的‘客观’空间，在这可从经验上进行测量和图表化的

---

① 社会学视野网_社会分层[EB/OL].[2023-04-13]. http://sociologyol.ruc.edu.cn/shxyj/fzshx/shfc/1b43fed81b5f42fc8d9b4011326d4125.htm.

② 侯志仁. 反造城市：在地行动的十一则故事[M]. 新北市：左岸文化，2013.

第一空间中，人类活动仅仅被看作可以通过统计记录的众多事件。“第二空间”表示心理空间，它涉及图像和表象、建构而成和象征的世界，围绕着理论话语，最著名的问题是，空间是如何在特定时间内被我们思考的。而爱德华·索亚所理解的“第三空间”是生活的空间，它既是现实空间，也是想象的空间，它可以使我们从认识上，逃脱那种只集中在“第一空间”和“第二空间”之上的“两室牢笼”。联系到跨学科研究和批判性文化研究的行动主义定位，爱德华·索亚把他的“第三空间”描述成一种政治实践。他想找出，集中在生活空间之社会生产上的影响，有哪些具体运用的可能。爱德华·索亚的第三空间也是一个包罗万象的概念，它围绕着认识论、本体论、一种在持续运动之中超越二元论的历史性，它是一个不断扩展，从而囊括他者的超越性概念，所以才能由此重新划定和主张边界和文化认同的问题。

笔者将基于“第三空间”理论的都市实践归纳为 4 种都市主义，纳入新型的、群策型的城市设计范畴。

一、温和、无序和“反规划”：基于日常生活概念的日常都市主义

日常都市主义是玛格丽特·克劳福德（Margaret Crawford）受亨利·列斐伏尔（Henry Lefebvre）影响提出的概念。她还出版了同名著作，描述了城市居民的日常生活经验，包括通勤、工作、放松、购物、饮食和办事。日常都市主义与审美价值无关。相反，它引入了消除专家与普通用户之间距离的想法，并迫使设计人员和规划人员从直接和普通的角度考虑“权力转移”并解决社会生活。日常都市主义主张改善基层居民区，而不是总体规划的自上而下的干预措施。寻求多样性和异质性的日常都市主义，从来不追求成为一种超凡的完整设计方法，其直接目标并非改变世界或改造已建成环境。日常都市主义更多利用的是民间智慧，这种智慧具有直觉、自发、偶发和生活化的特点，这是几千年来人类社会日常生活传承下来的非规训基因，可以抵制制度化和教导化。

用克劳福德自己的话来说：借用亨利·列斐伏尔、米歇尔·德·塞尔托（Michel de Certeau）和米哈依尔·巴赫金（Mikhail Bakhtin）所提出的日常生活概念，我们提出一套新的城市设计价值观，将城市居民和他们的日常经验置于设计的中心，鼓励更多民族志式的城市研究，并且强调特定的、具体的现实。描绘和设计几乎无限丰富的日常生活，需要各种各样的表现形式，因此我们探索了多种写作风格，也鼓励作者尝试新的图示表达方式、超现实的模型制作和照片拼贴。①

因此，日常都市主义这种对平民草根开放式的关注使其在不经意间成为一种非正统的自下而上进行的城市发展机制，并与正统的自上而下的发展方式截然相反。“日常都市主义不同于新城市主义的是，前者对于城市物质形态与社会行为之间的关系并没有予以过多的关注，比如，日常都市主义会赞扬那些勤勉的移民团体如何通过非正式的策略和富有想象力的手段去利用一些特定的场所与边缘地带。日常都市主义的另一个特征是，它特别喜欢在不顾已有的设计和规划的前提下帮助人们适应并改善周围的生活环境，会通过占用人行道、停车场和闲置的土地，以便用于非正式商业用途行为的发生，甚至有时还会占用私人的车道和庭院作为清仓大甩卖的场所。并且，日常都市主义还积极地呼吁保护地方的特色街道与建筑，延续充满活力和多文化融合的邻里街区生活方式”②，见表1、图1、图2。

日常都市主义已经具备成熟的理论纲领和实践策略，极大地拓展了城市设计的定义，尤其对中国的城市发展转型有着特殊的价值意义，“如果日常都市主义仍然被当作一种设计策略，那么它在极具生活智慧的中国城市是广泛存在的，并可以成为未来开展城市设计的切入点。在中国，这项研究的目的不是简单指向一项学术研究或评论工作，而是发出对城市行动的呼吁：理解在过去以及当下一直以矛盾的、不稳定的方式发生，到目前仍没有定型甚至难以察觉的空间类型，积极面对被社会行动和被社会想象力

① 陈煊．日常都市主义及其现状[EB/OL]．(2019－12－04)[2023－04－13]．https://zhuanlan.zhihu.com/p/95158805.

② 道格拉斯·凯尔博．论三种城市主义形态[J]．建筑学报，2014(7)：76.

激活的空间。从这一点来说，日常都市主义实际上可能比任何其他形式的当代城市主义都更有远见，因而也更加迫切地需要被引介，尤其是通过对空间‘人文’的关注，在实践创作过程中寻到设计项目的特殊含义并为使用者赋权”①。

表 1　日常都市主义的类型、做法与实例

实践类型	空间类型	实践主体	做法解释	频率
车库销售	私宅、庭院	低收入家庭	将前院（私人住宅和公共街道之间的缓冲区）作为家庭物品销售区	季节性
路边摊	街角、人行道	城市移民	对街头贩卖合法化管理	每天
迷你商城	常常与加油站结合	城市移民	简单便利设施（含停车、咖啡、面包、干洗等）的集合为消费者提供一个类似公共空间的城市环境	每日
城市表演与即兴创作	公共、私人空间，小型公园街道	表演者、私人企业、居民	在表演的短期时间段内封闭街道，鼓励节日服饰、节日习俗：使用现有的手段创造、制作和组合	移动的周期性
城市能人	城市废弃地、住宅	城市里的能工巧匠、城市拾荒者	场地营造：收集城市、社区的废弃物或进行循环利用	每日
城市涂鸦	城市街道、广场	艺术工作者、居民	利用墙面、环境中可利用的空间、植物等进行涂鸦创作	移动的周期性
服务站项目	迷你商城、社区小广场	建筑师团队、当地兴趣小组合作	为建筑工、服装工、无家可归者、幼童、老年人、摊贩提供继续学习的站点，作为培训场地、借贷维修站、社区信息战	移动的周期性
共享后院	私宅、已建成建筑遗产	环保人士、艺术家、居民、企业家	举行小型的展览、学校派对	移动的周期性
周日街道	城市马路	民间组织、城市交通局	在不同的社区开展周日限时段封街活动，为城市企业、机构、个人提供交流机会	移动的周期性

① 陈煊，M. 克劳福德. 日常都市主义理论发展及其对当代中国城市设计的挑战[J]. 国际城市规划，2019(12).

续表

实践类型	空间类型	实践主体	做法解释	频率
午餐广场、街道	城市、私人广场	企业、城市交流局	在中心区局部街道段、空置的广场开展午餐销售，为办公人群提供交流机会	每日限时段
民间音乐节	公园、广场	公园管理局、社区	利用社区不同场所为歌手、乐队提供表演和交流机会	季节性
社区纪念日	街道	社区	挖掘社区故事进行街道装饰，以示纪念	特定时间

资料来源：《日常都市主义》。

图 1 《日常都市主义》中文版

图 2 日常都市主义案例“星期天占领街道计划”

资料来源：陈煊，M. 克劳福德．日常都市主义理论发展及其对当代中国城市设计的挑战［J］．国际城市规划，2019（12）．

日常都市主义就是让所有人保持对生活烟火味的嗅觉和味蕾，用谦逊的机灵去稀释钢筋混凝土的冰冷。

二、松空间、寻猎型空间和剩余空间：都市反叛与战术都市主义

战术都市主义（也称为 DIY 城市主义）是一种组织引导和公民主导的社区建设方法，使用短期、低成本和可扩展的干预措施，促使社区长期变

化。战术都市主义也是自发性地寻找可能空间的都市策略——去占据、去松动、去寻猎、去激化、去“挖墙脚”，就像一个痞痞的坏小子。这种叛逆性较强的都市行动也可以称为“重新占领城市”。与日常都市主义相比，它更强调实践性、批判性和反叛性，更加激进和具备占领气质，以及注重建立自助自救和共创众创的网络关系。

战术都市主义也有深刻的理论渊源，当然与列斐伏尔无不关系，列斐伏尔强调“进入都市的权利”。这一彻底的革命将要终结这种抽象的权力（Pouvoir Abstrait）。这种抽象的权力意在使用某些手段来实现某种不可知的终结，然而，它却要实现它自己的终结。这一革命本身将要取代某些权力，即占有（Appropriation）与再次占有（Re – appropriation）的权力，而在这一过程中，革命将会带来自身的终结。颠覆（Subversion）的观念完善了革命的思想”[①]，“人们应该提出一种知识战略，以便持续不断地将理论与经验进行比照，通向一种总体性的实践（Praxis Globale）：都市社会的实践。这种实践就是要像人类占有时间和空间一样，争取一种高级形式的自由。的确，政治家们控制着这些过程。正是由于他们拥有对技术的控制权。然而，斗争的作用，就是要把辩证的分析掌握在手中。它将使我们能够‘以知其不可为而为之的方式’，说出那些真实的、可能的与不可能的东西”[②]。战术都市主义就是要瓦解抽象的权力，重新创造空间，挑战那个庞然大物，带有斗争意味。

德·塞托在1984年用英语翻译《日常生活实践》时使用了战术都市主义一词[③]，指向了1968年发生在巴黎的事件。战术都市主义还有一个行动化说法：都市游击。与之相关的论述，近些年正在被重新发现与建构。盖里哈克在《城市演变》一文中质疑了强调景观秩序和恒久性的城市设计之理论和实践的主导地位，在他看来，“城市中最有趣的地方恰恰与其相反：无序、不可预测、快速变化”。同样地，希姆·伊纳姆亦在《设计城市转

① 亨利·列斐伏尔．空间与政治[M]．李春，译．上海：上海人民出版社，2008.

② 亨利·列斐伏尔．空间与政治[M]．李春，译．上海：上海人民出版社，2008.

③ 米歇尔·德·塞托．日常生活实践·1：实践的艺术[M]．方琳琳，黄春柳，译．南京：南京大学出版社，2015.

型》一书中提出了“超越物体：城市即转变”，成为规划实践转型中的重要概念之一①。

迈克·莱登（Mike Lydon）和安东尼·加西亚（Anthony Garcia）是“街道规划”（Street Plans）组织的创建人，也是《战术性城市主义：长期变革的短期行动》一书的合著者。这本书通过一系列详细的案例研究证明了战术性城市主义干预措施的广度和可扩展性。而且这本书为构思、计划和实施项目提供了详细的工具包，叫作《战术都市主义指导手册》，包括如何根据当地的需求和挑战对它们进行调整。作为当前战术都市主义最有名的鼓吹者，他们将战术都市主义提升为有组织、有谋略的都市游击。

战术都市主义有许多“关键词”（见图3），反映了战术都市主义的特性与价值，如短期行动、长期变化、特定干预、公平正义、问题可见、发展公民、引发变革等。战术都市主义的“游击精神”吸引了新一代建筑师、城市规划师、设计师及社区组织者，他们把废弃的、闲置的、危险的城市空间作为改造目标，希望通过介入这些空间来重塑世界各地的公园、街区、广场、空地、地下通道和十字路口。让城市居民定义属于自己的社交活动空间，使这种都市主义充满了迷人的亚文化和赛博格气质。

库哈斯执迷于中国香港的九龙城寨，是因为九龙城寨迸射出丰富的战术性养分和弥漫出的草根生长力。

中国台湾的侯志仁也是这方面的专家，其著作《反造城市：在地行动的十一则故事》提供了战术都市主义开展的多种方式，描绘了全球各地城市居民与体制和规范“斗智斗勇”的故事。

战术都市主义不仅被民间奉为圭臬，珍妮特·桑迪可·汗（Janette Sadik－Khan）在担任纽约市交通局局长期间，在纽约进行的街道革命，也被认为是战术都市主义。② 总之，在现实表达中，由于涉及社区和剩余空间，战术都市主义与社会创新设计和新类型公共艺术也难以割裂。无论于

---

① 倪旻卿，朱明洁．开放营造：为弹性城市而设计[M]．上海：同济大学出版社·光明城，2017.

② 珍妮特·桑迪可·汗．抢街：大城市的重生之路[M]．宋平，徐可，译．北京：电子工业出版社，2018.

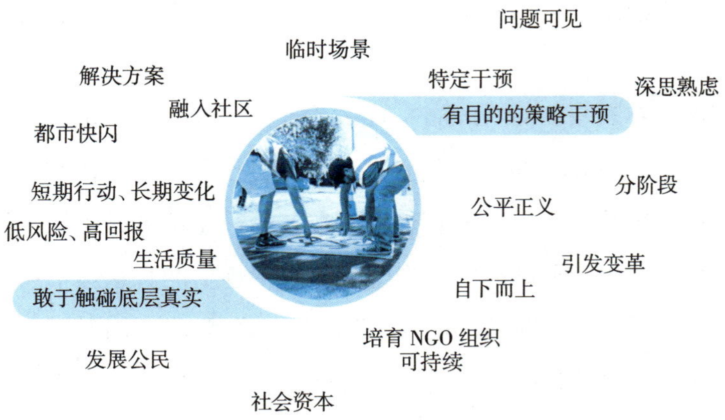

图 3 “战术都市主义”关键词

资料来源：笔者绘制。

公于私，它们的追求价值是相同的，在都市中不断地寻猎边角空间和松动铁板一块的现实，通过主动实践追求美好生活。

战术都市主义对市民大众阶层的激励和赋权，令人难忘和感动，它不是主张暴力，而是主张一种民智的行动主义，在理论的加持下，它的生命力澎湃。虽然它有被临时打压的可能，但也有在未来扩展内涵和外延的可能。当然，它最核心的价值就是反叛性。反叛也是一种批判，一种行动上的无声的批判，这样的批判力量如果织成一张网，不啻世界上最强大的颠覆性力量①。

三、锱铢必较与全民运动：可持续都市主义在行动

环境问题和可持续是当今世界的中心问题之一，但它的成功与否依赖于每一个个体的配合与支持，除此之外还依赖真正的、彻底的、发自灵魂的觉悟。国际货币基金组织针对在格拉斯哥举行的第 26 届联合国气候变化大会，指出：“这是我们最后也是最好的机会。”② 见图4。未来的 10 年是关

① 斯蒂芬·埃里克·布朗纳．牛津通识读本 批判理论[M]．孙晨旭，译．南京：译林出版社，2019.

② 国际货币基金组织．金融与发展[R]．2021，9：6.

键的窗口期，需要“系统变革”的社会转型和深度脱碳。但人类社会的一切层面的研究报告和举措，最缺少的是建立在共同认知基础上的落地执行，也就是两个字：行动。2007 年，纪录片《难以忽视的真相》的导演，也是美国前副总统戈尔在诺贝尔奖获奖致辞中说：“我们首先必须将共同拯救全球环境作为人类社会的最高组织原则。”① 联合国也指出 21 世纪人类面临的几大问题，其中之一即“人类互不信任”。可持续都市主义是针对这种情境的一种人性上的努力。

图 4　内页彩图

资料来源：国际货币基金组织《金融与发展》2021 年 9 月号。

虽然新都市主义将可持续都市主义纳入自己“麾下”，但是，道格·法尔（Doug Farr）② 指出：“新的城市主义者首先是人文主义者，其次是环境保护主义者，也许他们是平等的。但是，我们是一个重视人的人文主义运动，我们重视关于人的所有美好事物：多样性，关注公平以及所有这些事物。……因此，尽管我们是一个大帐篷，但欢迎所有人。因此，对我而言，

---

① 美国前副总统戈尔：戈尔获诺贝尔和平奖致辞演讲[EB/OL].（2020－11－26）[2023－04－13]. https://b23.tv/a5bls5C.

② 芝加哥 Farr Associates 的建筑师兼城市设计师道格·法尔，是《可持续的城市主义：自然的城市设计》和即将出版的《可持续的国家》一书的作者。

可持续的城市主义始终是这样的大统一……以使新的城市主义者理解他们的贡献以及绿色建筑民俗以及自然资源保护委员会（NRDC），以及我们所有的朋友，他们在致力于自己的核心工作的同时，也在认可并支持他人的工作。”① 但是，事实上，可持续都市主义不应该有新城市主义的“包袱”，后者精英气质突出。可持续都市主义应该简单、迅速和顺手可为，注重平常化、无意识、无仪式、生活方式和水滴石穿的行为累积能量。

笔者的朋友，网名是“咪咪嘎嘎”的播客主、创业者，毕业于英国皇家艺术学院，回国后创办了名为“兜着走”的食品回收项目，通过线上线下的混合方式研发各种各样的策略去实现零浪费和食品的可持续（见图5）。

图5 不长毛面包节

资料来源：“兜着走”公众号。

“Trash is For Tossers”② 是一个网站，在这里，你将找到减少日常浪费的技巧、窍门和工具，对环境问题的见解以及可以采取哪些措施来解决这些问题，可以将网站理解为一个使可持续生活变得简单、经济高效和有趣

① Robert Steuteville. Great idea: sustainable urbanism[EB/OL].(2017-02-02)[2023-04-13]. https://www.cnu.org/publicsquare/2017/02/02/great-ideas-new-urbanism-sustainable-urbanism.

② 网址为 https://trashisfortossers.com/style/。

的指南和 DIY。这个网站最早由 Lauren Singer 于 2014 年创立，最初是一个博客，记录了 Lauren 将废物减少到零的个人旅程。Lauren 第一次走红是因为她在一个 16 盎司的梅森罐子里装了一年的所有废弃物。Lauren 被她的社区昵称为“拿着垃圾桶的女孩”，她之后在 Ted 进行了演讲，将零浪费的概念带给了数百万人。2017 年，Lauren 推出了 Package Free，旨在为可持续产品制造商创造一个统一的空间，帮助减少浪费，并让世界减少垃圾。Lauren 具备极客精神的碳排放自律生活具备很强的感召力。这就是公民行动的价值，已深入人们日常生活的基础中。

气候和环境危机的逼近，已经在人类心中留下了阴影。可持续事业与可持续城市的成功，离不开科学数据的支撑，更离不开民众锱铢必较的精神，这是一场真正需要全民觉醒的、运动中的运动。

四、从肉身世界到数字都市主义：都市生活中的虚拟社区与平滑空间

数字时代催生了大量的亚文化和网络生活，那里自成社区，并建立了深刻复杂的社会关系和附属人文生活。无论是中国台湾的唐凤想通过数字社会创新重新冲击今天的政治体制，还是曼佐尼强调的以多样性和文化弹性（Cor）去支持另类社区的建设运营，以及 UP 主和网红文化的蓬勃发展，都确确实实构成了一个新的、客观的都市生活空间——这是人们以前无法想象的。尤其在网络大数据和数字监控技术下，个人隐私无可遁形，柯·林罗的“透明社会”理论似乎有了新的拓展和延异。

比如，中国台湾激进社会学者唐凤提出“数字社会助力民主”①，其实是寄希望于一种彻底颠覆性力量。

从早期的聊天室 BBS 到之后的论坛、博客，再到播客、微博、公众号和各种自媒体，从网红、公知、意见领袖、带货达人到各式 IP，由网络兴

① 网址为 https://www.islandinnovation.co/resources/digital-social-innovation-to-empower-democracy/。

起的各种惊涛骇浪不弱于现实中的排山倒海，迭代和历史感更强。无数网民游浮于其中，将自己真实的人生、时间、才华和情感投放于其中，无数的人间故事、数字经济、发展模式和亚文化纷至沓来，成为都市文明真实的一部分。这不仅是真实的空间，也是真实的社区。尤其是“数字游民”成为一种成熟的业态，催化了后疫情时代都市生活的更多可能性。

从人的角度，无论是数字囚徒还是数字游民，他们构成了一个虚拟化载体中的“想象的共同体”——但无比坚实！令人恍惚于虚拟与现实之间的高频转换。他们被异化了吗？我们被异化了吗？他们在未来会掀起怎样的巨浪呢？

这是一个超验的荒原，网络都市市民似乎更早地迈入了市民阶层和成为全球公民，继续拭目以待吧。

五、结论

石楠认为：“在计划经济时期，是政治家、规划师和官员在做规划。而在改革开放以后相当长时间内，技术人员顾不上来参与决策，忙着进行市场行为，因此更多的是资本和政治力量在主导城市空间。而今技术人员又回来了，同时非常重要的是增加了市民，也就是越来越多的民众有了城市意识，有了规划意识，希望在这个过程当中能够充分表达自己的意愿，对城市的未来说点话。在当下，包容性已经开始成为很多规划师关注甚至于考虑的基本价值观，但随之而来的问题则是，专业的规划和百姓的诉求之间要如何对接？”① 如果规划师还是从庞大的、综合的、自上而下的视角想问题，那么都市主义的问题无解。

传统的城市设计固然从多方面进行了努力，比如政治推进和民间团体努力，但缺少一个统一协调的城市协同共识和核心理论支撑。而且，骨子里还是上层的“施舍”，透露着优越感。话语权和发起方并没有变化。这样

---

① 傅适野．城市规划中的开放性和公平正义[EB/OL].(2017-02-27)[2023-04-13].https://www.thepaper.cn/newsDetail_forward_1627723.

的三层制是伪三层制。“中央城市工作会议强调，要统筹政府、社会、市民三大主体，使政府有形之手、市场无形之手、市民勤劳之手同向发力。我们将坚持‘共建共享’原则，以共建促共享，以共享带共建，努力形成人人参与、人人尽力、人人享有的城市发展格局。重点是深入推进政府职能转变和治理创新。”① 成都市原市委书记黄新初的这段话透露了中国政府的城市治理意识中的转型意识，其强调的三元结构，“固然是自上而下的路径主导姿态，但也体现了对日常的、非常规价值的认可”。葛兰西认为：“市民社会是上层建筑的一部分。”他指出，资本主义社会存在“市民社会”和“政治社会”两个上层建筑层次。前者对应于统治集团在整个社会中行使的“霸权”功能，后者对应于通过国家和政府行使的“直接统治”或“命令”职能，二者在很大程度上是整合在一起的。但葛兰西又强调，“霸权”是一种基于被统治者同意的柔性控制机制，这意味着必须有一个允许自由结社和行动的空间，从而使得挑战霸权（和国家）的文化、社会和政治形态的产生成为可能。② 无论如何，强调共治和草根力量某种程度也是为了保全统治力量的生命力，走出模式化、对抗僵硬和寻求共塑是本文价值倾向之一。

“第三空间”是理直气壮的空间，它不再是拐弯抹角、可有可无的铺垫和点缀，而是被寄望成为一道恢宏、绵延的力量（见图6）。列斐伏尔不断地阐释其中的逻辑、权利、代价和意义，他指出：“考虑到提倡‘进入都市的权利’比放弃这种权利更为‘现实’，这并不是一个悖论”③，“都市的革命，尤其是在今天，是一种可能的不可能。没有什么更迫近、更紧急的了，没有什么更不可捉摸、更遥远的了。革命的思想将总体性还原为当下的形势，将彻底性还原为直接的实践”④。张世英指出：“每个人都有尊严，尊严其实就是个性，尊重每一个人的个性；每个‘自我’实际上是普遍宇宙中

---

① 市民口碑是城市最好的丰碑[EB/OL].(2016-01-18)[2023-04-13]. http://www.xinhuanet.com/politics/2016-01/18/c_128638008.htm.

② 超越市民社会的结构性困境[EB/OL].(2019-11-08)[2023-04-13]. http://myy.cssn.cn/mkszyjbyl/201911/t20191108_5031064.shtml.

③ 亨利·列斐伏尔. 空间与政治[M]. 李春，译. 上海：上海人民出版社，2008.

④ 亨利·列斐伏尔. 空间与政治[M]. 李春，译. 上海：上海人民出版社，2008.

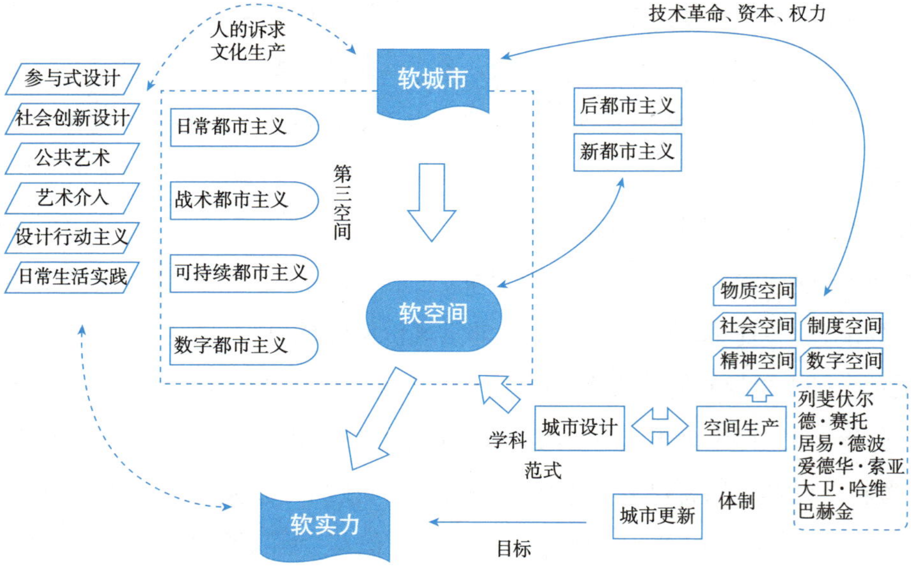

图6　本文论证思路

资料来源：笔者绘制。

普遍联系的一个个交叉点。赛尔指出：‘我’就是一个根据理性能自由行动、自由思想的行动者。”① 因此，个体观照、个体尊重、个体觉醒、个体自救、个体权利、个体实践是城市设计新的空间转向的基础，也是当下城市更新需要重新思考的价值起点。通过普遍的个体蜕变实现总体性的范式迭代。缺失这样的建设逻辑和落地践行，所谓城市软实力只会是虚伪且脆弱的空壳。

① 来源于B站超星慕课。

需求侧管理下的设计价值转向研究

袁　硕①

一、引言

设计创新在社会经济活动中发挥着主导作用，尤其是在供给侧结构性改革的过程中为优化供给体系提供了技术创新保障。当前我国的经济形势面临新的挑战，《中华人民共和国国民经济和社会发展第十四个五年规划和2035年远景目标纲要》指出：“深化供给侧结构性改革，提高供给适应引领创造新需求能力。”② 在经济活动中，供需平衡是保障国民经济、人民安定生活的稳定基础，供给和需求是既对立又统一的两个方面。在优化供给的基础上对需求侧管理提出目标：“打通堵点，补齐短板，贯通生产、分配、流通、消费各环节，形成需求牵引供给、供给创造需求的更高水平动态平衡，提升国民经济体系整体效能。”③ 经济增长方式由投资驱动为主转变为

---

① 山东财经大学艺术学院讲师，主要研究方向为设计管理与城市形象建构等。

② 中华人民共和国国民经济和社会发展第十四个五年规划和2035年远景目标纲要[EB/OL].(2021-03-13)[2021-03-23]. https://www.ndrc.gov.cn.

③ 武志，张富春. 注重需求侧管理，推动供给和需求更高水平动态平衡[N]. 人民日报，2021-04-13(11).

消费性驱动为主。由此，设计的价值转向在保证供给侧的提质增效的同时向需求侧的降本增效转化发生转移，这里的“降本”，降的是实现供需平衡过程中的沟通成本，以实现经济的中长期发展的系统性要求，构建完整的内需体系。

在经济社会中，人是消费的主体，一切经济活动围绕着人的需求展开。在以往以投资型为主拉动经济增长的过程中已出现生产过剩的态势，粗犷的经济模式无法精准捕捉人们的真实需求。通过需求牵引供给不仅可以解决当下产能过剩的问题，而且可以形成长效机制来平衡中国社会的供需。设计作为创造性活动在供需关系中起着引导作用。设计动机以人的需求为起点，精准研判需求层次，有效捕捉需求内容，明确需求价值走向，创新需求的创造性转化，理解设计驱动的内生性转化是当下需求侧管理中设计介入经济发展的核心内容。

二、从设计本质驱动到设计价值驱动

在现实世界中，设计的本质体现在创造性和惠及性的文明特征。作为经济的驱动工具之一，相较于金融、制造等要素配置，设计既是最前端的，也是相互关联的。目前，设计表现在物质的增长方面已有量的积累，具体表现为 GDP 等一切可量化的形式。在传统经济活动中，设计的单向性的主动创新行为引发了物质产品的爆炸性增长，所带来的同质化严重的结果并不能引发需求侧的兴趣，并且造成产能过剩以及资源浪费的价值失范。从需求侧的立场而言，设计的重点正由关注“物”的创新向关注“人”的创新发生转变，设计动机由设计本质驱动转变为设计价值驱动，这是关于人的精神结构和消费内驱力的研究。从设计实践的角度来看，设计本质驱动关注的是实用性、美观性等要素。而设计价值驱动关注的是从战略角度洞察需求者的消费动因，消费行为以实现价值共鸣为目标。人类社会的需求逐渐从量的积累向质的要求转移，这是经济发展的必然结果。这里的质表现为人的精神结构外化的形式，关注的是价值认同。在宏观视角下，从量到质的转变为设计的发展方向提供了现实依据和理论基础。

许平引用舍勒的理论，认为设计是人与理想社会的现实关系构建①，在理想社会和现实社会之间不明确的模糊地带，设计和消费结构建构了生活关系和幸福感，形成了自身的价值结构。这便于我们理解当代设计和当代生活的价值需求。按照马斯洛的需求层次理论列举的需求层级，相对应的价值层级组成一套完整的价值秩序序列，从价值层级上区分了设计和不同层级的需求关系。而舍勒的理论则将价值分为“可感受的价值”和“绝对价值”，其中由设计创造的服务于日常生活的部分为可感受的价值，② 属于微观层面。而绝对价值则属于价值观层面的精神价值范畴，精神价值是建立群体和社会的基础，人们通过精神价值的联结建构社会关系。在这个条件下，设计价值表现在对设计创造中实现需求侧的价值认同。例如，现代住宅一方面作为房产成了投资增值工具，另一方面作为居住场所要满足人们对居住、位置及环境的各方面设计需求。二者相辅相成，设计上的精良往往是投资的前提。部分时期，房产的投资属性大于居住属性，造成了居民对房屋住宅的系统完备化的设计需求偏低，产品增速的提升使得国内地产出现大量的同质化状态，形成了城市形象雷同的结果，同时出现了大量房屋空置的现象，造成空间资源浪费。按照中央政府“房住不炒”的定位，回归其居住属性为主，人们对“家”的空间想象才得以放大，设计价值在日常生活得以满足的基础之上向绝对价值进行延伸，无论是中国几千年来人与自然共生的生态居住设计理念还是现代生活方式的影响，都使得人的居住需求通过设计在公共社会中寻找到理想形态，从而形成对供给侧的牵引，这是由设计价值驱动的结果。从设计本质驱动到设计价值驱动是人们在需求层面的提升带来的变化，也是社会发展到一定程度对设计行为提出的新要求。设计价值驱动模式的特点是价值观念贯穿经济行为始终，并非仅仅出现在设计师的执行环节，这对顶层设计和设计管理提出了更高的要求。

近年来，设计的价值驱动在国家治理各个方面的表现越来越突出，同

① 许平.“设计”及其现实构建的本质：兼及设计本体价值的讨论[J]. 美术研究，2013(4)：56.
② 许平.“设计”及其现实构建的本质：兼及设计本体价值的讨论[J]. 美术研究，2013(4)：56.

时在需求不断地升级和演变的过程中，逐渐分化在各个领域里的各个环节，可以从社会治理、智慧城市、经济建设、公共文化服务 4 个方面展开讨论。从社会治理价值驱动的角度来看，设计在参与社会治理和民生服务的过程中对这一新的社会结构框架进行的资源整合和创造性转换，通过设计服务为治理主体提供更具经济性和实用性的方案来解决民生服务中的问题；同时塑造的治理文化逐渐转换为治理的内驱力，从而提升治理能力。从智慧城市价值驱动的角度来看，设计在参与“人”“物”“事”等信息流的数字化结构框架中构建跨部门联动的能力，一方面搭建智慧化治理平台，使城市功能最大化，城市形态高级化；① 另一方面为民生需求实现便捷性的解决路径，改善城市居民的生活品质以及人的全面发展。从经济建设价值驱动的角度来看，设计不断协调供给侧和需求侧的资源配置关系，让生产制造有更明确的目标，从而有利于降低企业的无效供给、低端供给，倒逼供给侧的资源配置向更加科学、有序、有效的方向发展②，从而保障社会的可持续发展。从公共文化服务价值驱动的角度来看，设计不断地提供公共文化服务的供给方式创新和供给策略创新，在商品符号化的当下，以文化价值为主导的设计服务供给体系逐渐形成自身的逻辑，通过优化文化供给机制逐步提升设计介入的有效性和精准性，这也是实现文化自信和文化强国战略的有效路径之一。设计价值驱动是需求侧管理下对设计动机的价值导向引领的驱动模式，在设计创新活动中明确需求主体的核心价值诉求，最终实现对设计对象的价值系统塑造。

三、从设计创新到需求创新

今天，设计的边界已发生了诸多维度的扩展，在创新线索、设计工具领域也伴随着观念的进步和科技的发展有所突破。一方面，设计通过技术创新为供给侧优化供给体系，使得供给结构更加科学、高效。另一方面，

---

① 张毅，陈友福，杨瑞凯．智慧城市的价值分析[J]．电子政务，2012(10)：27.

② 黄孟芳，卢山冰．设计在推动创新和绿色发展中的作用[N]．光明日报，2018－6－19(11).

设计不断地通过文化创新和生活方式创新给人们带来新的生活方式和产品，延展了需求的现有边界，同时驱动着需求创新。需求创新不同于设计创新，从内涵角度来看，需求创新包含设计创新，设计创新是驱动需求创新诸多方式的其中一种，除此之外还包括金融工具、政策引导、互联网等一系列方式方法的驱动工具相互协同。一般情况下，影响需求的主要因素是消费者的收入水平，收入水平决定消费愿望和消费能力。在收入水平相同的情况下，对需求产生影响的因素是情感、功能和价值，而这部分的需求创新即是围绕这3种因素在设计介入下对现有资源的创造性转化。需要强调的是，“从设计创新到需求创新”这个题目表达的并不是从A到B的线性发展关系，而是从A到B再到A再到B……的循环发展关系，两者相互协调、相互促进。

从经济的角度看，设计创新的目的是以需求为前提拓宽市场的范围，抑或形成新的市场，实质是提升核心竞争力。而需求创新往往是被构建出来的，在社会发展和生活方式的变化过程中，以某种设定在现有产业链的基础上去探索市场前景。在现今社会分工越来越细致化的前提下，产业链逐渐布局形成产业生态。很多情况下，需求创新就是以定义需求的方式将设计应用并融合在各个产业链条中。以小米生态链为例，小米产品的设计创新是在核心技术开发的基础上进行跨界融合创新，以某一风格为基础要求进行产品跨界再设计，通过跨界重新研究需求。其设计策略就是将诸多家居需求链上的产品以小米音箱为控制器整合在一起，通过音箱的指令传输，实现对灯、空调、窗帘等一系列家居产品的控制，最终形成一套完整的家居使用生态。在小米生态链的产品整合方式创新的过程中，小米使用了定义需求的设计策略，通过系统化的智能互联实现了对普通家具电器的创造性的转化。方便快捷的使用体验改变了人们的家居需求，碎片化的单一产品需求演变成了系统化的智能家居生态需求。随着互联网经济的发展和进步，这种定义需求的创新方式也在不停地更新演变，并且是建立在设计创新和经营模式创新结合的基础上。随着全国“互联网+”（互联网+所有传统行业）模式的推进，在深度融合的过程中逐渐发展成一种新的社会形态和消费模式，新的消费模式在网络平台上直接完成了供需双方的消费流通，缩减了很多传统模式下因供需双方在时间和信息上非同一性所带来的中间环节，供需关系获得增效。同时，在“互联网 +”模式下，传统的消费者行为模式转向了 AISAS 模式：A（Attention）即诱发注意；I（Interest）即激发兴趣；S（Search）即主动进行商品服务的搜寻；A（Action）即采取购买行为；S（Share）即分享。相较于传统模式，供需关系的交互性获得了提升，增加了消费自主性。这一消费行为模式的交互性使得人们对需求的理解更为精准，使设计的介入更为高效。在传统模式下，设计创新往往是以“物”性的设计语言为驱动力的创新行为。“互联网 +”模式下的设计创新则是以形象（IP）为驱动力，其特点是以某个理想形象为认知基础从而多方位地产生关联，辐射出更多更新的需求领域，其系统性的外延是通过价值的同一性进行关联，这为需求创新提供了更为广阔的关联空间，无论是制造、技术还是政治、文化等领域，都可以以某一形象为纽带产生关联，从而打通一、二、三产业的壁垒，实现需求创新供给的价值驱动。这对实现需求创新的人才培养提出了更高要求，需要多学科、多领域的跨界融合，在供给侧和需求侧之间搭建桥梁纽带，实现精准有效的创新转化。

需求创新在一定意义上激活了供给侧对市场的粗放理解，并通过互联网经济思维系统性重构了设计创新的价值链，进而协调供需关系的资源配置。从顶层设计的角度重新塑造设计价值走向，更贴合于当下细分状态下的市场应用需求，从源头上缩减了设计创新和需求侧的沟通成本。

四、从设计本体研究到设计介入机制探索

需求侧管理的特征是指引、激活和匹配。① 通过生产指引、激活市场和匹配资源从整体拉动消费，需要多方面、多环节的协同创新发展，设计在协调各方面的过程中形成创新价值链，起着总体把控和引导的作用。单一

① 丁凯，刘子飞．全面理解和把握需求侧管理的科学内涵［J］．河北工程大学学报（社会科学版），2022（1）：39.

地对“物”或“事”的设计属于一般的设计活动，往往是从问题出发来找到解决方案，属于设计本体研究的范畴，是设计创新必不可少的环节之一，同时其解决的问题也比较微观。从宏观角度来看，必须探索在各部分、各环节设计介入的机制，才能从根本上为创新提供必要条件，属于设计管理的范畴。设计机制是指企业设计管理系统中各构成要素之间相互联系和相互作用的制约关系及其功能。① 在经济活动的研发、生产、制造、销售、市场等全过程的各个环节中实现“打通堵点，补齐短板”，需要将设计或设计思维融入每一个环节之中，利用创新价值链实现设计管理创新和设计机制创新，提高效率和效益，最终形成多条创新价值链织成的创新生态网络，来保障经济的可持续发展。

设计介入指的是在经济活动中，包括设计主导环节和非设计主导环节，通过设计行为或设计思维的介入来实现创新优化的目的。从创新价值链的视角来探索设计介入机制的形成，可以比较科学地把握其运行规律。创新价值链拥有知识创新价值和知识扩散转化的经济价值的双重属性。在知识扩散视角下的创新价值链研究将创新价值链分为创意产生的知识采集阶段、创意编码转换赋能产业阶段和创意扩散商业转化 3 个阶段。一项创新从开始创意，到赋能产业，再到商品化生产，需要诸多环节的协同才能不断实现链条增值。在不断循环往复的过程中进一步产生更有价值的知识链接，为创新提供内生驱动力，继而促进产业链的发展。设计介入机制的探索具有系统性、客观性、自动性和机动性的特征，在正视现实客观条件存在的基础上，协调设计创新各部分、各环节之间的关系，使之更好地发挥作用，增强设计的执行力。

根据创新价值链 3 个阶段的划分，设计介入机制分别对应以下几个子系统：设计介入创新发生机制、设计介入创新运作机制、设计介入创新转化机制。由于创新主体不是单一的，基本由需求主体（个人、企业、政府等）、设计企业、知识来源（高校、科研机构等）、中介机构等共同组成。

---

① 姚善良，郭庆红．基于战略、机制、文化的企业设计管理论[J]．装饰，2007(1)：12.

在创新机制的空间结构的组织上相对复杂，设计介入创新发生机制基本可以在需求主体内部完成知识采集，必要的情况下需要从新材料、新工艺中获取最新的信息。设计介入创新运作机制则需要由需求主体和设计企业、高校，甚至是地方政府、相关产业协同完成知识的编码。设计介入创新转化机制则需要和地方行业协会、市场一起将成果进行转化利用。3 个阶段创新机制串联起来共同组成创新价值链来保障设计介入机制的科学合理性，使得系统与子系统自行有组织地行动，形成一个有机整体，并且在动态变化中有自主调节的过程。对设计介入机制的探索，是实现整体社会创新的必要路径和方法，尤其是在“互联网 +”模式下，设计介入机制的应用范围将会更加广泛。以曹县的汉服产业为例，汉服产业的设计创新机制与文化的重要特征有开发式的、分体加工式的和定制式的设计创新模式，设计企业、加工企业和需求方之间紧密结合，关联互动，利用网络直播平台，借助中华5000 年的传统文化魅力和当下的个性化需求目标，在市场中打造出一个共同身份——曹县汉服。在开发式模式的创新价值链中，从汉服产品的原型设计到原型开发，借助现有可实现技术进行相应的技术设计，然后通过技术改进完成技术实现环节，最终通过商品设计改进和生产技术优化来完成商品化生产。在这些环节中，技术实现环节对早期的汉服原型设计和后期的汉服商品设计改进环节形成调节机制。而最终的汉服商品化生产环节对原型设计和汉服商品设计改进环节形成反馈机制。所有的环节形成一个开发式的闭环机制，系统化地完成了汉服集原创开发、设计、生产于一体的设计价值链的创建。在从最初的加工型企业集群进化为创新型企业集群的过程中，不断地通过设计介入的方式，逐渐形成合理合适的设计介入创新机制。从早期的根据需求进行加工到后来的设计介入、市场转化、设计定制（需求创新)、网络平台推广等模式的建立和发展，逐渐成为地方支柱产业。在设计创新的基础上进行机制创新，才能更好地梳理设计、产业和经济之间的互动调节关系。

在当下全球化产业经济的语境中，设计创新的社会分工已形成全球化的发展模式，依托于全球城市的国际资本在全球经济网络中的连接点，各类型的城市分工参与到全球生产的价值链环节，设计机制的构建在全球化设计战略的指引下发挥着重要作用。张鸿雁在其城市文化资本理论中认为，通过运用城市文化资源形成城市文化资本，重构城市的价值与能级，通过全球经济网络建构“文化资本再生产场域”，形成“城市文化资本”的再生产过程，实现全球经济网络中的高价值生产的转向。① 这里形成“城市文化资本”的再生产过程，即通过以设计机制为基础的创新构建完成对文化资源的设计创新。在城市设计方面，查尔斯·兰德利提出了“城市创意循环”理论②，即“构想—实现—建立网络落实机制—推广成果，建立新构想”等方面的循环机制。通过机制建构的方式，来评估城市不同发展阶段创意方案的优劣；通过城市的创意力提供评估机制形成的创意空间场所，在城市生活中往往是市民最愿意逗留的地方。这一设计机制创新为增添城市活力提供了有效保障。

五、结论

国家对整体经济发展模式进行改进修正的过程中，在需求侧管理背景下，设计在社会经济活动中的功能和作用将不断地升级调整，对设计的内涵和外延的把握将显得格外重要。尤其是在经济社会中把握设计价值驱动，实现设计创新到需求创新的循环发展，升级设计服务模式创新、设计行为模式创新、设计介入机制创新、设计组织管理创新等一系列设计体系的创新，都将促进经济大幅提升。首先，可以最大限度地实现降本增效。其次，可以平衡供给关系，减少供需的信息差，实现需求驱动供给的长效机制。最后，可以让设计在社会经济的变换下，实现自身的修正与提升，更好地服务人民。

对设计价值转向进行研究的主要目的，在于为设计在社会发展过程中的价值转向提供理论视角和实践方向，增进设计创新和设计机制创新的互

---

① 张鸿雁．全球城市价值链理论建构与实践创新论：强可持续发展的中国城市化理论重构战略[J]．社会科学，2011(10)：79－88.

② 查尔斯·兰德利．创意城市[M]．北京：清华大学出版社，2009.

动发展。从社会的角度，可以实现设计创造人类生活，助力经济发展的策略化转型，破解供需关系中所存在的问题，形成文化资本创新机制，进而转变为推动社会永续发展的动力，形成创新活力。最终，形成推动设计的战略性和系统性的发展，在设计实践中促进创造力、文化软实力的提升。当然，因为研究条件的不足，本文还有几个问题需要进一步解决。未来希望以一个开放的姿态，添加更多的研究内容，使本文更加丰富。

从我到我们
——基于文化共通性的跨文化时尚传播叙事策略研究

骆顺华①

一、引言

时尚是当代文化诠释的重要载体，时尚传播既包括风尚、方式、观念和态度等无形传播，又包括时尚产品等商业性有形传播[1]。无论是有形的还是无形的表达，时尚的设计实践扮演着主动角色，它可以揭示全球时尚界文化的演变，识别文化的驱动力和变化模式[2]。当时尚置于新文化环境中时，会植入新的含义并推动时尚产品和服务的创新，正如学者赵春华提出的时尚宏观上可以影响社会意识、引导社会调试的观点[3]。当前逆全球化的思潮已经显现，无关国家核心竞争力威胁与非官方色彩的时尚能跨国自由交流，因此时尚将是当前和将来跨文化传播的重要途径。如何将中国时尚转变为跨国文化多样性和真实性的杰出载体，如何将文化内容融入时尚产品中，以及如何将时尚消费者和生产者之间传统的被动关系转变为文化交流，是跨文化时尚传播研究迫切需要解决的问题。

---

① 山东工艺美术学院服装设计与工程学院副教授、工学博士，主要研究方向为服装数字化与功能性服装等。

二、跨文化时尚传播现状

（一）表层符号化

跨文化传播内容单一，对海外受众输出熟知的龙凤、云纹、如意、清朝宫廷、福禄寿等文化符号，导致跨文化受众对中国文化认知符号化与脸谱化，然而中国多元、多时代、多民族、多地域的丰富文化资源远远没有被挖掘和开发出来，因此这些表层符号化的传播无法承载中国的文化精神和价值理念。长期研究古代服饰复原的服装影视指导陈诗宇[4]指出，中国时尚界的文化自信要体现对我们的传统服饰文化有全方位自信力，不是服饰表面的图案符号，而是需要深入了解中国服饰的源流与演变，感知其中蕴藏的审美、逻辑和哲学思想，然后定义中国的时尚文化并向外输出，从而避免所谓中国风的表层符号化时尚元素的传播。

（二）单向传播思维

单向传播思维是指由中向外传播，也就是中国时尚界走出去，中国设计师参加国际时装周的作品发布与设计交流。走向国际时尚的中国或华人设计师因为对中国文化普遍存在碎片化和表象化误解，从时尚角度对中国文化进行传播时表达方式单一，主要集中在传统器物和常用图案的简单符号化表现，而忽视对传统纹样背后的深厚寓意的挖掘，导致异域时尚界设计师缺乏对中国文化全面、深入的认知，从而形成刻板印象（见图 1）。比如为了迎合中国消费者的 LVMH 龙、Gucci 生肖鸡、Victoria's Secret 龙、Burberry 福与 Nike 喜等所谓中国风的符号化设计案例，还存在因为刻板印象而出现各种差错（见图 2）。

另外，从传播受众视角解读，中国向外的文化传播照搬对内传播方式，并未认识到跨文化传播时受众的需求、接受和认知差异，形成灌输式、倾倒式和说教式等固化传播思维，导致西方受众易产生抵触心理。

图1 符号化设计表现

资料来源：http：//nowre. com/fashion/5099/。

图2 Burberry 福字

资料来源：www. sohu. com/a/581021878_ 121388069。

（三）中国崛起下文化安全焦虑

随着中国的全方位崛起，建立文化自信上升为国家策略，对应的时尚文化在国际话语权问题也备受关注，然而当前面临的国际交流环境为逆全球化，中西方的文化认同以意识形态、价值观念为前提。把控国际时尚话语权的西方国家形成了中国崛起下的文化安全焦虑，2016 年欧盟公布《欧盟反击第三方宣传的战略传播》决议案，同年美国也通过了《反宣传法案》等政策，少数西方国家掀起“新冷战”，采取保护主义和极端政治的倾向，导致跨国交流与不同文化之间迁移不畅，从而在一定程度上阻碍了中国跨文化时尚传播。

（四）新媒体

新媒体时代下，基于拉斯韦尔“5W”模式理论的时尚传播发生了全面的变化[5]。传播者由专业传播者转变为普通受众，各种“网红”“时尚达人”等作为代表意见领袖正在成为时尚新的传播群体，这类群体利用新媒体，作为品牌与消费者之间的消费实践桥梁，吸引消费者参与他们的时尚话题与潮流趋势；传播内容由专门的传播机构生产的时尚传播产品转变为普通大众通过新媒体平台传递的个人时尚资讯；各类社交 App、短视频、直播等社交媒体将成为时尚传播的重要渠道；传播受众由之前的少数时尚兴趣群体扩大到社交媒体普通民众；传播效果上，相比传统的“自上而下”，新媒体消费者既是消费对象也是时尚传播的再制造者，在新媒体中时尚品牌无大小之分。

三、文化共通性——跨文化时尚传播前提

曹明德[6]认为，文化共通性的根据在于人类共同的实践活动，各个种族无论生活空间如何不同，他们之间都有某些共同的、可以互通的文化内容，存在某些共同的基线和色调，各民族在服装、饮食、日用品等生活方式上很容易达到相互沟通和理解。探索跨国文化之间的时尚共性，才能打破传播受众对中国时尚的认知障碍。学者段龙江[7]提出，共通性是传受双方进行传播行为的前提，因此在时尚传播的内容选取和设计实践中注重共同价值与共通理念，才能为受众所理解与接受，并且从普通民众视角将中国普通群体时尚生活故事展现给符合海外柔性传播认知思维的跨文化受众，从而引起情感共鸣和底层民众的文化认同，淡化宣教，消解跨文化受众的文化威胁感。

（一）同源文化传播也需文化共通性

作为具有文化同源性的东亚国家，由于不同国家的主流政治、文化的影响，存在共通性和分化，在跨国时尚传播过程中，需要认识到因民族信仰、价值观念、生活方式和意识形态等导致的同源文化差异。2019 年爱奇艺平台制播潮流经营体验节目《潮流合伙人》第一季，节目中 1 名设计师和 5 名潮流合伙人在具有“亚洲潮流前沿”称谓的日本东京原宿经营“FOURTRY”潮流店，售卖从国内采购的具有中国文化特色且符合时代审美与流行趋势的国潮品[8]。所有国潮品消费者主要为在日本旅游的中国人、在日本长期居住的中国人和日本人，约各占 1/3。其中，在日本旅游的中国人因认可本民族文化乐意购买国潮品；长期居住日本的中国人即使深受日本文化影响，对中国元素有怀恋情结，也同样愿意购买这些国潮品；而日本人购买力极小，经节目合伙人对消费者的调研，产生此结果的主要原因是日本人对多数中国传统文化缺乏了解，对潮品上的图案来源与含义无感。但其中一件老夫子香炉深受日本消费者喜爱，究其原因是老夫子形象在日本具有很高的辨识度，同时日本也热衷香道。由此综艺节目跨国文化传播实践可以发现，虽然日本文化与中国文化同源，但两国存在较大的文化差异，对绝大多数国潮品的认同度不高，但对具有文化共通性的老夫子香炉容易接受。此次跨文化时尚传播体现了即使在同源文化的不同国家间跨文化时尚传播时，仍需要科学分析时尚文化背景差异，挖掘共通性的文化内涵。

（二）异源文化下“文化挪用”的文化共通性隐示

2022 年 7 月 Dior 马面裙事件引起全世界华人热议。从 Dior 的发布秀现场视频可以看到，这款裙子采用了与马面裙①“打褶 + 前后裙门”完全相同的结构形式，但 Dior 在新品介绍中却称其为“A hallmark Dior silhouette”（标志性的 Dior 廓形）（见图 3）。Dior 作为一个著名国际时尚品牌，其设计师对马面裙一定有所了解，因为现在不少海外华人汉服爱好者在国外普及

① 《明宫史》中记载：“曳撒，其制后襟不断，而两傍有摆，前襟两截，而下有马面褶，往两旁起。”

与传播马面裙，甚至也有小部分国外汉服爱好者在不同短视频平台传播。通过图 3 可以清楚地看到，Dior 这款裙子确实挪用了马面裙的结构要素，因此 Dior 采用了时尚界惯用的“文化挪用”，而且用明确的词句据为己有。“文化挪用”（Cultural Appropriation）是 20 世纪中后期西方学术界提出的一个新的概念[9]，James O. Young[10]将艺术界的“文化挪用”定义为“一种文化的成员将由另一种文化的一个或多个成员生产的物品为自己占有或自己使用”，他认为艺术上的“文化挪用”无须有道德上的包袱。但有一部分学者认为“文化挪用”是一种异文化思维对本土文化误用、霸权与冒犯行为。Dior 以异源文化思维挪用马面裙时虽然没有误用，但没有承认设计启发于中国的传统马面裙，可以认为是一种霸权与冒犯行为。如果从跨文化时尚传播维度来解读，Dior 对马面裙的“文化挪用”表明马面裙结构与异源文化之间存在文化共通性。以跨文化时尚传播语境中“文化挪用”的积极意义[11]鼓励西方时尚界运用中国时尚文化元素，可以改善当前中国时尚文化话语权匮乏的现状。借助国际时尚品牌的商业推动力，也能促进中国时

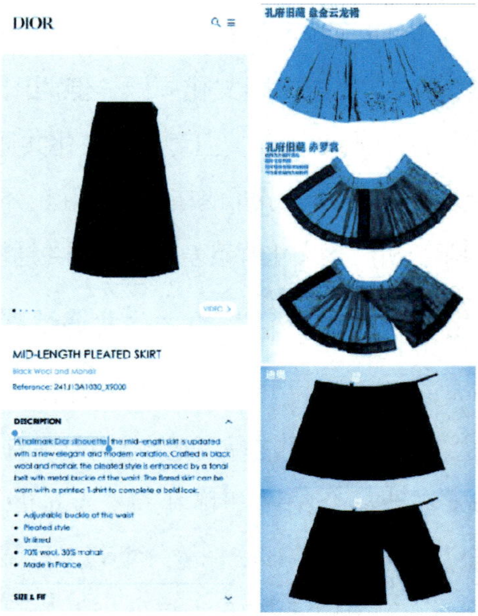

图 3　Dior 官网新品介绍与孔府旧藏马面裙对比

资料来源：www. sohu. com/a/570544322_ 121207965。

尚在全球传播，逐渐提高中国时尚设计话语权。此次 Dior 的马面裙“文化挪用”事件，需要我们借助理论武器和文化自信的语境积极讨论，建立设计伦理的观点机制，阻止西方对中国文化的随意商业掠夺，同时引导大众理性认识“文化挪用”的积极面。

四、基于文化共通性的跨文化时尚传播策略

（一）双向思维

与单向思维对应的双向思维传播是指由中向外、由外向中互动的传播行为，展现了传播信息的接受与反馈。由中向外是“我”进入国际时尚圈，由外向中是海外时尚对中国时尚的影响，中国时尚从引入、模仿学习到构建中国自己的时尚体系，这个过程可以使中国时尚充分认识到时尚文化的共通之处。另外，海外时尚进入中国，可以更充分地认知中国文化资源的多样性和非符号性、丰富内涵性，同时让海外时尚人士参与跨文化时尚传播，更准确地定位文化共通部分。双向思维的传播模式形成完整视域下的中外时尚的认知。

（二）多元与深层次文化解读

中国时尚文化不仅仅是宫廷龙凤、旗袍、福寿喜等已被海外受众熟知的经典文化符号，需要挖掘多元文化以改变海外受众的刻板印象，而且中国自古以来不同朝代服饰形制与穿着方式蕴含文化礼仪逻辑和哲学思想。比如中国服饰复杂纹样中寄托了美好愿望和象征寓意，与西方理性色彩理论相比，中国的服饰色彩是借助天地万物而感知得到，因此不同时令节气服饰色彩有特定的文化内涵表达。中国地域广阔，因历史、地理、气候和生活习俗等原因产生了 56 个民族，每个民族形成独特的服饰文化。这些多元背后的深层次文化展现的是多元性“我”的生活方式，西方时尚同样表达“他”的生活方式，从这一点来说生活方式传播具有深层次的文化共通性，可以利用共通性的“我们”的生活方式进行跨文化时尚传播。

（三）底层思维

在新媒体视域下，新传播技术改变了大众的信息获取方式，时尚传播需要改变官方和时尚界主流传播单一渠道模式，创新传播形式和渠道，在与海外受众交往中不要把“我”以一个国家的标签来沟通，而是鼓励多元主体参与，从独立个体的角度来交流。底层民众与海外受众利用社交媒体传播普通民众日常的时尚生活方式、共通性的内容与故事，这种平视的跨文化时尚传播不是强迫性文化输出，不会产生官方传播的文化威胁舆论。底层思维传播是底层民众利用社交媒体平台的灵活形式、接地气的内容，侧重沟通、交流与互动的跨文化传播，扁平化传播方式缩小跨文化的传播距离，从而面向世界讲述多面的中国时尚故事，传播中国时尚的声音，重构时尚传播话语秩序与叙事体系。

五、结论

时尚作为文化多样性和真实性的优异载体，如何用普通民众文化共通性的设计语言传递给异文化消费者产生共情美是时尚传播与交流的关键所在。中外时尚跨文化对话与双向交流承载着多元时尚文化的共生共存，“我”需要在明确时尚文化背景差异、挖掘共通性的文化内涵前提下，运用双向思维、多元与深层次文化解读和底层思维等传播策略，实现由“我”转向表达“我们”的共通性时尚文化，从而为构建中国时尚体系与自我形象、传播多元时尚，充分发挥时尚这一载体的传播效能。

参考文献

[1] 赵春华. 符号化传播:时尚传播学基础理论初探[J]. 中国新闻传播研究,2018(2):194－203.

[2] Bertola P, Vacca F, Colombi C, et al. The cultural dimension of design driven innovation. A perspective from the fashion industry[J]. The Design Journal, 2016, 19(2): 237－251.

［3］赵春华. 时尚传播的双轨运行机制［J］. 青年记者,2019(5):9－10.

［4］徐长杰. 迪奥新品被指抄袭马面裙　强化文化自信才能被“标明出处”［J］. 纺织服装周刊,2022(29):24.

［5］熊兴,陈文晖. 对我国时尚传播产业发展的思考［J］. 艺术设计研究,2020(6):5－9.

［6］曹明德. 文化的共通性和差异性［J］. 厦门大学学报(哲学社会科学版),1996(4):57－62.

［7］段龙江. 我国跨文化传播的困境与优化路径［J］. 人民论坛,2021(14):98－100.

［8］吴沉浮. 国潮的跨文化传播:以《潮流合伙人》为例［J］. 新闻研究导刊,2021,12(1):231－232.

［9］吴郑宏.“文化挪用”在时尚设计视域的创建研究［J］. 美术大观,2020(10):142－145.

［10］Young J O. Cultural appropriation and the arts［M］. Oxford: Blackwell Publishing, 2010.

［11］徐冠群. 文化传播与文化创新:跨文化传播语境中文化挪用的积极意义［J］. 东南传播,2019(11):57－60.

变革中的温情与创新：移民浪潮中的社会设计问题刍议

陶海鹰[①]

一、移民群体——现代性与城市性

从 1978 年开始，中国实施了以经济建设为中心的发展战略，经济体制逐步从计划经济向市场经济转变，经济成分从单一公有制转变为多种所有制并存；对外开放的政策打开了国门，使中国的经济日益与整个世界经济紧密地联系在一起，融入全球化的过程，无论是农业还是工业，生产力都得到了极大的解放。人均 GDP 由 1978 年的 381 元迅速增长到 2019 年的 80976 元。所有这些变化，都为中国的城市化发展提供了前所未有的资金、资源和劳动力。城市化进入一个持续快速发展时期。中国的城市化进程被认为是 21 世纪影响全球的大事件之一。而推动中国经济发展和城市化进程的重要元素之一，便是农民工群体。《2021 年农民工监测调查报告》显示，2021 年中国农民工总量达到 29251 万人，同比增长 2.4%。从广义范畴上的移民定义来看，农民工亦属移民，因为迁移本身就是一个伴随着生理转变、社会转变、文化转变等诸多因素变化的过程。

---

① 北京印刷学院设计艺术学院艺术与科技专业副教授，中央美术学院博士后。

中国的移民浪潮开始于20世纪80年代，从“盲流”“民工潮”到“农民工”，名词上的转化显示出了中国改革开放40多年来城市化进程的独特面貌。虽然这种城乡移民在其他国家也出现过，然而由于中国特殊的户籍制度，从农村移民到城市的群体，难以在城市真正扎根，他们往往在家乡仍有父母子女，仍然有住房与责任田，他们在城市里所拥有的都是临时住所，他们都有一个特殊的称谓，即“流动人口”。这种与城市人的隔绝，不仅体现在户籍与住所上，同样存在于文化与身份认同中，从社会学研究角度，这是一种“社会壁垒作用”。

事实上，一般研究认为，“农民工群体融入城市的过程，就是农民工获得现代性的过程，现代性正是城乡文化差异的重要体现”①。有学者指出，“流动和城市体验，是农民工完成从传统向现代转变的不可或缺的两个方面”②。在改革开放40多年后的今天，农民工身上往往同时呈现出农村带来的传统性与城市生活的现代性双重特征，并“正处于一种传统性断裂同时现代性又碎片化的矛盾状态中”③。这对于我们理解新时代移民浪潮中农民工的生存环境、社会融入、精神情感，以及如何通过设计的介入解决和改善依然存在的现实问题非常有帮助。

二、文化资本理论的视角——社会分层带来的设计分层问题

1. 社会分层现象

20世纪80年代以来的中国社会，市场经济的起飞、综合国力的增长、人民生活水平的提高是翻天覆地、有目共睹的。但是现代化进程中所不可避免的社会资源分配的差异正在逐渐形成。我们可以采用意大利经济学家基尼所提出的基尼系数来强有力地说明这一问题。基尼系数是用来定量测

---

① 李振刚．文化分析视角的新生代农民工社会融合研究[J]．典型研究，2015(12)：60－88.

② 周晓虹．流动与城市体验对中国农民现代性的影响：北京“浙江村”与温州一个农村社区的考察[J]．社会学研究，1998(5)：60－73.

③ 张红霞，江立华．转型期新生代农民工传统性断裂与现代性重塑[J]．中国青年社会科学，2015(4)：23－28.

定收入分配的差异程度，可以非常直观地反映社会分层的实际状况。其数值为 0 ~ 1，越接近 0 说明收入分配越平均，反之，就越不平等。依据一般的国际标准，当基尼系数达到 0.4 以上时，表明收入差距过大，当基尼系数达到 0.6 时，表明收入差距悬殊。2012 年西南财经大学发布的《中国家庭金融调查报告》显示，2010 年中国家庭的基尼系数为 0.61，远远高于 0.44 的全球平均数值。2013 年中国国家统计局公布了过去 10 年中国的基尼系数，其中 2012 年为 0.474。这种收入的巨大差异必然会在设计领域中显现，因为设计的“编码”体现了人的差异。从收入和稳定性角度来说，农民工群体显然处于社会边缘，“按照一般的社会分层理论，人们的经济状况和经济地位，决定着人们的社会态度”①，而中国的农民工群体，不仅为城市经济贡献 20% 以上的 GDP 增量，且并未由于自身境遇不佳，在社会安全、公平、满意度等方面表现出消极的社会态度。然而，从更为实际的生活品质来看，他们为城市建设做出了贡献，却往往被屏蔽在城市社会的主体之外，从住房和工资待遇等方面来看，都明显低于普通市民，由此出现了许多“城中村”。

2. 研究视角：布尔迪厄的文化资本理论

实际上，农民工社会融合的困境不仅限于经济水平的提升和物质生活的改善，最难改变的恐怕是城市文化和身份认同的获得。因此，布尔迪厄的文化资本理论有助于我们更好地理解农民工，尤其是新生代农民工在社会阶层中所处的位置，也可以为设计理论研究与设计项目的介入视角提供参考。布尔迪厄认为：“资本的三种基本形态采取了不同的制度化形式，并且能够相互转换：①经济资本，以财产权的形式被制度化，这种资本可以立即并且直接转换成金钱；②文化资本，以教育资格的形式被制度化；③社会资本以某种高贵头衔的形式被制度化，这种资本在一定条件下也可以转化成经济资本。”② 布尔迪厄认为，经济资本是其他类型资本转换的最根

---

① 李培林．农民工在中国转型中的经济地位和社会态度[J]．中国党政干部论坛，2007(8)：18－33.

② 包亚明．文化资本与社会炼金术[M]．上海：上海人民出版社，1997.

源的要素，但是文化、社会资本在一定条件下也可以转化为经济资本，并强调了文化在社会再生产中的作用。由此可以推断，文化资本越高，越容易提升农民工在城市中的社会融合度。那么设计的介入也不应当停留在物质的表层，而应深入文化环境、生活再塑、价值影响、社区设计等层面，才能更加有效地提升农民工的文化资本获得和城市融入度。

3. 消解途径：设计分层的淡化

设计是一个时代和社会生活的物化，在不同财富、地位、权力、社会分化境况下，同一阶层的消费原则与其相似之处，是社会分层投射在设计产品中的一种表象。中国的社会形态正由以往“扁平”的社会结构逐渐转向“橄榄形”社会结构，设计的分层也呈现出多样化与丰富化的趋势。在消费社会中，设计成为一种异化的“物”，象征着人的身份符号与社会地位。自20世纪90年代以来，中国逐渐进入商业与消费社会，设计不仅是生产的“物”，更是消费符号的表征。在人们的日常生活中，区分身份与收入差异的重要方式就是“物”的选择、产品的选择。目前中国的社会形态正在经历着变革性的过程，社会结构发生的问题必然影响设计面貌的形成，不同社会阶层的经济地位、文化素养、生活方式投射到设计中形成了设计的分层，出现了奢侈、轻奢、平价、低廉等不同层级的设计产品，实际上，物质丰裕所显现的人人平等只是使用价值上的平等，设计制造产生的巨大差异也在潜移默化地影响着社会结构的分层。所以，尽管设计是消费社会的一种手段，但是赋予它更多的伦理责任和社会意义是摆在今天中国设计界面前的重要问题。设计不仅仅是销售的有力工具，更重要的是它引导一个理性的消费观与价值观，更加关注人的本质的需求，更加关注关乎低收入群体的物质生活、精神文化和社会尊严的需求。同时笔者认为，设计的正确导向在某种程度上也可以起到调节与缓和社会矛盾的作用。从基尼系数来看，中国的财富分化正处于社会问题频发的历史必经阶段。这种针对像农民工这样“社会边缘群体”的设计，可以从积极的一面改善他们的生活质量，也淡化了设计的分层现象。许多电脑、汽车公司推出了成本较低、造型时尚的产品，也无意间模糊了消费群体的界限。我们应当更加积极，设计的现代性重构演绎不仅是消费社会中资本的幻景，除却经济与资本的逻辑，更加隐蔽的是社会与文化价值的内涵。

三、设计驱动——移民群体的社会融合度

20 世纪西方社会关于"社会融合理论"的研究中，芝加哥学派是其中的重要代表。"帕克把社会融合视作为一个渐进和不可逆的社会过程"，将移民族群融入划分为相遇、竞争、适应和融合 4 个阶段，并提出"边缘人""陌生人"和"社会距离"等概念。芝加哥学派所提出的"直线型融合"概念很快在实际中遭遇问题和批判，从而出现了多元文化论、"曲线型融合"的研究范式。而李培林认为，由于中国特殊的户籍制度、人力资本和关系网络，对于农民工在城市的社会融入问题，比较具有借鉴意义的是较新的"区隔型融合"的研究范式，即"新移民适应新的社会环境有多种不同的方式：既可能按照传统直线型融合模式，融入主流社会或中产阶级圈子，也可能被迫融入下层社会"①。由此可见，社会融合度反映了具有积极价值取向的社会发展方向，是农民工群体享有社会公平、参与社会生活的表征。中国设计经过现代性的洗礼和改革开放 40 多年的快速发展，已经渗透到社会的各个层面，不仅仅是"美化生活"的表层含义，设计驱动社会创新发展成为一种实践的可能。那么，笔者认为除了城市常住居民外，社会创新设计持续关注移民群体的生存需求与生活质量，采用协同式创新设计的方式去解决现存问题，将为单纯的政策引导提供新的思路。

1. 有尊严的生存——居住环境改造

在几十年的城市化进程中，农民工群体除了流动于工地临时搭建的简易房外，就是聚集在"城中村"和城市地下空间。随着近年来大城市市容市貌整治，对"城中村"的改造、地下空间出租的限制，这些原本品质不高的居住空间的获得也变得越发困难。而设计应该主动介入社会生活，不仅仅是进行改造，更重要的是积极与社会创新的各个环节协作去整合、开

① 李培林，田丰．中国农民工社会融入的代际比较[J]．社会，2012(5)：1－24.

发资源，在政府政策、社会公益、商业资本之中找到最佳的设计方案，用解决实际问题、消解身份差异的设计为收入不高、社会融入感较差的农民工群体塑造有尊严的居住环境。

周子书在北京望京的地下室空间改造设计项目，也是他在圣马丁艺术与设计学院的毕业设计课题。北京地下室住宅起源于1986年民防局规定10层以下的建筑都需要有民用防空地下室，到2014年，北京有100万人住在地下，由于缺乏合理规划与资金支持，很多地下室都出现脏乱差与安全隐患的问题，而清退地下室对于地下室房东和农民工群体而言，是巨大的利益冲突。因此，周子书的项目不仅仅是改造地下室空间，更重要的是能通过设计重组社会资源，寻求地下室空间中人与人交流、沟通的可能性，旨在塑造一个“异托邦”的空间。周子书思考的问题是“如何通过对人防地下室进行重新定义，从而重新赋权予新生代农民工和地下室的利益相关者以新的角色，并通过一个可持续发展的战略获得‘空间正义’，重建北京的社会资本”①。虽然地下空间的改造是有局限性和特殊性的，但是这种共享社区空间设计的思路和让居住对象更立体化的考量，是将设计作为社区生活和社会文化的黏合剂，设计者的初衷在改善生活基本功用的“物”的基础上，旨在营造一种公平、温暖的社会交往文化。

简·雅各布森在《美国大城市的死与生》中指出，“多样性是城市的天性”。移民浪潮中农民工群体及城市低收入群体的设计，显然与一般城市居民的设计不同，他们需要价格低廉而有尊严的生活空间。关于低收入人群，雅各布森于20世纪60年代提出，“针对贫民区和里面的居住者，现行的规划理论采取的完全是一种居高临下的态度。这种家长式的作风产生了一个问题，那就是规划者希望带来彻底的变化，但采取的却又是非常表面的做法”。这种物化形态的差异在心理层面加剧了“农民工”的身份意识，居住环境与住宅设计除了纯粹的功能性，还渗透着社会伦理的价值与意义。以农民工为对象的设计解决的不仅是物质层面的生活环境，而且是“市民意

---

① 周子书．重新赋权:北京防空地下室的转变[J]．装饰,2015(1):24－25.

识”的一种增强，对待城市设计和发展应考虑更多未来预留的空间。

2. 交往空间——作为黏合剂的社区

事实上，新的移民群体在日常生活中并没有很好地融入社区生活，与城市居民的交往空间有限，设计作为一种黏合剂介入社区生活与文化的营造，可以成为解决社会问题的工具和方法，而不是一味关注形式的外在装饰和美化。实际上，这种尝试更接近于设计的本质，即解决问题，解决社会生活中所存在的老龄化、城市化、乡村振兴、生态、边缘群体等所有问题，当然也包含农民工群体的社区空间。事实上，社区空间的塑造在社会交往中发挥着巨大的作用，“农民工的社会融合过程是低身份（农民）向高身份（城市居民）的移动和过渡过程”。社区是联结居民之间生活交往的“中介”,① 也就是说，通过社区设计可以营造社会融合的环境与活动空间，形成向上流动的社会机制。2020 年数据显示，在进城农民工中，40% 认为自己是所居住城市的“本地人”，比 2019 年提高 2 个百分点，这说明社会文明程度的进步已经显现到移民群体的城市身份认同中。近年来，营建社区交往空间的社会创新设计案例在不断增加，如在北京生活的日本建筑设计师青山周平提出了“四百盒子共享社区”的居住方案。长期居住在胡同的生活经验告诉他，家的各种功能并非都在家里完成，附近的菜市场、胡同里的长凳与沙发，都被当作厨房、客厅的延续在使用。因此，胡同生活中人与人紧密联结的关系是青山周平设计思考的触发点，所以他将城市即家的概念导入胡同生活空间设计，最终提出“四百盒子”的城市社区设想，通过可以移动的家具组合多种可能性的共享空间，以此延伸交往、沟通、分享的生活内容。诚然，这是理想的城市社区设计，如前所述，我国农民工群体的居住环境因务工需要存在临时性、流动性的特点，如何在居住环境设计上做到经济舒适，同时兼顾尊严与融入感，在设计方法论上同“四百盒子”是共通的。

---

① 杨宜音. 新生代农民工过渡性身份认同及其特征分析[J]. 云南师范大学学报(哲学社会科学版),2013(5):76－85.

3. 未来——新生代农民工

“新生代农民工”这一群体的年龄界定为“90后”，由于背井离乡，进入社会较早，他们没有对农村生活的眷恋，更渴望融入城市的生活与文化，并且由于他们很大一部分是独生子女，与城市里的年轻人一样，在家庭的关注与宠爱中成长，相对而言，他们心理承受能力有限，尤其是在面对工作压力大、文化程度不够、经济收入低等现实问题时，极易产生心理的落差。相比父辈而言，他们受到的教育要更好，在知识的汲取与技术的提升方面有更多的需求，因此，他们的居住环境设计，不仅仅是满足最低需求的“舒适”，而应当设置学习与技能交流的空间，“在未来发展中，‘农民工’可能与‘乡镇企业’一样，成为一个过渡性概念，他们终将成为‘新市民’，继续推动中国的巨变”①。设计永远不可能脱离社会性而孤立存在。“以人为本”的设计不是商业口号，应体现在更复杂的对人的深刻理解上，正如杭间教授在《设计的民主精神》中所述：“设计中‘人’的问题已不是一个单纯的‘以人为本’的问题，而是人的价值和人的权利如何在社会大系统中获得自省式的救赎，以获得超越实在生活的问题。”② 我们希冀通过设计改善移民群体在城市中的生活方式，增强“市民化”融入，就必须从文化心理、社会分层、职业技能等多维度综合考量，尽可能协同多方资源改善设计亚文化的现状，使中国城市化进程中的移民群体从生存环境到心理环境，从时尚审美到社会资本，都真正摆脱尴尬的边缘文化与视觉形态，这也是设计现代性自省的方式之一。

参考文献

[1]沈榆．中国现代设计观念史[M]．上海:上海人民美术出版社,2017.

[2]徐中约．中国近代史:1600—2000 中国的奋斗[M]．北京:世界图书出版公司北京公司,2013.

---

① 李培林．大变革:农民工和中产阶层[N]．北京日报,2019-04-29(16).

② 杭间．设计的民主精神[J]．装饰,2010(7):13-16.

[3] 孔飞力．中国现代国家的起源[M]．陈兼，陈之宏，译．北京：生活·读书·新知三联书店，2013.

[4]刘佳．当代中国社会结构下的设计艺术[M]．北京：社会科学文献出版社，2014.

[5]曹小鸥．中国现代设计思想：生活、启蒙、变迁[M]．济南：山东美术出版社，2018.

[6]祝帅．中国设计研究百年[M]．北京：清华大学出版社，2018.

[7]许倬云．万古江河：中国历史文化的转折与开端[M]．长沙：湖南人民出版社，2017.

快进至 2071
——以阿拉伯联合酋长国和未来博物馆为例

伊曼纽尔拉·科尔蒂　艾琳·帕西娜①

一、阿拉伯联合酋长国的历史和发展

要了解迪拜和阿拉伯联合酋长国（以下简称“阿联酋”），我们需要首先了解该国的历史、现在和未来的计划。阿联酋由迪拜、阿布扎比、沙迦、阿治曼、哈伊马角、乌姆盖万和富查伊拉 7 个酋长国组成，自 1971 年 12 月 2 日起统一为一个联合国家。过去的 50 年里，在石油经济的推动下，阿联酋稳步发展，发展指数高，人均收入高，社会发展强劲。

2022 年该国人口约为 1008 万人，其中外籍人口总数为 892 万人，拥有 200 个国籍（Global Media Insights，2022）。阿联酋人口仅占其人口总数的 11.69%，印度人所占比例最大，其次是巴基斯坦人、菲律宾人和埃及人。传统习俗与各种文化需求相融合，人口特征是重要的社区特征。20 世纪 70 年代初，在阿联酋联合之后，政府为其新公民（当时主要是贝都因人）制订了福利计划，以使人口稳固并建立新的现代化国家。人们需要适应新的

① 西安交通—利物浦大学工业设计系助理教授。

生活方式，城市化带来了翻天覆地的变化，产生了新的民族认同。随着城镇向城市的快速转变（Pacione，2005），人们更加关注现代教育机构、先进的医疗服务、休闲活动，对交通服务的需求也在不断增加。

这些变化不可避免地影响了城市环境和社会组织的审美。现代化进程在20世纪50年代和60年代加速。此时，石油吸引了西方公司，它们将该地区视为未来的能源来源地，并且看重该地区前所未有的机会和投资潜力。阿联酋领导人高瞻远瞩，想要与海湾地区邻国拥有相同的现代化水平（Al－Zubaidi and Salman，2007）。

最令人印象深刻和最知名的发展是迪拜酋长国。迪拜曾经是一片沙漠，也是中东较贫穷的地方之一。而今，迪拜已成为世界上十分重要的城市之一，定位为着眼于未来的创新中心。迪拜从一个由部落统治的小渔村发展而来，由于经济的多元化和城市发展，吸引了大量外国工人移民（Bagaeen，2007）。贸易和商业在塑造迪拜的城市形态方面发挥了至关重要的作用。1985年，国营航空公司阿联酋航空的成立给城市的扩张带来了指数级的推动，开拓了旅游业，并从世界各地吸引了更多的劳动力。城市景观迅速转变，无数的摩天大楼和大型豪华项目彻底改变了迪拜的版图。德伊勒（Deira）和布尔迪拜（Bur Dubai）这两个老区拥有充满活力的人口和传统氛围，与商业湾（Business Bay）充满玻璃和钢铁的建筑风格形成鲜明对比（见图1）。迪拜是一座新旧并存的城市，伊斯兰传统、地区传统与现代化相结合（Corti and Pasina，2022）。伊斯兰教是国教，但其他宗教也有代表。迪拜使用多种语言，虽然官方语言是阿拉伯语，但英语也被广泛使用。迪拜的政府政策、文化规范和市场力量创造了一个文化多元、充满活力的国际社会，公民感受到自己被代表、被欢迎。这一转变的背后，得益于阿联酋副总统兼总理兼迪拜酋长谢赫·穆罕默德·本·拉希德·阿勒马克图姆的领导。稳定的增长始终与未来的清晰愿景、持续改进和有远见的项目，以及大量的投资相关联（Almansoori，2018）。

图 1　德伊勒老区与商业湾的摩天大楼形成鲜明对比

二、迪拜 2071 愿景

总的来说，阿联酋政府的特点是对国家和地方发展充满雄心壮志，并致力于实现高质量的经济、社会和环境发展。阿联酋的国家议程符合可持续发展目标（也称为全球目标），旨在为每个人提供更好的生活条件。可持续发展目标以联合国千年发展目标为基础，是 2030 年可持续发展议程的一部分。阿联酋正在采取几个步骤在国内实现可持续发展目标，并在全球树立榜样（UAESDG，2022）。

在为实现可持续发展目标而提出的倡议中，值得一提的是迪拜 2030 工业战略（见图 2）。它由谢赫·穆罕默德于 2016 年 6 月发起，旨在将迪拜提升为全球平台，服务于知识型、可持续发展型和创新型企业。该战略基于 5 个关键目标，这些目标将成为迪拜工业和经济未来的基础：增加制造业的总产出和附加值，提高知识和创新的深度，使迪拜成为全球制造业企业首选投资地，促进环保和节能制造，使迪拜成为全球清真产品市场的中心。

2017 年 9 月，阿联酋软实力委员会启动了一项旨在提高该国全球声誉

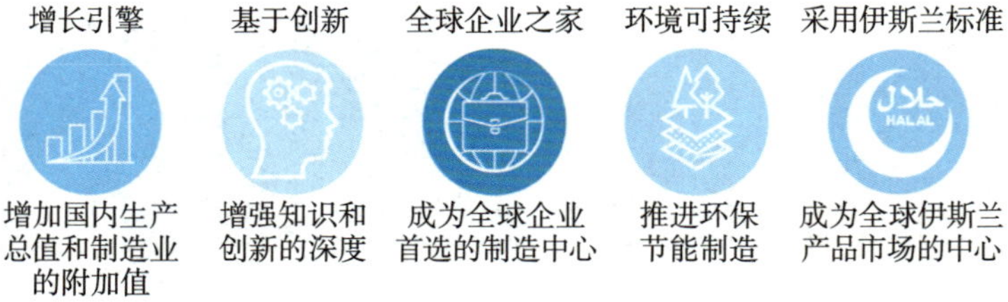

图 2　迪拜 2030 工业战略及战略目标

的战略（阿联酋政府，2019）。这项战略的主要目标是：发展人文、旅游、媒体和科学部门；将阿联酋打造为文化、艺术和旅游的区域首都；将该国定位为该地区的门户，并建立其作为现代和宽容国家的声誉（Nisbett，2021）。同年，谢赫·穆罕默德宣布了阿联酋百年 2071 项目，这是一个长期的全面愿景，目标是使阿联酋到 2071 年成为世界上最好的国家。该计划旨在为子孙后代准备好应对快速变化所需的技能和知识，并在 2071 年之前使阿联酋成为世界上最先进的国家。在社交媒体中，谢赫·穆罕默德概述了阿联酋未来和创新愿景的主要轮廓，该愿景将保证未来几代人的发展和幸福，迪拜将在其中发挥核心作用。这些战略包括：以未来为中心的政治，将阿联酋政府打造成世界上最好的政府，为其公民创造幸福；卓越的教育，重点是先进的科学技术、空间科学、工程、创新和健康科学；多样化的知识经济，由国内和国际发明家和科学家支持，提高国民经济的生产力，支持国家、公司、科学机构和感兴趣的部门对知识经济进行投资；专注创新、创业和先进产业，以及发展、塑造阿联酋经济和工业的未来。“快速的变化要求我们为子孙后代准备新的工具、知识和不同的技能，使他们能够在一个与我们今天生活的时代截然不同的世界中取得成功。”（UAECABINET，2017）

在宣布阿联酋 2071 年百年庆典之前，迪拜就已经思考了未来在阿联酋和全球事务中即将扮演的角色，并制定了明确的“讲故事”战略和文化认可战略。2022 年 10 月，阿联酋负责人工智能、数字经济和远程工作应用的国务部长 Omar Sultan Al Olama 表示：“迪拜是梦想远大的理想之地。在本地和全球有无数人才，他们拥有无限的潜力。迪拜的未来可以仰赖于他们来建设。”（迪拜未来基金会，2022）阿联酋想要成为世界上最先进的国家，迪拜有望成为全球创新中心，向来自世界各地的人们开放。政府也要做好准备，来支持用创新理念塑造未来。由于软实力的成果必须被“诱导”才能实现，而不是像硬实力方法那样通过强迫的方式实现，所以让人们“体验”愿景是传播和塑造软实力的最佳方式（McClory，2015）。

三、未来博物馆

在2015年2月的政府峰会期间，谢赫·穆罕默德指出：“未来属于那些能够想象、设计和执行的人。不要等待，而要创造。”在迪拜举行的2022年第一届未来论坛上，阿联酋负责人工智能、数字经济和远程工作应用的国务部长Omar Sultan Al Olama指出：“让我们的城市和国家取得成功的不是自然资源，而是包容所有思想和个体的独特能力。作为一个充满活力、具有前瞻性的国际大都市，我们已经发展成为全球人才、技术和创新的中心。迪拜有来自200多个国家的人为这座城市的未来做出贡献，他们与具有前瞻性思维的领导肩并肩，认识到了远见的重要性并勇于迎接未来的挑战。”为了实现这个目标，就有必要围绕它建立一个叙事，并使其为阿联酋公民和全世界所认同和认可。通过媒体和公共话语促进友好的叙事一直是一项核心战略，因为媒体的展示形式决定了处理信息的方式。

迪拜未来基金会成立于2016年，其职责是将这些塑造未来的活动制度化，并传达与阿联酋发展和增长相关的项目和会议信息。该基金会的愿景是使迪拜成为未来的领先城市，其使命是共同想象、启发和设计迪拜的未来，创建一个创新的技术生态系统，其中包括加速器项目、孵化器、实验室、监管沙盒和知识平台——所有这些事物都是为了设计一个由未来领导者和颠覆者驱动的、面向未来的城市。迪拜未来基金会的成立是迪拜实现战略角色宏伟愿景的第一步（见图3）。

2015年3月4日，谢赫·穆罕默德宣布建造未来博物馆。这是一个专门催化创造力和创新的地方，是对未来积极和乐观想法的宣言，也是一个可以发现、设想和体验迪拜未来愿景的空间。谢赫·穆罕默德希望未来博

图 3　2071 年阿联酋百年纪念——四大支柱

物馆成为“最优秀、最聪明的发明家和企业家的目的地”，并希望博物馆能提供“一个综合的环境，让创造性思维、未来原型和服务得到验证、资助和营销”。未来博物馆具有在整个社会传播阿联酋能量的作用（Bennett，1995）。

未来博物馆的架构必须反映具有挑战性的愿景，运用最先进的技术，实施最佳解决方案。这座未来主义建筑由 Killa 设计工作室设计，并由 Buro Happold 工作室提供工程咨询。它是世界上较复杂的建筑之一。Killa 设计工作室的联合创始人兼设计总监 Shaun Killa 将其描述为“设计、技术和施工技艺的绝对极限”。整座博物馆设计为一座低碳城市建筑，使用了许多设计创新，包括参数化设计、被动式太阳能、低能耗和低水工程解决方案、能源及水恢复策略以及建筑综合可再生能源（Killadesign，2022）。有人认为，这座博物馆展示了在不久的将来建筑物将被如何设计和组装，即人类技能和数字力量的结合。这座壮观的 252 英尺①高的环形结构于 2022 年 2 月 22 日向公众开放——这是一个有意选择的回文日期。现在，这座博物馆是迪拜最著名的地标，来自世界各地的数百位访客参观了它。

这座博物馆获得 LEED 白金认证，由太阳能供电，包括 3 个部分：青山、建筑和虚无。这些事物象征着对未来的独特愿景：青山代表着地球的

① 1 英尺≈0.3 米。

稳固性及历史，实体建筑和展览代表着当代对未来 5 ~ 10 年的看法，而虚无代表我们还不知道的、需要探索的未来。2400 根钢管在无柱结构的外框架中对角交叉。实现它，要用创新的方式使用建筑信息模型（BIM），且需要复杂计算机辅助工程和算法帮助设计（见图 4）。有趣的是，“技术和自动化定义了这个博物馆的每一部分，但调整需要人为干预”，迪拜未来基金会首席执行官贝尔胡尔先生说：“在实际安装中，更多的是使用人力，而不是起重机。”

图 4　无柱结构的特点是 2400 根斜交钢管和 1024 块独特的复合板

窗户是该建筑最显著的特征，以阿拉伯书法的形式设计。它们从外部和内部都可见，与内部石膏壳精确匹配。这座 1.7 万平方米的不锈钢圆环形建筑覆层由 1024 块独特的复合板组成，通过 16 步分层工艺制成，在专业机械臂的帮助下耗时 18 个月才完成。外壳的书法是阿联酋艺术家 Mattar bin Lahej 的作品，上面写着迪拜领导者的话。“我认为这座建筑是未来，但书法是我们国家的遗产，” Matter bin Lahej 先生说，“我需要从过去为未来做点什么。”以下是阿拉伯语后面的句子：

●我们可能活不过几百年，但我们的创造力及其产物却可以在我们离开很久之后成为遗产。

●未来属于那些能够想象、设计和执行的人。不要等待，而要创造。

●创新不是智力上的奢侈品。它是国家和人民进化和复兴背后的秘密。

到了晚上，近4.6万英尺的LED灯光勾勒出阿拉伯书法文字，使未来博物馆的外立面变得活跃起来。未来博物馆的开幕是一次精心设计的活动，错综复杂的几何图案暗示着星盘、DNA链、斐波那契数列，投射到博物馆令人惊叹的外观上。谢赫·穆罕默德的肖像，以及他指导下的项目，包括迪拜地铁、希望探测器和哈利法塔，也被投射到大楼上（Bedirian and Tusin，2022）。

博物馆内部拥有一个可容纳1000人的多功能厅、一个有345个座位的演讲厅以及众多的实验室空间（见图5）。五层专门用于大型展览，六层专门用于4～11岁的儿童教育。根据未来博物馆首席执行官Kalfan Belhoul的说法，博物馆“为新一代提供了无与伦比的机会，使其成为未来的一部分”。在电子邮件采访中，Kalfan Belhowl将这个空间描述为“随着时间的推移不断更新、增强和丰富”的“生活博物馆”。

图5　博物馆内部

本次展览名为《先锋之旅》，这是由Atelier Brückner与Marshmallow Laser Feast、Jason Bruges Studios、Galerija 12、Altspace Framestore、Superflux、Emilie Baltz、Deep Local 合作构思的沉浸式体验。沉浸式展览让参观者从被动的一维博物馆观看方式中脱离出来，将他们带到不同的时间、地点或情境，并使其成为积极的参与者（Gilbert，2002）。

博物馆运用多种虚拟和增强现实、大数据分析、人工智能、人机交互装置和展示，通过 5 个章节的框架，带领参观者踏上通往未来的航程，并展示出全球叙事。从主中庭出发，游客被投射到未来：进入一个设计为宇宙飞船的电梯，就好像进入时间机器一样。随后，参观者们离开 2071 年的迪拜，被发射到太空并降落在 OSS Hope 上，距地球 600 千米。OSS Hope 是阿联酋的国际空间站项目，以可持续性、创新、创造力、人性和希望 5 个支柱命名。该区域旨在让游客对迪拜和世界的未来充满希望，并让他们对未知事物保持乐观。在展览之旅的第一刻，参观者了解可持续能源生产战略、未来太空活动计划，并可以参与 6 项不同的太空任务，包括火星殖民地球大使、小行星舰队飞行员或地球轨道上的初级生物设计师。

然后参观者们回到地球下一层（健康研究所），首先进入增强现实版亚马孙森林，然后进入生命之库，这是一个彩色 DNA 库，展示锁在明亮的罐子里的 2400 个标本。通过使用名为 biosynth 的扫描设备，参观者们可以了解不同的物种以及危及它们的气候变化情况。这层的最后一个区域通过模拟的形式，向参观者们展示了保护和恢复生态系统的可能策略。第三层关注心理健康和福祉，它被称为 Al Waha（绿洲）。参观者们与电子设备断开连接，而与感官、精神和身体相连，并在安静的环境中与他人互动。这个活动的想法是，人们的福祉、合作能力以及促进生活质量和心理健康的活动已经成为国家繁荣的战略。最后一层是展览《明天今天》。该展览精选一系列原型和项目，关注未来的城市和社区、农业和灌溉解决方案、人类粮食安全、可持续废物管理和环境保护。

沉浸式参观体验大约持续两个半小时。Atelier Brückner 还设计了儿童区（见图6），这里有名为《未来英雄》的展览，专门面向 4 ~ 11 岁的儿童。这是一个沉浸式的游乐场，有点像未来主义景观。孩子们可以在这里体验不

图 6　心理健康的儿童区

同的活动，增强想象力，挑战批判性思维。未来博物馆欢迎任何年龄段的参观者，希望他们在这里可以“进行探索，带着发现离开，以期对现实有所帮助”。

四、讨论

未来博物馆是一次学习之旅，鼓励参观者为更美好的未来而行动。“我们拥有乐观的想象力，致力于为所有人创造一个更可持续的未来。我们的目标是激励人们积极塑造人类的下一个篇章，在这个过程中，我们为他们赋能。”见未来，创未来。“调动主体内部知识，内部信息。不仅在接收信息方面调动主体，而且在产生此类信息的过程中成为参与者。”（Wigley，2016）沉浸式展览的故事讲述不同于结构化探索中对有形物体的展览。相应地，这些新的设计和生产流程通常需要能够改变传统工艺的创意人才，这反过来又重塑了传统设计流程。越来越多的展览设计成为一个协作的过程，来自不同学科和背景的创意人士聚集在一起工作。

阿联酋是一个很年轻的小国，但它决心通过创新和文化活动来提高自己的声誉。一个国家的价值观对其认同感至关重要，因此也是软实力的来源。给一个国家打上品牌的烙印可以让它获得认可。从这个角度来看，一个国家的品牌是全世界人们对该国家的看法（Gilboa，2008）。阿联酋文化发展战略的重点是政府在资助研发方面的竞争力。“软实力”由哈佛大学教授 Joseph Nye 于 1990 年首次提出，他引用了几个世纪以来跨文化的软实力例子。事实上，一个国家与全球观众互动和吸引全球观众的能力对繁荣、安全和国际影响力的作用在当前比历史上任何时期都更为重要。正如 Nye 所肯定的那样，软实力是“在没有威胁或报酬的情况下动员他人合作”，是国家“通过吸引力获得想要的东西的能力”，而不是通过传统形式的硬实力（Rowley and Weldes，2016）。国家通过图像和影响力来展示自己的能力。

显然，阿联酋的目标是成为世界领先的国家之一，帮助解决未来城市将面临的挑战，并赋能研究人员、设计师、发明家和金融家（Devakasan，2020）。因此，未来博物馆有多个领域的创新实验室，包括健康、教育、智慧城市、能源和交通方面。它还与研究机构和大学合作，支持和测试新发明（Michael，2015）。

Ngaire Blankenberg 是 Lord Cultural Resources 的欧洲总监兼《城市、博物馆和软实力》的合著者。她指出：“城市对人的吸引力不同于对国家的吸引力。国家公民身份是通过护照授予的——这是一个高度政治化、高度受控的过程，但人们认为自己属于一个城市是因为他们在那里有宾至如归的感觉。博物馆可以帮助人们获得这种宾至如归的感觉，但如果人们不被信任、不受尊重或感到不被博物馆欢迎，他们就不会有宾至如归的感觉。”（Dunne，2016）未来博物馆对参观者来说是一种沉浸式的体验。人们通过体验，了解阿联酋如何在各个领域推广最先进的技术和战略。这种体验不同于参观传统的展品展览。沉浸式体验是一种让参观者以多种方式学习并根据主题和目标接触各种展览风格的参观方式。未来博物馆旨在与公民和参观者互动，让他们感受到自己是全球社区的一部分。公民在参观博物馆之后，会感到自己是国家共同未来的一部分，是阿联酋推动的变革和创新的一部分。参观者在离开时，会在脑海中留下对这个国家鲜明的印象：强大、创新、热情、高度先进，经济不断增长，公民生活质量高。这种体验是阿联酋引领的乐观愿景，鼓励参观者参与该国的成功。其背后的想法是，如果参观者体验未来和它的可能性，并认为它们是真实的，那么参观者将成为这种变化的一部分，并感到自己正积极参与，使这个未来成为可能。

谢赫·穆罕默德有一句名言：“未来属于那些能够想象、设计和执行的人。不要等待，而要创造。”未来博物馆的目标是成为一个汇集伟大思想的地方，以设计塑造未来；能力是国家软实力的客观体现，一旦形成，其结果将是可观的（Trunkos，2013）。谢赫·穆罕默德召集任何能做出贡献的人。因此，任何人都可以感受到这个国家想要积极地改变世界，而自己成了这个国家的一部分。新的签证等程序帮助创新者、科学家和投资者在这个国家立足。这个国家过去以石油为经济重心，现在需要改变。谢赫·穆罕默德于2016年推出了迪拜2030工业战略，包括将迪拜提升为知识型、可持续发展型和创新型企业的国际平台。该战略中还包括奠定迪拜未来工业基础的各项目标。该战略旨在使迪拜成为全球企业首选的制造平台，提高制造业的总产值和附加值，促进环保和节能制造，使迪拜成为全球清真产品市场的中心。

在未来博物馆的一个画廊中，未来主义展览即将开始，霓虹灯闪烁出一句古老的中国谚语，用阿拉伯语、英语和汉语3种语言写道：“前人栽树，后人乘凉。”（Sacheti，2022）

五、结论

一个国家在内部治理、企业、文化、教育和数字基础设施方面取得的成功会带来全球吸引力，最终提升国家形象，如阿联酋。这种成功最终会为多边主义、慈善事业、建设和平、解决冲突和举办活动等领域创造机会，吸引更多全球伙伴参与（Alhashimi，2019）。阿联酋社会经济快速发展，同时保留了其政治体制。在这个充满动荡和争议的地区，阿联酋已成为一个强大、可靠和稳定的国家。

对未来尚有很多期待。2030年议程将阿联酋勾勒为制造中心，但是目前建筑、酒店、医疗保健等不同行业的制造公司数量非常有限。该国是否正在快速发展为中东地区的参考中心？我们将在阿联酋看到的下一个创新是什么？

未来博物馆不是一个简单的博物馆，它嵌入了迪拜乃至整个阿联酋的战略价值观和目标。文化间接塑造了政策制定的环境，但要显现出来，需要一个缓慢的过程，甚至可能需要数年（Hoogwaerts，2016）。Nye 列出了公共外交的 3 个关键方面：日常沟通、战略沟通以及“多年来通过学术、交流、培训、媒体渠道访问等”与“关键人物”建立持久关系的发展（Nye，2004）。这 3 个维度的结合创造了一个国家的良好形象，并使这个国家在其他对外关系领域取得所寻求的结果。

未来博物馆提出了一系列的思考和可能的策略，可以在设计类似项目时参考。

未来博物馆将自己定位为一个新地标，具有极具创新的外形和施工技术。它是一面旗帜、一个标志，展示了该国在创造力、技术、建筑技能，以及对创新和研究的财政支持方面的能力。它的建立有赖于迪拜政府的巨额财政投资，但政府的雄心是通过文化、教育以及对传统和国家历史的关注来建立国际信誉。这是对国家财富和增长的投资，是对建设更美好未来的承诺，也是对子孙后代的信任之举。

该博物馆是多元的、包容的，任何人都可以参观。它能够与不同层次的人交谈——在参观期间，任何人都可以以一种有趣、有效的方式参与活动，每个人都在构建自己的参观叙事，这是学习，也是发现之旅。这是未来博物馆较强大的特征之一：它的设计有效，不仅因为它是一种身临其境的体验，还因为它提供了一系列“适合社群分享的时刻”，因此每个人都想成为其中的一部分。不同的空间似乎是根据它们的“可打卡性”、吸引力和可玩性来构思的。所使用的策略是创建一个符合城市和国家时代精神的标志性场所，这一场所有可能成为国家或城市的主题标签（见图 7）。

每个人都想去打卡点拍照，然后在社交媒体上分享。社交媒体传播是创建未来博物馆身份的基础。谢赫·穆罕默德和他的儿子谢赫·哈姆丹一开始就在使用社交媒体（主要是 Twitter 和 Instagram）。在介绍未来博物馆项目时，谢赫·穆罕默德称其为“地球上最美丽的建筑”。媒体的热议不断增加，主要社交平台上满是热搜视频，甚至博物馆的建造过程也被上传，人

图 7　主题标签、未来博物馆和打卡点

们都想一窥究竟。开幕式的传播策略和媒体活动强化并放大了未来博物馆的吸引力、趣味性和创新的理念。博物馆是展示和交流文化的场所，人们在社交媒体上免费为未来博物馆的知名度做出贡献（Hoogwaerts，2016）。其结果就是，未来博物馆立即成为迪拜访问量较大的地方之一。开馆的一个半月中，也从 2020 年世博会的游客中获得红利。

但随之出现的问题是整体体验变得较为肤浅。大量的参观者可能会干扰展览的体验；没有足够的时间和空间来尝试活动，而且参观者在参观结束时学到了多少东西并不是很清楚。社交媒体活动增强了人们对这座建筑和活动的兴趣，但人们的生活质量并没有得到改善，也没有证据能表明人们追求的更好未来能得以实现。有人观察到，阿联酋的遗产生产越来越多地受到旅游文化（休闲和娱乐）的影响，模糊了展览和消费主义之间的界限。博物馆、教育和消费主义之间的界限正变得越来越具流动性（Prager，2015）。展览和建筑本身的体验可能很有趣、很酷，但尚不清楚参观者能够在多大程度上消化这些体验并从中获得收获。

参考文献

[1]Alawadi K. Rethinking Dubai's urbanism:generating sustainable form – based urban design strategies for an integrated neighborhood[J]. Cities,2017,60(A):353–366.

[2]Alhashmi A. The emergence of United Arab Emirates as a global soft power: strategies and challenges[C]. College of Humanities and Social Sciences Department of Government and Society. United Arab Emirates University,2019.

[3]Almansoori S. From the desert to the city: the innovative leadership of Sheikh Mohammed Bin Rashid Al Maktoum, vice president, and prime minister of the United Arab Emirates (UAE) and ruler of the Emirate of Dubai[C]. Dissertations,2007:154.

[4] Al – Zubaidi M. Salman S. The sustainability potential of traditional architecture in the Arab world – with reference to domestic buildings in the UAE [J]. International Planning Studies,2007, 12 (2): 174.

[5] Bedirinan R Tusin, D . Sheikh Mohammed Bin Rashid inaugurates ,museum of the future[EB/OL]. (2022–02–23)[2023–04–13]. https://www.thenationalnews.com/arts – culture/2022/02/22/sheikh – mohammed – bin – rashid – inaugurates – museum – of – the – future/.

[6]Bennet, T. The birth of the mu – seum: history, theory, politics [M]. London:Routledge,1995.

[7]Corti E Pasinai. The development of dwelling solutions in the UAE and the impact of Covid – 19[J]. Proceedings of AMPS – Sustainable Architecture(s) – Humane Cities,2022.

[8] Devakasan K P. Pictures: different stages of Dubai museum of the future. gULFNEWS [EB/OL]. [2023–04–13]. https://gulfnews.com/photos/news/pictures – different – stages – of – dubais – museum – of – the – future – 1.1601303066563.

[9]Dubai Future Foundation. Omar Sultan Al Olama: Dubai is the best place to dream big [EB/OL]. (2022–10–11)[2023–04–13]. https://www.dubaifuture.ae/

insights/omar – sultan – al – olama – dubai – is – best – place – to – dream – big/.

[10] Dunne A. The future of museums: "soft power" and the hard sell [EB/OL]. (2016 – 04 – 18) [2023 – 04 – 13]. https://www.irishtimes.com/culture/art – and – design/the – future – of – museums – soft – power – and – the – hard – sell – 1.2611892.

[11] Global Media Insights. UAE population 2022[EB/OL]. (2023 – 08 – 01) [2023 – 04 – 13]. https://www.globalmediainsight.com/blog/uae – population – statistics/.

[12] Gilbert H. Visitor studies today! Volume vIssue Ⅲ [EB/OL]. http://kora.matrix.msu.edu/files/31/173/1F – AD – 297 – 8 – VSA – a0a6e0 – a_5730.pdf.

[13] Gilboa, E. Searching for a theory of public diplomacy. The ANNALS of the American Academy of Political and Social Science[EB/OL]. (2008 – 03 – 01) [2023 – 04 – 13]. https://doi.org/10.1177/0002716207312142.

[14] Hoogwaerts L. Museums, exchanges, and their contribution to Joseph Nyes concept of "soft power". Museum & Society[EB/OL]. (2008 – 03 – 01) [2023 – 04 – 13]. https://doi.org/10.29311/mas.v14i2.645.

[15] Killadsign. An architectural masterpiece[EB/OL]. [2023 – 04 – 13]. https://www.killadesign.com/portfolio/museum – of – the – future/.

[16] Mcclorl J. The soft power 30. a global ranking of soft power[EB/OL]. [2023 – 04 – 13]. https://portland – communications.com/pdf/The – Soft – Power_30.pdf.

[17] Michael P. Dubai plans for major Museum of the Future[EB/OL]. [2023 – 04 – 13]. https://www.khaleejtimes.com/nation/general/dubai – plans – for – major – museum – of – the – future.

[18] Nisbett M. Can soft power be bought and why does it matter? Arts & international affairs. Kings College London[EB/OL]. [2023 – 04 – 13]. https://theartsjournal.net/2021/01/29/nisbett – 2/.

[19] Ogaily A. Urban panning in Dubai; cultural and human scale context [R]. Paper presented at annual meeting for the society of council on tall buildings and urban Habitat, New York.

[20] Pregaer L. Displaying origins: heritage museums, cultural festivals, and national imageries in the UAE[J]. Horizons in Humanities and Social Sciences ,2015,1

(1): 22 –4.

[21]Rowley C. Weldes J. From soft power and popular culture to popular culture and world politics[R]. Bristol University of Bristol,2016.

[22]Sachrti P. What exactly is a "Museum of the future"[EB/OL]. [2023 – 04 – 13]. https://www. artnews. com/art – news/news/museum – of – the – future – dubai – opening – 1234629837/.

[23]The global goals[EB/OL]. [2023 –04 –13]. https://www. globalgoals. org.

[24]Trunkos J. What is soft power capability and how does it impact foreign policy? [EB/OL]. [2023 – 04 – 13]. http://culturaldiplomacy. org/academy/content/pdf/participant – papers/2013 – acdusa/What – Is – Soft – Power – Capability – And – How – Does – It – Impact – Foreign – Policy – – Judit – Trunkos. pdf.

[25]UAE Cabinet. Mohammed Bin Rashid launches five – decade government plan"UAE Centennial 2071"[EB/OL]. [2023 – 04 – 13]. https://uaecabinet. ae/en/details/news/mohammed – bin – rashid – launches – five – decade – government – plan – uae – centennial – 2071.

[26]UAE Agenda. 2021 –2030[EB/OL]. [2023 –04 –13]. https://u. ae/en/more/uae – future/2021 –2030.

[27]UAESDG. The UAE portal for the sustainable development goals[EB/OL]. [2023 –04 –13]. https://uaesdgs. ae.

[28]Upama S. Dubai: changing forms with demography[J]. Creative Space, 2020,7(2): 119 –124.

[29]Pacione M. Dubai[J]. Cities,2005,22(3): 255 –265.

[30]Wigley M. Discursive versus immersive: the museum is the massage [J]. Stedelijk Studies Journal,2016(4).

中国传统文化在电动汽车设计中的应用

李　艳[①] 李　薇[②] 毕　壹[③]

一、引言

中国历史悠久，随着时代的演变和沉淀，生发出博大精深的传统文化。在中国经济崛起、文化自信的背景下，电动汽车发展势头强劲，越来越多的汽车品牌察觉到了传统文化的力量，想要从传统文化中汲取设计灵感，挖掘中国传统元素的设计价值，力图将自身设计理念与传统文化更好地结合，从而为自身品牌发展助力。在现代发展趋势下，如何将中国传统文化融入电动汽车设计中，运用文化来增加品牌附加值，创造出有中国味道、中国内涵的汽车，提升国产电动汽车的市场竞争力，从而使品牌成长为帮助文化出海的载体，是一个值得深入思考的研究方向。

① 山东建筑大学副教授、研究生导师，主要研究方向为产品创新设计、设计管理、服务设计。
② 山东建筑大学在读研究生，主要研究方向为汽车设计。
③ 山东省工业设计协会执行秘书长、工程师，主要研究方向为工业设计、技术创新。

二、中国传统文化概念阐释及设计意义

（一）“中国传统文化”概念的界定

中国传统文化是中华民族在长期的历史沿革和文明演进过程中形成的较为稳定、共同的心理特征，积淀成能反映民族特点和精神风貌、富有自己特色的文化，涉及思想观念、思维方式、价值取向、道德情操、文学艺术、教育科技等方面，综合反映了中华民族历史上多种观念形态、思想文化和文化心理结构。中国传统文化如同血脉沉潜于人们的精神家园，虽然文化全球化趋势不可逆转且日益强劲，但仍然无法取代传统文化带给人们内心的那种归属、认同、安全、宁静的深刻体验。传统文化是影响中国人思维方式及观念的文化因子，更是一笔有价值的、有传承性的文化资产，所以我们要善于利用它，广泛吸收艺术、人文的灵感，将设计与传统文化糅合，使产品具有精神层面的影响力，能获得更多消费者的青睐。

中国传统文化由多部分组成，因此中国先人形成了某些固有的价值取向和思维方式，这些思想不仅影响了中华民族的伦理道德，也形成了中国传统的美学观念和审美品位。传统文化思想的精髓和理念影响了中华民族造物的观念、方法，也使整个民族对色彩、形态、命名等形成了较为稳定的偏好。中国在历史演变过程中形成的具有代表性意义的物质文明和精神文明等成果，共同组成了中国传统文化元素，其中涵盖了风俗习惯、符号意象、认知常识、行为现象等。书画、纹样、戏艺等都属于物质层面的中国传统文化元素，而中国人追求的吉祥圆满的思想、“天人合一”的境界等属于精神层面的中国传统文化元素。中国传统文化集结了先辈们的智慧，正是现代设计所能够借鉴和吸收的。

（二）中国传统文化与汽车设计融合的意义

传统文化的影响一直伴随着现代设计的成长，实践表明，一个国家和民族在实现现代化过程中的特殊性来自该国的传统，要实现现代化，必须解决传统文化和现代化的关系问题，对于这个问题反思程度的深浅也反映

出该民族的成熟度和国民素质的高低。中国传统文化对象与现代产品设计相结合，可以从深到浅划分成3个层面来进行。第一个层面是外在文化与设计相结合，包括色彩、质感、造型、表面纹饰、线条、细节处理等属性；第二个层面即制度文化、行为文化与设计的结合，它涵盖设计中的功能、可操作性、安全性、结合关系等属性；第三个层面也是最高层次的结合，即精神文化与设计的结合，这体现在产品具有特殊含义、故事性、情感性等文化特质上。

汽车作为现代产品的代表，不仅仅是改变人们生活方式的交通工具，更是承载了人类思想与文化的智慧集合体。在世界民族文化大融合的背景下，汽车设计如果能够把握民族文化精神，传达民族内生的文化性、思想性，展示出浓厚的文化品位和深远意境的设计，更易于在激烈的市场竞争中立于不败之地。中国传统文化为汽车设计提供加持力量，使汽车设计在能够达成形态美和功能美的基础之上，传达品牌内涵特质，展现人们对生活品质的追求和对生活的积极态度。优秀的汽车设计产品是本土文化及价值观传播的载体，品牌出海亦能加速文化出海，对提升民族文化自信具有重要意义。

三、中国传统文化元素在电动汽车设计中的应用

在中国传统文化发展过程中，人们以“观物取象”的方式，通过观察客观现象加以丰富的想象力，用巧妙的形式——吉祥图案、纹样等形式将其显现出来，无论是龙、凤、麒麟、貔貅等瑞兽，还是哪吒、嫦娥等神话人物，都通过联想被赋予了吉祥的含义，成为特定的文化符号，以此来表达人们的思想、精神，同时具备隽永的艺术价值，从而世代流传。无论是汽车品牌或是产品的名字还是产品造型，都可以积极地从中国传统文化中汲取有益的元素进行表达和展现，从而增加设计在文化方面的价值感。

（一）中国元素在汽车名称中的应用

语言能够很好地表达意境，传递出人们内心的想法和期望，而名字作为语言的应用载体之一，是展现丰富的内涵和美好意愿的重要方式。根据

马斯洛的需求层次理论，传递精神属于对自我实现的需求，是最高层次的需求，好的名字能够起到托物言志的作用。在汽车领域，品牌的命名往往是自身态度的表达，具有一定暗示性或高意义性，易使人联想相关意象，发挥着提升辨识度、利于品牌推广营销的作用。其中不乏使用一些特定的文化符号，例如，哪吒是我国神话里的经典人物，在传统文化中是真诚善良、不受束缚的正义元神的代表，不轻易服输、不轻易向世俗妥协。而哪吒汽车以此命名，与其自身所秉承的“电动化、智能化、物联网”的先进设计观念，敢于打破常规、勇于创造、充满朝气与活力的品牌文化不谋而合，这既是对哪吒精神的致敬，也是对自身处于当今新能源、新科技、新背景下的品牌发展态度的表达（见图 1）。

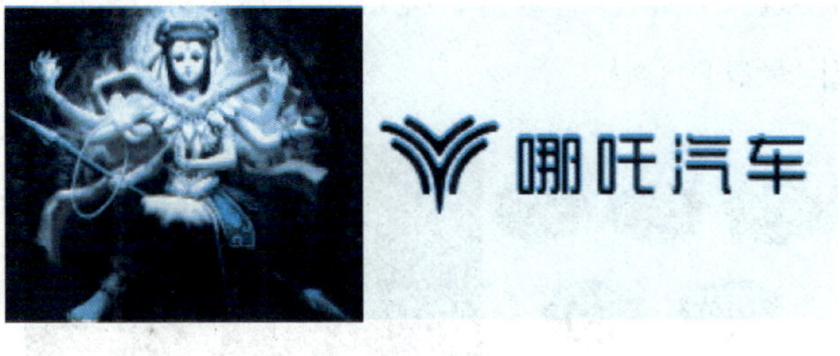

图 1　哪吒人物形象及哪吒汽车标志

资料来源：https：//baijiahao. baidu. com/s？ id = 1641310834805229181；https：//www. shejihz. com/archives/92972/。

“流水不腐，户枢不蠹”，传统文化既是一种历史现象，也是社会历史的积淀物，与中华民族的历史背景、地理环境、风俗伦理、生活习惯、思维方式、价值观念等密切相关。古建筑作为我国古代科学与艺术的结晶，蕴藏着丰富的文化内涵和人文意识，是“中国智慧”长期积累而创造形成的产物。以长城为例，它不仅是抵挡外敌入侵的强大堡垒，更是中国悠久历史的见证者，是中国的象征符号之一。长城汽车以此为名，就是希望自身能够像长城之于国土般屹立在汽车领域，拥有坚实的根基和长远的未来，以寄情于物的方式展现品牌的顽强意志，大气十足的同时充满记忆点（见图 2）。

汽车行业经过多年的发展，现处于“百家争鸣”的时代，作为国产新能源汽车代表品牌之一的“比亚迪”创立了王朝系列汽车，以“唐”“宋”

图 2　中国长城及长城汽车标志

资料来源：https：//baijiahao. baidu. com/s? id = 1681297003381704773&wfr = spider&for = pc；https：//www. sohu. com/a/255310685_ 526149。

“元”“汉”“秦”5 个中国历史上高度发达的朝代分别命名 5 种汽车型号，令人耳目一新、印象深刻（见图 3）。应用伟大的中国历史王朝来命名汽车，寄托的是比亚迪汽车希望自身能够像各朝代般繁荣昌盛、蓬勃发展，这不仅仅是对中国传统文化信念的宣传，更展示了国产汽车品牌的底气和强大实力，是民族自豪感的表达。

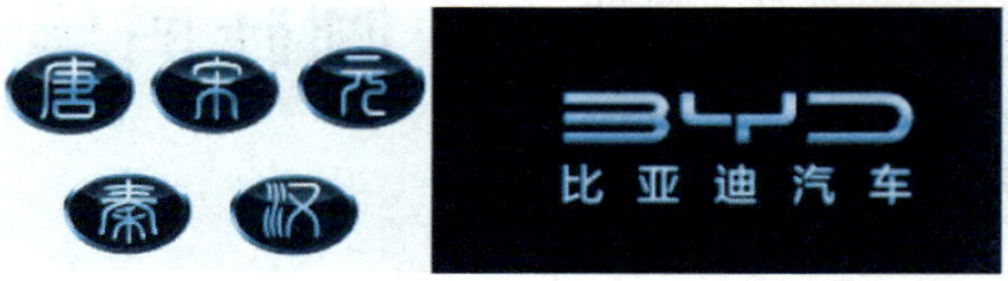

图 3　比亚迪王朝系列及比亚迪汽车标志

资料来源：https：//www. pcauto. com. cn/hj/article/336738. html；https：//k. sina. com. cn/article_ 2782988941_ a5e10a8d00100ys7k. html。

根据中国传统文化中的经典人物、地标建筑、代表性朝代等元素进行汽车的命名，既是文化内涵的延伸应用，也是传统文化的传播途径，具有良好寓意的同时，还有利于帮助人们关注相关文化渊源，延续传统文化精髓，实现传统文化与现代文化的有机结合，进而弘扬民族精神，坚定我国文化自信。

（二）中国传统文化元素在汽车造型设计理念上的应用

在传统文化中，龙是皇族和高贵的象征，代表着至高无上的权威和能力，象征着威武、正义、祥瑞和力量。古代帝王以“龙椅”为座，身披“龙袍”，自称“龙体”，就连现在的我们也自豪地称自己是“龙的传人”，可见“龙文化”对中华民族的影响之深。龙的形象体现出丰富而深层的文化含义，彰显着威严与尊荣，同时寄托了人们的希冀，反映了人们对美好事物的向往和渴望。比亚迪作为民族企业，其王朝系列以“龙”为突破，强调中国传统文化的应用，创造出了属于自己的独特设计语言——“龙颜”。在比亚迪“宋”MAX 汽车中，前脸格栅以龙的大嘴为原型，延续比亚迪经典 U 型轮廓，柔和而不失棱角；雾灯位置的设计线条仿佛是“龙须”；镶嵌“宋”的标志贯穿前脸的镀铬装饰条像极了龙的眉毛，张力十足；流线型车身似有游龙般冲锋向前的凌厉气势，栩栩如生。“王朝系列”其他车型同样以“龙颜”形象为造型设计原点，以“印象”“交化”“科技”为关键词，尝试将中国传统与造型设计美学融会贯通，展现“中国龙”的威猛形象和强大气势（见图 4 和图 5）。

图 4　比亚迪“宋”汽车外观造型

资料来源：https：//www. sohu. com/a/191516927_ 115201；https：//baijiahao. baidu. com/s? id＝1564973229550423。

图 5　比亚迪“唐”汽车外观造型

资料来源：https：//www. icauto. com. cn/baike/67/673263. html。

汽车的设计造型及风格特征组成了人们对一个汽车品牌的综合认知。汽车的造型基因决定了品牌的家族化特征，而造型产生的意象往往使人们感受到品牌文化和设计理念，最终构成完整的品牌形象。哪吒汽车以神话人物“哪吒”及其标志性法宝为造型设计来源，在“S”系列中采用细长上挑的“前大灯”，目光凌厉却炯炯有神，传达出哪吒愤世嫉俗的思想；“U”

系列旋转式轮毂犹如哪吒脚下的“风火轮”，暗藏着“以风火之势飞天入地、腾云驾雾一蹬九万里”的美好寓意；“V”系列独特的波浪形腰线以缠绕在哪吒身边的“混天绫”为设计来源，意图营造出汽车在高速行驶过程之中随风而动的意象，表现汽车的运动感和速度感。哪吒汽车以传统文化中的人物为造型设计方向，将多种元素变体、解构、融合、创新，形成了自身的独特风格，并表现了其品牌独特的思想（见图6）。

图6　哪吒汽车“S”“U”“V”系列汽车造型设计细节

资料来源：https：//www. hozonauto. com/。

（三）中国传统文化元素在汽车装饰设计上的应用

汽车装饰元素主要包括汽车色彩喷涂装饰、座椅装饰、汽车前脸装饰、车身大包围装饰、挡风板入后翼板装饰、顶棚内衬装饰、灯光装饰等，目的在于提高汽车表面和内饰的美观性。汽车装饰设计在文化的参与和制约下展开并完成，与汽车整体风格相呼应，并体现出不同的文化风貌。我国民间文化中色彩是思想认知暗示的转换，同时被赋予特殊的文化含义和文化理念，在我国汉代就以红色和黑色为美为尊，红与黑构成单纯而强烈的视觉效果，所以广泛应用在漆器和陶瓷上。比亚迪为“汉”汽车的设计选用了“朱雀红”和“玄武黑”两种极具代表性的色彩作为内饰的主打色调，设置左右对称的“品”字型布局，创造环抱式古典空间秩序（见图7）。

汽车格栅作为汽车装饰元素的组成，其发展历程可以称作一部浓缩的汽车发展史，在社会演变过程中逐渐成为汽车品牌的象征，直接影响汽车的风格，很多品牌赋予格栅独特的造型并以此作为汽车品牌的DNA。格栅作为汽车前脸装饰的重要组成，在燃油汽车中主要起到散热、通风、保

图 7　比亚迪“汉”汽车装饰造型

资料来源：https：//baijiahao. baidu. com/s？ id = 1630579142797401666；https：//www. sohu. com/a/437665469_ 120072758。

护的功能，然而电动汽车对内部散热的需求弱化，对电动汽车来说，格栅更多地起到装饰性作用，成为展现自身设计理念、品牌文化、家族特征、民族差异的重要部分。我国古代，“九”为皇帝或最高权威的标识，象征着封建帝王至高无上的权势，中国传统建筑中也讲究“九梁十八柱”的气派，以彰显尊贵的地位和身份。红旗 L9 汽车中采用了“9 + 18”的 27 根格栅，其来自我国传统的文化认知，塑造沉稳优雅、端庄大气的汽车设计形象。直立式格栅条凸显了不卑不亢的民族气节和坚强意志，扇形格栅外轮廓沿袭红旗汽车经典设计语言，代表我国传统文化中“宝扇”的吉祥寓意（见图 8）。

图 8　红旗 L9 汽车装饰造型

资料来源：https：//www. yidianzixun. com/article/0L0chdRr；http：//k. sina. com. cn/article_ 2723889457_ a25b4131001001wwk. html。

车灯是汽车的“眼睛”，车灯的“眼神”往往可以传达出汽车的“情感”，展现文化特点和观念。比亚迪“汉”传承其所属系列“龙颜”设计风格，“龙晶”前大灯上半部分排列条形灯带，打造出视觉上的“龙王藐视”神态，战斗感十足；在车辆解锁过程中，灯光“飞”返于日间灯与氛围灯之间，仿佛是中国巨龙的觉醒，气势凛然。红旗 H7 尾灯以祥云图案为设计灵感，有“远行万里，万事如意”的内涵；红旗 GT 概念车指示灯设计中大灯造型上翘，如同凤眸，体现了中国动态美学，车辆启动时逐渐点亮的灯光会出现凤凰涅槃的效果（见图9和图10）。

图9 红旗H7汽车尾灯

资料来源：https：//price. pcauto. com. cn/cars/image/6207184 – 1. html#ad = 12650；https：//www. nipic. com/show/32819777. html。

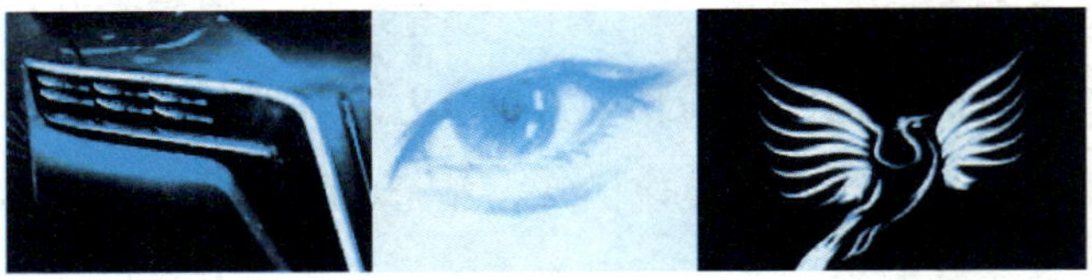

图10 红旗GT概念汽车前大灯

资料来源：https：//baijiahao. baidu. com/s？ id = 1611022391390356898；https：//www. bazi5. com/mingli/xiangshu/34110. html；https：//huaban. com/boards/44389361。

四、中国传统文化与汽车设计结合的方法

中国汽车设计置身于文化底蕴如此深厚的国土之上，拥有得天独厚的汽车设计传统文化资源，理当在这丰沃的土壤上迈着自信的步伐走向世界。传统文化作为设计语言在表达载体上的呈现，是一个再创造的过程，应该在尊重功能属性的前提下，完成对传统文化元素的认知、提炼和转化，遵循审美法则，并合理应用在汽车设计中，以传达中国传统文化的主流思想和中华民族与时俱进的正确价值导向。

（一）理性运用传统文化元素

中国的传统文化中消极与积极并存，精华与糟粕俱有，在设计的过程中，要吸收的并非信条理论，而是积极的思想方法，在“和谐”的基础上

达到“圆满”。对于汽车设计师来说，在设计中应用传统元素不是生硬地搬用中式花纹、龙凤图案、陶瓷、玉石等进行简单的罗列与堆叠，如果将文化隔绝在设计之外，不深入了解中国传统文化内涵，缺乏历史和现实的深度，很容易导致设计意义的贫乏。比如，法拉利 599 GTB 跑车中，车漆的设计灵感来自中国宋代哥窑青花瓷冰裂纹，朴素古雅的花纹与奔放夸张的外观造型相结合，反而使得汽车形象突兀违和，与宋代的冰裂纹瓷器清瘦澄静的气质大相径庭，最终成为“四不像”的产物。2012 款布加迪威龙“中国龙”限量版中，在座椅靠背上有着中文繁体“龍”文字的刺绣，前排两个座椅中间配有一整块陶瓷中国龙浮雕图腾，每个轮胎中央也有着汉字“龍”的刻字，品牌貌似是在众多细节中添加了许多中国“龙”文化元素，但也仅仅将中国文化的意象停留在表面，仔细推敲之后只剩下乏味和轻浮（见图 11）。造成这些设计不伦不类的原因归根结底还是由于对我国传统文化了解得过于浅显，盲目地将传统文化元素与设计作品嫁接在一起，一味简单粗暴地应用文化元素，这无异于画蛇添足。

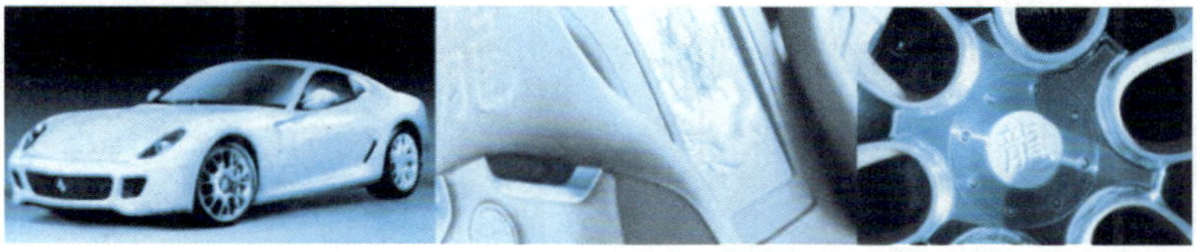

图 11　国外汽车设计中中国元素的应用

资料来源：https：//www. toutiao. com/article/3964169143/；https：//www. yoojia. com/article/8836860641278787376. html。

中国传统文化讲究相得益彰，无形之中表现有形之意，在设计内在中体现文化之源。只有将中国文化元素与设计有机结合，钻研文化精髓，领悟文化精神，在融会贯通的基础上实现塑造美的目标并养成自我的个性，才能让汽车设计成为中国传统文化的视觉盛宴和精神象征，设计出有中国特色的优秀汽车，并得到大众的认可。

（二）注重传统文化与现代审美的融合

审美总是随着社会发展而更新换代，曾经的经典也可能会因为跟不上审美变化而被抛弃。在汽车设计中，传统文化被很多设计师用自己的方式进行了阐述，借鉴东方的智慧，结合现代美学元素融合再设计，将东方的精神加以延续，在各个方面诠释传统文化，最终使得传统与现代美学在汽车设计中达到共生、共融的新高度。

红旗汽车创立于 1958 年，在品牌的探索过程中曾运用了许多中国传统文化元素，尽管设计特点鲜明，但随着时代的发展，已经不能满足人们不断提升的审美需求和求新求异的消费心理。在这种环境下，红旗为了适应市场、迎接竞争，及时转变设计思路，在设计中融合时尚元素与现代审美，由老成呆板的陈旧造型转变成美感与科技感并存的现代潮流风格。如曾经的“金葵花”方向盘图案是红旗汽车的经典元素（见图 12），有着“朵朵葵花向着党”的时代意义，受到许多用户的喜爱，但是随着科技的发展进步，人们越来越青睐具有现代感和速度感的汽车设计元素。于是 2018 年红旗汽车进行了方向盘标志的改动升级——以飘扬的对开红旗为中心外加盾牌轮廓，寓意“旗开得胜”；交错的经纬线条暗花展现万物互联的新时代，寓意“阡陌交通，古去今来”。2021 年，红旗发布了新一代

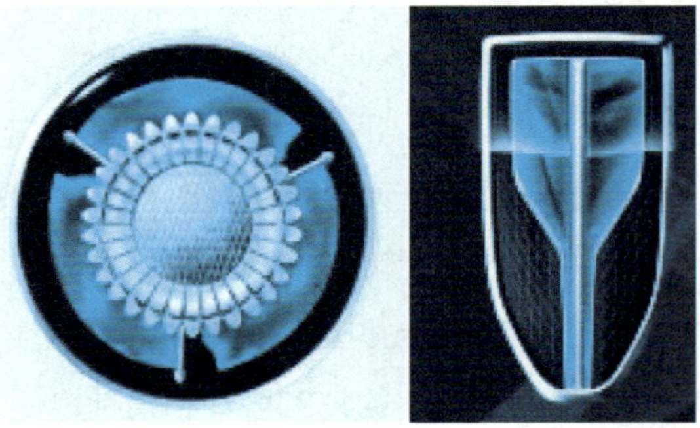

图 12　红旗方向盘标志

资料来源：https：//baijiahao. baidu. com/s? id = 1630418681628706792；https：//huaban. com/pins/1555466159。

电动概念车，竖直格栅主要起到装饰作用，展现红旗家族“高山飞瀑，中流砥柱”的设计语言，由向下延伸的车灯包围成经典扇形轮廓；红色贯通式车标寓意“气贯山河，红光闪耀”，与后视镜和轮标的色彩呼应，设计更加系统化；灵感取自天安门城楼轮廓的车尾饰条与两侧竖向排布的尾灯组相连，经典传统建筑的缩影点亮尾部造型，顺应溜背线条，颇具动感（见图 13）。

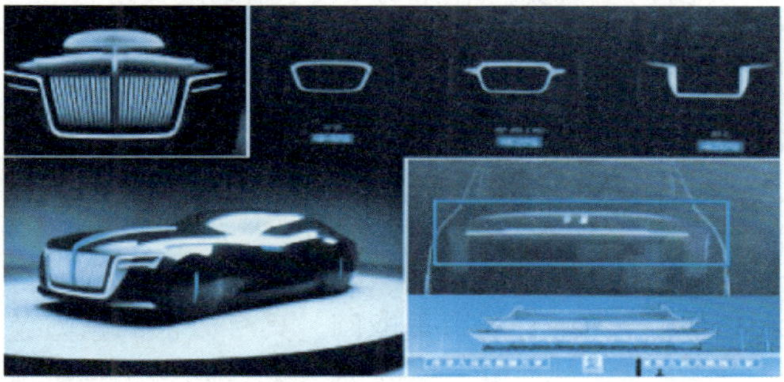

图 13　红旗汽车新一代概念车

资料来源：http：//k. sina. com. cn/article_ 2813320807_ a7afde67001002n2o. html；https：//auto. ifeng. com/qichezixun/20190109/1257584. shtml。

随着“Z”时代的到来，本土化的产品更容易被年轻一代接受和认可，传统文化元素也得到了前所未有的发展机会。从红旗未来的设计方案中可以看出，红旗品牌立志要打破“中庸老套”的固有印象，年轻化的风格成为“新”红旗品牌的主基调，在保留传统文化设计元素的同时，更多地满足年轻消费群体的审美和需求，将具有传统文化寓意的诸多元素以更好的方式融入设计中，展现中式文化之美。社会的发展推动了设计理念的改变，设计者要站在全球化事业的基础上，依据现代人的审美心理特征，研究传统文化元素与设计作品的内在联系，提炼传统文化的核心内涵，进行主观加工，才能准确地传达出设计的物质需求和精神需求，从而引发良好的用户体验（见图 14）。

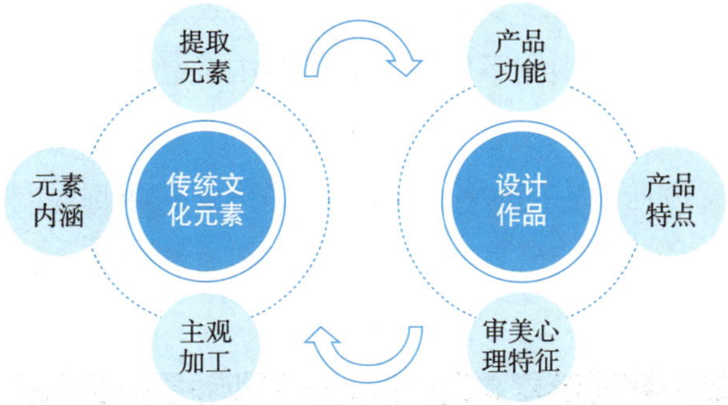

图 14　传统文化元素符号与现代设计作品的关系

资料来源：笔者自绘。

（三）具备细节设计意识

含蓄作为中国人一种特有的审美取向，具有浓郁的东方色彩，集神秘和婉约于一体。言东方文化，处处能见到含蓄的踪迹，它不仅是一种语言文字的绝妙技巧，更是一种欲说还休的意境，需要人们仔细品味和研究。具体到汽车设计中，众多品牌都在细节之处彰显了含而不露的内敛感，低调婉约地展现了自我的设计理念。例如，红旗 GT 概念车车身线条轮廓饱满，流畅飘逸，相对于夸张的肌肉感，红旗的设计追求的是既轻盈又有速度的力量感，对应其“风起”“雅致”的品牌设计理念，烘托刚柔并济的中式美感，神秘又富有情趣（见图 15）。

图 15　红旗 GT 概念车造型

资料来源：http：//www1. xcar. com. cn/bbs/viewthread. php？showthread = 2970589&tid = 33108280。

中华民族的崛起离不开中国文化的重建，重建中国文化不是恢复传统文化，而是发展中国文化。建筑作为文化的一部分，是能够反映时代特征的社会存在，是体现设计民族性和地域性的重要资源。人们在对建筑符号的认知过程中能够实现自身认知体系与建筑实体传递的信息的碰撞，进而产生一定的共鸣。经典名胜是文化精髓的结晶，如果能够将其特点转化为中国文化的线索和符号并运用在设计的细节中，使人们通过建筑提供的线索形成对古人思想和审美的畅想，追忆当时的社会制度和生活情境，触动内心的情感，沐浴在传统文化的养分中，同样是对传统文化的传承。建筑承载着不同文化流派的思想，如大雁塔作为佛教建筑的经典代表坐落在我国西安，是玄奘西行求法、归国译经的纪念，具有重要的历史价值，同时是玄奘的崇高人格和伟大精神的象征。建筑受到文化的影响，往往暗藏着文化内涵，而在汽车设计中取其形态和意象，也是对设计语义进行转型和表达的一种方式。在比亚迪“汉”的设计中，就以大雁塔为灵感来源，将七层大雁塔的建筑原型糅合成具有相似特征的七层式空调出风口，借鉴大雁塔的屋檐形状，提取其阵列式布排方式，通过设计创新，打造出了独具特色又饱含国风之韵的造型设计（见图 16）。

图 16　比亚迪“汉”汽车出风口与大雁塔对比

资料来源：https：//k. sina. cn/article_ 6426956081_ 17f139131001013m11. html？ from = auto&vt = 4&ab = qiche&_ rewriteTime = 1690363031371；https：//www. enterdesk. com/download/42519 –241691/。

藻井是覆斗形的窟顶装饰，象征着天宇的崇高，最早在汉代宫殿、寺庙等建筑中使用，以展现封建社会等级的尊贵。比亚迪“汉”的扬声器核心发声部位就是取自宫殿藻井的圆式“波纹”造型，并将其进行现代化演绎，繁复的音孔排列方式有一种立体的深邃感，使人不禁想起“余音绕梁”一词（见图 17）。

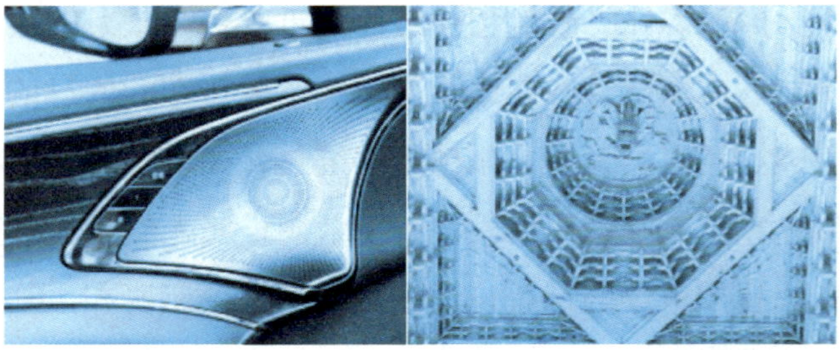

图 17　比亚迪“汉”汽车音响与藻井建筑对比

资料来源：https：//www.diandong.com/news/144220.html；http：//k.sina.com.cn/article_3960624673_pec125621027007q03.html。

细节之处是确保视觉统一的关键点，能够体现设计艺术性和自身的独立风格，使设计更经得起推敲，传达品牌精益求精的设计态度，而细节之处暗藏传统文化之韵，不仅能为设计增加内涵底蕴，更能使人见微知著，产生对古人的法制制度和社会思潮的遐想，了解传统文化的风采。细节是提升用户感受和带来高度精神体验不可忽视的地方，好的设计更应该植根于文化基础，探索文化和设计的交汇点，将传统文化与设计有机融合，有效地利用和传承，使其共生、共荣。汽车设计的发展为文化元素的发挥提供了巨大的空间，中国元素在汽车设计当中的应用有着更加广阔的发展空间和未来。

五、结论

当今中国正经历百年未有之大变局，文化也越来越成为各国软实力的表现，传统文化因其独特的本土性和民族性，也正悄然崛起，得到了越来越多的推广和应用。“只有民族的才是世界的”，汽车作为一个民族的性格载体，体现现代发展技术的上品，同时肩负着传承中华传统文化的重任。在当今节能减排的大环境下，电动汽车已然成为未来汽车领域发展的大趋势，拥有广阔的发展前景，也为创新设计提供了更大的自由度。

在我国，越来越多的本土汽车品牌被消费者认可，更多的年轻人建立起了对国产品牌的信任，但想要谋求更长远、更坚实的品牌发展，得到世

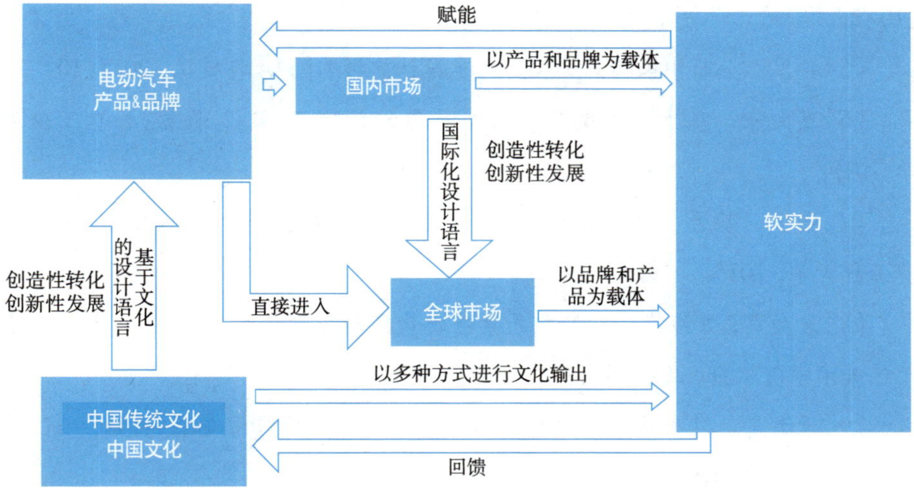

图 18　中国文化、设计、电动汽车与软实力关系

资料来源：笔者自绘。

界人民的认同和喜爱，就必须借助文化的力量丰富品牌内涵，在设计中合理应用中国文化元素，顺应“Z”时代潮流，积极创新，打造体现我国文化特色的汽车，带动国产汽车迈出国门、与国际接轨。品牌的影响力最终来源于文化的影响力，文化给予设计之灵魂，设计促使国家经济实力发展与文化软实力相得益彰，这不仅是强化国产汽车品牌竞争力的过程，更是加快我国文化出海，增强民族文化自信的重要途径。在设计过程中延续优秀传统文化并进行创新创造，推动中华民族生生不息地向前发展，是每一代中国人的使命和责任（见图 18）。

参考文献

[1]夏弘睿. 本土汽车设计语言与中国元素的美学关系[J]. 郑州航空工业管理学院学报(社会科学版), 2013, 32(4):3.

[2]许浩. 禅宗文化在茶器设计中的应用与研究[D]. 济南:山东建筑大学, 2014.

[3]于长兴. 传统文化与汽车设计[J]. 汽车工业研究, 2019(2):2.

[4]李超. 传统文化元素在汽车设计中的应用研究[J]. 艺术科技, 2014, 27

(1):2.

[5]钟雪. 分析中国传统文化对汽车设计的影响[J]. 科技风, 2015(10):1.

[6]惠文静. 基于宋朝文化的汽车造型设计研究[D]. 长春:长春工业大学,2019.

[7]张平. 基于中国文化元素的电动概念汽车造型设计研究[D]. 西安:西安工程大学, 2015.

[8]袁金龙, 方海燕. 女性化元素在现代汽车设计中的应用研究[J]. 山东工艺美术学院学报, 2015(6):4.

[9]于天光. 汽车品牌文化在汽车衍生品设计中的应用与研究[D]. 济南:山东建筑大学, 2016.

[10]沈晓昉, 李世国. 汽车设计的“中国风”——汽车造型设计中的中国传统造型语言应用[J]. 消费导刊, 2007(14):2.

[11]欧阳宏达. 现代设计思潮对汽车造型设计的影响[D]. 株洲:湖南工业大学, 2015.

[12]谢凡莉. 针对女性群体的新能源概念汽车设计[D]. 武汉:湖北工业大学, 2012.

[13]刘子豪. 中国传统图案元素在汽车造型设计中的应用研究[D]. 重庆:重庆大学,2015.

[14]张希可, 王秀峰. 中国传统文化对汽车设计的影响[J]. 艺术与设计:理论版, 2009(1X):3.

[15]刘晓菲. 中国传统文化元素以3C产品设计中的应用研究[D]. 济南:山东建筑大学, 2014.

[16]李秀华, 马幼梅. 中国传统文化在汽车外观设计中的运用[J]. 安徽工业大学学报(社会科学版),2013, 30(2):2.

[17]李昊. 中国元素在汽车造型设计中的应用研究[J]. 时代汽车, 2021, 000(001):103-104.

[18]黄志贵. 简论汽车品牌的命名原则[J]. 商场现代化, 2006, 000(12X):118-119.

[19]马笑然. 建筑与传统文化符号[J]. 中文科技期刊数据库(引文版)工

程技术,2017(4):67.

[20]渐修儒，崇悦悦，安国强．比亚迪汉“中国化”设计亮点鉴赏及背后趋势分析[J]．设计，2021，34(16):4.

[21]陈光龙．秦汉漆器“红、黑”色彩的形成与内涵[J]．艺术探索，2009，23(1):2.

[22]李艳，张蓓蓓，姜洪奎．工业设计概论[M]．北京:电子工业出版社，2013.

跨文化戏剧设计形式问题辨析

孙丽萍[①]

一、国内跨文化戏剧研究的主要观点辨析

关于跨文化戏剧，早期有些观点在界定上比较宽泛，将改革开放以后中外戏剧交流的多种表现也称为跨文化戏剧，这些表现既包含中外戏剧的互访演出，也包含外国戏的中国版本、中国戏的外国版本以及舞台上中外两种戏剧元素的糅合，中外两国演员同台演出，中外合作双语演出，中外合作编创剧目的跨国演出等。那时候我们能看到这样的表达："跨文化戏剧包括了一般所说的戏剧交流，但又不止是你来我往。"但直到今天仍然没有一个确定的理论表述用来说明什么是跨文化戏剧。有学者将国内外的跨文化戏剧进行了区别和分类，认为欧美的跨文化戏剧主要有 3 种类型：改编和利用西方以外的故事和戏剧传统；在演员训练和演出中借鉴并融合西方以外的戏剧表演传统；全球化戏剧。"它不仅体现在拥有全球资本和演出市场上，而且包括在脚本创作、演员、舞台制作、演出支持团队等方面的国际

① 山东工艺美术学院讲师、戏剧美学博士。

合作。”① 而中国的跨文化戏剧实践，“最常见的形态是用中国的戏剧形式，尤其是戏曲，来改编西方的戏剧文本，莎士比亚、易卜生、奥尼尔、布莱希特等的作品是最经常被改编的。其次是同一个演出中混合中外的演出传统，包括直接用外国的演员”。② 总结起来，研究者认为跨文化戏剧的创作问题及其理论研究对象，主要集中在“跨文化改编与表演文化的交织。前者以戏剧文本层面的挪用和再创作为基础，探讨如何将来自其他文化的戏剧作品在舞台上呈现出来，其中改编作品在形式和内容上的‘本土化和当下性’是一个重要命题”③④。

20 世纪 80 年代以来，中国的跨文化戏剧实践多数倾向于用中国戏曲改编和演绎西方名剧，这一类较有代表性的作品有：1986 年台湾地区当代传奇剧场改编自莎士比亚《麦克白》的现代京剧《欲望城国》；1987 年上海昆剧团改编自《麦克白》的《血手记》；1989 年中央戏剧学院罗锦鳞教授导演的河北梆子版古希腊戏剧《美狄亚》，以及之后的河北梆子《忒拜城》和评剧《城邦恩仇》；2006 年上海戏剧学院孙惠柱教授根据易卜生名剧《海达・高布乐》改编的越剧《心比天高》等。此外还有 2006 年国家话剧院排演的中英双语同台演出版《玩偶之家》，扮演娜拉的是挪威女演员荷兰德，其他演员则皆为中国人。还有一类别开生面的创作综合了多种跨文化表现形式，2016 年在上海戏剧学院举办的“莎士比亚戏剧节”上演出了《仲夏夜梦南柯》，该剧将莎翁的《仲夏夜之梦》和汤显祖的《南柯记》改编后放在一起，构成一个完整演出的上、下半场，由中国对外经济贸易大学的学生演出仲夏夜之“梦”，英国利兹大学的学生演出南柯“梦”，而且把《仲夏夜之梦》的背景变成了中国的现实社会环境，《南柯记》也变成了当代英国社会两男一女 3 个青年的故事。在丰富的跨文化戏剧实验中，有一类尝试

---

① 何成洲. 作为行动的表演:跨文化戏剧研究的新趋势[J]. 中国比较文学,2020,(4):2 – 14.

② 何成洲. 作为行动的表演:跨文化戏剧研究的新趋势[J]. 中国比较文学,2020,(4):2 – 14.

③ 何成洲. 跨文化戏剧理论中的观看问题[J]. 戏剧,2021(5):43 – 54.

④ 作者在论文中提出,同一个剧场里不同文化背景的演出者和观看者构成的“观看问题”催生了一种新的“观看美学”,认为“观众或者观看是讨论跨文化戏剧的一个关键问题,理应得到更多的关注”。

特别值得关注，就是从东、西方戏剧的本质出发，超越异质文化元素的简单拼贴和本土转化，尝试将两者进行有机融合，从而产生出新的美学风格的跨文化创作，其中非常有代表性的一部作品是2012年中国国家话剧院王晓鹰导演应伦敦环球莎士比亚剧院“GLOBE to GLOBE——从环球剧院走向世界”这一盛大的戏剧跨文化交流活动邀请而创作的“中国版”《理查三世》。2022年4月，国家话剧院重新上演此剧，8月中央戏剧学院学报公众号转载了我国著名戏剧理论家、中央戏剧学院谭霈生教授的评论文章《“中国演剧学派”在行进——看王晓鹰执导的〈理查三世〉所感》，并同时转载了王晓鹰本人的论文《王晓鹰丨合璧：东西方戏剧的碰撞与融合——中国版〈理查三世〉的创作与思考》，将跨文化戏剧创作和中国话剧在美学上的探索重新推上了理论热点，这对西方舶来的中国话剧在全球化背景下如何确定自身特性，以及如何融入世界戏剧提出了新的问题，同时启发我们思考：跨文化戏剧的创作问题究竟是不是“改编”问题？

王晓鹰导演对《理查三世》的处理主要是从西方话剧和中国戏曲两种截然不同的戏剧文化和体系的有机融合入手，特别强调“在话剧的舞台演出创造中吸收中国传统戏曲的养料，绝不是简单地对戏曲表演的身段、念白、舞台调度图形等诸如此类的表面技巧的挪用，而是在一个共同特性和相通机制之下对中国传统戏曲内在艺术精神的摄取”①。文化符号的挪用和表演的表面交织被坚决排除在创作之外。王晓鹰导演提出的这个“共同特性和相通机制”指的是所有艺术的共性“假定性”，“中国传统戏曲内在艺术精神”指的则是戏曲的美学原则。“话剧的舞台演出创造可以运用‘假定性手法’显露假定性本质，也可以运用‘逼真性手法’掩盖假定性本质，而中国传统戏曲是全然使用最显而易见的‘假定性手法’明白无误地袒露着自身的‘假定性’，因此所谓东西方戏剧的融合的首要前提就是‘假定性’，或者说我们之所以要在话剧艺术中注入中国戏曲的精髓，其动机就是要发掘戏剧艺术的假定性本质所决定的戏剧演出潜在的魅力和美质。据此，

① 王晓鹰，杜宁远．合璧：《理查三世》的中国意象［M］．北京：文化艺术出版社，2016.

那种只是在演绎中国历史故事时使用一些戏曲表演的表面技巧，而整体舞台仍主要以‘逼真性手法’构成写实品格的演出，并不能纳入这种‘融合’之列。”① 既然排除了使用一些“表面技巧”，那么王晓鹰导演的舞台艺术创作就是在东西方戏剧共同的“假定性”本质上给《理查三世》的情节外壳注入中国戏曲的灵魂，使舞台演出整体上呈现出“超越现实生活逻辑的局限，以简约且富于美感的表现形式，通过演员的精湛演技，在舞台上也在观众的心中创造以神为重的神、形统一，以意为重的意、境统一，包括以情为重的情理统一的诗化意象”②，以达成戏剧反映现实的复杂性、思辨性与戏曲美学上的写意性、抒情性的结合。中西戏剧达到这种深度的融合，王晓鹰导演认为能够完成对单纯戏曲艺术的两个“超越”：“一是超越具体的程式化手法的借用，深刻领悟其演剧观念中蕴含着的美学原则；二是超越仅表达类型化人物在现实性戏剧情境中产生的日常的喜怒哀乐的局限，为中国传统戏曲的美学原则注入现代理性精神。”③

可见这种摒弃异质文化元素的表面拼贴、交织和碰撞，依托艺术的假定性本质，在戏剧的形式构成层面将两种戏剧文化有机融合的尝试，有效地使西方的审美主体在《理查三世》提供的完整戏剧情境和舞台演出中部分地了解了中国戏曲的表现手段和美学特色。但对熟悉戏曲艺术的中国观众来讲，不管是戏曲扮相，以韵白代替对白的安夫人，借鉴京剧《三岔口》表演处理的两个杀手形象，还是从一桌两椅幻化出的两桌四椅，中西戏剧这种有限度的交融都显得不伦不类，因为“本剧的演出形式毕竟是‘戏剧’，而不是‘戏曲’，部分人物虽被归入某一行当类型，但是，与之交流的同场人物（重要人物）却都是个性化的，如果这些人物的行当类型和程式化动作都严格规定，就难以避免两种表演形态相互抵触、搅扰”④。何况“现代理性精神”的主题表达并非戏剧的专利，纯粹戏曲也可以承载，不必非得拄上戏剧这根拐棍。通过对中国版《理查三世》的创作分析，我们发

① 王晓鹰．从假定性到诗化意向［M］．北京：中国戏剧出版社，2006.

② 王晓鹰．从假定性到诗化意向［M］．北京：中国戏剧出版社，2006：115.

③ 王晓鹰．从假定性到诗化意向［M］．北京：中国戏剧出版社，2006：114.

④ 王晓鹰，杜宁远．合璧：《理查三世》的中国意象［M］．北京：文化艺术出版社，2016.

现，跨文化戏剧的问题并不是“融合”问题，更不是本土化改编问题，因为它跟融合其实是同一个问题。两种文化和艺术体系在艺术作品中的有机融合只有一种方式，那就是一方为情节展开的“内生逻辑”，另一方以表现手段的形式被同化和吸收，也就是说，必然有一方是“恒量”，一方是“变量”。“恒量”指的是一种“表现性形式”，一种不变的创作法则，而“变量”是这种表现性形式的创造方式，是时时可变的“创作原则”。“变量”经常会给人们带来困惑难解的谜团，“它的变化性是如此之大，因此谁也说不清楚在整个历史上和每一次具体的创造活动中影响它的因素究竟有多少。在我看来，多数有关艺术目的、艺术规则和艺术评价标准的分歧，都是在这些变量的水平上产生的，而这些变量往往又很容易被人们视为恒量”①。不难理解，“跨文化戏剧”的谜团也是这样产生的。指向两种戏剧文化和体系融合的创作，归根结底是一种文化对另一种文化的吸收，一种体系对另一种体系的“借用”，这种以一种文化为“恒量”，另一种为“变量”的戏剧形式，属于戏剧基本表现手段“动作”的拓展，“变量”原本的文化属性是被取消掉而从属于“恒量”的。众所周知，戏剧是综合了音乐、舞蹈、绘画、建筑、雕塑等其他艺术门类表现手段的综合艺术，把异质文化元素加入这个群体，也不会改变它们恒量与变量、综合与被综合的关系本质。在传统亚里士多德式戏剧的范畴内，我们很难把这种异质文化的结合说成是“跨文化”的。因此，认为以“同化”为最终目的的“本土化和当下性”改编是跨文化戏剧创作的重要命题，显然值得商榷。

另有国内学者将跨文化戏剧更加细致地划分为“显性的”和“隐性的”，将“文化挪用”“文化交织”或“形式创新”归类为显性跨文化戏剧，认为这种类型的作品往往主题浅显，只展示了异质文化符号的冲突、拼贴、交织和交流表象，并未触及文化和哲学层面的深层思考。真正具备戏剧价值的是那些“隐性”的跨文化戏剧。所谓隐性跨文化戏剧，研究者首先强调的是它的当下性和超越性，是“真正契合时代需要的”作品，它

① 苏珊·朗格．艺术问题[M]．滕守尧，译．南京：南京出版社，2006.

们“敏感到时代先进文化的发展脉搏，聚焦于‘世界公民’或‘时代先锋’的生成，找到一种新的人格理想，然后以一种合适的审美形式把新人形象渗进人心深处。这样的跨文化戏剧，事实上就是在新的时代条件下追寻新人，并力求以审美感通参与人格重建。……以这样的新人形象重建人格、引领风尚无疑是隐性跨文化戏剧存在的根本价值”①。研究者在隐性跨文化戏剧和踏在时代脉搏上的“新人”形象之间建立了明确的联系，认为戏剧的跨文化表现主要体现在剧中的“新人形象”超越了“民族性”文化，站上了“人类性”高度。我们发现研究者直接跳过了“文化间性”的裂隙及其衍生的冲突和对话等外部形式问题，将那些不带明确文化属性，却具有上述“超越性”的作品都归类到跨文化戏剧的阵营里，认为“隐性跨文化戏剧往往能跳出某一个民族的文化传统，在多元文化视野乃至全球化视野下考量人类社会的某些根本问题，寻求最高智慧或最佳方案，因而至少具有‘超越隔阂、沟通文化’的重要价值”②。但问题在于，取消文化属性并不等于超越文化，更不等于跨文化。几种西方现代戏剧流派的主要特点就是人物的抽象化，如荒诞派的代表性作品《等待戈多》中的两个人物都是被取消了性别、年龄、国籍、文化等所有社会属性的“世界公民”，如果我们称这样的作品具有“超越隔阂、沟通文化”的重要价值，那么“跨文化戏剧”的界定标准显然是令人困惑的。一方面，从观众的角度来讲，“世界公民”“时代先锋”式主人公，以及对“人类命题”的表达，都是被取消了“文化间性”障碍的戏剧作品，“超越隔阂”可能实现。但另一方面，从作品本身来讲，取消了文化属性又何谈“沟通文化”呢？这是做不到的。因此，研究者关于“隐性跨文化戏剧”的作品归类和研究结论也是值得商榷的。

通过对以上两种代表性观点的分析，我们发现国内的跨文化戏剧研究多集中在传统戏剧范畴，且对其艺术形式规定性的论证尚不清晰和完整。跨文化戏剧究竟是一种什么样的艺术形式呢？本文认为，跨文化戏剧并不

---

① 汪余礼．隐性跨文化戏剧：内生逻辑与核心价值[J]．中国比较文学，2020（4）：58－68.
② 汪余礼．隐性跨文化戏剧：内生逻辑与核心价值[J]．中国比较文学，2020（4）：58－68.

指向文化的融合，而是指向审美客体所呈现的文化与审美主体自身的文化之间的对话，如果大胆下一个定义的话，那就是：某种文化背景的审美主体通过对结构为戏剧形式的异质文化的审美鉴赏，达成对该文化的认识和理解。通俗地讲，跨文化戏剧创作和演出的目的是实现两种或多种文化的对话与交流。

二、以文化对话为目的的跨文化审美关系建构

如果我们明确了“跨文化”戏剧是在观看者自身的文化与被观看的文化之间建构的文化对话关系，是一种以达成异质文化之间的交流和理解为使命的独特戏剧类型，需要论证的问题就很清楚了：这种独特的类型是如何形成的？要从理论上对它的规定性进行界定，恐怕得从戏剧体裁出发对跨文化戏剧的形式构成进行辨析。跨文化戏剧的观、演双方既是两种及以上异质文化的主体，又是审美关系的主体和客体，跨文化戏剧的创造就是要在“文化间性”的差异中激发审美主体的审美判断，使之获得审美感知和美感体验，完成审美鉴赏活动。只有这样才能经由独特的戏剧形式在异质文化之间架起沟通理解的桥梁。当然这种在戏剧中既保留文化间性，又不妨碍审美鉴赏的创造是有条件的。

审美客体的创造要满足两个条件：一是跨文化戏剧以特定文化为戏剧表现的主体内容，戏剧结构实际上是一种文化结构；二是这种与文化结构相统一的戏剧形式得具备审美价值（戏剧美），能激发审美主体完成审美判断。

审美主体自身的文化背景与审美客体的文化结构呈现出相异性，这构成了主客体之间的“文化间性”，这种落实在观演关系上的独特的“戏剧性关系”构建，便是“跨文化戏剧”的规定性。“戏剧性关系”是戏剧情境中最重要的构成元素，关系的构建方式往往决定着一种戏剧的风格或类型。换句话说，要分析一种戏剧风格或类型的成因，不深入戏剧形式上看“关系”构建的方式，是触及不到根基的。关于“关系”，黑格尔指出：“由于剧中人不是以纯然抒情的孤独的个人身份表现自己，而是若干人在一起迈

过性格和目的矛盾，彼此发生一定的关系。正是这种关系形成了他们的戏剧性存在的基础。”① 谭霈生教授认为，黑格尔所说的“关系”，“并不关涉到某种关于人的存在本质的社会观念，而是在讨论戏剧的形式结构”②。现代剧场中，形式结构意义上的“戏剧性关系”的构建早已不再局限于传统戏剧中人与人的间际关系，而是呈现出丰富多变的姿态。跨文化戏剧形式上的独特性，正是归因于这种存在“文化间性”观演矛盾的戏剧性关系的构建。

要解释这种“跨文化”审美关系，戏剧史上有一个著名的例子，就是法国导演安托南·阿尔托在 1931 年看到一场印度尼西亚传统巴厘舞剧演出后的思考。阿尔托被美国学者苏珊·桑塔格称为“文学现代主义英雄阶段最后的伟大楷模之一”③，因为他的“残酷戏剧”理念在戏剧史上有里程碑式的意义，桑塔格干脆把 20 世纪的西方戏剧以他为转折点划分为阿尔托之前和阿尔托之后。启发阿尔托进行思考的，首先是西方社会文化与文明、文化与生活、文化与艺术的深度断裂，在《残酷戏剧》的序言《戏剧与文化》一文中，他言辞不恭地表达了对西方社会文化匮乏的失望，称“一切过分的东西都是白的”，“对亚洲人来说，白色成为腐烂败坏的标志”。甚至用他惯用的隐喻手法嘲讽地说一艘满载携带现代文明的“健康旅客”的游船仅仅是途经一座原始的小岛，就能使岛民们患上文明社会特有的疾病，如带状疱疹、流行性感冒、风湿病、鼻窦炎、多发性神经炎等。阿尔托认为，人类社会的文化、文明、生活与艺术应当是和谐统一的，但西方社会却把文明和文化分开，用两个词表达同一个意思，文化和生活也渐行渐远，文化已经不再是理解生活、实践生活的一种精细手段，艺术沦落为获取利益的工具，使人们离文化越来越远。原始的巴厘戏剧演出给了阿尔托极大的震撼，神秘又深刻的东方文化及其与生活和艺术的和谐一致，就像一面镜子映出了西方“僵化的戏剧观”。

---

① 转引自：谭霈生．戏剧与叙事[J]．四川戏剧，2013(7)：13.

② 转引自：谭霈生．戏剧与叙事[J]．四川戏剧，2013(7)：13.

③ 苏珊·桑塔格．在土星的标志下[M]．姚君伟，译．上海：上海译文出版社，2006.

阿尔托在《论巴厘戏剧》一文中描述了他看到的景象，并称这种演出体现了他向往的“纯戏剧”概念：“这些动作，这些有棱有角的、突然切断的姿势，这些从后咽部发出的声音的变化，这些短促的音乐，这些鞘翅的飞跃，这些树叶的飒飒声，这些空鼓的敲击声，木头人的咯吱声，这些活动假人的舞蹈，这一切之所以奇特，在于：从错综复杂的动作和姿势以及仰天的呼喊中，从将舞台填得满满的一系列运动和曲线中，产生了一种基于符号而非基于话语的新的形体语言。演员穿着几何形长袍，仿佛是拟人化的象形文字。……战栗、稚气的尖叫、按照无意识的机械作用而有节奏地用脚跟敲击地面（此刻重影已躲藏在真正的自身后面），这一切表达适用于任何民族的恐惧感，而且表明：无论是从人性或超人性角度看，东方人在现实方面是比我们高明的。”① 巴厘戏剧的演出区别于当时的西方戏剧，不附带娱乐和社会教育功能，并不是对社会现实的提炼和反映，也不在现实情境中揭示人性的复杂，本质上是一场与他们的生活紧密相关的“精神仪式”，但却以这种艺术化的生活形态创造出一种更宏大的戏剧意境。舞台上的一切都是富有含义的精神符号，密集地敲击着人们的直觉，力度之大使得语言的逻辑变得苍白无力，失去了解释的效力。激荡着原始回音的亘古不变的真实幻化为神秘东方的一场集体仪式酣畅淋漓地呈现于眼前，将所有人笼罩其中。这种仪式是生活，是文化，也恰好与艺术重合。

阿尔托和巴厘戏剧演出之间的“文化间性”是客观存在的，但却没有成为审美障碍，反而这种东方文化强大的感染力和表现性使他大开眼界，启发他在东西方戏剧之间展开了一场透彻的比较分析：“巴厘戏剧对西方戏剧观是个挑战，可能有许多人会认为它毫无戏剧价值，而其实它是我们至今所看到的最完美的纯戏剧。对欧洲人来说，它的令人惊讶、令人困惑之处，在于奇妙的理智性，而它无处不显现出来：无论是紧凑和微妙的动作线条，还是变化无穷的嗓音，无论是雨点——仿佛一座巨大的森林在滴水、甩水一般的音响还是运动的相互交错的声音。从一个动作到一声呼喊或一

---

① 安托南·阿尔托. 残酷戏剧：戏剧及其重影[M]. 桂裕芳，译. 北京：中国戏剧出版社，1993.

个声音，其中没有过度，一切相通，就仿佛精神上掘出了几道古怪的通渠。”① 正是这种跨文化审美活动的充分完成，使阿尔托从中吸收了足够的灵感，才造就了戏剧史上以他为中心的重大历史拐点。

那么是什么因素促使多种异质文化消解“文化间性”达成了审美感通？首先是审美主体的审美判断力。关于跨文化审美感知和美感体验的内在逻辑，苏珊·朗格有一段话说：“一切我自己感到兴趣的（或我能够欣赏的）情感模式，在本质上说来都是属于我自己的——但不是属于我个人的，而是属于我自己生活于其中的文化的。当我自己生活的文化突然改变了自己的边界，而与其他文化相接触，我们就开始对自己新发现的情感模式产生兴趣。当然，对这种新的情感模式的接受，还要有一个短暂的过渡，通过这一过渡之后，那些充满异国情调的艺术美便展现在我面前。只有这时，我才算真正地了解了另外一种文化模式中的人性，不仅从理论上，而且在想象中。举例说，在我们生活的文化中，人们对于黑人艺术、波利尼西亚艺术以及阿拉斯加艺术中美的发现，都是我们的情感洞察力得到扩展的标志。”② 审美快感来自当异质文化和审美主体自身的文化接触时，激发审美主体调动自己的一切内在能力——认识能力、创造能力等，让感觉、情感、意志、理智、想象等参与其中，对异质文化揭示的“普遍性”及其形式上的表现性进行判断，从而使自身的“情感洞察力”得到扩展。阿尔托对东方戏剧的评价也恰当地印证了这一审美过程：“我们可以从多样化方面来观察形式，而形式正是以它的多样化获得了震撼力和魅力，而且持续地激励我们的精神。东方戏剧不是从唯一一个角度来攫取事物的外形，它不满足于简单的障碍，不满足于这多样化与意义的汇合，而是不断地考察多样化之所以诞生的精神潜力的程度，参与自然的强烈诗意，与宇宙磁力的各种客观程度保持奇妙的关系。”③ 从这段话里我们可以看到，东方戏剧作为审美客体，它的审美价值体现在它的全面超越性，超越民族、超越人性，以

---

① 安托南·阿尔托．残酷戏剧:戏剧及其重影[M]．桂裕芳,译．北京:中国戏剧出版社,1993:52.
② 苏珊·朗格．艺术问题[M]．滕守尧,译．南京:南京出版社,2006.
③ 安托南·阿尔托．残酷戏剧:戏剧及其重影[M]．桂裕芳,译．北京:中国戏剧出版社,1993.

艺术最高级的假定性形式“纯戏剧”联通起人类与宇宙这一对最为宏大的范畴。最终，这种内容和形式完整统一的极致艺术形式以充满智慧的独特文化形态扑面而来，使审美主体沉浸于这原始质朴的生活仪式，完成自身与宇宙的合一。正是这种对最高维度的真实的发现和天人合一的情感体验，使阿尔托洞见了最伟大的戏剧美，从而为一个新的“戏剧人类学”时代的到来奠定了基础。

三、结论

通过前面的辨析，我们已经排除了跨文化戏剧的几种疑似形态，指出跨文化戏剧不指向两种或以上异质文化的融合，因为受戏剧有机形式的约束，文化无法融合，只能以一种文化为主体，遵循戏剧的“动作”本性，将其他文化“动作化”，即变成新的表现手段，本文认为这种以文化“同化”为最终形态的戏剧不是“跨文化”的。同时提出全球化背景下跨文化戏剧的目的是实现异质文化之间的对话和理解，并且是从戏剧的形式上实现，而不是表面的文化挪用或符号交织。真正的跨文化戏剧以文化为表现主体，突出异质文化间的交流和理解，因此本文大胆地将跨文化戏剧的形态界定为一种独特的“观演关系”，这种观演关系同时是形式上的“戏剧性关系”，建构于存在“文化间性”的审美主体和客体之间，由此，审美主体带着自身的文化属性对审美客体展开的鉴赏活动才能在“文化间性”中架起桥梁，达成对异质文化的认识和了解。

可见的文脉
——新媒体文博视域下的大数据可视化与景观构建

王建罡[①]　高迎进（通讯作者）[②]

一、引言

在当下的新媒体时代，诸多更具视觉张力和表现力的新媒体创作媒介的出现与风靡，为文博创作者提供了更大的创作灵活度。相应地，全新的文博展示形式也随之诞生。视觉文化转向的浪潮推动着文博展示领域的媒介革新与创作革新。新的媒介与创作方式极大地提升了文博展项的视觉效果，在传统文博展示平铺直叙的信息陈述方式的基础上，加入了可视化、可交互的新媒体元素。新媒体技术的引入，在为文博展示行业带来全新格局的同时，也催生了诸多信息传达过程中的美学问题与文化问题。文博展示作为承载文化宣传、社会美育重要职能的重要领域，得到了国家的高度重视。相关政策不断出台，智能化、数字化文博展示作为文化产业的蓝海领域，得到产、学、研各界的共同关注。

---

① 南开大学文学院文艺学博士。
② 南开大学文学院教授、博士生导师。

二、数字化浪潮中的文博展示新纪元

（一）新媒体时代的文博展示

近年来，得益于基础设施的完善与进步，我国的文化产业发展迅速。国务院印发的《“十四五”数字经济发展规划》中明确提出了“十四五”时期推动数字经济健康发展的指导思想。文博展示产业作为文化产业的重要组成部分，顺应数字化发展的时代浪潮，向更智能、更互动、更多维的方向迈出了坚实的脚步。越来越多新颖、吸睛的文博展项持续刷新着观众对于文博展示的固有认知。文博产业数字化转型的蓬勃脉动也为相关领域注入了全新的发展动力。数字文创、体验经济得益于文博数字化浪潮也进入了全新的发展阶段。

众多与文博展示息息相关的新兴学科和技术也应运而生。其中，文物的数字化保护，旨在通过影像、三维扫描和建模，实现对珍稀文物的数字化存档，为人类文明的珍贵历史留下电子媒介的数字化模型。[1] 例如，《数字敦煌》对敦煌壁画的数字化影像记录，在保护好敦煌壁画这一中华文明的璀璨明珠的同时，淡化了传统文博展馆的时空限制，让更多观众得以通过互联网和智能媒介终端，欣赏到瑰丽的敦煌壁画（见图 1）。甚至，保护

图 1　新媒体线上展项《数字敦煌》

资料来源：https：//www. e－dunhuang. com/。

性的细致扫描可以通过交互操作，让观众与专业研究者仔细观看壁画的局部细节，实现了前所未有的“近距离”参观体验。

（二）大数据图谱的可视化与可交互

大数据时代，信息的记录更加系统与智能。每一个信息都有其特定的编码方式，可以被浏览者轻松追寻。在文博展示领域，每一座展馆本身就是丰富而翔实的信息宝库。[2]越来越多的场馆对文物、资料进行数字化、智能化的记录与转码，从而形成数据化的文博信息库，既方便展馆的信息整理，也为面向大众的公共展项提供了数据化的信息来源。

随着数据技术的进步，大数据可视化等服务性学科应运而生。庞杂的数据系统不再晦涩、烦冗、难以理解。通过可视化展示，普通观众也得以在短时间内对整个数据系统有相对清晰的认知。得益于大数据可视化领域的进步，大数据系统不再是专业数据分析师才能读懂的高门槛挑战。符合数字时代观众阅读习惯的可视化设计，让大数据系统成为老少咸宜的大众读物。[3]正因如此，诸多博物馆、展示机构引入了大数据可视化展项，从全新的视角，为观众揭开历史、文化整体全貌的神秘面纱。

相较于单纯读懂、领会大数据文博展项的信息内容，观众也越来越期待能从总揽全局的“上帝视角”欣赏文博展品的整体风貌。[4]相应地，众多场馆也推出了多元化的大数据信息图谱展项，如故宫博物院推出的《畅游多宝阁》。通过对文物纹样的数字化整理，梳理出多条文物信息线索。将众多精彩绝伦、美轮美奂的中国传统造物智慧的结晶依据信息线索编纂成为大数据图谱，方便观众更加系统、有条理地欣赏中国传统纹样之美。可交互的界面功能设计，为观众带来自主选择的权利。观众通过交互选项按钮，选择自己感兴趣的文物，可交互的大数据图谱为观众实现了个性化、智能化的浏览路径。在浏览行为的尾声，向观众重现他们所选择的“浏览轨迹”，激发观众的感悟与共鸣。通过文字提示吸引观众进行转发与分享，尊重了新媒体时代下观众的表达欲望。因此，可以交互的大数据图谱展项得到了观众的青睐。由图谱引导的大数据可视化图谱系统为观众带来了贯通古今、四通八达的知识网络。可看、可感、可追溯的大数据图谱交互体验革新了文博展示的媒介与方式，为文博展示提供了全新的视角。

三、视觉文化转向下的文博浏览体验

（一）快餐化阅读习惯

现如今的信息快餐时代，目光所及，皆是无所不在的视觉信息与内容。视觉文化转向已经成为全球范围内不可逆的文化趋势。随着媒介的进步与升级，信息的发布逐渐趋向便捷和高效。越来越多的信息由“非专业化的”“草根的”信息生产者产出。[5]一方面，各种信息的相互争鸣为观众带来了前所未有的视觉盛宴；而另一方面，对流量、关注的争夺，促使信息发布者在内容创作时，放弃冗长、系统的讲述，转而去追求新奇吸睛的信息奇观。同时，信息发布平台也时刻记录着用户的使用习惯，根据所形成的大数据信息库进行策略分析，将更多流量分给“更吸睛”“更有话题”以及“更能变现”的内容。在这一趋势下，短小但精悍的内容成为平台的主流，也反向塑造着观众的观看习惯。[6]越来越多的时间被用来进行“碎片化”的阅读，当面对细密的文博展词时，观众难免会失去仔细阅读的耐心。在视觉文化转向的趋势下，图像阅读严重侵袭了文字理解。文博行业是否能及时响应观众阅读习惯的变化，成为影响文博发展速度的重要前提之一。因此，如何在视觉转向的趋势下及时转型，是文博行业所面临的一大痛点。我们可以看到文博展馆的努力，在某些展项中发挥图像的功能，引导观众进行沉浸式体验，通过“反阐释”的方式，吸引观众的注意力，从而提升展陈的展示效果。

（二）信息体量造成的“信息茫然”

当观众在面对一个复杂而体量庞大的信息集时，往往找不到头绪。即便耐下心来，仔细阅读信息集中的信息点，也很容易沉浸在某个细枝末节之中，忽视了对于信息集整体的把握，从而造成了“信息茫然”。而这一“信息茫然”现象在文博展示中尤为明显。

平铺直叙的展品图像排列规整、说明详细，如图 2 所示，新媒体数字人文展项《丽人行》的展品图库界面将文物图像整齐地排列在页面之中。对于专业的研究学者来说，如此翔实和清楚的文物图像较为实用。但对于追求视觉刺激的普通观众来讲，详尽、规整的排布本身就是一种视觉冲击。但在这冲击背后，根据阿恩海姆的视知觉理论，图库界面中各信息要素之间的视觉力相互平衡，也造就了界面整体的视觉平衡。在图库界面中，每一张图片资料都在分散着观众的阅读精力，让观众迷失在新媒体展项的各个信息元素之中。《丽人行》线上展项很巧妙地将展品图库界面置于交互层级之中，从而在保护普通观众阅读的视觉动线的同时，为专业研究者等有观看图库界面需求的特殊观众群体保留了交互入口，从而平衡了不同观众群体的信息需求与浏览体验。

图 2　新媒体数字人文展项《丽人行》展品图库界面

资料来源：https：//lrx. zjmuex. com/#/Other/Collection。

1. 线下实景浏览体验

在“线下实景浏览体验”场景中，观众与信息展品处于同一空间中。观众受时空制约，行进在浏览动线上，正如读取唱盘信息的磁头。理想情况下，观众保持单向行进的状态，即紧紧跟随展览动线进行浏览阅读，可以保证展项信息传达的质量。然而展馆是一个活化的视觉空间，观众跟随展览动线行进的同时，能够浏览、体验展览信息。在这一时空场景下，众多客观因素影响着观众的信息接收效果，如展馆的灯光、展馆信息的布置、观众的体能、展馆内游客的拥挤程度等，无不影响着观众对展览信息的接收质量，造成信息接收的“卡顿”“杂音”，甚至是“跳帧”。

相较于上述诸多影响信息传达效果的客观因素，观众在接收视觉信息过程中的主观因素也更加明显地影响着文博展陈信息的传达效果。[7]庞杂的信息之间的线索与关联是多样而复杂的。观众在线下场馆是否有充足的阅读、梳理时间和主观意愿，都是需要考量的重要因素。在“线下实景浏览体验”场景中，观众在传统的线性叙事展陈中更容易被一两件印象深刻的展品吸引，但即便是这些“信息锚点”之间的联系，也很难在较短的浏览时间内被观众注意到。可以说，在“线下实景浏览体验”场景中，较短的浏览时间与单一的线性叙事相互作用，导致了观众在短时间内面对大量信息片段时的“信息茫然”。

2. 线上新媒体交互浏览体验

图 3 新媒体线上展项《黄土·黄河·黄帝——黄河流域生态文明与历史文化展》
资料来源：https://720yun.com/vr/d6128qbgu1v。

相较于传统的线下展陈浏览，“线上新媒体交互浏览体验”的一大优势是观众在浏览时间上的相对自由——不必担心开馆、闭馆时间，不受时空限制，可以“随时随地”通过电脑、智能手机等终端媒介实现对展项的浏览与参观。[8] 例如，陕西历史博物馆推出的线上展览《黄土 · 黄河 · 黄帝——黄河流域生态文明与历史文化展》，详细还原了展馆中的展陈实景，又在实景的基础上添加了可交互的标注（见图 3）。甚至展方还精心加入了目录，实现了在线上展场内的实时跳转，帮助观众直达他们所期待参观的目标场馆。多角度、多视点的三维扫描，在尽最大可能还原实景体验的同时，极大地拓展了展项信息的可阅读性。语音讲解的引入，充实了线上展项的内容形式，也帮助观众理解展项的内容。评论、点赞、转发功能的加入，让线上展项充满活力，更为优秀内容的转发与二次传播提供了珍贵的路径。

与此同时，得益于个人终端媒介的私密性，在“线上新媒体交互浏览体验”场景中，观众可以静下心来，细细阅读和品味展项所传达的信息。更无须顾虑体能精力与游客流量，足不出户即可实现线上参观。[9] 但也正因为观众是通过智能终端这一媒介来浏览展项信息的，与展品之间隔着各种“屏幕媒介”，因此观众与实际展品存在一定的空间距离与心理距离，并不能切身体会到线下展方为展项精心布置的场景。

当然，即便是线下场景中，展方设计师也是凭借有限的成本和空间去努力还原展品本身所特有的“光晕”。[10] 由此可见，“线上新媒体交互浏览体验”场景的痛点在于观众与文博展项之间的时空距离。智能终端所具有的媒介局限性，造成了观众心理上的隔阂感，因此，如何弥合这种认知上的时空距离，是提高文博展项信息传达效果和观众浏览体验的关键所在。

四、大数据图谱揭示文博信息全貌

（一）图谱叙事构建“视知觉景象”

居伊德波在《景观社会》中提到，“景观”通过种种伪装的社会表象操控着大众的日常社会行为，使大众迷失在“景观”之中，忘记真正的价值。[11] 而恰恰与居伊德波所提出的“景观”概念相对应，“视知觉景象”是通过对大体量展项信息进行总体把握，结合诸多视知觉设计技法，而得到的更接近信息集真实面貌的知觉信息。

当面对文博展项等体量巨大的信息集时，信息集内部的各信息元素相互作用，分散吸引着观众的注意力，使观众很难在短时间内掌握信息集的全貌。在信息集中，单一信息元素的意义蕴含于该信息元素与整个信息集中其他元素的关系中。[12]所以，文博展项等大体量的信息集的重点在于厘清各信息元素之间的关系。也正因如此，对于单一信息含义的阅读与理解，离不开对信息集内部各元素之间的相互比较。可以说，各信息元素之间的联系，是帮助观众快速理解作为信息集的文博展项的重要脉络和线索。

例如，在浙江大学 CAD&CG 重点实验室和新华网推出的新媒体数字人文展项《唐代女诗人社交图》中，设计者通过对唐代诗人社交关系网的图谱化梳理，让观众可以清晰地了解唐代女诗人之间的相互连接（见图 4）。图谱的梳理，不仅仅让观众快速了解展项信息的脉络，更提升了展项的信息维度。每一位耳熟能详的唐代诗人不再仅仅存在于书本、教材与史料之中，而是更加丰满、可感。他们有着自己的社交生活，也有着自己的社交圈子。鲜活的唐代文人社交图景跃然于屏幕之上，将观众的思绪拉回属于薛涛、元稹、白居易的时代，融入展项所描绘的“视知觉景象”。在带给观众全新浏览体验的同时，更好地辅助了展项主题内容的信息传达。“视知觉景象”的构建可以避免观众迷失在某一具体信息中，忽略了信息集作为整

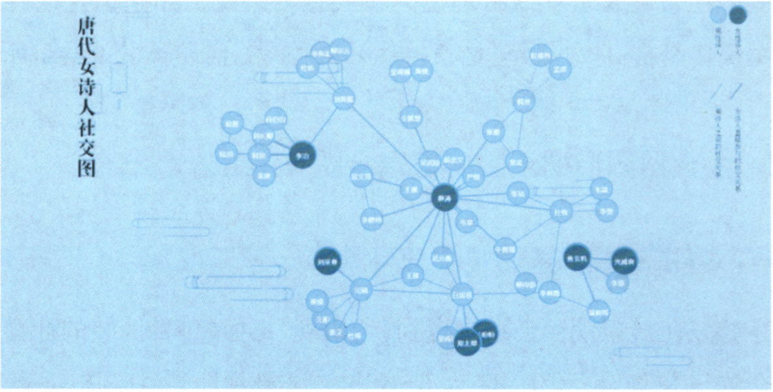

图 4　新媒体数字人文展项《唐代女诗人社交图》
资料来源：http://fms.news.cn/swf/2018_sjxw/tangshi/index.html。

体的含义，从而帮助观众找到信息集的整体结构，厘清各信息之间的联系。

（二）图谱叙事标明信息重点

在面对巨大体量的文博展示信息时，如何帮助观众在较短时间内形成对展项整体的信息认知，把握到展项的总体脉络，从而更好地接收到展方所意图传达的精神内核，是突破“信息茫然”的关键。面对文博展示中的常见痛点“信息茫然”，大数据图谱以视觉引导方式让展项内部各个信息元素之间的联系直观地显现在观众面前。通过对展项信息集团内部的各个数据信息层级的梳理，可以构建起视觉化、系统化的信息交互架构，[13]从而让每一条信息脉络有迹可循，让每一个信息元素都处于便于快速理解的体系中。在条理清晰的架构中，信息元素之间的联系由隐含、冗杂转向明晰、清楚。借由视觉化的交互引导，使原本嘈杂隐遁的各信息元素之间的关联变得可感可知。

文博展项的含义同样蕴藏在信息元素之间的对比之中。在面对单一的数据、注释、图片等信息元素时，观众的理解并不全面、直观。例如，《宋词缱绻，何处画人间》的宋词可视化展项中的“《全宋词》词频统计结果”部分，将《全宋词》进行数据化、信息化的编码，分析出不同时期词频最高的词语，并加以可视化调和（见图5）。依据数据对不同词频的词语的颜色深浅和字号大小加以视觉化的区分，图谱的可视化叙事展示将每个时期宋词的面貌与风格一目了然地展示给观众。可以说，图谱化、可视化的信息处理可以帮助观众迅速找到视觉重点，从而抓住展项所意图传达的主要概念。避免了观众在阅读过程中陷入“信息茫然”的尴尬境地，保证观众的阅读流畅度，从而提升展项的展示效果。

对于一个数据信息，观众并不知道这个数字的确切含义。数字是相对抽象的量化概念，这个数据的大小和发展趋势，都来源于此数据与其他数据之间的相互对比。大数据图谱通过视觉语言将各信息元素之间的对比可视化地展现在观众面前，帮助观众在纷繁的信息集中拨沙见金，快速理解文博展项的精髓。

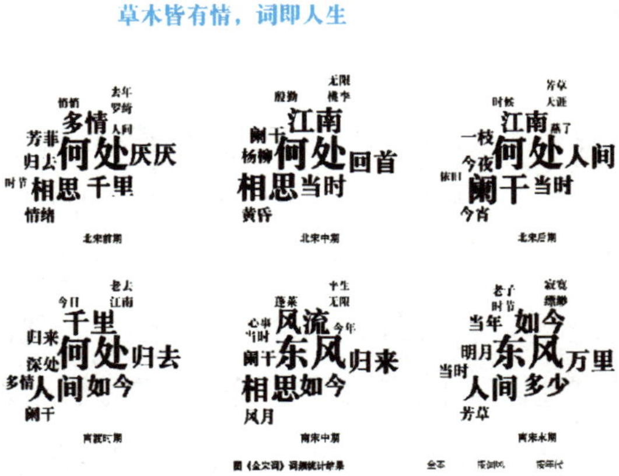

图5　数字人文展项《宋词缱绻，何处画人间》

资料来源：http：//fms. news. cn/swf/2018_ sjxw/quansongci/index. html#/。

（三）视知觉赋能，引发文化共鸣

在文博展示领域，展方所传达的信息内容不仅仅局限于某几件器物的照片或某位历史人物的图文简介。展方所追求的是还原展品、展项所特有的美学价值与文化背景，即当时的历史、文化风貌，[14]借由视知觉手段帮助观众亲身体验展项所特有的概念和主题。随着新媒体媒介的发展，AR、VR技术的应用极大地丰富了文博展示的方式与手段。观众不再满足于平铺直叙的实物陈列、文字叙述和影像讲解，更注重“身临其境”的沉浸式体验。相较于苍白的文字展词叙述，可视、可感知的“视知觉景象”顺应了反阐释的展陈浪潮，迎合了当代观众的阅读方式，从而极大地提高了观众的浏览体验与展项概念的传达效果。因此，“视知觉景象”的构建成为当下新媒体时代的文博展示中需要积极考虑的着力点。

大数据图谱在设计阶段可以通过视知觉语言为信息有机赋能。在丰富视觉信息表达的同时，唤醒观众的视知觉经验，从而引发观众的理解与共鸣。例如，数字人文展项《丹青宝筏：董其昌书画艺术大展》的游历部分借助视知觉技法的表达（见图6），古朴典雅的设色与质感为观众营造出董其昌先生每一次游历的“视知觉”景象。让观众沉浸在董其昌先生的旅途，跟着画面中的“小船”，随董其昌先生共同游历山川河流。“视知觉景象”的构建，使观众迷入文博展项所营造的历史、文化空间。面对更加“真实可信”的“视知觉景象”，观众得以摆脱对文字信息阅读的依赖，通过视知觉结合自身经验，感受到文博展项的历史文化底蕴。

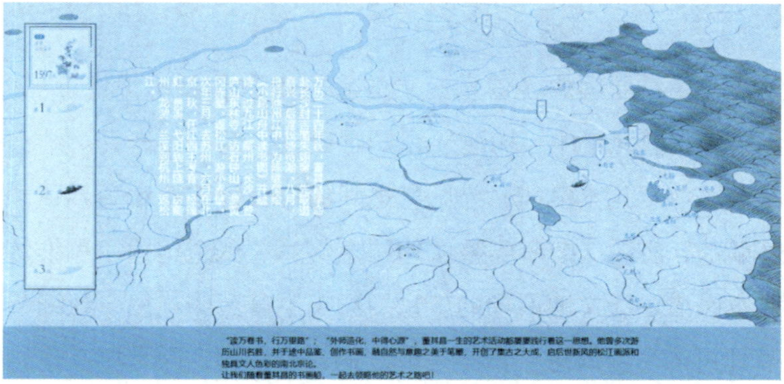

图6 数字人文展项《丹青宝筏：董其昌书画艺术大展》游历部分

资料来源：https：//www. shanghaimuseum. net/museum/dongqichang/index. html。

（四）弥合时空跨度

从源远流长的文明发展到某一项艺术形式的推衍过程，从朝代的更替到某位历史人物的一生，文博展项中的展品信息往往具有较长的历史时空跨度。如果仅仅寥寥几句文字说明，很难将时间、温度、距离等相对模糊的概念解释清晰。[15]因此，如何在有限的浏览时间内，带给观众更加翔实、全面的时空跨度体验，是文博展示的难点与重点之一。

在表现时间、距离等维度的变化过程中，观众作为三维空间中的个体存在，其个体尺度成为观众判断信息尺度的依据。将抽象、模糊的时间、地理概念转化为观众所熟悉的信息是提升展示效果的手段之一。如果能通过画面信息引导，将观众带入文博展项的时空维度，将极大地提升观众浏览展项的沉浸感。如上海博物馆利用大数据图谱还原了董其昌先生的人生轨迹，以时间轴的形式将董其昌先生的经历编写成可点击、可交互的视觉化内容。[16]同时，并置“明朝大事记”与“欧洲大事记”，从全球视角对比中外文明演进的历程。将董其昌先生的一生置于明朝这一历史尺度之中，又将璀璨的中华文化置于人类文明之中。巧妙地通过视觉化的信息对比，弥合了时空跨度的抽象性，使观众能更好地阅读展现信息，了解董其昌先生的一生。

五、结论

大数据图谱对展项的各信息元素的有机串联和编排，将每一件展品、每一段展词等信息元素作为构建“视知觉景象”的一砖一瓦。结合视知觉技法为每一个信息元素赋能，为信息之间的每一种连接和关系赋能，更为展项整体赋能，实现从细节到整体的信息传达、概念传达、思维传达。同时，大数据图谱也让文博展项的丰富、翔实不言自明，每一处细节都有章可循，有理可依。各信息元素不是孤立的、单独的，而是相互连接的，形成了系统的知识谱系。而知识谱系本身作为一个整体，又借由视知觉技法传达出全新的含义，避免观众在浏览体量庞大的展示信息后，产生不知所云的偏颇认知，从而真实体会到展方在设计展项时所做的积累与所展现的诚意。可以说，大数据图谱以其宏观的历史文化视角、翔实的展示内容以及可感可视的交互手段，为文博展项营造出了共通共鸣的文化景观。大数据图谱借由视知觉技法对画面信息的补充与赋能，让文博展项所依托的历史文脉可感可知。大数据图谱帮助文博展项弥合时空鸿沟，实现高效、高质量的多维信息传达，对文博展示行业的发展起到了极为关键的作用。因此，大数据图谱逐渐成为文博展示行业在当下的数字化新媒体时代的前进方向之一。

参考文献

[1]张小李．数字博物馆与实体博物馆的“虚实相生”关系[J]．中国博物馆，2008(3):81－85.

[2]童茵．信息资源整合技术研究及在文博领域中的实践[J]．计算机应用与软件,2009,26(1):192－194.

[3]孔祥熹，符祥戬．数字时代南京博物院文创产品发展策略研究：基于南京博物院与故宫博物院的比较分析[J]．中国民族博览，2022(4)：205－207.

[4]张莅坤，张立红．博物馆数据可视化平台初探：以南京博物院特展为例[J]．东南文化，2020(4)：170－176.

[5]周宪．视觉文化的转向[J]．学术研究，2004(2)：110－115.

[6]吴海珍．“碎片化”阅读的时代审视与理性应对[J]．河南图书馆学刊，2014，34(3)：95－97，103.

[7]史吉祥．博物馆观众研究是博物馆教育研究的基本点：对博物馆观众定义的新探讨[J]．东南文化，2009(6)：95－99.

[8]孔洁．数字人文视域下的数字博物馆建设[J]．今古文创，2020(25)：56－57.

[9]李辉．建设数字博物馆　展示杭州宋韵文化[J]．杭州，2022(4)：48－49.

[10]孙盛涛．技术・艺术・政治：本雅明《机械复制时代的艺术作品》的理论主题解构[J]．山东师范大学学报(人文社会科学版)，2005(2)：152－155.

[11]张涵．德波的“景观社会”理论评析[J]．山东大学学报(哲学社会科学版)，2009(3)：126－131.

[12]陈烨，周刚，卢记仓．多模态知识图谱构建与应用研究综述[J]．计算机应用研究，2021，38(12)：3535－3543.

[13]赵卓，田侃，张殊，等．面向智慧文博的知识图谱构建综述[J]．软件导刊，2022，21(5)：1－8.

[14]刘芳，谢靖．以藏品为核心的知识图谱设计与应用[J]．数字图书馆论坛，2020(6)：8－14.

[15]戴畋．博物馆智慧化背景下文物知识图谱构建的实践探索[J]．科学教育与博物馆，2022，8(1)：41－49.

[16]童茵，张彬．董其昌数字人文项目的探索与实践[J]．中国博物馆，2018(4)：114－118.

具身认知视角下传统文化资源的文创产品设计转化路径研究

郑 依①

传统文化既是国家文化软实力的重要组成，也是软实力提升的基础和必要前提[1]。中国传统文化拥有强大的生命力，并且传统文化与中华民族密切相关，在维系民族团结发展、国人和谐相处中发挥重要作用。随着社会的发展，传统文化如何更好地传承与发展，传统文化资源如何进行文创产品的设计与转化逐步成为我国设计师关注的焦点。

一、传统文化资源的文创产品设计转化现状

传统文化资源无论是物质的还是非物质的，都蕴含着中华民族赖以存在和发展的特有生活智慧、生存方式、思维方式、想象力和文化意识，是中华民族精神的集中反映。

① 山东工艺美术学院。

（一）传统文化元素的简单提取与应用

传统文化资源早期进行产品设计转化更多的是以旅游纪念品的形式出现。例如，运用当地的泥塑技艺设计既可做陈设品又可做玩具的纪念品，此时泥塑旅游纪念品多是图案方面的变化。所以，早期的传统文化资源产品设计转化主要是从“表面”出发进行创新设计。

随着国潮风的兴起，北京故宫博物院等全国各地博物馆的文创产品由简单的“贴图”旅游纪念品，发展到利用馆内丰富的文化资源和平台转化为文创产品的阶段。虽然目前博物馆开始与不同行业进行跨界合作，让传统文化走进人们的生活，如餐饮、美妆、旅游、游戏等，但这种跨界合作仍然是小部分的，仍有相当一部分的文创产品仅进行传统文化元素的简单提取，并应用在马克杯、T恤、便利贴、书签、笔记本、冰箱贴、胶带、帆布袋、雨伞等小件生活用品或文具上。当然这些产品与早期的博物馆文创产品相比，在图案设计、制作、宣传等方面更加精良、更具有设计感，然而在设计转化路径方面却是相似的，即提取传统文化元素进行简单应用。这样就造成了文创产品市场同质化严重、文化影响力下降、产品无法传递更多文化内涵等问题，产品无法满足不同群体的消费需求。

（二）第四次工业革命下传统文化资源设计转化的新要求

在人类历史发展的长河中，技术革命伴随着人类历史的始终：每次出现新技术或者出现看待世界的新视角，人类的经济体制和社会结构便会相应发生深刻的变革。人类社会发展至今，经历了三次工业革命。2016年，世界经济论坛创始人兼执行主席克劳斯·施瓦布（Klaus Schwab）在《第四次工业革命》一书中提出目前世界正处在第四次工业革命的开端[2]。施瓦布认为第四次工业革命始于21世纪之交，是在数字革命的基础上发展起来的。数字化和人工智能技术的快速发展，让人们的生活、工作与联系方式都发生了根本性的改变。从生物技术到人工智能，这些技术的爆发式创新不仅改变了人们的行为，而且改变了人们自己，甚至重新定义了人类的意义所在。第四次工业革命对每个个体包括身份认同在内的多方面产生了影响，如消费方式、工作方式与个人技能等；还影响着人们社会交往和维系人际关系的方式，以及人们对自身健康状态与家居生活的关注等。目前人们日常生活中开始出现各种各样的智能产品，然而与传统文化资源有关的大量文创产品还停留在“贴图”阶段，产品对人们的吸引力不足。尽管有少量的文创产品向智能化、数字化方向发展，但仍然很难满足人们日益增长且多变的需求。

因此，在第四次工业革命背景下，对传统文化资源的文创产品设计转化提出了更高的要求，如何更好地将传统文化资源进行产品设计转化，传播中华优秀传统文化，成为亟待解决的问题。本文尝试从人们认知传统文化资源的角度来研究传统文化资源文创产品设计转化的路径，由此引入认知科学的前沿理论——具身认知理论，来分析人们认知传统文化资源的过程。

二、具身认知理论概述

具身认知理论是认知科学中的前沿理论，自20世纪80年代开始，在认知科学里面可以越来越多地看到具身性（Embodiment）概念的身影，越来越多的学者从哲学、心理学、神经科学、机器人学、教育学、认知人类学、语言学等方面关注具身性与情景性[3]。由于具身认知理论产生于不同学科构成的交叉科学中，具身认知理论本身也就具有了学科交叉性。虽然具身认知理论由不同领域学者们的工作组成，但是理论主要是围绕身体与环境这两个方面展开的。

（一）具身认知理论的核心要素：身体与环境

具身认知理论最初源自哲学领域关于身心问题的讨论。关于身心的问题，笛卡尔认为身体与心灵是彼此独立的，由此确立的身心二元论奠定了近代认知论的理论基础。笛卡尔认为“我思故我在”，“我”是一个不依赖于肉体存在的、纯粹的精神实体。身体则是承载心灵的客体。随后，法国哲学家梅洛·庞蒂对传统的身心关系提出了质疑，主张身心是一体的，并提出了一个“具身的主体性”的概念[4]，强调人类是以身体作为中介来认识世界的，并通过身体与世界紧密地联系在一起。他强调“身体在认知过程中的主体作用；身体是认知的主体，而不是被认知的客体”[5]，并主张身体分为客观身体和现象身体。客观身体是指生物层面的身体，现象身体是指社会文化中的身体。

认知不仅是基于身体的，而且产生于身体与环境相互作用的过程中。因为人类不是真空地存在于世，人类从未出生开始就已经生活在环境之中。由此，人类最初的知觉活动，事实上已是一种适应环境的意向性活动。瓦雷拉（Varela）、汤普森（Thompson）和罗施（Rosch）认为，人类所“具有各种感知运动能力的身体自身内含在（embedded）一个更广泛的生物、心理和文化的情境中”[6]。所以，认知就发生于人类构造的实践共同体中，认知是情境的。身体所处的情境是自然、生物、心理和社会—文化的情境，并且是动态发展的。

（二）核心要素之间的关系

传统认知观认为认知是表征计算的，瓦雷拉等提出疑问，并在被视为具身认知理论原典的《具身心智》中提出认知为具身行动的观点。首先，人的认知依赖于身体的经验。这个身体是生物学层面的身体，具有物理结构、感官和运动能力。经验则源于这样的身体。其次，身体本身又内含在一个更加广泛的自然、生物、心理和文化的情境中。自然情境是人类与其他生物赖以生存的基础。在自然情境中，除了人类还有其他生物在同一个情境中生存。除此之外，人类与其他生物都处在物种演化的进程中，由此组成了生物情境。心理和文化的情境则是因人的存在而存在的。在更加广泛的情境中，个体与个体之间通过身体分享着共同的知觉，分享关于世界的观念。然而生物进化和社会文化的情境约束着人如何构想这个世界。由此，认知与身体、身体与环境彼此之间蕴含着一种结构，笔者在瓦雷拉等的理论基础上绘制三者关系图（见图1）。

因此，具身认知理论认为身体不仅是物理结构的身体，而且是社会文化中活生生的身体。身体所处的并不是纯粹的环境，而是动态的环境。身

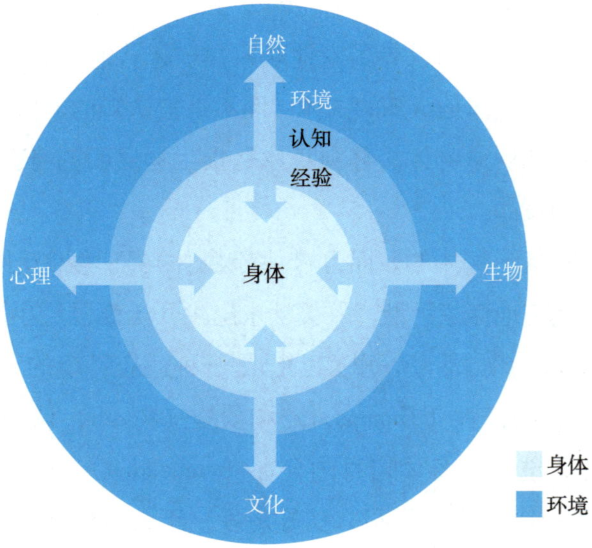

图 1　具身认知理论中认知、身体与环境的关系

资料来源：笔者绘制。

体与环境彼此动态变化，同时彼此互相影响。本文从具身认知理论的视角展开研究，探索在第四次工业革命背景下传统文化资源如何进行文创产品设计转化。

三、具身认知视角下传统文化资源的文创产品设计转化路径

从具身认知理论的角度，传统文化资源的文创产品设计转化即设计师通过设计手段将文化资源转化为人们可以感知到的文创产品。从这个全新的视角来研究文创产品设计转化的路径，就要研究人到底如何认知传统文化，从而让传统文化在设计转化的过程中更为有效地进行传承与发展，让大众更好地了解中华优秀传统文化（见图 2）。

（一）身体认知文化情境模型

具身认知理论认为身体本身内含在一个更加广泛的自然、生物、心理和文化的情境中。心理和文化的情境是因人的存在而存在的。苏联心理学家李夫·维果斯基（Lev Semenovich Vygotsky）认为应该从历史的角度来看

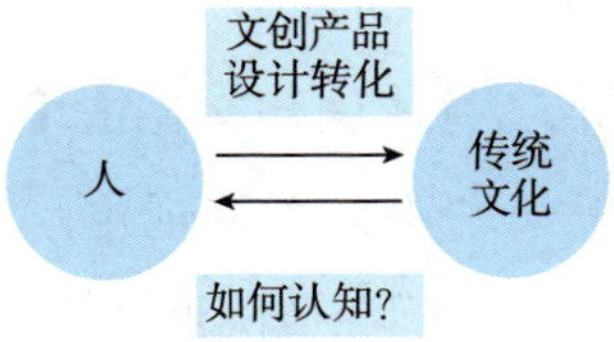

图 2　人、认知、传统文化与文创产品设计转化之间的关系

资料来源：笔者绘制。

待认知或心理的发展，而不是在社会环境之外从抽象的视角来理解[7]。处于现代文明社会的人类，其个体的认知行为是在物种演化和人类社会文化的共同影响下的结果。由此，人们对传统文化资源的认知是动态变化的，受身体所处社会文化的影响。然而文化情境也不是静止的，是动态发展的。所以，文化情境包含时间的维度，包括了现代文化情境与传统文化情境。从过去到现在，个体分享着包括历史在内的、在共同实践基础上形成基本的价值和知识等文化资源。

产品是身体在认知世界过程中的产物，文创产品亦是身体在认知文化情境中的产物。由于文化情境包含了现代与传统文化情境，且这两部分并不是孤立地存在，而是彼此交融的状态。现代和传统文化情境又包含了现代和传统文化资源，实际上并不是所有文化情境都可以转化为人们可以感知到的文化资源。随着社会的发展，部分文化情境没有随着社会语境的变化而变化便逐渐消亡了。由此，身体通过文创产品来认知文化情境，文化情境所包含的文化资源并不是单一资源，而是融合了现代与传统的文化资源。所以，传统文化资源在设计转化的过程中必然融合了现代文化资源，并转化成可被身体感知的融合文化资源。

在第四次工业革命中，技术的飞速发展影响着传统文化资源的设计转化。人们在认知文化情境的过程中，除了受时间的影响，还受技术维度的影响。技术的快速更迭，使得技术有新旧之分。人们通过蕴含了新旧技术的文创产品来认知传统文化，感受传统文化所带来的魅力。

因此，在认知文化情境的过程中，包括两个维度——技术与时间，人们通过“身体—文创产品（技术）—融合文化资源（时间）”来感知其文化情境。在这个过程中，技术（Technology）、时间（Time）与资源（Resources）作为核心要素，组成了身体认知文化情境模型，简称 TTR 模型。图 3 展现了从具身认知理论——“身体”的视角，人们如何认知文化情境以及认知过程中所包含的要素。中间深色圆形代表着“身体”，在“身体”左右两侧的竖线分别代表“技术”与“时间”维度，圆形区域分别代表“新技术”“旧技术”“现代文化情境”与“传统文化情境”。模型中的虚线则代表着身体认知文化情境的过程。在 TTR 模型中，传统文化资源与现代文化资源融合形成“融合文化资源”这样一个整体进行设计转化并形成相应的文创产品。由此，“现代文化情境”与“传统文化情境”交融区域为“融合文化资源”，“身体”与其交融区域重叠部分则代表着“文创产品”。此外，新技术、旧技术与现代文化情境、传统文化情境彼此是关联的，比如人们既可以通过新技术了解传统文化资源并感知传统文化情境，也可以通过新技术了解现代文化资源与现代文化情境。在广泛的文化情境中，个体与个体之间通过身体分享着共同的文化感知，分享关于文化的观念，在分享过程中传承与发展文化。

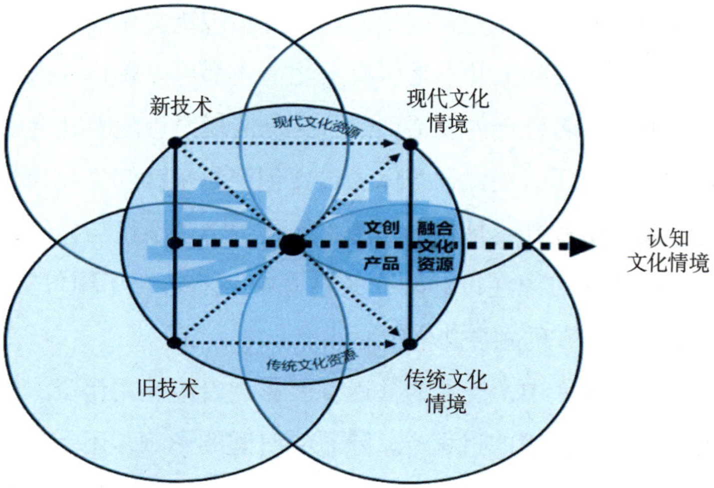

图 3　身体认知文化情境 TTR 模型

资料来源：笔者绘制。

（二）传统文化资源的文创产品设计转化新路径

根据TTR模型，身体认知文化情境包括技术与时间两个维度，同样从身体视角来看文创产品设计转化的过程中，亦包含这两个维度。在设计过程中，传统文化资源必然融合了部分现代文化资源，因为传统文化资源在一定程度上脱离了人们日常生活的环境，通过与便于大众认知的现代文化资源相融合，转化成融合文化资源，运用设计手段形成相应的文创产品，从而让传统文化焕发新的活力。由此，设计转化新路径包含时间维度。目前大多数的文创产品所运用的融合文化资源处于这个维度的两端，一端为文创产品运用的融合文化资源由极多的传统文化资源和较少的现代文化资源组成，另一端则是文创产品选用由很少的传统文化资源和很多的现代文化资源组成的融合文化资源，比如前面提到的“贴图”文创产品，或者是仅变换了传统主题的传统民俗玩具等。所以，文创产品设计转化的一个新设计方向是在两个极端内的区域，就是图4中标“①”的设计方向。

除了时间维度，文创产品设计转化路径还包含技术维度。当前多数文创产品使用较旧的技术来呈现传统文化。然而人们日常生活中充斥着各种智能技术等新技术，消费者对文创产品的需求也由通过单一技术了解传统文化逐渐向多元文化体验转变。所以，文创产品设计转化的第二个设计方向是运用智能技术等多元技术，让文创产品进一步融入消费者的日常生活，即图4中标“②”的设计方向。尽管传统文化资源的文创产品设计转化有两个设计方向，但在实际设计过程中，上述两个设计方向是彼此融合的，这两个设计方向融合的深色区域为文创产品设计转化新路径，设计师可以在这个路径内进行文创产品设计。

因此，在设计过程中，设计师根据TTR模型综合考虑技术、时间与资源这3个要素，并尝试运用文创产品设计转化新路径中的两个设计方向进行方案设计，从而让文创产品真正地融入大众生活。例如，故宫博物院与网易游戏联合开发的手机游戏《绘真·妙笔千山》，是一款以故宫藏青绿山水画《千里江山图》为创作蓝本的轻度解谜类游戏，在较完整地还原了古画意境的同时，还带给玩家趣味盎然的游戏体验。这款手机游戏中融入了大量的传统文化知识等传统文化资源，运用新技术将二维的《千里江山图》转变为三维立体画面，让玩家好似置身于画卷之中，穿越到北宋的大好河山中。这是文创产品以手机游戏（现代文化资源）的形式运用新技术展现中国经典绘画作品（传统文化资源）的一种尝试与探索。

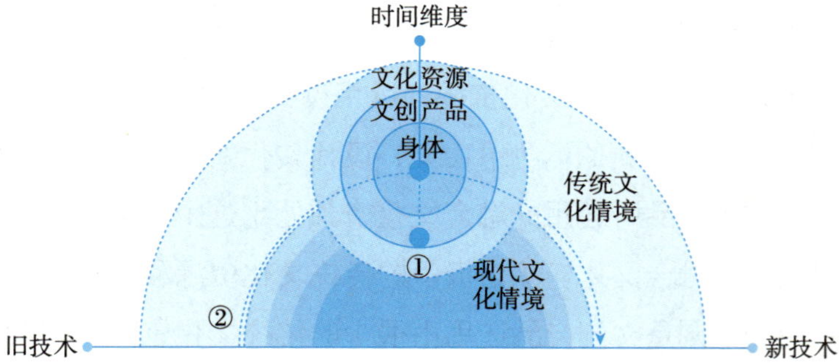

图 4　传统文化资源的创新设计转化路径

资料来源：笔者绘制。

四、结论

本文针对目前传统文化资源的文创产品设计转化成果没有很好地满足第四次工业革命对其提出的新要求，引入具身认知理论来解析人们如何认知传统文化资源及认知过程所包含的要素，提出了 TTR 模型与以身体为视角的传统文化资源的文创产品设计转化路径。这不仅为传统文化资源进行产品设计转化提供了新的设计思路，而且为弘扬中华优秀传统文化提供了可行的思路探索。

参考文献

［1］曾凡清．基于传统文化资源整合的提升文化软实力策略［J］．文化创新比较研究，2022，6(20)：195－198．

［2］克劳斯·施瓦布．第四次工业革命［M］．李菁，译．北京：中信出版社，2016．

［3］李恒威，盛晓明．认知的具身化［J］．科学学研究，2006(2)：184－190．

[4] 韩冬，叶浩生．认知的身体依赖性：从符号加工到具身认知[J]．心理学探新，2013，33(4)：291－296.

[5] 唐佩佩，叶浩生．作为主体的身体：从无身认知到具身认知[J]．心理研究，2012，5(3)：3－8.

[6] F. 瓦雷拉，E. 汤普森，E. 罗施．具身心智：认知科学和人类经验[M]．李恒威，等，译．杭州：浙江大学出版社，2010.

[7] 盛晓明，李恒威．情境认知[J]．科学学研究，2007(5)：806－811.

“政府、市场、设计思维”含三为一的中国设计系统

邵洪波[①]

一、问题的提出

作为一种重要的创新驱动力形式，设计创新在近年来成为越来越多学者研究和关注的焦点，而其中的一个重点是从设计系统的角度，研究分析设计产业各主体间的互动关系以及如何更好地推动设计产业发展等。这些研究多以国家为视角，并重点关注了其他国家可供借鉴的经验。

设计作为一门学科和实践，代表着传承和发展特定文化意义的方式，其意义被定义为人们创造和使用产品的深层心理和文化基因。文化是社会演变和共同价值的制度化的结果，而人工制品是社会群体集体和主观身份定义的重要方式，特别是对于当今中国来说，无论是向内“提升民族文化精神上的追求”、寻求符合当代中国的“社会心理、精神需求、人文民俗习惯”，还是向外注重中国的“文化特征与地位”“抗衡其他文化的侵入意图”，均需发挥设计在文化传承和发展中的承载与促进作用。

西方的基督教文化产生了西方人的境界，包括其理性境界、道德境界、

① 山东工艺美术学院设计策略研究中心中国哲学博士。

审美境界、宗教境界；中国的儒墨道法，乃至儒释道三大文化支柱，也各有其相应的精神境界。以上种种均说明，要提升设计水准，最重要的是弘扬民族文化，而问题的关键是如何在中西文化基因会通的时代，以设计思维为中介，找准中国设计系统的策略方向。

二、政府失灵、市场失灵与系统失灵

纵观现代经济历史，从来没有一个100%的纯粹计划经济，也没有纯粹市场经济。以市场经济为基础的现代各国经济，都可被称为“混合经济”。“一个有效率的并且人道的社会要求混合经济的两个方面——市场和政府同时存在。现代经济的运作，如果没有市场或政府，就都会孤掌难鸣。”①

20世纪上半叶，政府的权力日益扩大，无论东方还是西方，无论社会主义的苏联和东欧国家、中国还是资本主义的欧洲和美国，无论社会主义国家所有制还是救治资本主义经济危机的凯恩斯主义，虽然政府参与的程度差异较大，但在强调政府代表公共利益组织和管理经济职能上是一致的。

持续半个多世纪后，货币主义从个人主义的微观经济入手，通过对美国经济近百年（1860—1956年）的实证分析得出结论：从长期来看，经济的各项要素具有稳定性，任何外在的政策都是无效的，甚至是有害的，是引起经济波动的主要原因。

进而，通过经济学家的研究和一系列历史试验，人们逐渐了解到政府失灵的存在，再次发现市场作为资源配置工具的巨大功能，于是纷纷转向市场取向改革，政府的作用也因之被校正。20世纪70年代英美经济遭遇滞胀之后，英国在撒切尔夫人领导下，首先掀起了私有化浪潮；之后，美国总统里根也实行减税并放松经济管制，转而发起了减少政府干预的运动；20世纪80年代后期中国亦开展经济体制改革。实行经济自由主义并弱化政府的经济作用成为新特点，而发挥市场作用成为20世纪最后20年的时代主题。

---

① 萨缪尔森，诺德豪斯．经济学[M]．北京：华夏出版社，1999.

与此同时，20 世纪 80 年代以来，国际学术界有关产业政策的讨论经历了 3 个阶段的变化。第一个阶段是以美国学者查莫斯·约翰逊在 1982 年出版的《通产省与日本奇迹：产业政策的成长（1925—1975）》一书为标志。第二个阶段大约是从 20 世纪 90 年代初直到 2008 年国际金融危机爆发前，由于新自由主义和“华盛顿共识”否认产业政策的合理性，学术界有关产业政策的研究和讨论陷入了沉寂状态。第三个阶段是在 2008 年国际金融危机爆发后至今，已经形成全球范围内的产业政策讨论热潮。一些演化经济学家运用国家创新体系的系统论方法，考察了系统失灵的可能性，从而为政府干预提出新的理由。根据国家创新体系的内涵，并结合各自的研究视角，很多学者如 OECD（1994）、Nelson （2013）、Reiljan 和 Paltser （2015）、Resende 和 Torres（2016）、Stojanovska 和 Josifovska （2016） 等对国家创新体系进行了划分。

西方学者普遍认为政府应该在产业转型升级中发挥作用，并提出市场失灵领域是政府在产业转型升级中主要作用范围，具体体现在不完全竞争、外部、信息不完备和公共物品等方面。

萨缪尔森和诺德豪斯指出产业发展中存在市场失灵，表现为不合理的收入分配、垄断和外在性以及失业的不稳定性，主张政府在提高效率、促进公平、保持稳定 3 个方面发挥作用；英国经济学家拉奥提出政府应聚焦市场失灵，其作用范围应为行政能力建设、信息传播及设施建设；豪斯曼和罗德里克提出政府应扮演好创新行为补贴者角色（包括贸易保护、出口补贴和政府贷款担保等），填补企业收益和社会效益鸿沟，促进产业升级；韦德认为产业发展中政府作用的存在有其必要性，对于发展中国家来说尤其如此，世界银行报告指出东亚的成就可部分归功于政府实施了系统化、多样化的干预；诺贝尔经济学奖获得者斯蒂格利茨认为，“产业发展中政府应结合产业发展阶段，在鼓励创新、信息提供和市场培育方面发挥积极作用”。

人类的诸多行为和心理倾向，都是演化的产物；而经济本身也是一个不断演化的系统。与市场失灵理论基于资源配置的新古典经济学不同，系统失灵理论则来自演化经济学的资源创造理论。行为和演化范式经济学在方法论上是社会演化理论，而不是社会工程理论。一个策略的成败不在于它是不是特定个体的最优选择，而在于它在群体中能否扩散和流行。演化方法的显著特征包括对偶然性、差异性复制、非均衡动态以及个体—群体结构的建模（Bowles，2004）。Teubal（2002）在研究技术和创新政策的逻辑时提出了系统失灵（System Failures）的观点。该观点与“市场失灵”理论的最大不同在于该理论探讨的是整个设计网络的所有参与者（a Network of Actors），而不是仅局限于公司与消费者关系的讨论。但 Teubal 并不否认功能良好、充满活力的市场的重要性，只是系统失灵理论强调作为知识转移发生器、合作及竞争等各系统组成部分间的良性互动。

三、国家设计系统及其运行机制与模式

（一）国家设计系统

“设计系统”这一概念最早由 Love 于 2007 年提出，其主要内容是国家创新系统背景下用于描绘推动设计创新、产业创新发展的各类相关主体及其活动。Murphy 和 Cawood（2009）明确将这一复杂创新网络结构称为“国家设计系统”（National Design System），强调其对国家政策的引导作用，定义“国家设计系统”是梳理设计产业结构，用于表示在创新发展、知识扩散的过程中复杂的相关因素构成的关联，其目的在于辨认影响不同国家设计发展的不良因素，通过对创新主体及其相互作用的系统性研究，更好地为解决设计产业创新发展中系统失灵问题提供依据。[①]

潘云鹤（2015）和路甬祥（2017）在研究中国设计竞争力时也明确指出，提升设计竞争力对于推动“中国制造”向“中国创造”转变、“中国速度”向“中国质量”转变、“中国产品”向“中国品牌”转变具有重要意义，提升设计竞争力已经成为中国实施创新驱动发展战略和实现产业转型

---

① 张湛，李本乾．国家设计系统提升创新竞争力的国际比较研究及其启示[J]．科学管理研究，2019(2)：98－101.

升级的关键着力点。对于探索构建“中国设计系统”，开展有关设计产业及相关政策研究，过宏雷（2009）、李一舟（2012）、郭雯（2012）、王晓红（2014）、刘宁（2018）、娄永琪（2018）等学者也都结合各自研究视角提出了不同的观点。

（二）国家设计系统的运行机制与运行模式

1. 国家设计系统的运行机制

Heskett（2002）认为，设计政策是政府针对特定的问题而做出的一系列原则、目标和实施程序……设计政策在不同国家所表现出的形式也不尽相同，究其原因部分在于不同国家的政府在设计政策上做出的不同程度的“承诺”。为了对当时各国间设计政策的形态进行比较，他构建了当时国际上主要的设计政策形态矩阵。矩阵分类依据有两点：一是设计促进组织的工作有无依赖国家；二是设计政策的实施是间接还是直接被政府控制。Heskett根据上述分类依据将政府设计政策分为中间（温和）派、中央集权、移交（权力下放）和国家干预（统制经济）4 类。

任何国家推行设计相关的国家政策，都需分析由特定国情给设计政策工作带来的现实机遇和障碍。Heskett 的矩阵模型有助于我们对国家与政策相关利益人的相互关系的理解，但该矩阵分类标准具有强烈的意识形态色彩，有些标准随着时代变迁已经失去现实意义。因此，Gisele Raulik – Murphy（2010）在对芬兰、韩国、巴西、印度四国的设计政策类型做比较研究时，将上述两项去除，并将原“国家所有”坐标改为“政府承诺”（Government Commitment），认为对这种“承诺”的主要评估方法是相关国家在颁布设计政策和设计促进纲要后所投入的财政经费资源。以此来对应那些存在某些形式的设计政策提案，但在国家层面上，很少或根本没有对正式颁布国家设计政策的国家进行界定。Murphy（2010）重构的主要设计政策类型如图 1 所示。

根据 Murphy 重构的政策类别模型，国际上设计政策的主要类型有以下 4 类。

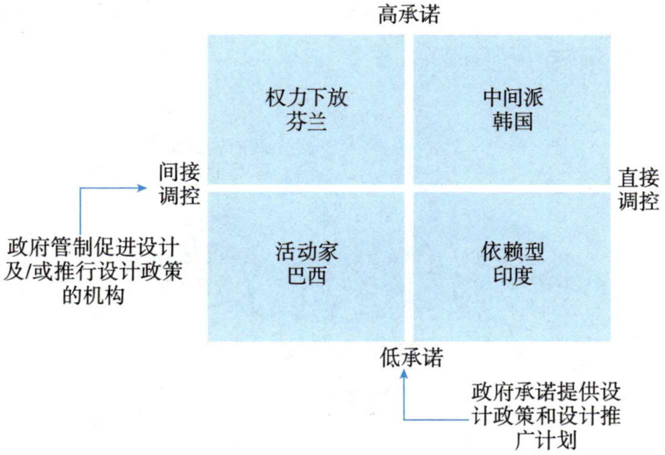

图 1　主要设计政策类型

（1）中间派（Centrist）：政府在设计政策的决策、实施方面扮演中心角色的同时，又与相关的公私机构保持互相合作态度。国家“承诺”在刺激设计发展方面给予实质性的金融资源支持，如韩国。

（2）权力下放/分权（Decentralised）：政府政策实施通过一个或多个半独立的、政府不直接控制的设计促进机构来执行，如芬兰。

（3）依赖型（Dependent）：政府主要通过经费资源或对机构管理情况的监管来实现对设计机构的控制，如印度。

（4）活动家（Activist）：政府很少参与或关注设计促进活动，国家没有颁布设计政策议案；设计促进工作主要是由独立的组织或个人来实施，与政府没有合作关系存在，如巴西。

由此可以看出，在国际上，发达国家设计政策类型多为中间派和权力下放类型，如芬兰、韩国。而发展中国家如印度、巴西采取的政策类型则为依赖型、活动家。

2. 国家设计系统的运行模式

通过对设计系统各国情况的分析，研究者总结出了设计系统运行机制，认为基本可以分为市场推动和政府驱动二元动力。政府（或组织）、相关企业与专业院校通过设计支持、设计生产、设计教育三大方面活动形成有机闭环，以设计创新提升产品竞争力为核心，通过政策利好、设计推广等具体措施确保系统运转（见图2）。

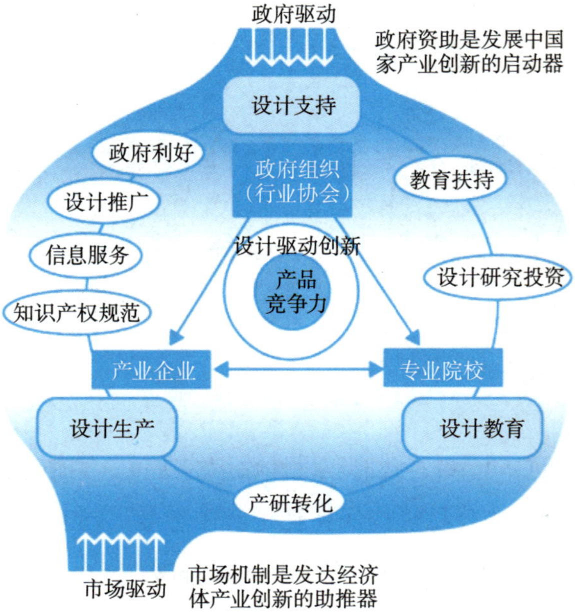

图2　设计系统二元运行机制①

实际上，根据不同国家的状况，会有不同的具体运行模式。①经济体量大、发达市场经济体，其市场较为成熟，对设计认知度较高，根据创新规律企业自发选择设计创新，作为提升产品竞争力的途径，且路径比较多元，而政府只需支持产业发展并给予足够自由即可，如美国以行业协会代替政府作为设计系统中主要的设计支持主体。②经济体量较小、基础薄弱的发展中国家，则倾向于由政府启动，通过自上而下具有精确性和连贯性的政策措施推动设计创新产生动能，当企业自发意识到设计创新的重要性时，会形成良性循环，如韩国以政府组织为推广主体对接行业，通过政府投资拉动产业发展，利用设计提升产品竞争力，推动国家竞争力增长。③英国介于前两者之间，行会和政府双双出力。④欧盟整体发展不均，其中较发达地区如德国以市场推动为主，以政府推动为辅；罗马尼亚、葡萄牙

① 张湛．设计系统宏观框架的国际比较研究［J］．美术与设计理论与批评，2019(5):61－68.

等经济实力相对较弱的国家则以政府驱动为主。⑤日本早期以政府驱动为主，在泡沫经济出现之前即形成了良好的设计系统，在泡沫破灭之后依然能保持一定的科技创新实力并参与市场竞争。

除此之外，政府驱动的设计系统需要强有力的相关管理部门，如韩国KIDP、日本JDP等，是行使部分政府职能的非政府部门，能够无缝衔接政府和产业，成为设计创新发展的主要推手。

四、国家设计系统的文化基因

（一）中西文化基因

文化有多种定义。人们习惯上至少将宗教、科学、哲学、文学艺术、社会伦理（包括民俗）作为基本的文化要素，体现了人类对“真、善、美”的追求，“科学和哲学是对客观真理的追求，是人类对自然和社会的规律性进行理性思维的结果；伦理学是人类对善的追求，是人为提升动物性和社会性的素质所必需的道德约束与生活规范；文学艺术则是人类对美的追求，是人对自然和社会的感悟和超越。宗教是人类文化的母体，是人类的终极关切（Ultimate Concern），是超越人类理性的非理性体验，是人类心灵的完整状态，因而是文化的最高层次”①。

金岳霖先生在《论道》中指出：“现在这世界底大文化区只有三个，一是印度，一是希腊，一是中国。它们各自有它们底中坚思想，而在它们的中坚思想中有它们底最崇高的概念与基本的原动力。欧美思想底中坚思想也就是希腊底中坚思想，我们现在急于要介绍到中国来的，追究起来，也就是希腊精神。”② 进而，他强调“中国底中坚思想似乎儒道墨兼而有之”，又指出：“中国思想中最崇高的概念似乎是道。所谓行道、修道、得道，都是以道为最终的目标……不道之道，各家所欲言而不能尽的道，国人对之油然而生景仰之心的道，万事万物之所不得不由、不得不依、不得不归的

---

① 胡孚琛．道学通论(2009年修订版)[M]．北京:社会科学文献出版社,2009.

② 金岳霖．论道[M]．北京:北京理工大学出版社,2019.

道才是中国思想中最崇高的概念，最基本的原动力。”①

习近平总书记曾论述：“春秋战国时期，儒家和法家、道家、墨家、农家、兵家等各个思想流派相互切磋、相互激荡，形成了百家争鸣的文化大观，丰富了当时中国人的精神世界。……这些思想文化体现着中华民族世世代代在生产生活中形成和传承的世界观、人生观、价值观、审美观等，其中最核心的内容已经成为中华民族最基本的文化基因。②”显然，上述中华民族最基本文化基因等范畴的提出，明确地界定了中华民族和中国历史文化的基本内涵，为当代中国人确立中华民族文化基因自信奠定了理论基础。

先秦之道的道、儒、法、墨，皆是有关“修身”“齐家”“治国”“平天下”的政治学说。道家于四者中，以“身”为本位，道学是一种身国同构之学，道之原理可用于治身，亦可用于治国，进而治天下，故倡天人同构、身国一理。儒家于四者中，以“家”为本位，国是家的放大，因此家庭中的“父慈、子孝、兄让、弟恭”的家庭伦理关系和秩序，推演成为“君仁、臣忠、官慈、民敬”的政治伦理关系和国家秩序。法家实际上是以“国”为本位，战国及秦时由于专制政体之存在，国即君，法家隆君权而倡法制，由于“严而少恩”，秦至二世而亡。墨家以“天下”为本位，其“忠孝”之说，实际上“忠”是忠于民，所以为民能够竭尽心力，不遗余力，不恤其私；“孝”是尊事社会上的三老，故有“兼爱”之说。《礼运》“大同”学说，乃直采于墨家，而本质上道墨相通。汉平帝时引入佛学；东汉末，作为民族宗教的道教兴起。故之后中国传统文化，即以儒、道、释三家之学为主。

欧美资本主义文化主要有 3 个根基：“一是古希腊的理性逻辑思维及由此形成的自由、民主、科学传统；二是古罗马的政治法律制度、公民身份观念及由此形成的人权和法治传统；三是希伯来人的宗教信仰及由此形成的基督教伦理价值观念。”西方文化假定人性本恶，因此约定最低界限，即

---

① 金岳霖．论道．绪论［M］．北京：中国人民大学出版社，2005.

② 习近平．在纪念孔子诞辰 2565 周年国际学术研讨会暨国际儒学联合会第五届会员大会开幕式上的讲话［N］．人民日报，2014－09－25.

在法律允许范围内个人自由不受侵犯，并由此形成根深蒂固的人权观念。个人自由不得妨碍他人之自由，必须以法治约束；法治运行又要防止专制权力破坏，须以符合多数人意愿的民主保障。“如此法治以自由为根基，科学以民主为条件，乃是西方社会近三百年迅速实现现代化的动力机制。”①

马克斯·韦伯立足于宗教社会学，第一次揭示了禁欲主义新教伦理与商业精神的渊源关系，论证了为何众多企业家毕生为积累财富而奋斗但却对财富消费不感兴趣，反复言及只有两个词：贪婪与控制。韦伯认为，源于达尔文宿命学说的生命观念，使得那些人勤俭、自律、诚信、清洁、对单纯娱乐非常厌恶，对劳动的热爱对应成为“上帝感召中的使命感”，他称之为“新教精神”，而这正是现代西方经济成功的精神起源。韦伯的观点一言以蔽之，即没有宗教基础就没有道德契约，没有道德契约就没有企业家阶层，没有企业家阶层就没有资本主义发展。其结果是大量勤勉的、苦行的俗世行为在世间涌现，对效率孜孜不倦地追求成为表明信仰的方式。由这种伦理所促成或至少强化的理性，汇合诸多其他因素，扩大了对现代资本主义制度的影响。

历史变迁使西方文化具有间断性，其历史底蕴相对薄弱。它以人本主义为基点，以理性和科学为核心，鼓吹人文主义，重视个人奋斗，强调人与自然的斗争，由此产生了一系列的文化精神和价值观念，如崇尚自由、民主和法治，富有冒险进取精神，推崇个人奋斗意志，扩展征服欲望和拜金主义等。

（二）中西文化基因差异

1. 个人与集体

西方世界让人享有创造的权能、创意的禀赋，是现代人本主义哲学崛起后，把人作为主体抬高到上帝的高度，把上帝的权能人化，认为一切创造皆源于人对世界的出场和在场实践，是人作为主体对世界的人化改造的结果。

---

① 胡孚琛．道学通论:2009 年修订版[M]．北京:社会科学文献出版社,2009.

研究中国文化的创意基因，就必须打破西方中心主义的观点，不能用西方式创意基因的标准来衡量中国式创意基因。中国人总是以“类”存在和发展着，集体主义的价值取向始终是中国社会的主要文化精神。“个人”只是在社会群体中存在和发展的一分子；“个人”必须通过修身养性来处理好自己所面对的种种社会关系。这种“修身养性”以“仁”为核心，以“礼”为约束，以“中庸”为手段，以整体“和谐”为目的。这样就出现了集体主义的价值取向和东方人文主义关怀精神。

2. “善”与“真”

在传统观念下，中国艺术设计形成了于抽象、发散、中庸中寻求“至善”；西方艺术设计形成了在具象、逻辑、科学中找寻“我是谁”“我在哪儿”“我将到哪儿”的“求真”的终极答案。

对于西方思想而言，苏格拉底指出，美德即知识。可以看出，西方形而上学一开始即以“求真”作为自己的价值取向，其追求真理的理性主义倾向一直非常突出。即使到了中世纪的信仰时代，神学家们依然以理性的方式去证明上帝的存在并对上帝进行认识。在“求真”的理性精神指引下，真理超越于个体的情感和意志而具有绝对权威性。

在中国传统文化中，清代学者梁绍壬就指出，中国儒家经典十三经中，没有出现一个真字，不求真，只求和谐，由于忽略了求真，求和谐则很容易成为表面和谐。

3. “天”与“人”

中国古代思想家一般都反对把天和人割裂、对立起来的观念与做法，而是主张天人和谐，天人合一。在先哲们看来，天与人、天道与人道、天理与人性是相类相通的，因而可以达到天人和谐统一的境界。西方文化的主流，是征服自然和“天人二分”的思维方式，其强调人的作用，产生了改造和征服自然的欲望，从而极大地推进了近代西方自然科学和技术的迅猛发展。

（三）中西文化基因的会通

1. 时代要求

管子曰："仓廪实而知礼节。"中央"三农"工作的重心转向全面实施乡村振兴战略，是"礼乐"时代来临的一个标志。不可否认，民族传统文化是我们所坚守的阵地，民族传统是设计的文化内核，是我们在国际时尚舞台上立于不败之地的制胜法宝。但应看到，在科技加速发展的今天，世界的信息交流缩短了各民族之间的距离，多元民族文化融汇，形成超越本民族的新颖文化。文化中的多国元素凝聚，在设计舞台上已是不争的事实，一个具有世界影响力的设计师，其作品仅凭对本民族文化元素的借鉴，已不能满足文化修养日益渐升的大众对产品的要求。

理性在一定阶段内有利于追求真理和科技创新，但也逐步逼近其"天花板"，仅就理性而言，人能够做的必然也都会被机器（人工智能，乃至ChatGPT）替代——理性对于创新的作用必然是有限的。因此，必须要有灵性、有感性、讲仁德、讲诚信的人文，使其发挥对科技、对设计创新的引领和导航作用，来进一步扛起人类继续创新的大旗。

2. "道德"世界

从中国文化角度来说，道家学派便是诸子学派的根源，儒、墨、法诸家为道家之流变。"道德"一变为仁义，为墨家所本；再变为"礼乐"，为儒家所宗；再变为"刑名"，为法家之学。在第一个轴心时代，道家学派以超越的方式对周代传统的礼教进行了突破。"故失道而后德，失德而后仁，失仁而后义，失义而后礼"；道家把"礼乐""仁义"的产生看作自然之道的退步，而依次"忘礼乐""忘仁义"，进一步超越一切社会观念，乃至于"坐忘"，才能回归自然本体的道。

《道德经》第四十二章说"万物负阴而抱阳，冲气以为和"；第十六章说"归根曰静，静曰复命"；第二十五章说"大曰逝，逝曰远，远曰反"。《易经》曰："复，其见天地之心乎？"其更深层的意思，恰如怀特海先生所言，"宇宙间有一种力量，不断推动新的整合（统整）的出现，这种力量普遍存在，是宇宙的一种终极特征”,[①] 并认为这是一种“创造性”。我们发现怀特海所说的“创造性”的力量，即老子所称的“道”。

胡孚琛先生在《全球化浪潮下的民族文化——再论21世纪的新道学文化战略》一文中指出，“新道学文化的创立是中国文化的第三次重构，也是世界上‘第二轴心时代’普世文明的发展。我们应以道家的自然生态文化为基础进行现代化的阐释和综合创新，将现代西方文化的精华接纳进来，创立集古今中外文明精粹之大成并具有时代精神的新道学文化，以解决全世界共同面对的问题”。

3. 新的价值观念体系

“会通”一词最早见于《易传·系辞上》:“圣人有以见天下之动，而观其会通。”东晋韩康伯把“会通”注释为“会合变通”。今人马涛从中西文化角度解读为:“会通是指主体对各家学说作融会贯通之后，进而萌生出新观念和新思想的一种思维方式，其特点是汲取各家之长，从而对客观对象及其规律性方面有比较深入的认识。”

中西会通，需要一个不同的价值观念作为参照系。文化的发展是不断吸纳外来文化并创造性地推进、转化的过程，从世界去思考，以“天下观天下”，才是真正“道”的思想。实际上，美国的肯·威尔伯深受《道德经》的影响，第一次试图将人类思维的所有领域系统地整合在一起，其最初的理想为“吾道一以贯之”，即世界上有一种理性达成的境界，也就是世界上有“一种真理”的假设成立。而后，这些归纳结论似乎在讲述4种不同的真理，而非1种。同时，他发现4种真理的面貌不外乎就是个人与群体、外相与内心这两组对象的不同组合与排列而已。他采用归纳法将这些不同的系统、演化与学科整合在一起，将科学、心灵与文化做了前所未有的整合，可以毫无矛盾地解释各种现象，因而被称为“当代哲学思想界最为全面与深入的人”。古人智慧与威尔伯可以产生共鸣，柏拉图首先提出“真善美”，是人类至高境界的贤者，我们如果将客观验证的或可观察的世

---

① 威尔伯. 性、生态、灵性[M]. 北京:中国人民大学出版社,2010.

界理解为真，将群体的主观伦理概念解释为善，将个人的心灵审美观点解释为美，则威尔伯的思想架构就包括了全部的至高境界，即3种人类的元精神：真、善、美。

张世英先生基于中西文化融合研究阐述了人生的4种境界——“欲求境界、求知境界、道德境界、审美境界。审美为最高境界”。求知境界求真（理性），道德境界求善（仁爱），二者可在“审美境界”中达到融会贯通。而费孝通先生在处理不同文化关系时总结出“各美其美，美人之美，美美与共，天下大同”的十六字箴言，彰显出这样一个深刻认识——自由个体之平等的内在意蕴在于相互尊重，可以解决个体之美与社会整体之美的矛盾。

工业经济时代依赖于复制法则，过分强调复制，往往会使人们对价值的来源产生错误的认识，我们会自然地认为我们先是通过获取资源，然后通过艰苦的工作创造出产品而产生了价值。商业可能通过剥削工人、消耗原材料这种手段来实现盈利或私自占有利润，但不可能通过这种办法来创造利润。

所有的价值都是设计所创造的。设计中包含着信息，是信息增加了价值的含量。真正创造价值的是供给与需求之间的关系的创新。根据经济学的“微笑曲线”①，对于生产者来说，相当于其研发环节和营销环节的一体创新，合起来本质上是设计创新，是时代的价值创造的核心方式。而设计从工业设计到服务设计乃至社会设计的发展进阶，与“真善美”的结构形成呼应。

4. 设计思维

墨家宗大禹，大禹的“天下”精神，是可以将中国文化的“儒墨道法”进行连通的。儒家的“仁爱”精神由于“爱有差等”，即体现为爱的亲疏远近关系，因而齐家颇有余，治国尚不足；同时，我们看到，大禹时代，恰

① 微笑曲线(Smiling Curve)是宏碁集团施振荣先生在1992年研究出的，以此作为宏碁的策略方向。后来施振荣先生将“微笑曲线”加以修正推出了“产业微笑曲线”，是指在产业链中，附加值更多体现在两端——设计和销售，处于中间环节的制造附加值最低。

好是因为大洪水，“况乎兼相爱、交相利，则与此异，古者圣王行之”。后疫情时代，国际环境变化多端，在艰难困苦的情形下，更容易激发人对人类、对生命的大爱之心，也许可以进一步促进一个新世界的形成。

在当下，如何利用设计思维，改革中国设计系统，把中国文化的创意基因贯穿于当代中国设计政策，让中国文化的创意基因在设计精英身上得到显性表达，又能让他们批判地接受西方创意基因的诸种优点，激发普通大众的创意创新热情，同时能保护精英创意，让他们的创意得到法律和经济制度的支持，让中国成为创意之国，是一个值得我们深入思考的问题。

五、“政府、市场、设计思维”含三为一的中国设计系统之道

（一）创新机制理论回顾

自从熊彼特提出创新理论以后，关于创新的驱动力一直是创新理论的一项重要的基础研究内容，并对创新政策产生了重要影响。早期的创新驱动力理论集中于创新的供给和需求在创新中所起的作用，其中供给就是技术，需求就是市场，而我们所称经典创新驱动力理论就是解释技术、市场和创新之间关系的理论，主要有技术推动理论、市场拉动理论和技术与市场双动力理论 3 类。

后来，不同学者从不同角度提出了各种创新机制理论，如企业家创新理论、网络创新理论、集群创新理论、国家创新系统理论等，有时也被认为是属于创新驱动力理论。但这些理论实际上是从与经典创新驱动力理论的不同角度来提出问题的。

中国社会科学院哲学所胡孚琛先生指出：“当今世界的前锋已经由财力社会向智力社会进化，代表人类社会智慧结晶的现代科学技术早已成为社会历史发展的杠杆。随着 20 世纪西方世界后现代主义新启蒙运动兴起，科学主义及工具理性万能的弊端日益暴露，老子的道学文化成为世界各国学者研究的热点，全世界出现了从智力社会再向德力社会回归的契机。德力

社会就是以道学文化为主导意识形态的大同社会。"[①] 这也意味着通过德的中和原理，我们会逐渐向德力社会即人类的大同社会迈进。

（二）设计思维与"道"的结构

从广义上看，设计作为人类活动中一种重要的思维，其代表着"用设计来解决复杂问题"[②]"在行动中进行创意思考"的方式，它既是一种"积极改变世界的信念体系"，又是一套"如何进行创新探索的方法论系统"[③]，从这层意义上讲，无论是商业模式的创新还是政策体系的设计[④]，无不蕴含着这种从认识问题到理解问题再到找出解决方案的设计思维。因此，设计不仅是一国实现产业竞争力的重要方式、在全球价值链分工中获取高附加值的重要环节，更是一国实现文化传承和发展的重要支撑，以及创新性地解决时代复杂问题的重要利器。

"物物一太极"，"一阴一阳之谓道"。从静态的角度，"一"是名词，即"一阴"加"一阳"，合起来是一个静态的太极图。从另一个方面来说，"一"是动词，即阴阳合一，形成一个完整的动态太极。而一阴、一阳，再加上阴阳合一，就组成了"三"的结构。当我们去把握事物整体的时候，一方面是分别的阴与阳，另一方面是作为整体的"阴阳"。前者是构成论，后者是生成论。

"万物负阴而抱阳，冲气以为和。"（《道德经》第四十二章，"中气以为和"之"中"字王弼本误为"冲"字，今据马王堆汉墓帛书本订正[⑤]）宇宙中万事万物无阴阳不生，无阴阳不化，一阴一阳之谓道，阴阳平衡之谓德，世界上万事万物都有在不断震荡的运动中最终靠向中和态的趋势，中和态即阴平阳秘的稳定态。这就是德的中和原理。推而广之，我们可以认为政府是阴，市场是阳，"冲气以为和"就是设计思维，体现为太极图中

---

① 胡孚琛．丹道法诀十二讲：上卷［M］．北京：社会科学文献出版社，2010.

② De Goey H，Hilletofth P，Eriksson L. Design – driven innovation：a systematic literature review［J］. European Business Review，2019，31（1）：92 – 114.

③ 钱峰．从设计思维到创新设计［M］．成都：四川大学出版社，2017.

④ 约翰·赫斯科特．设计与价值创造［M］．尹航，张黎，译．南京：江苏凤凰美术出版社，2018.

⑤ 胡孚琛．道学通论（2009 年修订版）［M］．北京：社会科学文献出版社，2009.

的反 S 曲线。

我们总是说“人心浇漓，世风日下”，实际上，我们没有建立起完整的道德体系。天人之间、形上形下之间、价值理想与现实人生之间没有不可逾越的鸿沟。按照牟宗三先生的看法，中国哲学由内在超越的道路，使天道与心性同时作为价值之源；开拓了心性，即靠拢了天道；落实了行为，即实现了理想。

（三）“政府、市场、设计思维”驱动的中国设计策略与人类大同之道

中国设计系统发展的本质，要在自由市场机制和政府干预之间寻求合适的进化共生之道，同样适用于阴、阳、中和之德的原理。我们可以通过设计思维与政府、市场的结合，使未来的中国设计系统与建立大同社会的意义建立连接，于是构建了“政府、市场、设计思维”含三为一的中国设计系统策略。

“自然界遵循三种法则来创造价值。第一个法则，是集成，即将分散的个体组织起来形成新的结构形态，成为一个紧密的整体。集成又促成了协作和突破式创新，即新的特质。第二个法则是复制，即对产生成功创新的设计进行的复制。复制又促进了成长——大小或数量的增长。第三个法则是差异化，就是对成功了的创新的改变，常常是为了顺应以及效率或品质的提高。”① 我们的“政府、市场、设计思维”含三为一的设计策略显然对应着第一个法则。

在形成中国设计系统的基础上，“既然所有的生物都相互适应，就意味着同一生态系统内所有生物都能通过直接共生或间接相互影响的方式参与到一个共同进化的统一体里。共同进化的力量由一个生物流向它最亲密的邻居，然后以较弱一级的波状向周边扩散，直至波及所有生物。这样一来，地球家园中由亿万物种构成的松散网络就编结起来，成为不可分割的共同进化体系，其组成部分会自发提升至某种不可捉摸的、稳定之非稳态的群

① 木内多知，比尔·舍尔曼. 企业运营新模式：道法自然［M］. 北京：机械工业出版社，2004.

集状态”①。

最终进化的结果：合道的个人和各类组织，以无为而治的方式进行自我管理和自我进化，整个社会是个近似人间天堂的“真、善、美”统一的道德社会。这种社会形态，体现着老子所说的“至治之极……民各甘其食，美其服，安其俗，乐其业”（《道德经》第八十章）。“甘”“美”“安”“乐”，是一种具有极高生活水平和精神境界的人类大同社会。本质上，马克思在《资本论》等著作中提出的共产主义社会，不仅是一切人全面发展的社会，而且是道德理想的社会，形成的是一个“自由人的联合体”。道家思想中的自德自化思想即是这种“自由人的联合体”的形成发展机制。

两种对立的社会组织形式——国家（政府）与市场——交织在一起，贯穿着数百年历史，它们的相互作用日益显著。但政府的成就和政府的失灵提醒我们，市场和政府的合理界限是一个持久的问题。现在世界上大部分国家都在努力寻找国家与市场之间的适度平衡。市场机制与政府行为的互相作用，其边界是一个动态的概念。未来，人们应该抛弃两者之间的分歧，通过设计思维采取灵活而务实的态度去寻找结合点。“兼陈万物而中悬衡”，阴与阳之间、市场与政府之间，相互依存、相互渗透、相互融合，通过设计思维连接，由此共同巧妙地调剂国家和社会的经济运行，带来经济管理的真正和谐与人民的欢乐和幸福。

历史说明，经济自由作为近代西方较重要的理论之一，直接导致了西方经济的繁荣和欧美国家的强盛。无为而治作为道家思想的重要内容，也早就是中国历史上几次盛世的重要文化内因。两者在中国设计系统中找到了一致性。这个中国设计系统，需要“顶层设计”加上“摸着石头过河”的结合。这是一种有限度的试错，是一种新的思维模式，是一种逐渐趋于“德”的中和态的过程。

在计划经济和市场经济之间，中国可以走出第三条道路，即政府主导型的市场经济。但是走这条道路得有两个基本前提：第一，经济高速持续

---

① 凯文·凯利．失控：全人类的最终命运和结局（1版）[M]．北京：新星出版社，2010.

发展，发展才是硬道理。第二，老百姓在发展当中一定要得到实惠，收入要得到提高并逐步积累起来。这种以消费为支撑的经济发展才有后劲儿。

本质上，政府与市场的关系是管理与自由的矛盾问题。生命的本质是追求自由，而“自律即自由，自由即幸福”。人有选择的自由，这种自由必然伴随着自律，进而经过自我超越的过程，渐次达于道的境界，即孔子所云“随心所欲，不逾规”。这种超越，压力除来源于外在因素外，更多地源于内在的自我管理形成的境界提升。这种境界的提升使得人生充满了意义，也是每个设计从业者的终极追求，促成了“各美其美”的结果。费孝通先生所言的“各美其美”与“美美与共”，更多的是从文化的角度而言。其本质道理亦可以应用到个体，进而扩充到群体，即“各美其美，美人之美，美美与共，天下大同”。

爱因斯坦将其生命价值观表述为：“个人的生命只有当它用来使一切有生命的东西都生活得更高尚、更优美时，才有意义。”（《爱因斯坦全集第三卷》）只有到大道的境界，才能实现“真、善、美”的统一，才能实现人的“理性、非理性、超理性”的统一，实现人的身与心、人与外物、人与人、人与天之间关系的统一，才能由“修身”达到“平天下”。

我们能感受到，承“双创”战略，将会促进更多的“设计师”出现。未来也许会出现一个人人都是设计师的时代，而这一点，恰好是“人”本质特征的体现，与我国传统文化中的某种社会性追求是一致的，乃至与人类的社会理想也是一致的。

参考文献

[1]匡安荣. 经济之道:道法自然与经济自由[M]. 上海:上海人民出版社,2007.

[2]陈朝杰. 设计创新驱动国家发展:芬兰设计政策研究[M]. 南京:东南大学出版社,2020.

基于人机交互技术在智慧城市公园景观设计中的策略研究

程庆涛[①]

一、引言

信息技术的发展，逐渐改变了城市景观的形态和构成，人们对智慧城市公园景观设计也提出了更高的要求，交互景观能够实现城市智能体验、城市服务与景观的协同创新发展。将交互技术运用到智慧城市公园景观设计中，能增强人与城市环境的多元化联系，拉近人与城市景观的距离，丰富公众的体验，创造新型的人与城市环境的动态景观互动方式。

“人机交互”一词首次提出于1975年，卡德等于1983年出版的《人机交互心理学》一书使人机交互的概念得到推广。交互设计（Interaction Design）一词最早出现在1984年，由IDEO的创始人之一比尔·莫格里奇（Bill Moggridge）首次提出[②]，之后，世界范围内相关学者对这一领域进行了密切的关注与研究。

---

① 东南大学艺术学院在读博士生，主要研究方向为西方艺术史论、设计史论。

② Cooper A，Reimann R，Cronin D. About face 3.0 交互设计精髓[M]. 刘松涛，译. 北京：电子工业出版社，2008.

人机交互技术在智慧城市公园景观设计中的介入主要可以实现3个层面的增强：景观形式动态交互增强、公众对环境的感知增强、物理空间与虚拟空间的融合增强。

将“交互设计”的理念引入景观设计中，使用现代科学、理论和材料，整合新的技术方法和艺术形式，创造出符合场所特点、满足使用需求的景观，并使人作为构成要素参与到景观设计中来，从而形成人与景观的交流互动①。交互景观不仅为我们观察城市提供了新视角，它所具有的复合式特质也使城市焕发了新的活力，为城市居民和城市空间环境提供了交流的途径。不断完善城市交互景观理论体系，能够为解决传统景观不足提供新方法，为未来城市景观空间环境提供理论基础与参考。

二、人机交互技术在智慧城市公园景观设计中的现状与发展趋势

随着社会经济的快速发展，城市居民对赖以生存的环境提出了更高层面的心理需求，而智慧城市的提出，则是为了应对城市化进程中面临的各种环境问题。智慧城市的产生满足了当今社会的发展，其运营模式则实现了人景的互动，也让参与者赋予了景观环境无限的活力。在智慧城市景观的创新层面上，通过大数据技术、物联网技术、云计算技术，预估未来城市景观设计的发展方向与趋势，并做出合理化的景观搭建与配套智能设施，以满足使用者的需求为导向，共建生态、环保、绿色、公共安全、智能化的新型智慧城市景观空间。

国内交互技术从最开始的网站开发、界面设计到多个领域的研究，交互性景观设计的理论应用研究成果较少，主要集中在虚拟现实技术（VR）、体感交互技术、三维技术、可视化技术等方面的应用。当前交互性技术在智慧城市公园景观设计中的研究以理论研究成果为主，研究视角也多在公众与环境空间的行为互动方面，忽视了公众与环境空间共情这一更高层次

① 张明明. 新时代景观设计中的“人景交互”[J]. 价值工程,2011,30(34):88-90.

的需求。国外对交互性景观设计实践主要集中在感官视觉交互、情感体验交互、照明技术等方面。国外交互景观设计实践要早于国内，且有着非常丰富的实践案例，诸如美国加利福尼亚州格伦代尔国际象棋公园、美国伊利诺伊州芝加哥千禧年公园等。国外交互景观设计实践主要体现在互动装置设计中，利用高科技辅助手段（AR/VR/可视化技术）对交互景观进行创新性设计，主要侧重于对公众用户身心体验层面的研究。公众的介入则将交互设计理念融入智慧城市公园景观设计中，能更好地增强城市居民对空间环境景观的认同感和体验感，增进公众与城市景观的互动性，这对我国智慧城市公园景观设计有着一定的启示。在全球信息化时代大背景下，人们的生活方式也快速革新，同时受到国外智慧城市公园景观设计新理念的推动，促使智慧城市公园景观设计承载多重属性，仅仅满足基本使用功能的景观设计已经不能满足人们的心理需求，应承载更多的文化性、互动性、休闲性、娱乐性、教育性等多种属性。公众与智慧城市公园景观设计之间的互动、参与、体验的最终目的就是要跨越三者之间的相互对立，形成公众与景观相互依存的状态，交互设计语境的介入促使智慧城市公园景观设计从过去的单向“讲授式”输出方式转变为“对话式”双向交流转变，只有相互融合，才能真正实现景观与公众的交互，成为智慧城市公园景观设计内涵式建设展示的有效手段。

随着信息技术的飞速发展，未来景观设计系统如何发展将是设计师需要探讨的本质内容。与传统的智慧城市公园景观设计系统相比，感知型、心理投射型等新型交互景观，其交互方式显得更为多样化。未来设计师多元感知的能力与有形的物质空间、AI 虚拟分析工具进行有效结合，通过有形的物质空间与无形的影像光栅间的控制耦合机制，扩展人们对于景观系统的感知能力，从而使设计师能更好地进行设计反馈。城市景观系统的物质实体要素本身具有动态性，而非物质要素则不具有动态表现的途径。未来城市景观系统则需要植入装置，通过不可见的数据物质化、可视化，实现人们交往时空范围、尺度范围、物理空间的交往空间范围。总之，未来城市景观系统，还是应以改善生态环境、丰富景观、满足人们的诉求为主，以实现景观视线互通性、空间连续性、文脉延续性等。

三、智慧城市建设下交互型景观设计策略

在智慧城市建设中，城市各个行业、领域子系统通过智慧城市社会系统相互关联、相互协同，人们获取的信息多元化，需求方式也具有多样性。传统型景观由于忽视人与环境的互动性，已不能满足人们当下的需求，彰显出与当前智慧城市建设格格不入的状态。通过人机交互这一重要纽带，能完善城市景观与公众交互的关系，使得智慧元素存在于城市的方方面面。

（一）增强知觉交互景观体验设计策略

1976 年，国际地理联合会提出了环境感知理论（Perception of Environment），通过研究人类的环境知觉与空间行为，进而增加对“人地关系”的解读和检验。地理学家 R. J. 约翰斯顿明确了人类的环境知觉组成部分，分别为经验、认知以及感觉。由此可以直观地理解环境知觉的内涵属性。环境知觉就是根据感觉所获得的资料所做的心理反应。此种反应代表了个体以其已有的经验为基础，对环境事物的主观解释，因此知觉一词常称为知觉经验①。

人是景观空间环境的行为主体，交互景观中较多的一种研究类型是如何针对人的行为方式进行互动。人们借助感官来获取外界的各种信息，如通过人的五感——视觉、听觉、嗅觉、味觉、触觉；而与之对应的是使人直接感觉的媒体（Perception Medium），在交互景观设计中，可以通过激发其中一种感觉，从而触发其他的感觉系统，形成联觉反应，使公众获得全方位的体感与情感感受。互动性的感官系统是一个完整机体，相互作用，感官的传递则是一个相互影响、相互渗透的过程。在交互景观设计中，视觉感官体验主要分为空间环境视线刺激、光影变化刺激、综合刺激

① 中国建筑文化中心. 中外景观 031：世博会景观[M]. 武汉：华中科技大学出版社，2010.

3 种。空间环境视线刺激主要是借助空间形态中的点、线、面的交错变化形态，给予公众以视觉感官体验。光影变化刺激主要是通过自然环境光或人造景观灯光，以变化万千的光影效果来引导参与者感受景观、增强人与景观的互动性，真正实现寄情于景、情景交融的交互体验感受。综合刺激主要是通过不同材质、光影变化、空间环境等设计手段，将静态型景观转变为动态型景观形式，营造多感官结合的互动景观，创造丰富的景观体验，促进公众由单一的被动欣赏变为主动参与，实现真正意义上的景观互动效果。

在人们满足使用与观赏的需求后，亟须满足更高层次的心理需求。因此，城市公共空间的景观设计正在从传统意义上隐性观看模式转变为显性参与模式①。交互理念在智慧城市公园景观设计中的运用，通过信息技术形式使人与景进行对话，营造出多元化的特色景观空间环境，实现智慧化服务。

（二）增强行为交互景观体验设计策略

环境行为学研究认为在景观空间中，人的行为模式分为“需要”模式和“场力”模式两大类②。“需要”模式建立在以往公众对空间环境的固有认知层面上，而“场力”模式建立在公众受到外界信息的介入发生的行为上。智慧城市公园景观设计中的行为交互体验可分为习惯行为交互、情景行为交互、引导行为交互。习惯行为交互是某种特定的行为模式，是一种无意识行为方式。不同的行为习惯会有不同的景观体验感，譬如行走在城市景观绿地中的人，会不由自主地寻找视觉的落点，就会因为不同的视线位置形成不同的体验层次。情景行为交互本身具有一定的空间局限性，人在特定的场景与情境中会有不同的感受。例如，城市公园景观设计中会根据不同的功能进行分区设计，不同的功能场景必然会带给人们不同的情感体验。引导行为交互是以人的需求层进行的设计行为。设计师在智慧城市

---

① 中国建筑文化中心. 中外景观 031：世博会景观[M]. 武汉：华中科技大学出版社，2010.

② Kurt Lewin. 人格动力理论[M]. 王思明，叶鸣铉，等，译. 北京：北京理工大学出版社，2014.

公园景观设计中，从人们的生理与心理需求出发，科学、合理地引导人们在其空间景观环境中的行动轨迹，从而使人们的空间环境体验有丰富的层次感。

交互性景观是发生在公众与景观空间环境中的一种行为方式，公众在使用中可以获取定量的满足感与愉悦感。行为互动设计是根据交互景观所处的空间环境布局形式、空间中不同的互动性装置、空间结构形式、使用群体、交互性的方式行为及使用者的反馈效果来实现人与景的交互。行为交互性景观作为公众与空间环境景观的一种媒介形式，将公众的行为传递，并触发交互行为，形成一种情感与心理的互动。首先，在行为交互层次需要关注公众与景观环境的参与度、发生行为的媒介、各功能之间的联系，以利用行为的互动增强人景交互行为带给使用者的欢愉感和满足感。其次，不同的地域文化和年龄段的使用者也有着不同的情感诉求，通过确定使用者的类型，考虑他们的使用习惯和要求，营造舒适的人性化的智慧城市公园景观设计，使设计更加合理。最后，通过分析使用者的交互行为模式，利用多样化的空间组合结合其他的功能技术装置促进交互行为的发生。在这种行为的驱动下，景观效果的模式运用技术手段发生，会使得设计富有空间层次，同时富有趣味性，满足使用者与景观之间的良好互动和情感满足。

（三）增强情感交互的景观体验设计策略

一个优秀的景观设计作品不仅能满足使用者的功能需求，更应该让景观与人之间建立起一种情感化的联系，即以身体之，以心验之，是人与自然景观环境之间的一种关联与体验过程，是主体身体活动产生的情感，并与客体产生互动后的情感升华。

情感交互是一种更高层次的心理感受，其“情感”主要体现在人的一种感受，以这种情感化的体验考量作为设计的导向。它通过寓情于景、情景交融的手法使空间的主体与客体之间产生共鸣。当人们的使用与观赏需求得到满足后，逐渐注重体验性和更高质量的服务，因此，城市公共空间的景观设计正在从传统意义上的隐性观看模式转变为显性参与模式①。根据时空性特征，情感交互可以分为预期性情感交互、即时性情感交互、反思性情感交互。在预期性情感交互设计中，设计主题是设计的重点。预期性情感是指对即将所处的景观空间环境的一种期许，通过隐喻性设计方式（符号、色彩、时空）、主体氛围营造、情景演绎等元素，使参与者对空间环境有初步的认知，并产生共鸣式互动。其中，主题氛围营造是将特定的主题置于特定场所中，通过一定的技术手段使参与者能认知理解景观主题，并升华为人景合一。情景演绎主要是在环境中创造一个特定化情节，辅以各种诱导性因素，让参与者产生不同的行为选择，获得不同的体验感。即时性情感交互设计是指主客体发生在特定的空间环境中，具有强烈的瞬时性特征。主要是通过参与者营造特定的场所环境、恰如其分的氛围，是一种景观叙事思想与情感交融的过程。在智慧城市公园景观设计中，设计师应深入研究创建怎样的景观模型、景观营造怎样的氛围。具体的设计策略就是"场景演绎"，也可理解为"讲故事"，我们也要考虑到个体差异所带来的精神层面的考量。反思性情感交互发生在主客体时间、空间经历之后，"反思"是一种理性和情感的相互融合，是在意识和思维层面发生的情感交互②。

反思性情感交互捕捉了景观的意义、思想的影响、体验的共享能力和文化影响，与其他两个层次不同，它是深刻而缓慢的。其最终目的是通过实现景观环境与使用者之间的融合关系，以期达到一种可持续性的，且实现主体自我的价值升级。

交互性景观是一个具有生命周期的闭环式设计流程。交互性景观的 3 个层次是相互联系又依次递进的层级关系，它们之间又相互作用、相互影响，共同构成交互性景观的核心主体。设计师在关注设计的使用功能的同时，还需重视使用者与空间环境、景观等元素的情感共鸣，由此，才能延续城市景观的生命力，满足当下受众的多元化需求。

---

① 中国建筑文化中心. 中外景观 031：世博会景观[M]. 武汉：华中科技大学出版社，2010.

② 唐纳德 · A. 诺曼. 设计心理学[M]. 北京：中信出版社，2003.

四、郓城无名山智慧运动公园的设计实践

无名山公园位于山东省郓城县，属暖温带半湿润东亚季风大陆性气候。四季分明，春季干燥多风，夏季炎热多雨，秋季温和凉爽，冬季干冷、雨雪稀少。平均年降水量为694.7毫米，年平均降水天数为71.4天，7月最多，1月最少。无名山设计段处于清泽路与S242交会处，面积约为23.6公顷①。智慧运动公园的设计主要包括常规的智能系统（智能视频监控、智能广播、智能路灯、智能停车场）、全民健身智能音响软件系统（依据各人群的运动喜好及运动、生活特点推送适合人群的音乐节奏）、健身器材云管理系统（可对区域内所有健身器材进行管理）、监控智能系统、智慧养护管理、智能环境监测（对公园进行实时的温度、湿度、$PM_{2.5}$、噪声、光照强度等监测。将空间环境数据直接上传到云端，在大屏幕上实时滚动播放）、智能灌溉、智能互动（人工智能跑道、AR互动）、智能场馆管理系统、智能导游导览系统、公园HSE管理、异常报警、一键报警、AI客流可视化分析系统等。

（一）智慧跑道——无穿戴式AI运动监测

在公园设施调查中显示，游客对于智能跑步系统的需求是最强烈的，公园中的智慧跑道通过科技手段将健身运动与智能化设施进行有机结合，可以实现无穿戴式AI运动监测，满足游客的健身运动需求，提高运动的积极性。主要特点有：第一，健身跑步者在运动系统上进行注册之后，在智慧跑道上跑步时，运动监测摄像头能识别跟踪跑步者个人信息数据，统计跑步时间、跑步距离、分段配速、跑步者身体物理数据，还可计算能量消耗等运动数据。第二，跑步者除了能在线下终端设备上查看自己运动的实时数据外，还可在系统小程序端个人中心查看自己在公园内的运动排名、平均配速、最高时速、累计运动千米数等运动数据。第三，运动

① 1公顷=10000平方米。

监测系统还增加了跑步者因体力不支所造成的晕倒、肢体受伤以及受到意外攻击等场景的报警功能，并联动定位到公园内监控中心，做好游客的救护方案制订，以此保障跑步者的安全。第四，在智慧公园的部分场景可以通过运动监测系统，实时查看跑步者跑步动作姿势是否标准合理，把相关信息推送给跑步者并给出一些指导性的建议。第五，借助 AI 语音识别技术，系统在分析完跑步者的一些运动历史数据后，通过语音播报运动数据并提醒建议跑步者休息，同时提供周围详细的景观苗木知识介绍、轻音乐等类型的休憩服务，实现运动者与周围环境心理层面的交流互动。

在公园条件允许的场地，还可以非接触式无感测量运动者运动前后的心率和呼吸数据，系统还增加了时空穿越、与你同行、跑跑更开心、运动更年轻等智能互动项目，以此提高入园游客对于运动项目的参与积极性与兴趣。

（二）智慧交互设施——智能运动器材

智能运动器材可实现器材锻炼频次的记录功能，通过智慧健身平台内置的健康算法，显示锻炼者的能量消耗。主要特点有：第一，通过人脸识别功能，可以准确地检测到运动者在总控制系统内的基本个人信息，并传输到分智慧系统建立对应的连接，以便及时传输运动数据。第二，首次使用智能运动器材的使用者无须注册，通过手机 App 即可直接享受借还服务，进入智能运动页面登录个人账号，就能关联相对应的智能运动器材。第三，在智能数据云端系统，通过手机扫一扫功能，不但能看到运动指导视频，还能掌握自己的运动数据，并将运动者的运动数据能量转化为相对应的积分，计入个人智能运动账号系统。第四，在智能运动器材中加入竞技娱乐元素，可以根据不同的运动项目、年龄客群、运动强度和运动频次等因素，有效提升运动者游园的趣味性与参与性，增强互动性。第五，使用者可以通过手机 App 关联到智慧步道大屏，进行个人运动数据整合，及时查看自己在智慧运动公园内的排名情况、最高配速、时速、累计千米数、运动能量消耗值等，及时准确掌握自己的运动情况。

（三）智慧设施——智能座椅

在智能座椅的设计中，除了满足基本的休息功能之外，还加入了照明灯光、Wi-Fi 基站、USB 充电、蓝牙音响等扩展性功能，大大增加了健康步道、休息区、健身区等的使用率。同时，智能座椅还可以利用太阳能进行供电，USB 快充口可全天提供电能给手机、平板电脑及其他电子产品，夜晚光线不充足的条件下可以自动点亮 LED 灯具进行照明。与传统供电相比，智能座椅的智慧供电系统，实现了清洁化能源的供应，同时减少了电费的消耗，节约了成本。智能座椅上还装载了 AI 智能蓝牙音箱设备与使用者智能设备相连接，在使用者休息的同时，能享受到智能座椅的外放音乐服务，在天气寒冷的冬季，还有加热的功能。此智能座椅的装置，因为需使用者在固定地点等待较长时间，故设置了智能充电宝借还服务，弥补了智能座椅充电设施无法随身携带的缺陷。

（四）智慧设施——智能体育用品租赁

智能体育用品租赁柜是全民健身智慧运动公园的重要组成部分，是智慧步道的核心技术组成，融合了物联网、云计算、人工智能、大数据，以智慧体育生态为基础的小件器材共享健身解决方案。租赁柜放置于运动公园各个节点处，可提供多款小件健身器件。运动者在运动后的休闲时间内，只要用手机扫描二维码，就可以实现运动健身器材的即拿即取。

（五）智慧设施——全民约跑健身便利店

互联网环境下的全民约跑健身便利店是健身的一种新业态，主要融合 AI 人工智能技术、物联网技术和大数据技术，打造全新概念的健身便利店，破除传统健身房的诸多门槛，以极致成本推动全民健身。主要特点有：第一，一键式自助健身。扫描机身二维码，开启便捷健身体验，超简便的流程大幅缩减健身的时间成本。第二，商业级定制器械。专为社区健身人群打造，配合自行研发的运动控制系统，经久耐用，安全可靠。第三，拼接式舱体设计。可根据场地条件、环境、造型等要求，形成不同功能、不同尺寸的组合，满足不同的健身体验要求。第四，智能语音管家。语音提示用户个人运动数据播报、器械操作指南、下机和安全运动提醒、智能提示、儿童用户请勿使用和玩耍等数据信息。进入 App 或小程序语音提醒健身计划进程，协助养成正确的运动计划，智能大屏可实时更新运动排行或其他定制内容。

五、结论

在数字化迅猛发展的今天，数字化技术与思维方式推动了智慧城市公园景观设计的发展。由于交互技术在智慧城市公园景观设计中的融入，现代智慧城市公园景观设计已超越传统的景观设计定义范畴，需要注入新的技术手段、新的内涵方式、新的创新理念，利用交互设计的相关理论与设计方法，实现更高层次内涵的人景关系。交互性景观设计是适应当前信息化时代的发展要求、使用者需求的一种新型景观。哈佛大学卡佩尔和霍兹曼预测即将出现一种范式的转变，即景观环境中智能机器及景观系统将高效地共存及共同发展①。交互景观设计以景观作为媒介形式，以科学合理的设计理念与设计方法干预智慧城市公园景观设计的实践，辅以各种技术手段进行数字化的量化整合分析，结合地域文化、人文地理、历史文脉、生活习俗等元素的集成交互，真正实现现代智慧城市公园景观设计的交互性行为体验设计，在实践中营造与人产生交流互动的交互性景观空间环境，使得智慧城市公园景观设计真正向人性化道路回归，构建新时代新型智慧城市公园景观设计系统。

参考文献

[1] 刘嫣然. 德阳市柳梢堰智慧公园景观设计研究[D]. 咸阳：西北农林科技大学，2021.

[2] 王加洲. 城市环境中交互空间的设计研究[D]. 南京：南京林业大学，2013.

① Cantrell, Bradley E, Justine H. Responsive landscapes: strategies for responsive technologies in landscape architecture [M]. London: Routledge, 2015.

[3] 匡纬."人机交互技术"支持下的"动态"景观设计未来[J]. 风景园林，2016(2):14-19.

[4] 丁晶龄.虚拟现实技术在园林景观设计中的应用[J].信息与电脑(理论版),2019,31(21):13-16,19.

时尚：一个影响 19—20 世纪土生华人装饰纹样发展的重要因素

王怡琛[①]

一、简介

土生华人留下了丰富的文化遗产，其中大部分是以历史文物的形式保存下来的，这些历史文物上的装饰纹样极其丰富，具有很高的研究价值。土生华人装饰纹样的丰富性与土生华人的混合社区特征以及其地处贸易中心等原因有很强的联系。土生华人是中国移民与本地女性的结合，社区遵循着中国与本地习俗混合的形式，这极大地丰富了社区的文化（S. K. 李，2008）。除了混血的原因，殖民因素也影响了土生华人的文化丰富性。自 16 世纪以来，土生华人的生活习惯和生活方式受到马六甲殖民列强的影响（首先是葡萄牙人，其次是荷兰人，最后是英国人），他们逐步适应了西方生活方式与当地习俗的融合构成，同时保留了部分来自中国的传统习俗（杨等，2015）。19 世纪后半叶到 20 世纪初，随着世界各国交流的增加，受外部环境的影响，土生华人的发展进入鼎盛时期（T. 李，2016）。因此，对土生华人装饰纹样的解读离不开对其背后语境的研究。

---

① 马来西亚博特拉大学设计与建筑学院综合设计研究博士。

对土生华人装饰纹样艺术的研究可以被认为是一种对其文化研究的组成部分。霍华德·贝克（Howard S. Becker，1982）将艺术活动定义为人类活动的一部分，是一种人类机体的文化活动，也就是说，艺术行为可以是人类的生活用品。通过服饰、器皿、建筑物等实物所保留下来的装饰纹样，反映了土生华人丰富的文化内涵。格尔茨（Geertz，1973）则在其开创性作品《文化的解释》中将文化概括为“一种以象征形式表达的继承性概念系统”。他解释说，文化是一种“符号”，这意味着对土生华人文化的探索可以通过装饰纹样来进行；对装饰纹样的研究和对文化的研究是相辅相成的，两者都需要在特定的语境下进行解读。1993 年，霍华德·莫菲提出在“文化”的概念中对艺术进行人类学解读。他认为，一种物质的属性是否可以被称为学术属性——也就是说，是否可以被赋予价值——是在特定的社会和文化背景下决定的。霍华德·贝克在 1982 年提出，理解这些艺术则需要在一定的时代语境下进行解读。综上所述，对装饰纹样等艺术遗产的研究，可以认定是对文化的研究。

土生华人的装饰纹样十分丰富，其中蕴含着丰富的多民族特质以及历史痕迹。对这些纹样的解读不能脱离当时的时代语境。在目前的文献中，关于对土生华人独特的装饰纹样发展原因的研究，大多集中在土生华人的混合身份上（T. 李，2016）。事实上，受航海贸易全球化的影响，时尚成为影响 19—20 世纪土生华人装饰纹样发展的一个重要原因。在这项研究中，笔者采用比较历史的方法来验证时尚是 19—20 世纪影响土生华人装饰风格发展的一个重要变量。

（一）研究问题

（1）土生华人装饰纹样的发展受到多重因素影响，而时尚是否是19—20世纪影响其发展的一个重要原因？

（2）时尚是如何影响 19—20 世纪土生华人装饰纹样发展的？

（二）研究方法

本文参考了泰达·斯科波尔（Theda Skocpol）在其革命研究中提出的比

较历史研究方法。该方法通过比较特定的历史资料，研究者可能会发现深层次的规律性，或者不同地区之间的关系，而这是整个地区的统计平均值所无法揭示的（蒂莉，1984）。按照沃勒斯坦（Wallerstein，1974）的思路，本文将“欧洲中国风”这一时尚事件，从单个国家中剥离出来，并将其转移到整个世界系统中进行分析。由于研究的对象来自过去，并且欧洲中国风与中国风格有较多的重合部分，作为混血社区，土生华人带有的中国血统，常常会让人忽视这些细微的差异。所以，本文采用比较历史材料的方法，来分析判断假设的原因和影响之间的相关性。本文通过比较同一时期不同文化社区的人，对同一个历史中的时尚事件做出的反应，来分析判断时尚这一假设原因对土生华人装饰纹样发展的影响。

（1）提出一个假设：时尚可能是影响19—20世纪土生华人装饰纹样发展的一个重要因素。

（2）收集19—20世纪与土生华人的装饰纹样有关的历史资料，重点研究欧洲人、东南亚当地人、华人和土生华人的装饰纹样对欧洲中国风这一时尚事件的不同反应。

（3）使用泰达·斯科波尔所说的“解释性历史社会学”，研究其相似之处和不同之处。

（4）根据所收集的信息，对时尚对土生华人装饰纹样的发展产生的重要影响做出解释。

二、时尚与折中主义

时尚，作为一个人类行为系统是基于评价、偏好和审美判断的（莫里斯，1964）。追求时尚是影响19—20世纪土生华人装饰纹样发展的关键变量之一。对这一问题的研究探讨，应与当时欧亚大陆的时尚背景相结合。

折中主义是用来形容那些不严格遵守风格分类，而是表现出折中主义倾向的做法（艾特肯，N. D.）。折中主义的理论为本文的研究提供了一个背景。许多理论家都对折中主义给出了类似的定义。休姆（Hume，1998）将其简单地定义为“从不同来源借用各种风格并将其结合起来”。K. G. 苏布拉曼扬（K. G. Subramanyan，1992）进一步将折中主义风格的形成归于文化影响的范畴，认为是“不同文化形式的互动，也许是调和”。具体到艺术作品方面，折中主义指的是艺术家通过仔细模仿他人的作品，参考著名的构图、主题和风格，来创作新的作品（谢弗，2018）。折中主义的一个显著特点是，其作品无法用先前的风格来定义（即它们拥有隐形的元素）。19世纪是折中主义发展的黄金时代，当时世界交流的增加、贸易的繁荣，促进局限于本地的商品得到了良好流通。这些异国商品与当地文化相碰撞，并产生了折中主义。这不仅展示了现代多元文化的状态，而且可以成为文化复兴的重要工具（K. G. 苏布拉曼扬，1992）。换句话说，当本土文化与外来文化的接触，激活了自己文化中的某些东西或提供了另一种文化时，这种折中主义的互动是最有意义的。而在这一过程中，时尚被用作生产模式和意识形态机构之间的中介，并促进了这种文化行为的产生（卡莱法托，1997）。因此，我们有理由相信，折中主义产生的原因之一是对时尚的追求。在欧亚大陆出现的折中主义风格，是因为贸易流动而产生的一种独特的装饰风格，是人们对追求时尚的自然反应。

折中主义美学在亚洲和欧洲都有应用，它恰当地捕捉到了“全球化的18世纪”（谢弗，2018）。1997年，齐美尔在《时尚的哲学》中很好地解释了这一点，他认为，群体从外部建立了其内部的一致性和差异性。此外，人们对进口时装的偏爱是很普遍的，在某些社会圈子里，外来的时尚显现出巨大的价值，只是因为它不是本地产生的。由于源自外部，这些进口的时尚通信与圈子外的某一方面发生关系，创造了一种特别的、全新的时尚引领。始于18世纪末的工业化发展促进了通信和运输的改善，也为全球化提供了条件。同时，各种文化以一种前所未有的方式相互接触（M. 理查森，2007）。这显然影响了19—20世纪土生华人装饰纹样的发展。东方精致的手工艺品，如刺绣、丝绸和瓷器等，通过贸易来到欧洲大陆，被追捧为代表一种新的时尚（张，2007）。此外，作为15—20世纪欧洲和亚洲之间最重要的商品流通中心，东南亚的贵族圈子从15世纪开始就追捧欧洲风格，甚至可以说是一种“本土风格”（谢弗，2018）。除了对古代欧洲风格的追求，东南亚一些贸易经济发达的地方社区在19—20世纪追求欧洲时尚的同时，也对来自中国的折中物品进行定制，以适应他们的审美需求（瓦特萨尔，2013）。从19世纪开始，受欧洲殖民者和本地原居民的影响，作为欧亚贸易市场的一个重要组成部分，土生华人社区产生了令人瞩目的艺术成就——海峡折中主义（津瓦恩、巴哈丁，2017）。在本文中，笔者将重点讨论海峡折中主义风格在19世纪的出现，这一时期是土生华人文化经济的繁荣时期。

三、东南亚本地社区的折中主义美学

对土生华人美学的研究探索，必须与对他们所处的东南亚原居民的折中主义美学状况的研究探索相结合。而大多数土生华人都生活在印度尼西亚和马来西亚。这两个地区有许多土生华人的社区，他们通常有亲属关系，而且大多来自中国的几个相同省份（薛慕容、普伊，2011）。探讨这两个地方的社区的折中主义美学情况，有助于我们理解在土生华人中形成折中主义美学的原因。马来西亚和印度尼西亚同根同源，在文化遗产方面有很多相似之处（苏纳提、法德利，2021）。维达亚特和玛塔拉姆（2019）认为，折中主义在东南亚的使用，似乎可以追溯到15世纪，他们甚至认为爪哇文化实际上是在与其他文化混合的过程中形成的，葡萄牙人、英国人和荷兰人带来的西方物品，在一定程度上丰富了当地人的审美。谢弗（2018）也提出了类似的理论，认为从18世纪开始流行的洛可可和文艺复兴风格，不仅受到欧洲社会的欢迎，也导致了世界范围内的时尚追逐，包括印度、印度尼西亚，尤其是爪哇。欧洲文艺复兴和洛可可风格的家具被爪哇地区的国王和贵族广泛使用就是一个有力的例证。谢弗（2018）认为，在日本进入印度尼西亚之前的时期，欧洲文化对爪哇的国王和政府高官的影响是很巨大的。所以，当这种家具被爪哇贵族使用时是很合适的。维达亚特和玛塔拉姆（2019）研究表明，即使是一些进口家具，以及马车等物品，也被认为属于爪哇的文化遗产。综上所述，东南亚地区自由、混合的美学环境，是土生华人折中主义美学形成的一个先决条件。

四、欧洲中国风与中国风格

折中主义不仅发生在作为欧亚贸易中心的东南亚地区，也影响了其他国家。在欧洲，东方风格风靡了整个18世纪，19世纪末，这种风格又以不同的形式卷土重来。这种源自东方的风格，不仅对欧洲各国产生了影响，同时，它们也影响了东方国家，掀起了世界范围内的时尚潮流。

（一）欧洲中国风

欧洲中国风是18世纪欧洲对中国和其他东亚艺术传统的诠释和模仿，尤其是装饰艺术、园林设计、建筑设计、文学作品、戏剧和音乐。这种趋势最早出现在17世纪，当时欧洲大国开始垄断亚洲的贸易。东印度公司首先由英国于1600年建立，随后是荷兰（1602年）、丹麦（1616年）、葡萄牙（1628年）、法国（1664年）和瑞典（1731年、1775年）。由于每年通过英国、荷兰、法国和瑞典的东印度公司运往欧洲的中国和印度货物的增加，欧洲中国风从18世纪开始流行（比弗斯，2008）。如果我们考虑到欧洲中国风并不是原始的中国风格，而是欧洲为适应欧洲审美而改编的“中国风格”，那么这种趋势就可以被认为促成了亚欧折中主义风格的诞生。

笔者以主要销往欧洲的广彩瓷器为例来证明这一观点。据史料记载，荷兰东印度公司（VOC）在17世纪交易了大量的青花瓷餐具。根据荷兰商业库存记录，他们在也门摩卡（Mocha）的工厂有2000件广彩瓷器，在印度南部科罗曼德海岸的马苏里巴特南（Masulipatnam）工厂有1176间。这些瓷器所使用的装饰图案不仅限于中国传统的吉祥图案（如花卉、人物和动物），而是融入了许多欧洲的图案。特别是将西方的三维绘画技术应用到陶瓷表面的装饰纹样设计中，产生了很高的艺术成就。此外，“徽章瓷”也在中国外销瓷器中占有一席之地，许多欧洲贵族要求将他们的家族徽章装饰在瓷器的中央，周围是山水、花卉和动物等中国元素。中国工匠应欧洲客户的要求制作的这种折中主义的瓷器风格，受到了买家的极大欢迎（陈昊武，2018）。在欧洲，东方服装被认为是最受欢迎的花哨、奢侈的服装分支，是炫耀财富和智慧的一种方式（瓦特萨尔，2013）。18 世纪的贸易繁荣使欧洲人增加了对东方的了解，并形成了对东方美学的迷恋，这些美学被融合成一种独特的欧洲中国风格。事实上，这种对时尚的追求不仅影响了欧洲，也同样影响了中国。例如，从中国广州出口的大瓷盘子上的辐射的“云领”纹样，揭示了其设计灵感来源于伊斯兰金属器皿。盘子上的阿拉伯文字，同样证明了中国南方的窑厂里有穆斯林书法家，他们帮助装饰为伊斯兰客户设计的出口商品（J. 班尼特，2021）。

相较于人尽皆知的 18 世纪的欧洲中国风，因为经济、政治等诸多语境的影响，维多利亚时期对于东方手工制品的狂热，对东南亚各国以及中国的影响则更为深远。有很多历史证据表明，欧洲在 18 世纪已经经历了一波“中国狂热”，从 1790 年开始，人们对中国风格和装饰的兴趣开始减弱，到了 18 世纪末，每年以数十万计运往英国的中国编织、丝绸、漆器、扇子甚至瓷器的进口已经减少到了偶尔的纪念品水平（瓦特萨尔，2013）。然而，这种对中国风格的追求在 19 世纪后半叶则在英国卷土重来，并产生了更大的影响。根据 Liberty 的历史证据，中国产品，特别是陶瓷和刺绣的丝绸，不断受到人们的推崇和收藏。19 世纪 80 年代，Liberty 每年都会组织来自世界各地的刺绣品展览，以满足他们的需求（阿德伯格姆，1975：52）。瓦特萨尔（2013）将这种始于 19 世纪 60 年代的对来自东方的手工艺产品的兴趣复兴的原因，归结为多种因素的刺激：不断增长的国际旅游业、新的摄影技术、批评家和作家如克里斯托弗·德雷珀（Christopher Draper）和威廉·莫里斯（William Morris）的影响，以及 1862 年的大型伦敦国际博览会，使维多利亚时期的英国人接触到了新的异国文化，导致了对来自东方的手工艺品的大量需求。萨拉－张（2007）提到了一个更深层次的原因，他将 20 世纪英国的中国热归结为“一种有趣的双重怀旧情绪也可以与中国物品的销售联系起来，既怀念 18 世纪欧洲的中国狂热，也怀念吏治和宝塔的旧中国”。

（二）帕西社区对欧洲中国风的追逐

19 世纪末，帕西（Parsi）是印度一个商业上成功的社区。在这一时期，帕西社区对中国风格表现出明显的喜爱，并形成了属于自己的折中主义风格。有趣的是，这种中国风格的起源不是中国，而是欧洲。对比回顾19世纪末东南亚的情况可以发现，追求时尚的风格也影响了一些商业地位较高的本地社区。印度帕西社区妇女的混合主义装饰服饰就是一个很好的例证。19世纪的最后几十年是帝国主义的全盛时期，19世纪末至20世纪初，帕西社区在英国东印度公司（EIC）的管理下，取得了巨大的商业成功（西迪奇，1982）。富裕的帕西社区妇女，显然走在了时尚追逐的前沿。表现在服装方面的文化遗产让我们找到了具有明显时代特征的折中风格美学的证据。服装，具有非常明显的社会地位标志，是帕西人认同统治精英的广泛过程的一部分。帕西妇女在19世纪末和20世纪初，形成了一种被称为Garas的服饰风格，与她们生活所在地的其他印度群体表现出了明显的不同。Garas是清朝末年为出口而制作的中国刺绣流派的一部分（瓦特萨尔，2013）。它与同一时期出口到欧洲和美国的中国刺绣与镶边的丝绸披肩相似（霍夫曼，2001）。虽然帕西妇女没有牺牲传统，但上层帕西妇女通过抛弃特定的传统服装，以及在衣橱中加入西方时尚元素，实现了现代和精致的外观（瓦特萨尔，2013）。值得注意的是，她们所追求的一些时尚风格并不是传统意义上的欧洲风格，而是当时流行的欧洲中国风格。

一方面，Garas是传统与现代之间的完美妥协。它既满足了传统服饰的要求，又使帕西人与其他不太优雅的当地妇女保持了距离。另一方面，帕西妇女对中国刺绣面料的追逐并不是对中国风格的追逐，而是恰好因为它是这一时期欧洲的时尚潮流。瓦特萨尔（2013）推测，帕西顾客从一些中国出口刺绣（包括运往欧洲和美国的刺绣）所使用的通用图案书中挑选出Garas的设计。根据笔者的猜测，许多花鸟图案以及刻板的东方主义图案，出现在帕西人的纺织品和出口到西方的桌布、披肩和服装材料上。而这些图案在为中国国内市场制作的中国刺绣中并不存在。就像洛可可时期的折中主义瓷器，具有无法界定源头的装饰图案一样，Garas的折中主义刺绣也表现出难以解释其来源的特点。例如，公鸡或鱼等图案出现在Garas上，一个可能的原因是，帕西人和中国人都认为它们是吉祥物，而刚好这些装饰纹样在中国出口刺绣图案书中出现了。帕西人的服饰遗产有力地证明了东南亚的折中美学不仅是本地与欧洲风格的融合，而且是对欧洲时尚的追求（瓦特萨尔，2013）。

五、土生华人对时尚的追求

与帕西人追求时尚的时间一致，同样的情况在19—20世纪的土生华人社区也很明显（P. 李，2014）。在这一时期，许多土生华人生活富裕，社会地位高，社区逐渐建立完善，因此形成了属于自己的折中主义装饰风格，这在服装和瓷器上表现得非常明显。

（一）娘惹的时尚服装

土生华人在19世纪进入了社区发展的巅峰时期，有利的政治和经济环境使土生华人开始追随欧洲的时尚。娘惹人的服饰遗产，很好地体现了这一时期审美的变化。在政治上，来自英国和荷兰的殖民者给予了土生华人社区经营和发展的机会，这促使该社区达到了从19世纪开始的发展高峰。根据苏利迪纳塔（Suryadinata，1981）的说法，1910年，《荷兰国籍法》颁布，根据该法，爪哇地区的土生华人被视为荷兰国民。而马六甲海峡的土生华人则被英国殖民者称为“国王的华人”，他们的待遇与殖民者几乎相同。有利的政治和经济条件为土生华人追求时尚提供了背景，而欧洲女性的到来则为娘惹人模仿时尚提供了便利。从19世纪开始，许多欧洲女性来到了爪哇地区。根据卢克曼（Lukman）等（2013）的说法，可能是由于炎热的气候和荷兰殖民政府不限制荷兰妇女的着装，生活在马来群岛的荷兰妇女也开始穿着Kebaya，然而，材料会更加华丽，装饰则更具欧洲特色。根据历史记载，为了区别于所有穿同样款式的本地妇女，欧洲人和有欧洲地位的欧亚人穿上了具有明显欧洲特色的Kebaya。从19世纪开始，Kebaya变得更短，豪华的白色棉布镶有花边；颜色是全白的，镶边是花边，没有刺绣；装饰纹样则来自欧洲，如欧洲的花朵和动物。《荷兰国籍法》颁布后，欧洲化的Sarong Kebaya被爪哇岛上的娘惹们激烈模仿，以表达她们与荷兰人在法律上的平等身份（T. 李，2016）。赫林格（Heringa，1996）也同样记录了这段历史：属于土生华人领导阶层的男性和女性在某些公共场合采用了欧洲服装，特别是在1920年之后，他们被同化或被宣布在法律上与荷兰人平等。齐美尔（1997）的时尚理论可以很好地解释这一现象，即一个阶级与其他阶级越接近，下层阶级对模仿的追求就越热切，上层阶级对新奇的渴望则会越强烈。

影响土生华人选择装饰的一个重要独立变量的有力证据是，他们甚至可以接受与自己的文化相悖的装饰风格。一个明显的例子是关于娘惹对白色 Kebaya 的接受。维尔德惠森（Veldhuisen，1996）指出，“在西方鼓励消费者丢弃可穿戴物品的时尚观念，是在19世纪末由欧洲妇女引入爪哇的”。根据贡布里希（1980）的说法，各种颜色在不同文化背景的国家表示不同的含义。西方人在葬礼上使用黑色，而中国人使用白色（尽管黑色和白色都是无色系中的颜色）。爪哇地区的荷兰妇女喜欢使用纯白色的 Kebaya，这一点为土生华人所接受，尽管白色在中国文化中代表着丧亲之痛。娘惹们通过添加刺绣，形成了适合自己文化审美的风格。这些折中主义时尚在娘惹的服饰中多有体现，在峇峇（土生华人男性）的服饰中却鲜少看到。齐美尔（1997）指出了时尚在女性服装中更明显的原因，他认为每个阶层，或者说每个人都有一定的个人主义冲动，这与整体的整合有关。因此，如果这些冲动之一在一个社会领域没有得到满足，它将在另一个社会领域寻求，直到它的需求得到满足为止。因此，当女性的自我表达和个性不能在其他领域得到满足时，时尚就像一个阀门，为女性找到一个出口来实现这种满足。娘惹的服饰不仅表达了阶级和地位，而且强调了将自己与当时占主导地位的欧洲人联系起来的需要（T. 李，2016）。

（二）海峡折中主义风格娘惹瓷器

娘惹瓷是证明时尚对19—20世纪的土生华人装饰纹样产生了强烈影响的另一个强有力的证据。虽然这一时期的土生华人使用的瓷器大多产自中国，并且大多装饰有中国风格的纹样，但是，他们没有选择中国人使用的景德镇瓷器，而是与欧洲人一样，选择了在广州订制外销瓷（一种专门供应中国以外的市场的瓷器，中国人并不会使用）。作为混血社区，土生华人所带有的中国血统常常让我们忽视他们所使用的是否真的是中国瓷器，以及他们选择使用这些瓷器的原因是否仅仅是因为血统中的中国身份。实际上，有相当多的证据表明，土生华人使用的是并不符合中国人审美的外销瓷，影响他们使用这些瓷器的一个可能原因是时尚。

今天在海峡地区发现的大部分娘惹瓷器都是在光绪（1875—1909 年）时期和之后生产的（丘，1996）。最早的类似娘惹瓷的瓷器是在清朝道光年间生产的。在这一时期，中国生产的瓷器分为供中国人使用的内销瓷器和专门出口到国外市场的外销瓷器。中国出口瓷器包括 16—20 世纪（几乎）完全出口到欧洲、北美和其他地区的各种中国瓷器（马德森、斯嘉丽，2017）。这些瓷器是中国瓷器制造商长期生产适应阿拉伯和其他亚洲国家当地需求的瓷器所产生的经验结晶。在制作为欧洲客户订购的瓷器时，他们不仅能在器型上满足客户的需求，还能在装饰纹样上满足欧洲人的审美趣味。很多证据表明，土生华人并没有选择景德镇生产的供中国人使用的瓷器，而是选择了与欧洲人同样的方式在广州订购瓷器。首先是产地。根据 K. 明悦（Ming - Yuet K.，2012）的说法，娘惹瓷没有经过高温烧制，因为敲击时声音很沉闷。从质量水平来看，娘惹瓷可能是在福建或广东的窑场，也可能是在景德镇一些较小的窑场生产的。娘惹瓷的这一特点也与外销瓷的轻盈性相一致。此外，哈里森（Harrisson，1995）认为，马来群岛的华人（即刚从中国移民过来的人）使用的青花瓷是一种直接从景德镇出口且没有经过任何其他装饰处理的瓷器。而土生华人使用的粉彩瓷是一种在景德镇烧制，再送到广州上色，然后通过上海港出口的瓷器。这一证据也证明了中国人习惯使用的瓷器在马来群岛的存在，只是土生华人没有选择使用这些瓷器。一个可能的原因是，下层阶级总是有动力去模仿上层阶级的生活（齐美尔，1997）。而中国的外销瓷器经常使用更复杂的技术和装饰，虽然这些过于精致的装饰不符合中国人的审美，但土生华人却选择了它们。土生华人使用外销瓷是对当时在马来群岛拥有较高地位的欧洲人的模仿，并且可以维护与使用中国瓷器的新移民的界限。

娘惹瓷的一个重要特点是独特的折中主义装饰纹样。中国人使用的瓷器上的装饰图案通常更注重意境的表达。不同于中国，本地客户喜爱的是将书画与瓷器的形状进行结合，将瓷器的表面视为一个整体画面，做出仿照中国画形式的装饰。土生华人与欧洲的客户拥有同样的喜好，他们喜欢开光的构图形式（即用线条或装饰图案组成镶边装饰，并在这个镶边的范围内进行装饰）。这种装饰风格具有秩序感但是并不符合中国人的审美品位，但娘惹瓷却选择了这种装饰风格。另外一个流行的中国外销瓷器的种类是徽章瓷，这种瓷器的装饰通常将家族的徽章放在开光装饰的内部。娘惹人使用的瓷器中也有类似形式的瓷器出现。许多娘惹人喜欢订制整套的瓷器（通常会有十几种样式，数量超过 100 件），用来在庆典上设宴招待宾客。例如，槟城富商陈锦庆家族在 1886 年就订制了一套瓷器，并在所有瓷器的开光中写有“锦庆珍藏”四字（林亦秋，2015）。但是，土生华人使用的瓷器上的徽章大多与中国人使用的印章形式相似，与欧洲人使用的徽章不同。由于这个原因，这些徽章常常与瓷器背面的铭文相混淆。此外，娘惹瓷有别于欧洲和中国瓷器装饰图案的一个特点是，在清代流行的风景、历史图像和爱情故事等图像，在土生华人使用的瓷器中很少见。一个可能的原因是为了尊重伊斯兰教的信仰。

六、结论

在本文中，笔者使用了一种对比历史研究的方式来研究时尚对土生华人装饰纹样的发展产生的影响。笔者将时尚作为一个假设的影响因素进行了研究探讨，重点对比了自 18 世纪起由欧洲开始的一场“欧洲中国风”时尚事件中欧洲、东南亚本地人以及土生华人对其的不同反应。结果显示，东南亚地区早在 15 世纪就出现了混合美学，这里是欧亚大陆的贸易中心。随着欧亚大陆贸易的繁荣，东南亚地区的折中主义美学风格在 19—20 世纪发展到顶峰。在这一时期，一些富裕的本地社区紧紧追逐了这股时尚风潮。处在几种文化混合位置的土生华人，积极地响应了不断变化的时尚。最后，土生华人的时尚追逐，始于他们对拥有较高社会地位的殖民者的模仿，但是，他们并没有直接采用殖民者的装饰风格，而是改头换面，形成了可以配合他们土生华人文化的折中主义美学。

参考文献

[1]AchjadI J Damais A. Butterflies & phoenixes: Chinese inspirations in indonesian textile Arts[J]. Mitra Museum Indonesia,2005.

[2]Adburgham A. Liberty's: a biography of a shop[M]. Allen & Unwin,1975.

[3]Aitken. Intelligence of Tradition in Rajput Court Painting[M]. New Haven: Yale University Press,2010:195 –206.

[4]Anday B W. The cloth trade in Jambi and Palembang society during the seventeenth and eighteenth centuries[J]. Indonesia,1989 (48): 27 –46.

[5]Andrea Natasha E. Kintanar. Identifying "Islamic motifs" on Chinese Blue and White Porcelain Recovered from 15th century Shipwrecks in the Philippines [D]. Quezon:University of the Philippines,2014

[6]Beevers, D. (Ed.). Chinese Whispers: Chinoiserie in Britain, 1650 –1930 [J]. Royal Pavilion Libraries & Museums,2008.

[7]Bennett, J. Making Art in Early Modern Java (16th – 19th C.): A New Reading[Z]. 2021.

[8]Calefato P. Fashion and worldness. [J]. Fashion Theory,1997,1(1): 86.

[9]陈昊武．广彩外销瓷与欧洲洛可可艺术的审美趣味互动[J]．中国陶瓷，2018,54(7): 4.

[10]Chinois. The Oxford English Dictionary[N]. Retrieved,2015 –12 –09.

[11]Geczy, A. Fashion and Orientalism: Dress, Textiles and Culture from the 17th to the 21st Century[J]. A&C Black,2013.

[12]Goetz, H. The Art of the Marathas and Its Problems[M]. Bardhoman:Sadhana Press,1946.

[13]Gombrich E H. The sense of order[J]. Journal of Philosophy,1980, 77(3).

[14]Heringa R Veldhusien H. Fabric of enchantment: batik from the North Coast

of Java: from the inger McCabe elliott collection at the Los Angeles County Museum of Art[M]. Weatherhill, Incorporated,1996.

[15]Hoffman, Andrea Gyarmati. Unwrapping the"Spanish" Shawls Chinese Past [J]. Helen Louise Allen Textile Collection (HLATC) Newsletter,2001.

[16]Hume Helen D. The art teacher's book of lists[M]. San Francisco: Jossey – Bass,1998.

[17]KHOO J E. The straits Chinese: a cultural history[M]. New York:Knickerbocker Press,1996.

[18]Knapp R G. Chinese houses of Southeast Asia:the eclectic architecture of sojourners and settlers [M]. Clarendon:Tuttle Publishing,2013.

[19]Lee K H. Pre – orientalism in costume and textiles[J]. Journal of Fashion Business,2018,22(6):39 – 52.

[20]Lee P. Sarong Kebaya: peranakan fashion in an interconnected world, 1500 – 1950[M]. Singapore: Asian Civilisations Museum,2014.

[21]Lee S K. The Peranakan Baba Nyonya culture: resurgence or disappearance? [J]. Sari (ATMA),2008(26): 161 – 170.

[22]Lee T. Defining the aesthetics of the Nyonyas batik sarongs in the straits settlements, late nineteenth to early twentieth century[J]. Asian Studies Review,2016,40(2):173 – 191.

[23]Lukman C C, Amir P Y. Sunarto P. Kebaya encim as the phenomenon of mimicry in East Indies Dutch colonials culture[J]. Arts and Design Studies,2013(13):15 – 22.

[24]林亦秋. 娘惹瓷独领风骚在南洋[J]. 收藏,2015(8):11.

[25]Madsem A D, White C L, Scarlett T J. Chinese export porcelain[M]. New York:Routledge,2017.

[26]Ming – Yuet K. Peranakan Chinese porcelain: vibrant festive ware of the straits Chinese[M]. Clarendon:Tuttle Publishing,2012.

[27]Morris C. Signification and significance a study of the relations of signs and values[M]. Canbrudge:M. I. T. Press,1964.

[28]Pue G, Shamsul A B. Discourse on"Peranakanness" with focus on the Per-

anakan Chinese community in contemporary Kelantan, Malaysia[J]. International Conference on Humanities, Society and Culture,2011(20):241 – 245.

[29]Richardson M. Understanding the importance of eclecticism:KG subramanyan and twentieth – century Indian Art[J]. Southeast Review of Asian Studies, 2007(29).

[30]Shaffrr H. "Take All of Them" eclecticism and the arts of the pune court in India, 1760 – 1800[J]. The Art Bulletin,2018,100(2): 61 – 93.

[31]Siddiqi A. The business world of Jamsetjee Jejeebhoy[J]. The Indian Economic & Social History Review,1982,19(3 – 4):301 – 324.

[32]Simmelg. The philosophy of fashion[J]. Simmel on Culture,1997:187 – 206.

[33]Subramanyan K G. Some aspects of cultural policies in India[M]. Paris: UNESCO,1972.

[34]Sunartil, Fadeli T R. Preserving Javanese identity and cultural heritage in Malaysia[J]. Cogent Arts & Humanities,2021,8(1): 1956068.

[35]Suryadinata L. Eminent indonesian Chinese: biographical sketches [M]. Dfakarta:Gunung Agung,1981.

[36]Tarlo E. Clothing matters:dress and identity in India [M]. Chicago:University of Chicago Press,1996.

[37]Vatsal T. Still heard:echoes from a colonial past[J]. Indian Journal of Gender Studies, 2013,20(1): 69 – 84.

[38]Veldhuisen H C. From home craft to batik industry[M]//R. Heringa & H. C. Veldhuisen (Eds.). Fabric of enchantment: Batik from the North Coast of Java. Los Angeles: Los Angeles County Museum of Art,1996:38 – 45.

[39]Widayat R Mataram S. Ancient furnitures of mangkunegaran palace Surakarta (A Study on Style, Aesthetics, and Preservation of Javanese Culture)[Z]. 2019.

[40]Yong W C, Basaree R O,Legino R. Cultural and intrinsic value of ornamental tiles on the facade of traditional straits chinese shophouses in Malaysia [M]. Singapore:Springer,2015.

[41]Zwain A,Bahauddin A. The traditional courtyard architectural components of eclectic style shophouses, George Town, Penang[J]. International Transaction Journal of Engineering, Management, Applied Sciences Technologies, 2017,8(2):69 – 77.

潜势与省思

——4S视域下思辨性设计教学转向①

崔仕锦②

一、引言

20世纪60年代国际激进主义助推，结合80年代全球经济化浪潮的席卷和反叛精神的在场，促进了90年代“批判性设计”（Critical Design）的萌发，挑战狭隘假设、反对先入之见、反思日常角色，针对现实场物率先展开批判。作为西方舶来体系的实践方法与设计理念，“思辨性设计”（Speculative Design）继承并发展了“批判性设计”，在当下的解构与再构过程中，通过虚拟道具触发头脑风暴，以预设的解码机制对设计脚本进行解读和转译，给予人们更多维度的契机去震荡和改造现实世界，最终通过长期的社会实验和普遍观察予以校验。

---

① 基金项目:本文系2021年教育部首批新文科研究与改革实践项目“深化艺教协同,拓展多维融合:建设综合性大学一流环境设计专业”(项目编号:2021160030)阶段性成果。

② 上海大学上海美术学院设计学博士研究生,湖北美术学院讲师,中国建筑学会室内设计分会会员,敦煌设计形态学联盟会员,研究方向为设计方法论、艺术文化治理、乡村振兴。

二、发端与溯源，思辨性设计的发展沿革

“思辨性设计”，是安东尼·邓恩（Anthony Dunne）与其搭档菲奥娜·雷比（Fiona Raby）于2013年提出的设计方法论，亦是两位学者深耕英国皇家艺术学院交互设计教学数十载后所倡导的教学理论反思。早在20世纪90年代，邓恩与雷比就忧思于技术迭代所引发的异质同构的科技崇拜现象，提出将设计视作研究的媒材，将视角聚焦于设计以外的可能性的“批判性设计”，表达了作为设计从业者和施教者对于当下设计的盲目乐观，以及撼动人类思维和生活方式的极大担忧。

“批判性设计”，最早于1997年在 *The Pillow: Artist – Designers in the Digital Age* 一文中被提出①，并在两年后的专著《赫兹神话：电子产品、审美体验与批判式设计》（*Hertzian Tales: Electronic Products, Aesthetic Experience and Critical Design*）② 中得到扩充延展，旨在发掘设计潜力，并以科技突破日常生活之局限。作为“思辨性设计”的前身，“批判性设计”是“汲取思辨方式，挑战狭隘假设和先入之见，对设计在日常生活中扮演的各类角色予以反思”③，将所有的理所应当置于质询的对立面，强调设计者和使用者的批评思维。回顾既往的设计发展史，不难发现人们对于设计有着“解决问题且强化结果导向”的固有执念，与之相左，“批判性设计”采取具象且视觉化的设计语境，对“确认式设计”（Affirmative Design）提出质疑，或者说，发现和识别问题在某种程度上的意义是凌驾于解决具体问题之上的，笼罩在技术光环下的创新设计是否存在被人类忽视的问题亦值得反思。换言之，设计者就像在编排一部影响行为用户的剧本，在设计过程中事先植

---

① Dunne A, William G. The pillow: artist – designers in the digital age[M]. Human Factors in Computing Systems, CHI: Looking to the Future, Extended Abstracts, 1997:361 – 362.

② Dunne Anthony. Hertzian tales: electronic products, aesthetic Experience and critical design [M]. London: Art Books International Ltd, 1999.

③ 参见 Dunne A, Raby F. Speculative everything: design, fiction, and social dreaming[M]. Commonwealth of Massachusetts:MIT Press, 2013. 转引自张黎. 从激进到思辨:设计如何催化社会梦想[J]. 南京艺术学院学报(美术与设计),2017(4):14 – 19.

入目标意图，预先导演出使用者的接收方式。而“批判性设计”所倡导的激发人类反思和主动思考的理念，便是跳脱于这类设计脚本之外的突围思辨，怀抱着“是否这样正确”“是否只能如此”和“是否还有他法”等对当下情景的质疑，超越现有知识框架的辨疑与思索，激发人与人、人与物的嬗变与对话。

随着“批判性设计”的萌芽和发展，其内在先锋与批判反思逐渐裹挟着说教性质的强迫，在被人们接纳和遗忘的过程中，“思辨性设计”孕育而生。如果说前者带有更为绝对性的主观判定，那么后者则在前者基础上增加思考开放度的权重，以循循善诱的语境引导人们对设计媒介、设计批判的辨疑和探赜，从而使人展开自发性的主动思考。一定程度上，“批判性设计”和“思辨性设计”是相辅相成的，两者通过对技术未来的虚构与假定，展开技术蓬勃发展后的人们所面临种种处境的省思，为设计拓展一个理想观念与现实问题对峙的平行宇宙，从批判的视角刍议技术的局限性，探究技术尚未造成某些实质性影响的预见与可能。

若分开释义，“思辨”指的是思维层面的抽象联想，“设计”意味着实践落地的具象环节，而“思辨性设计”则是主张将主观想象与客观现实相联结，让人们能够基于相对理性的探隐和立足客观反思的突围，本着非单一美学的想象和虚构，以批判视角去放大技术的局限性，从而形成思辨技术哲学的形式语言，进而帮助设计从业者避免设计惯式。“思辨性设计”侧重理性推导和未来质询，提升设计最终的视觉化呈现技能，从而提升设计师最无法取代的核心竞争力。

三、界定与流变，思辨性设计的脉络分野

正如上文所指，我们无法将“批判性设计”与“思辨性设计”界定为两类迥然不同的方法论，但不可否认的是两者对新兴技术日常化和具身化现象的忧思。作为共生衍变的设计方法论，“批判性设计”与“思辨性设计”促使设计、技术和社会的耦合共融，平衡技术发展、道德伦理和观念价值三者之间的相互关系：技术通过设计而为人和社会所用，人凭借设计

介入，加之技术渗透造就具象载体的“设计之物”，从而帮助社会反思。进言之，“思辨性设计”更像是对“批判性设计”的阈限调整，将目光跳脱出资本逻辑和收益最大的主流设计价值观，追求社会文化思潮不断演变过程中的模糊性和不确定性，通过设计虚构，将技术对未来社会的影响置于“设计之物”的载体之中，或场景浮夸，或形式迥异，进而促发人们对未来技术应用的预见、辨伪、质疑与批判，助力技术为人的塑造机制，引导设计为人的社会影响。

不妨以哲学视角纵观“思辨性设计”的脉络分野，总的来说，“思辨性设计”是历经社会需求、经验技术的两次转向后，进入“物转向”（Thingly Turn）① 的发展浪潮之中。具言之，20 世纪 20 年代伊始，第一次转向以社会需求导向为核心，以马丁·海德格尔（Martin Heidegger）存在主义技术哲学为代表，站在宏观视角对技术发起形而上的反思，“技术乃为解蔽方式，如座驾般不为人所控制且支配着整个现代生活”②，“是一种付诸遗忘而存在的历史天命”③，进而批判了技术对社会的逆影响。第二次转向产生于 20 世纪末，荷兰埃因霍恩理工大学教授彼得·克洛斯（Peter Kroes）和安东尼·梅耶斯（Anthonie Meijers）以微观视角对技术予以辩证客观的审视，提出当代技术哲学的“经验转向”（Empirical Turn），推动了技术认识论研究。可以说，后者昭示着技术哲学从经典范式跨入现代阶段，是基于经验和应用对技术展开的哲学分析。而其中的设计，则成为技术应用和经验描述至关重要的载体，但亦存在经典哲学批判的规范性缺失。

面对上述面向技术人工物设计和使用的弊端，21 世纪初期，荷兰学者维贝克（P. P. Verbeek）以前瞻思维方式（Forward Thinking）介入技术伦理研究，从先验取向（Transcendental Orientation）转为语境取向（Contextual Orientation）④，从而开启了“思辨性设计”第三次转向——“事物转向”，

---

① 潘恩荣．技术哲学的两种经验转向及其问题[J]．哲学研究，2012(1)：98－105.

② [德]海德格尔．海德格尔选集：上卷[M]．孙周兴，选编．上海：上海三联书店，1996.

③ 路春梅．马克思和海德格尔的技术批判思想比较分析[J]．新疆大学学报(哲学社会科学版)，2006(3)：34－36.

④ 杨庆峰，闫宏秀．多领域中的物转向及其本质[J]．哲学分析，2011，2(1)：158－165.

主张人们在设计实践过程中关注引导技术归属和发展方向。维贝克关注物的道德性问题，提出“道德物化”（Materializing Morality）方法论，令设计从业者不再对道德进行抽象诠释，而是将道德进行物化，促使技术符合社会道德规范，让尚未成型的技术应用结果进行虚拟呈现并展开前瞻预判，将既往技术理论传统的说教属性变换为切实具象的探讨研读。

可以说，“思辨性设计”的三重转向，是技术哲学领域内经验转向的纵深表现，将抽象技术置于生活场景，通过具象化“物媒介”呈现，将未来技术予以视觉化表达，引发人类社会的关注和反思。

四、域境与形物，4S 视域下思辨性设计教学的范式探寻

在回望“思辨性设计”的演变逻辑，沿循其发展转向后，笔者立足跨学科视角和多媒介途径，对既往设计教学展开辨疑和省思，提出“思辨性设计教学”的“4S 范式”。正如“思辨性设计”是借物发问引导争辩、改变行为促发行动从而模糊边界催发理想一样，“思辨性设计教学”侧重在教学前后培养受教者以理性逻辑挖掘、反思和批判现实问题的能力。一切理所应当都值得被质询和挑战，这正是“思辨性设计教学”秉承的首要原则，也恰是立足当下、放眼未来，将现实主义有效延展至设计话语的深刻研判。

“4S 范式”，以“设计之域”（Setting）、“设计之境”（Situation）、“设计之形”（Scenario）和“设计之物”（Stuff）为核心，叩问人本反思背景下“思辨性设计”介入跨学科教育体系的在地延续。一方面，在宏观视域下释义“域境”：“Set”本义为“设置”，而“Setting”指事物发生广袤场域和事件产生的置位环境；“Situation”意指“情况”“形势”，指事物的总体形势和实际情况。在“思辨性设计教学”中，除了要沿循设计基于新兴技术的社会场域和生活场景，更应遵循文化背景差异，尊重教学主客体的平等性和普适性，引导人与科技的价值互通、场域互洽和境域互补。另一方面，在微观显映下描摹“形物”：“Scenario”意指“场景”“情境”，可延伸为“状况”，借指设计语言的视觉轮廓样态；“Stuff”指代“材料”“原料”或“特质”，是设计之物可感、可触、可循迹的具象实体。我们在进行“思辨

性设计教学”过程中，通过精细化和跨界化的感知途径，激发可以反思现实的设计语言，用于具体物化的实体设计，以局代整、以小见大，从而挖掘出具有更多争议的可能性和未知性（见图 1）。

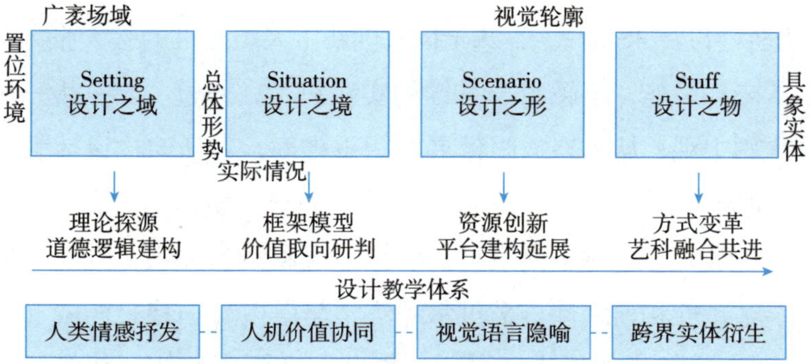

图 1　思辨性设计教学“4S 范式”

资料来源：笔者绘制。

设计教学时至今日已然建构出与时代发展相适应的教学体系，笔者认为，可将其归纳为“教学理论探源”道德逻辑建构、“教学框架模型”价值取向研判、“教学资源创新”平台建构延展和“教学方式变革”艺科融合共进 4 个维度。而当下所指“思辨性设计教学”的“4S 范式”正是对上述已知教学范式中道德逻辑、价值取向、平台建构和艺科融合的逐一对应。具言之：

首先，“设计之域”对应教学理论探源，维护人类对于技术演进的情感抒发，引导人机深入学习，以思辨发端探寻面向未来的设计背景，立足当下且放眼未来；其次，“设计之境”对应教学框架模型，提炼既往智能数据，引导人机的价值协同，携关键工具构想叙事语境的设计情境，引发疑惑并推动想象；再次，“设计之形”对应教学资源创新，从“万物互联智教平台”“虚拟仿真学习伙伴”和“智能联动教学辅助”三个方面促进教学平台的重构，隐匿教学主客体之间的边界效应，凭感知途径激发视觉语言的设计情节，反思现实且隐喻省思；最后，“设计之物”对应教学方式变革，围绕设计领域中艺术美学、艺术疗愈、符号图像、城市空间、乡村振兴、人居环境和建筑规划等众多分支，展现新文科视角下的艺术与科技的跨界化实体衍生，秉本质要素借喻以局代整的设计之物，解释修辞并再造现实。

五、潜势与审思，4S 视域下思辨性设计教学的耦合延展

“思辨性设计 4S 范式”，基于技术创新下人类思维的强大张力，观测技术开发的未知可能，超越单一思维的实践思考，通过“域—境—形—物”，从顶层重塑中观、从形态放眼延展的四重维度，重新建构设计教学过程中“理论—框架—资源—方式”的必经过程，打破以资本运转和市场经济为轴心的单一价值观，了解未来设计的资源信息和利害关系，进而明晰设计的普适性、适销性和前瞻性。诺贝尔经济学奖得主赫伯特·西蒙（Herbert A Simon）曾在其代表作《人工科学：复杂性面面观》中，将经济学、管理学、心理学、设计科学等领域贯穿起来，并定义设计为“凡是以改变现实情形、产生构想且付诸行动方案的行为”①。“思辨性设计教学”的“4S 范式”秉承的核心正是“拒绝事物的独一之可能，通过映现当下的社会文化、技术应用与经济价值，来对现行设计进行的批评和反思”②。

回眸中国设计教学的演进历程，19 世纪中叶到 20 世纪上半叶，中国社会经历了一系列突变，如洋务运动、辛亥革命、新文化运动、工艺美术思潮和装饰艺术运动等，终结了古典文化的旧有形态，启蒙了现代设计教学。随着工业文明的发展，后工业时代纯粹艺术与实用设计的承续，后人文时代审美情趣与创新思潮的演变，促发着中国设计教学的转向。进入 21 世纪后，随着人工智能、虚拟仿真、万物互联和数字“元宇宙”等新兴技术迭起，设计教学映射出数字化、虚拟化和交互性特征，逐渐打破传统物理空间壁垒，唤醒人类智力潜能，促进意识形态和科学技术倍速发展。不难看出，彼时的设计教学始终秉持着“未来导向”（Future - oriented），思索将来、解决问题、对未知勾描并进行创造。

伴随近 10 年来科技迭代和教育改革，我们对既往的设计教学展开反思，

---

① 司马贺. 人工科学:复杂性面面观[M]. 武夷山,译. 上海:上海科技教育出版社,2004:103.

② Dunne A, Raby F. Design noir: the secret life of electronic objects[M]. Berlin: Springer Science & Business Media,2001:58.

设计的未来属性边界亦被进一步拓宽，“批判性设计”和“思辨性设计”应运而生，并逐渐活跃于当下创新设计发展的沃土之中，借物发问、引导争辩、引发共鸣并转变行为。正如邓恩和雷比在《思辨一切：设计、虚构与社会梦想》中对设计的未来属性展开递进判定，生成“可能的”（Probably）、“可信的”（Plausible）、“将可能发生的”（Possible）和“合意的未来”（Preferably），而“思辨性设计教学”侧重的便是最后一类。

面对“思辨性设计教学”的潜势，我们要尽可能挖掘具有争议的议题，并以此为契机产生对话、探讨和争辩，使设计朝着大多数人们所“合意”的未来发展。人们在观测未来时，常抱以“准未来”（Para－future）的将来时心态，在“思辨性设计教学”中需怀揣疑辩且不可预知的假定，以“未未来”（Future－unknown）的状态，通过预测场域的遵循、虚构情境的建构、技术物化的样本以及预判行为的介入，从而反向验证“准未来”的实现可行性。

如果说，设计是立足当下世界观和价值观，具备看待和理解现实方式的特殊意识形态。设计教学是帮助人们以设计为媒介，建构思维方式多样化，寻求未来可能出现困境的解决途径。那么，“思辨性设计教学”中的“4S 范式”则是在前述基础之上，识别意识形态真伪、揭示设计逻辑规律、质询常识思维构成、大胆创设未来之物，并展开对未来可能发生事件的解构与反思。

六、结论

“思辨性设计”是对设计对象的美学改造，帮助我们拓展未知、沉浸体验、启发思考和促动改变。我们展开“思辨性设计教学”，便是基于既有设计教学方法的路径，拓展设计媒介，培养思辨思维（Speculative Thinking），尽可能挖掘日常体验中被省略和忽视的现象和事物，提供给所有观者平等的参与权益，全方位多角度地理解当下并思考未来。“思辨性设计教学”通过可替代的设计方案来表达不同观点①，正是描绘这样一幅画面：对当下共识性的设计权威发出质疑，以开放包容的心态鼓励人们参与对话、介入思考和发起想象，进而改变行为、改造现实和实现梦想。无论是构建出虚拟的假设情景，还是提供其他替代方案与之对比，都是对未来可能发生事件的勾勒与反思。

不可否认，还是有一部分人对“思辨性设计”秉持着怀疑的态度，并认为其是某种高调美学的摭谈。随着新潮的概念外衣褪去，“思辨性设计教学”的时代际遇与地域属性能否被我国设计学界的本体定位适配，不会沦为某个猎奇的视觉语汇逐渐被人遗忘？在新兴技术不断迭变的时代背景之下，如何将“思辨性设计”融入协同创新教育体系的建构和实践中，以促发具有中国特色的“思辨性设计”物性角色和话语机制？这值得每一位设计教育者为之运筹和努力。

---

① Dunne A, Raby F. Speculative everything: design, fiction, and social dreaming[M]. Commonwealth of Massachusetts: MIT Press, 2013:34.

设计和生产 4.0 之意大利时装生产
——了解时装设计贡献的映射方法

詹尼·德纳罗[①]

随着 21 世纪数字化演变，第四次工业革命正在塑造一种新的设计和生产方式。在工业系统中使用数字技术，让人们重新开始思考生产模式以及设计师的工作和作用（Imbesi，2014）。进而引发了关于设计学科在这一新场景中的贡献问题，强调了设计必须注重哪些方法和工具，从而把握第四次工业革命带来的种种可能性。在这方面，运营和信息技术的应用（ACIM-IT Osservatorio，2017）带来了新的方法，总结如下：协作创新（Boccia，2018）、分享（Anderson，2012）、交互（Atti，2018）、灵活性和生产力（Marnoni，2018）。

一、作为研究领域的时装系统

上述方法和技术尚未正确嵌入时装系统。尽管 2018 年时装行业的收入达到 717 亿美元，与 2017 年相比增长了 3.4%，但 LSTAT 数据显示，实施创新的公司中比例最高的是食品行业（40%）和机械行业相关（47.8%）；

① 罗马大学建筑规划、设计、技术系产品设计博士。

而服装纺织和配饰行业的百分比最低，分别为 38.9% 和 29.2% （Ferrucci and Picciotti，2016）。

时装系统是不太容易发生此类变化的行业之一，根据 Ferrucci 和 Picciotti（2016）的说法，这是由于无法获得专利保护而进行的创新。由于品位的快速变化，时装难以实施创新技术，而且由于它是一种美学产品，它的变化更倾向于形态，因此不太可能用切实证据证明进行了创新，甚至申请专利（Gregori，2016）。除了这些因素之外，时装行业是一个特殊的研究领域，涉及文化、社会和生产层面。

在文化上，时装行业的价值在国际上广为人知，这要归功于该行业在“意大利制造”建设中所做出的贡献。根据 Alberto Cocci（1999）的说法，意大利更注重面料、新材料和新工艺的开发与使用，在这些方面也比其他国家更具创新性。这种注重也与工匠对细节的痴迷有关，因为细节代表了附加值，并且随着时间的推移，这种附加值是保持不变的（Magni and Noè，2017）。

由于其社会性，时装更能吸引注意力。它们代表了统一和差异之间的张力，反映了成为一个群体的一员，同时又远离群体的矛盾愿望，肯定了通过时装产品来展现个性的可行性（Simmel，1971）。与其他工业制品相比，时装产品是唯一与身体紧密相连的产品，因此它不断暴露、可见并能够吸引任何人的注意力（Ferrarini，2019）。

这样一来，时装拥有了控制当代生活所有“按钮”的能力，代表了高雅文化与流行艺术的融合，赋予了自身真正的社会力量。时装可以处理严肃的议题，它也拥有工业设计望尘莫及的大众想象力（Sudjic，2009）。由于所有这些原因，意大利服装行业成为一个有趣的实验场景，帮助人们了解设计如何适应并建立意大利文化中的跨学科关系（Bettiol，2015）。

二、目标

本文旨在强调时装在不断变化的场景中的作用和设计干预，强调在时装系统特定部门运营的公司的综合方法和创新等级。研究结果从 4.0 的角度指出重启该工业系统的可行性。

首先，需要检测时装业范式、技能和作用方面的一般变化，从而确定设计可以介入的角度。其次，在确定这些变化之后，研究转向第二个目标，即了解这些一般变化如何适应特定的意大利生产公司。该目标将通过调查和矩阵集中分析在意大利时装业运营的 70 家公司。矩阵分析将从定性的角度显示该领域，包括显示方法、工具，以及它们如何指导设计、技术和生产应用。

这些现实的映射也将成为理解设计在场景中的新贡献的基本工具，它将突出技术、创新方法和设计贡献之间的关系。

本文研究还发现，设计可以用来为公司、品牌和设计师制定战略，了解其设计和生产需求，从而制定相应的方法和工具。

三、矩阵的构造：方法和标准

为了分析和绘制意大利时装业中工业 4.0 的现象，本文设计了一个矩阵。它汇集了所有必要的元素，突出了设计在生产维度中的关系、作用和工具性。该矩阵按 3 个不同的维度进行组织，包括流程、定性和工具。由于该矩阵关联这些维度并检测它们之间存在的不同关系，因此有必要在这些维度内将元素组织起来。出于这个原因，矩阵的构建需从了解哪些是分析性因素以及哪些是描述性因素开始。

本文使用了典型的数据可视化方法，突出上文提到的关系、组织和层次结构（Lupi and Posavec，2016）。因此，该矩阵由 3 个不同的部分组成，强调基本领域，并划分如下：

——调查领域，包含公司的所有信息和指导调研的工具；

——流程，旨在描述整个设计和生产流程，重点关注涉及的方法、工具和学科之间的关系；

——设计贡献，创新、影响和干预相关的所有设计元素。

“调查领域”所关注的元素是公司维度、产品类型和生产，以及文化制造元素和调查工具。中心部分完全专注于流程，是分析的基础部分。在流程阶段，方法和工具之间的关系得到应用和实现，揭示了流程中每个阶段相关的规程。本文中的所有元素都旨在突出生产流程中定性和工具维度之间的关系。矩阵的最后部分收集了所有设计元素。通过这种方式来分析设计如何为创新做出贡献。本文将分为 3 个部分：设计的干预、作用和创新，并强调设计在具体案例研究中的构成方式。

四、初步分析工具、收集与选择方法

该矩阵用于分析目前在意大利的 70 家时装生产商。为了获得所有有用的信息来填充矩阵，本文使用了两种不同的研究工具：网络研究和科学文献，由于场景和实验领域的特殊性，目前尚有不足或正在开发中。由于利用科学资源的途径受限，阻碍了对案例研究的分析，本文不得不设计另一种工具来弥补这些限制。对于这种结构，本文应用了被称为“批判性设计民族志”（Barab et al.，2004）的民族志方法。

该方法基于 Loco 观察（Ingold，2013），可以用来了解流程，而流程是分析的主要焦点。这种观察法还成功地产生了知识的基本要素，以了解设计在生产阶段做出的贡献。初步观察阶段采用了一项调查，即提交给公司的问卷，了解在流程四阶段中使用的方法和工具，以及生产类型和产品等一般信息。因此，该调查忠实地追踪了矩阵的元素，记录了生产性、质量和工具性元素。

调查包括两部分：第一部分包括公司的所有一般信息和调查领域；第二部分为流程阶段，包括方法和工具。第二部分能够揭示在流程的各个阶段方法和技术之间的关系。

在收集和筛选方法方面，案例研究主要通过 Europages 平台进行。它是 B2B 市场最大的网络平台，各个公司可以在这个平台上与同行业的其他公司取得联系。

通过一系列筛选，可以查找在不同部门工作的生产实际情况并找到所有必要的信息。在第一阶段的研究中，使用的主要筛选是关于生产的，目的在于筛选出意大利时装生产中与成衣相关的所有公司。然而，由于平台的限制，无法仅选择与工业 4.0 有关的数据，因此第一个集合确定了在意大利境内运营的大约 700 家公司。

电子邮件、电话号码和网站被记录下来，随后按地区划分。这一步的重点是检测这些公司以何种方式对接工业 4.0 实践。这一步既可以通过网络搜索实现，也可以通过与公司直接联系来实现。若能获得详细访谈，则将其收集在一份小型出版物中。

因此，分析和案例研究矩阵以问卷或访谈的答案为基础，并根据生产维度进行分组，从而形成可以指导映射阶段的分类方法。这些矩阵和分析也细分为微型、中小企业和大型企业。

五、设计对生产的贡献

该矩阵可用于检测整个流程中的所有修改之处，也是了解设计贡献的完美工具。由于矩阵由多个级别组成，因此可以用不同的方式读取结果。最有趣的发现可以在维度细分后突出显示。

对于微型企业而言，数字技术和创新方法就像对流程的技术支持。事实上，在大多数情况下“为制造而设计”是普遍存在的，因为这种方式可以提供改进流程的技能，特别是在生产速度方面。因此，技术支持侧重于“生产时间是基本因素”的那些阶段。事实上，大多数微型企业处于产业化和切割阶段，很大一部分生产精力集中在流程的自动化上。

尊重市场期限是微型企业必须不断应对的需求之一，因为它们在产品方面具有一定的灵活性来响应市场需求，但在速度方面则不然。在这些情况下，设计可以充当问题解决者的角色，帮助找到正确的方法和技术。

中小企业的情况非常相似。创新主要是在流程层面引入的，不过有一些案例还伴随着流程对产品的反思。设计主要干预寻找能够将流程维持在更高生产率范围内的解决方案。与微型企业相比，中小企业是协作、共享专业技能的企业集团（Becattini，2000），由此确定了生产流程管理的设计干预机制。

事实上，所有流程阶段都需要受到控制和管理，以确保沟通尽可能高效。因此，流程时间的减少是通过减少各公司之间的沟通时间来实现的，这决定了管理层的设计干预。在这种干预水平上，设计师的作用正如叙事思考家。在构思和设计阶段，设计师可以强调系统内每个公司的特定技能，反之亦然，即可以依靠该模型的灵活性，以及基于特定的生产实践，将满足需求的公司纳入其中。

在大公司层面，设计的贡献是多方面的，涉及制造和管理领域。与以往不同，它的目的不是加快流程，而是提高生产力。这意味着在工艺层面引入的创新旨在创造更大的产量。因此，设计师必须能够了解哪些单品在品位上可以满足更广泛的客户需求，从而增加它们的产量；此外，需要找到方案来实现这一产量。

方案之一是使用具有综合商业成功经验的模型。可以用作创建新项目的基础，只是在材料、面料或颜色方面有所不同。这样一来，就无须干预通常需要大量生产时间的技术阶段。这种战略技巧在大品牌中占据了越来越大的空间，这些品牌现在被称为“无季节性系列”。

因此，可以说它是一种在产品层面进行干预的生产策略。在流程管理方面，设计部门需要做出进一步的贡献。这是因为大公司要想在市场上具有竞争力，就必须改革其僵化的等级制度。要满足当代需求，特别是在产品的定制和地道性方面，就需要在流程层面采取行动，使产品适应市场和社会的变化。这样的变化需要设计的干预，它必须制定战略，采取行动，将实践、技术和生产模型纳入系统。

六、构建战略工具的方法和标准

映射和推论的结果能够突出时装系统进化的总体状态，但专业人士仍渴望通过整合加速创新。为了满足这一需求，本文最终设计了一种工具，让所有运营商都能满足当代需求，并能够获得在时装系统中竞争的机会。

战略工具的构建是通过应用设计思维方法（Brown，2009）进行的，旨在将目标受众的需求与技术和经济上的可行性相结合。本文将所有收集到的信息整合到一个系统中，达到上文中设定的目标。

需要了解什么是参考目标以及可以实际实现的具体目标。由于研究在设计和生产两个参考领域之间移动，目标被限制为：

制造企业：

—— 向想要通过工业 4.0 方法和技术生产产品的设计师或品牌提供服务；

—— 渴望设计师或其他专业人士可以提供适当的工具来弥补企业的不足。

品牌和设计师：

——希望向生产型公司提供自己的方法和工具；

——寻找合适的生产情景，以满足定制、地道性或工艺的需求。

七、“TRED”：特点和功能

为满足目标，本文设计了 TRED 应用程序，其功能和特点如下。

从注册页面开始，品牌、设计师或制造公司需要输入个人或公司信息，如电子邮件和密码等进行登录，这些信息将根据注册用户的类别而变化。

注册后，用户将在屏幕底部找到专用于“部分”和“功能”的菜单：简介、搜索、主页、文档、消息、通知。

首先，用户填写“个人资料”，在适当的框中输入设计和生产公司，声明目标及其他一般信息。

其次，用户可以通过“搜索”部分继续构建网络。可以通过地图搜索在该地区运营的公司，查看主要信息并与它们联系。“主页”显示包含所有主要活动的提要，以及有联系的用户和新闻。

再次，“文档”部分提供公司各种类型的文档共享。该应用的一个关键部分保留在屏幕的中央，“目标”和“联系网络”功能位于此处，数字地址簿也位于此处。屏幕的左侧专用于“目标”功能，用户可以在其中填写目标。它包含用户正在寻找的所有因素和元素。

最后，通过选择所需的文化生产要素、工具和方法，有可能获得可视化的所有相关信息。这些目标将充当搜索筛选器，以便用户直接接触最符合要求的条件。通过单击因素，还可以访问包含所有相关信息的摘要卡。

八、评估取得的成果

在第一个案头研究阶段，分析科学文献主要是用于理解情景、技能和作用的一般变化。然后将这些变化匹配到时装生产的特定实验领域，从而验证这些技能如何进入研究领域。事实上，案例研究的分析落后于一般框架，并且可以概述实际应用了哪些作用和技能，以及哪些学科对于应对格局转变至关重要。

对这一背景的分析，也得益于资料来源和报告等。借助这两者，本文勾勒出目前正在从旧生产系统过渡到工业 4.0 的情景。对这一立场的理解便可以用于可能性调查，帮助直面转型。在这种过渡中，设计已成为不可或缺的战略工具。

矩阵还能够揭示当今的变化，并能展示在非常具体的画面中，以弥补科学文献的不足。事实上，时装系统的特定部门并没有这样一个特定的数据库。因此，该研究有助于填补有关商业模式、就业结构和企业竞争力的变化，以及公司规模决定性作用的空白（Rinolfi，2017）。

此外，调查和矩阵使得部分实现预期目标成为可能。事实上，不可能针对 3 个不同维度分析相同数量的案例。与中小企业和大型企业相比，微型企业的分析涉及的案例数量要少得多，相反，在这些企业中，可以进行数值相同的分析。一方面，由于微型企业与外部联系的渠道有限，在调研中笔者无法很好地接触到小微企业，这导致既无法进行调查，也无法通过访谈的方式进行分析。

另一方面，由于无法访问微型企业样本中的较大者，所以无法在 3 个维度上分布相同数量的案例研究。本文发现的局限性在于应用研究阶段制定的标准：案例研究的选择是由矩阵中心的方法和工具指导的，公司应该应用这些方法和工具，成为样本的一部分，即使是在最低限度使用。

原因完全取决于现实，现有技术和科学文献在研究开始时已经表明，较小的生产规模付出了没有经济资源的代价，使企业有可能面对技术创新的高成本：购买新机器，雇用或更换必要的专业人士（Rinolfi，2017）。因此，微型企业样本的数量不可能与中小企业和大型企业的样本数量相等。

虽然在维度级别框架下，上述研究得到的结果能勾勒出设计对这些维度的总体贡献，但这些结果在微型企业层面可能并不精确，或者至少不如中小企业的结果有效。因此，为了得到结果而做的选择不仅是位于中心的尺寸标准，而且应用了其他标准，例如，文化生产的描述性因素和流程阶段。

最后，了解公司规模带来的限制和可能性，为本文填补相关研究空白提供了帮助。本文实际上是将设计学科用作构建应用辅助工具和战略杠杆。这种辅助不仅针对生产，也针对希望能更好地解决问题的设计师，同时能够将他们的技能提供给需要的公司。

利用讨论过程中产生的所有数据，本文所设计的应用程序可以提供解决方案，包括进一步的国家干预，鼓励公司或业务网络规模的增加。中小企业的“外部性”的增长，即他们之间的整合或协作网络的建立。然而，这一网络却产生了类似于“单一增长”的结果，因此鼓励采用工业 4.0 模型。本文仍以技术创新资金为主题，分析了“工业 4.0”计划（或“万年历计划”）设想的干预措施，描述了新技术传播方面的初步成果。

参考文献

[1] Acimit Osservatorio. Industria 4.0：la nuova sfida per il meccanotessile italiano(Industry 4.0：The New Challenge for the Italian Textile Machinery)[EB/OL]. [2023-04-13]. http://www.acimit.it/DOC/OSSERVATORIO-2017.pdf.

[2] Anderson C. Maker. The New Industrial Revolution[M]. USA：Crown Business,2021.

[3] Area Studi di Mediobanca. Report sul sistema moda [Report on Fashion System][M]. Milan：Area Studi di Mediobanca,2020.

[4] Atti G. (curated by) La quarta rivoluzione digitale：verso la supply chain digitale(The fourth industrial revolution：toward a digital supply chain)[M]. Milan：

Franco Angeli,2004.

[5] Barthes R. The fashion system[M]. London: Vintage Books,2010.

[6] Becattini G. Dal distretto industriale allo sviluppo locale [From the industrial district to local development][M]. Turin: Bollati Boringhieri,2000.

[7] Bettiol M. Raccontare il made in Italy: un nuovo legame tra cultura e manifattura locale [Narrating Made in Italy: a new link between culture and local manufacturing][M]. Venice: Marsilio Fondazione Nord Est,2015.

[8] BOCCIA V. Introduction[A]//G. Atti (curated by). La quarta rivoluzione digitale: verso la supply chain digitale [The fourth industrial revolution: toward a digital supply chain][M]. Milan: Franco Angeli,2018.

[9] Brown T. Change by design, how design thinking transforms organizations and inspires innovation[M]. New York: Harper Collins,2019.

[10] Cocci Alberto. Un impero fondato sul dettaglio [An empire Based on Detail][M]. Rome: AD Millennium,1999.

[11] Ferrarini P. Design and fashion: the project and the body [A]// PhD. Design Research: Lecture Series[J]. Planning, Design and Technology of Architecture Department, Sapienza University of Rome,2019(24).

[12] Ferrucci L, e Picciotti A. Il ruolo del Made in Italy per l' economia italiana: oggi e domani [The role of Made in Italy for the Italian economy: today and tomorrow][A]//G L Gregori (a cura di). Made in Italy: una lettura critica fra eredi virtuosi e dissapori [Made in Italy: a critical reading between virtuous heirs and wasteful ones][M]. Bologna: il Mulino,2016:23 – 59.

[13] Gregori G L. Made in Italy: una lettura critica fra eredi virtuosi e dissipatori [Made in Italy: a critical reading between virtuous heirs and wasteful ones][M]. Bologna: Il Mulino,2016.

[14] IMbesi L. Il design nell' economia della post – produzione [Design in the economy of post – production][A]//Design, planning, technology of architecture[M]. Rome: R Design Press,2014:24 – 43.

[15] Ingild T. Making: anthropology, archaeology, art and architecture[M].

New York: Routledge,2013.

[16] Lupi G. Posavee S. Dear data[M]. Londra: Particular Books,2016.

[17] Magni, Aurora, Carlo N. Innovazione e sostenibilitanell' industria tessile [Innovation and sustainability in the textile industry] [M]. Milan: Guerini Next,2017.

[18] Marmoni P. Sistema impresa e piattaforme digitali per il procurement [Business system and digital platforms for procurement] [A]//G. Atti (curated by). La quarta rivoluzione digital: verso la supply chain digitale [The fourth industrial revolution: toward a digital supply chain] [M]. Milan: Franco Angeli,2018:37 –49.

[19] Rinolfi V. La quarta rivoluzione industriale e le opportunitaper il settore Tessile – Abbigliamento – Moda [The fourth industrial revolution and the opportunities for the Textile – Clothing – Fashion sector] [M]. Rome: Ezio Tarantelli Foundation,2017.

[20] Schwab, Klaus. The fourth industrial revolution [M]. New York: Crown Business,2016.

[21] Simmel G. On individuality and social forms [M]. Chicago: University of Chicago Press,1971.

[22] Sudjie D. The language of things[M]. London: Penguin Books Limited,2008.

设计领导力视角下设计教育对比研究

高 璇①

随着全球化迅速发展，全球市场复杂化程度越来越高，产品差异化和个性化定制的趋势越来越明显，从而引发技术变革。与此同时，日益复杂和不确定性的时代背景成为驱动力，要求企业不断创新，企业由此开始寻求能够帮助其保持并提升竞争力的战略设计师（Woyke and Atal，2007）。这要求设计师不能只局限在设计思维中，更应掌握商业战略思维以应对不同的困难和问题。

在此背景下，设计教育开始强调商业思维的重要性（Design Management Institute，2020；Borja de Mozota，2003），以及设计思维融入战略思维的必要性（Herrmann and Gold schmidt，2013；Kefallonitis，2007；Kumar，2009）。关于设计思维探讨始于 20 世纪 90 年代，以 2005 年斯坦福大学建立 Hasso Plattner 设计研究所（Hasso Plattner Institute of Design，HPID）为标志，其利用设计思维解决商业问题的成功实践，使人们开始将设计思维视为一种解决问题的方法，并在教育领域提出设计思维工具包（Design Thinking Tool-

---

① 英国兰卡斯特大学设计领导力博士。

kit)。然而，尽管它在商业生活中越来越重要，但在当下，相关的设计教育明显滞后现实需要（Gözde，Mura，and Melike，2017）。事实上，以设计思维为根本的设计教育可以在不同层次教育中广泛使用。设计思维作为创造性过程，利于培养有创造力和创新精神的学生；设计思维作为教学方法，可以从幼儿园到高等教育阶段使用（Scheer，Noweski，and Meinel，2012）。

本文通过数据计算，从地域方面划分研究范围，依据排名决定将美国、英国、韩国和中国作为本次研究范围，通过将具有设计教育背景的 CEO 或管理者作为案例，根据其设计教育经历，从设计领导力角度对各国设计教育进行对比研究。

一、设计教育

（一）设计思维介入商业

McCullagh（2008）认为，设计师应具有大局意识来创造设计战略，Holston（2011）提出设计师应有的态度和行为。Bonn（2005）认为，商业思维的本质是理性问题被解决的过程，但当设计师运用他们的感性和技能解决问题时，由此产生设计思维。Martin（2009）认为设计思维可以被定位在分析性思维（Analytical Thinking）和直觉性思维（Intuitive Thinking）之间。Bonn（2005）定义了战略思维的 3 个要素——系统思维（Systems Thinking）、创造力（Creativity）和愿景（Vision），并认为在企业战略制定过程中，理性思维和创造性思维必须共存。IDEO 的首席执行官 Brown（2009b）认为，设计思维可以挖掘出个人解决问题的能力。他将设计思维表述为一种可以发现需求并创造性解决问题的方式，在这个过程中包括观察（Observation）、协作（Collaboration）、迅速学习（Fast Learning）、想法可视化（Visualization of Ideas）、概念原型（Rapid Prototyping of Concepts）和商业分析（Business Analysis）等环节，都时刻影响着企业的创新和战略（Brown and David M Kelley，2009；Norman，2013）。

（二）设计教育的研究现状

在设计教育研究领域，有学者已对设计、教育、设计教育进行了定义（Xiao，2020）。许多学者从不同的角度对设计教育进行了研究：从设计思维的角度，学者研究如何将设计思维融入设计和商业教育课程（Wrigley and Straker，2017）；从反思（Reflect）方面进行研究，提出设计教育的伞状技能（Lousberg，2020）；将设计思维和具身性学习（Embodied Learning）相结合（Moreira and Mafalda，2019）；将设计教育与设计过程相结合（Van and Boshuizen，2014），此外，有研究提出将虚拟现实的可用性与基础设计教育相结合（Özgen and Afacan，2021）。

尽管在设计教育领域的研究已经非常丰富，但仍有许多未解决的问题和局限性（Van and Boshuizen，2014；Özgen and Afacan，2021）。在设计教育领域，大多数研究集中于整体的宏观层面，而忽略了对各国具体的研究，并且缺乏对其他代表性国家的设计教育系统的研究（Huang and Wang，2021；Saris，2020）。此外，目前的研究忽视了反思（Reflect）对设计的重要作用（Lousberg and Rooij，2020），也忽视了设计教育的培养类型以及设计专业学生应具备的资质（Xiao，2020）。

在设计思维教育方面，缺少对设计课程之间关系的研究，并且缺少对于设计课程结束后的学生后期表现的追踪研究（Wrigley and Straker，2017）。在设计教育的跨学科研究方面，James 和 Evans（2018）认为需要对不同的机构、研究项目和教育方法进行更多的研究，并且需要进一步研究以评估教育设计阶梯在设计思维项目发展中的实施情况（Wrigley and Straker，2017）。

从对中国设计教育的研究来看，Peipei 等（2018）研究并提出了影响中国当代文化原创力（Cultural Originality）的各种因素之间的相互关系，Saris（2020）对研究创意和创意设计过程进行研究，Huang（2021）通过研究中美工业设计教育的比较建立模型，指出工业设计中创新人才的现状，并探索适用于中国国情的高层次人才培养模式（Yang，2018；Huang，2021）。目前，中国的设计教育在创新思维培养和发展方面仍有不足（Yang，2018）。有学者提出，当下中国正从“中国制造”向“中国设计”过渡，设计管理专业得到一定的发展。然而，设计管理教育可能是制约设计管理发展的主要“瓶颈”（Liu，Jikun，and Zhan，2008）；也有学者认为，中国的设计教学和培训方法需要重新思考（Peipei et al.，2018）。

（三）当下的设计教育实践

Zaki Dib 于 1988 年提出，教育可分为 3 种学习形式：正规（Formal）、非正规（Non - formal）和非正式（Informal）。正规教育（Formal Education）一般通过授课方式，由教师向学生传授知识而实现。在正规的设计教育（Formal Design Education）中，学生在设计领域学习传统设计并获得实践的机会。当下，世界各地的设计教育体现出跨学科和整合性的趋势，例如，将设计学科和商业管理学科进行交叉以培养学生的设计战略思维。Daniel H. Pink 在《纽约时报》（*New York Times*）上明确提出“MFA 正在取代 MBA”的观点，在设计和商业教育界引起轰动（Kurzweil，2004；Park and Lee，2021）。他认为，与传统商科课程中的商业思维和技能相比，设计师所具备的设计思维和基本技能，如整体思维（Holistic Thinking）、同理心（Empathy）、想象力（Imagination）、创造力（Creativity）以及解决问题的可视化（Visualization of Problems and Solutions）在实际的商业实践过程中更加重要（Lee and Breitenberg，2010）。

事实上，设计思维融入商业领域的趋势并不只局限在部分地区，欧美地区和亚洲地区都在进行探索和尝试。美国的帕森斯设计学院将战略设计和管理课程（Strategic Design and Management Course）成功融入全球设计实践和商业项目中，德国科隆国际设计学院（KISD）也进行了相似的探索。在英国，伦敦布鲁内尔大学将设计与工程相结合，兰卡斯特大学（LU）通过设立学院与学校内部的管理学院的合作项目，以启发学生的设计思维。

此外，还有许多探索集中在研究生领域，其中包括卡耐基梅隆大学（Carnegie Mellon University）的产品开发硕士课程、麻省理工学院（Massachusetts Institute of Technology）媒体实验室、美国北卡罗来纳州立大学

（North Carolina State University）的产品创新实验室、加拿大多伦多大学（University of Toronto）的设计工程课程、芬兰阿尔托大学（Aalto University）的国际设计商业管理课程、丹麦哥本哈根学院的交互设计（Copenhagen Institute）、德国慕尼黑工业大学（Technical University of Munich）以及荷兰代尔夫特理工大学（Delft University of Technology）的工业设计工程学院。

各国大学除了在研究生阶段对设计思维融入商业领域有着各种尝试，本科的跨学科教育项目开发课程也变得越来越流行。目前，KISD、荷兰埃因霍温设计学院（Design Academy Eindhoven）和新加坡科技与设计大学（Singapore University of Technology and Design）已建立了设计思维跨学科的相关课程；韩国延世大学（Yonsei University）建立了 TAD 项目，将信息与交互设计（Information and Interaction Design，IID）、创意技术管理（Creative Technology Management，CTM）、文化设计管理（Culture and Design Management，CDM）相结合。

以英国为例，在目前英国的设计教育中，设计思维融入其他领域的跨学科专业已经非常普遍。如表 1 所示，已有剑桥大学、伦敦大学学院、皇家艺术学院等 23 所大学专业跨学科，其中牛津大学 SAID 学院开展了设计领导力的 MBA 课程，此外，克兰菲德大学、诺丁汉大学、兰卡斯特大学、金斯顿大学也纷纷将设计思维融入商业管理领域中。

表 1　英国设计教育跨学科专业

学校名称	专业
伦敦大学学院	跨学科城市设计
剑桥大学	建筑环境的跨学科设计
帝国学院	创新设计工程
皇家艺术学院	创新设计工程
金斯顿大学	创意经济硕士
利兹大学	未来设计硕士
爱丁堡大学	跨学科创意实践
牛津大学 SAID 学院	设计领导力 MBA
蒂赛德大学	未来设计硕士
伦敦艺术大学	创意学习实践硕士

续表

学校名称	专业
克兰菲德大学	工业创新和创造力
伦敦通信学院	服务设计创新
诺森比亚大学	多学科设计创新
德蒙福特大学	跨学科设计硕士
格拉斯哥艺术学院	产品设计工程
中央兰开夏大学	跨学科设计硕士
兰卡斯特大学	可持续发展、创新与设计硕士
诺丁汉特伦特大学	智能设计硕士
诺丁汉大学	文化产业与创业硕士
爱丁堡纳皮尔大学	跨学科设计硕士
金史密斯大学	未来设计硕士
巴克斯新大学	包容性设计硕士
邓迪大学	服务型设计

资料来源：笔者整理。

此外，设计教育也应用在继续教育方面。中国清华大学与IDEO正合作进行“创领中国2030”项目。该项目主要针对中国政府相关决策者，希望能够利用设计思维对中国经济产生积极影响。该项目利用IDEO设计思维的工具，参考IDEO的日常工作流程，邀请领域内专业人才授课，课程内容涵盖行业分析、商业战略等。

如上文所述，虽然在欧美各国设计教育的角色越来越重要（见表2），但有学者认为，在许多亚洲国家，设计教育并未达到战略层面的地位（Park and Lee，2021）。

表2　世界各国设计教育跨学科课程

学校名称	国家	课程名称
帕森斯设计学院	美国	战略设计和管理课程
科隆国际设计学院	德国	设计思维跨学科的相关课程
伦敦布鲁内尔大学	英国	设计与工程相结合
兰卡斯特大学	英国	设计学院与管理学院合作
卡耐基梅隆大学	美国	产品开发课程
麻省理工学院	美国	媒体实验室

续表

学校名称	国家	课程名称
北卡罗来纳州立大学	美国	产品创新实验室
多伦多大学	加拿大	设计工程课程
阿尔托大学	芬兰	国际设计商业管理课程
哥本哈根学院	丹麦	交互设计
慕尼黑工业大学	德国	工业设计工程学院
代尔夫特理工大学	荷兰	工业设计工程学院
埃因霍温设计学院	荷兰	设计思维跨学科的相关课程
新加坡科技与设计大学	新加坡	设计思维跨学科的相关课程
清华大学	中国	与 IDEO 合作的“创领中国 2030”项目
延世大学	韩国	TAD 项目，将信息与交互设计、创意技术管理、文化设计管理结合

资料来源：Park and Lee. Creative integration of design thinking and strategic thinking in a design education framework［J］. Creativity Studie，2021.

二、设计教育研究的地域选择

为了设计教育研究的有效进展，有必要对研究对象（国家）进行地域上的界定，以便今后开展数据收集和比较研究等一系列工作。在该阶段，主要运用量性研究的方法，通过二手调研，获得资料并筛选创新和设计指标；随后建立指标框架，计算指标并做出新的排名，最终确定要选择的国家。

1. 收集并过滤创新和设计指标

首先，选择与设计创新相关的研究及报告，并参考相关论文中的指标进行筛选。其次，在本次研究过程中，共选取 5 个研究报告，涉及上百个国家（地区）和指标，随后将这些指标进行分类、筛选及整理（见表 3）。

表 3 创新和设计指标

单位：个

序号	研究报告	覆盖国家（地区）	指标数量
1	2021 年全球创新指数	132	86
2	国际设计记分牌：国际设计能力的初步指标	12	20
3	世界经济论坛 2019 年全球竞争力报告	141	103

续表

序号	研究报告	覆盖国家（地区）	指标数量
4	QS 艺术与设计专业大学排名前 50 名	22	N/A
5	设计、创意和创新记分牌	27	30
指标总数			239

资料来源：笔者整理。

第一步，对指标进行初步的主题分类，将其划分为二级指标。二级指标包括设计部门、研究与设计、设计教育和政府参与。以“设计公司总数”指标为例，由于其关键词为“公司”，因此可以被归入二级指标“设计部门”内。

第二步，删除列表中重复指标和不相关指标。例如，设计、创意和创新记分牌（Design , Creative and Innovation Scoreboard）中的“商标申请”指标与国际设计记分牌（International Design Scoreboard: Initial Indicators of International Design Capabilities）中的“商标注册”指标相同，因此作为重复指标予以删除。在这一步，删除大约 206 个指标（见表 4）。

第三步，评估剩余指标，查看其具体数据是否可以通过二手调研获得。如果数据难以获得或与设计和创新不相关，则删除这些指标。最终，剩下的指标被合并为 16 个三级指标和 4 个二级指标以及 2 个一级指标，具体如表 5 所示。

表 4 修订指标的步骤

单位：个

任务		指标总数
步骤一	将指标整理成一个清单	239
步骤二	对指标进行分类	239
步骤三	删除重复的和不相关的指标	33
步骤四	评估指标数据	16
步骤五	结合最终清单中的指标	16

资料来源：笔者整理。

笔者从国际设计记分牌（International Design Scoreboard）（5 个指标）、2021 年全球创新指数（Global Innovation Index 2021）（9 个指标）、世界经济论坛 2019 年全球竞争力报告（WEF's GCR 2019）（1 个指标）和 QS 艺术

与设计专业大学排名前50名（1个指标）中共整理出16个指标，具体如表5所示，每个指标的解释见附录A。

表5 最终指标

	指标	时间	数据来源
	A 设计业的发展状况		
A1	设计部门		
A1.1	创意产品出口占贸易总额的百分比	2021年	2021年全球创新指数
A1.2	文化和创意服务出口占贸易总额的百分比	2021年	2021年全球创新指数
A1.3	设计公司总数	2009年	国际设计记分牌：国际设计能力的初步指标
A1.4	设计服务部门的总营业额	2009年	国际设计记分牌：国际设计能力的初步指标
A1.5	设计服务领域的总就业人数	2009年	国际设计记分牌：国际设计能力的初步指标
A1.6	全球品牌价值，前5000名，GDP百分比	2021年	2021年全球创新指数
A1.7	创新公司的增长	2019年	世界经济论坛2019年全球竞争力报告
A2	研究与设计		
A2.1	每百万人口的国家专利申请	2021年	2021年全球创新指数
A2.2	每百万居民的商标申请	2021年	2021年全球创新指数
A2.3	大学—产业研发合作	2021年	2021年全球创新指数
A2.4	全球企业研发投资者TOP3	2021年	2021年全球创新指数
	B 设计环境		
B1	设计教育		
B1.1	设计专业毕业生总数	2009年	国际设计记分牌：国际设计能力的初步指标
B1.2	QS大学专业排名	2018—2021年平均数	QS艺术与设计专业大学排名前50名
B2	政府参与		
B2.1	在设计推广和支持方面的公共投资总额	2009年	国际设计记分牌：国际设计能力的初步指标
B2.2	知识产权支付占贸易总额的百分比	2021年	2021年全球创新指数
B2.3	研发总支出，GDP百分比	2021年	2021年全球创新指数

资料来源：笔者整理。

2. 计算指标并做出新的排名

在研究之初，笔者选择20个样本，样本国家（地区）包括2021年全球创新指数排名（Global Innovation Index 2021）TOP20和QS艺术与设计专业大学 top50 排名中的 18 个国家（地区）。同样地，这些国家（地区）在 2019 年全球竞争力报告（WEF's GCR 2019）中创新也得到高分。然而，由于报告中部分国家（地区）数据空缺以及笔者收集数据的困难与局限，因此，最终决定收集 17 个国家（地区）的数据，并在计算后进行排名。根据报告中的原有数据，进行数据归一化处理，消除量纲后利用 SPSS 进行计算，利用 TOPSIS 处理后获得排名结果。样本得分情况如表 6 所示。

从图 1 中可以看到，在指标 A1. 6 全球品牌价值中，中国香港、瑞士、瑞典居前 3 位，其中中国香港的得分最高，表现最好；在指标 A2. 2 每百万居民的商标申请中，中国内地、韩国、日本居前 3 位，且中国内地的得分远远高于其他国家（地区）。虽然中国内地在商标申请方面在这 17 个国家（地区）中表现亮眼，但是在全球品牌价值方面表现平平，其中的原因需要在未来设计教育的对比研究中进一步思考。此外，在 A2. 3 大学—产业研发合作中，各国（地区）得分集中在一个区间，说明各国（地区）对于教育和产业的研发合作方面已有涉及，且在世界范围内分布较广，但各国（地区）的集中发展程度较低。从 B1. 2 QS 大学专业排名指标来看，美国得分最高，说明在 17 个国家（地区）中美国的设计教育发展处于较高水平。

TOPSIS 评价是针对 16 个指标（如创意产品出口占贸易总额的百分比、文化和创意服务出口占贸易总额的百分比、设计公司总数、设计服务部门的总营业额等），并对 17 个评价对象（国家或地区）进行评价的。TOPSIS 方法通过找出评价指标的正、负理想方案，分别计算具体评价对象与正、负理想方案之间的距离值 D + 和 D －，并根据 D + 和 D － 值，最终计算出每个评价对象与最优方案的接近程度（C 值），C 值即为各评价对象（国家或地区）的最终得分。如表 7 所示，评价对象 2（国家或地区 2）得分最高，随后是对象 3（国家或地区 3）和对象 11（国家或地区 11），评价对象 15（国家或地区 15）得分最低，表现最差。

表 6　样本得分情况

指标/国家(地区)	新加坡	美国	英国	荷兰	瑞士	日本	德国	瑞典	丹麦	芬兰	韩国	加拿大	中国内地	挪威	冰岛	以色列	中国香港
A1.1 创意产品出口占贸易总额的百分比	3.5	3	3.5	3.2	3.7	1.8	2.1	1.8	1.5	0.5	3.6	1	11.2	0.5	0.1	1.4	11
A1.2 文化和创意服务出口占贸易总额的百分比	3.5	1.9	2.5	1.9	0.6	0.4	0.9	1.8	0.8	0.9	0.6	1	0.5	0.5	0.4	2.9	0.1
A1.3 设计公司总数	5	1	2	N/A	N/A	8	N/A	4	6	11	7	3	N/A	10	12	N/A	9
A1.4 设计服务部门的总营业额	8	1	2	N/A	N/A	4	N/A	5	7	6	N/A	3	N/A	10	11	N/A	9
A1.5 设计服务领域的总就业人数	7	1	2	N/A	N/A	4	N/A	8	9	11	5	3	N/A	10	12	N/A	6
A1.6 全球品牌价值,前 5000 名,GDP 百分比	153.8	209.5	160.7	164.6	236	150.6	145.9	221.3	131.7	111.4	191.6	138.2	118	73.2	N/A	109.9	307.2
A1.7 创新公司的增长	66.3	76.5	65.4	71.7	67	60.6	68.2	74.2	68.1	65.7	58.9	62.4	57.2	57.2	63.6	80.8	66
A2.1 每百万人口的国家专利申请	3	13.3	5.6	8.9	15.6	45	15.7	10.8	10.8	10.8	74.5	2.2	53.2	4.5	4.6	3.6	0.7
A2.2 每百万居民的商标申请	19.2	21.9	53.8	42.7	66.2	86.5	60.5	43.9	34	38.2	99.1	47.8	324.1	33.2	61.9	11.3	62.3
A2.3 大学—产业研发合作	69.8	74.4	63.7	72.4	77.1	60.1	68.5	67.1	66.3	72.5	62.5	67.9	70.5	61.7	58.8	79.2	61.3
A2.4 全球企业研发投资者 TOP3	50	100	84.5	82.4	90	90	94.1	77.9	69.1	75.5	90.2	63.4	92.5	56.1	46.6	64.2	0
B1.1 设计专业毕业生总数	7	1	4	N/A	N/A	3	N/A	8	9	6	2	5	N/A	10	11	N/A	N/A
B1.2 QS 大学专业排名	2	16.75	7.25	1.25	0.75	0.25	0.75	1.5	1	1	1	0.5	3	0	0	0	1
B2.1 在设计推广和支持方面的公共投资总额	2	9	4	N/A	N/A	N/A	N/A	5	7	8	1	N/A	N/A	3	N/A	N/A	6
B2.2 知识产权支付占贸易总额的百分比	2.8	1.6	1.7	8.4	3.1	2.6	0.9	2.4	0.9	1	1.5	2.1	1.3	0.5	1.1	0.6	0.3
B2.3 研发总支出,GDP 百分比	1.8	3.1	1.8	2.2	3.2	3.2	3.2	3.4	2.9	2.8	4.6	1.5	2.2	2.1	2.4	4.9	0.9

资料来源:笔者整理。

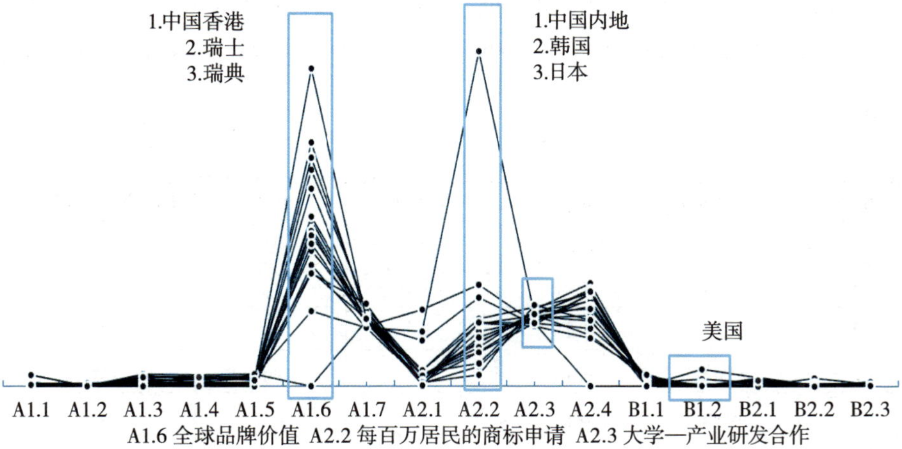

图 1　各国设计指标数据

表 7　TOPSIS 结果

项目	D+	D-	C	级别
目标 1	0. 189	0. 137	0. 421	4
目标 2	0. 143	0. 210	0. 595	1
目标 3	0. 154	0. 169	0. 522	2
目标 4	0. 246	0. 083	0. 252	13
目标 5	0. 249	0. 058	0. 188	15
目标 6	0. 205	0. 125	0. 380	6
目标 7	0. 255	0. 043	0. 145	16
目标 8	0. 189	0. 122	0. 393	5
目标 9	0. 210	0. 91	0. 303	10
目标 10	0. 217	0. 088	0. 288	11
目标 11	0. 185	0. 168	0. 477	3
目标 12	0. 216	0. 124	0. 365	7
目标 13	0. 227	0. 120	0. 345	8
目标 14	0. 232	0. 092	0. 284	12
目标 15	0. 257	0. 030	0. 103	17
目标 16	0. 262	0. 074	0. 220	14
目标 17	0. 221	0. 105	0. 323	9

资料来源：笔者整理。

如表 8 所示，排名前 3 位的国家分别为美国、英国和韩国。因此，最终选择美国、英国和韩国作为本次研究对象，与中国的设计教育进行对比研究。

表 8　各国/地区最终排名情况

排名	国家/地区	地区	人口/百万人	收入	单位资本 GDP/美元
1	美国	北美洲	331. 0	高	63051
2	英国	欧洲	67. 9	高	44288
3	韩国	亚洲	51. 3	高	44292
4	新加坡	亚洲	5. 9	高	95603
5	瑞典	欧洲	10. 1	高	52477
6	日本	亚洲	126. 5	高	41637
7	加拿大	北美洲	37. 7	高	47569
8	中国内地	亚洲	1439. 3	中高	172063
9	中国香港	亚洲	7. 5	高	58165
10	丹麦	欧洲	5. 8	高	57781
11	芬兰	欧洲	5. 5	高	49344
12	挪威	欧洲	5. 4	高	64856
13	荷兰	欧洲	17. 1	高	57101
14	以色列	北非	8. 7	高	39126
15	瑞士	欧洲	8. 7	高	68340
16	德国	欧洲	83. 8	高	53571
17	冰岛	欧洲	0. 3	高	54482

资料来源：笔者整理。

从图 2 中美英韩四国设计指标对比中可以看到，A1. 1 创意产品出口占贸易总额的百分比指标以及 A2. 2 每百万居民的商标申请指标，中国内地得分最高，表现最好；A1. 3 设计公司总数指标中，韩国得分最高；B2. 1 在设计推广和支持方面的公共投资总额指标中，美国得分最高，较为重视设计的支持作用。前文所述的 QS 大学专业排名指标中美国也处于前位，可能与政府设计推广和支持相关。

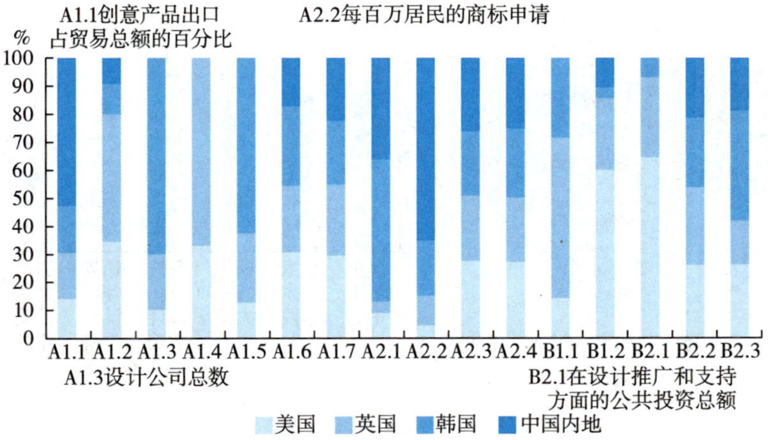

图 2 中美英韩四国设计指标对比

三、设计领导力与设计教育

本文中的设计领导力主要通过设计领导者来体现。设计领导者指的是接受过设计教育背景的企业 CEO 或管理者。从研究设计领导者角度出发，通过企业发展情况来反射出他们在企业中的行为与表现，从而思考设计教育在其行为决策中有何影响。

如图 3 所示，在笔者收集的设计领导者个案中，有大约 45% 的设计领导者毕业于美国的设计教育院校或综合类大学中的设计专业；24%、10%、5% 分别毕业于英国、德国和法国。

由于本文出发点是中国的设计教育与其他国家设计教育进行对比研究，并提出适用于中国国情的建议，因此个案比较关注中国设计领导者的选择，实际上，中国设计领导者占样本比重较大，约为 28%。因此，由于案例选择的问题，有 16% 的设计领导者毕业于中国。因为样本量的选择，可能会造成数据的偏差，但不可否认的是，毕业于美国和英国院校的设计领导者占据主导地位，两国的设计教育值得进一步研究。

在设计领导者毕业院校方面，经过统计对比可以发现，其中有 5 人均毕业于美国艺术中心设计学院；皇家艺术学院、斯坦福大学、罗德岛设计学

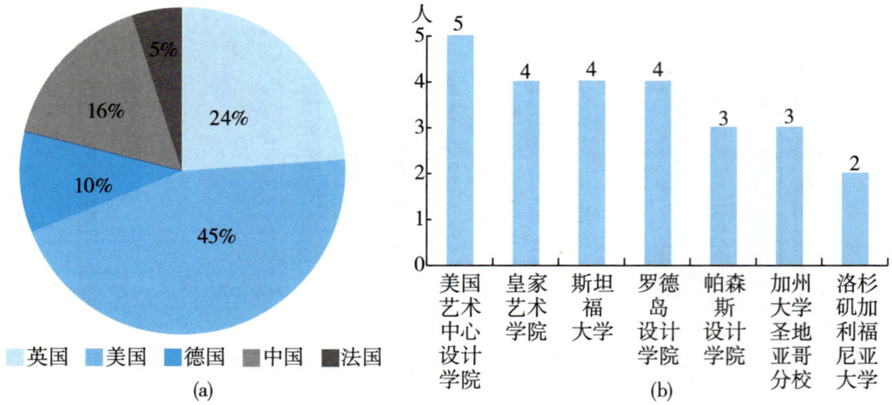

图 3　设计领导者的毕业院校分布情况

资料来源：笔者绘制。

院均毕业 4 人；帕森斯设计学院、加州大学圣地亚哥分校均毕业 3 人；有 2 人毕业于洛杉矶加利福尼亚大学。因此，在未来的研究中可以偏重对这几所学校的设计相关专业和课程设置、授课方式与效果、课程反馈、基础教学设施、教学目标等各方面进行深入研究。

此外，设计领导者的毕业院校大多数已设置设计专业的跨学科课程。例如，美国艺术中心设计学院所建立的跨学科课程主要偏重商业应用，而罗德岛设计学院、伯恩茅斯艺术大学和洛杉矶加利福尼亚大学主要侧重于设计和科技的结合，培养学生的创新思维；奥的斯艺术与设计学院在跨学科的基础上重视学生的沟通和团队合作能力（见表 9）。

表 9　学校跨学科课程开设

学校	跨学科
美国艺术中心设计学院	建立跨学科课程和工作室，应用于商业
罗德岛设计学院	强调科技和设计结合
洛杉矶加利福尼亚大学	主要侧重于科技和艺术、设计结合，培养学生创新思维
奥的斯艺术与设计学院	建立跨学科小组，重视学生的沟通能力、团队合作、自律能力的培养
伯恩茅斯艺术大学	建立跨专业合作小组，侧重设计与科技结合

续表

学校	跨学科
创意艺术大学	实行跨学科，辩证的创意实践

资料来源：笔者整理。

在学校的教育配套方面，多数学校建立了与设计相关的实验室和工作室，罗德岛设计学院还关注学生的情感支持和成长氛围；在教育环境方面，斯坦福大学打破设施隔阂，强调空间的灵活性和效率，建立展示厅帮助学生更好地理解设计本质（见表10）。

表10 学校设计教育配套

学校	教育配套
美国艺术中心设计学院	建立研究实验室和设计技术工作室
皇家艺术学院	设立 RCA 工作室
斯坦福大学	打破设施隔阂，强调空间的灵活性和效率，建立产品原型展示厅帮助学生理解设计的本质
罗德岛设计学院	学校提供相关专业的设计师、艺术家等人才资源；提供情感支持和成长的氛围
洛杉矶加利福尼亚大学	紧邻世界上最大的设计中心
奥的斯艺术与设计学院	建立设计工作室
创意艺术大学	提供技术与设施支持

资料来源：笔者整理。

从授课方式来看，大多数学校主要利用研讨会、工作坊和实际项目参与的方式来进行设计教育的教学；此外，有部分学校利用小班授课来提高教学的效率，还有少部分的学校为设计专业学生提供行业实习的机会。在师资方面，大多数学校在原有师资的基础上，更偏重聘请设计行业专业人士进行教学，帮助学生更快地了解并适应现实的商业环境，便于将设计实践落地（见表11）。

表11 院校授课方式（部分）

学校	小班授课	研讨会	工作坊	实际项目参与	行业人士参与教学	行业实习
美国艺术中心设计学院	√	√	√	√	√	
皇家艺术学院		√	√	√	√	√

续表

学校	小班授课	研讨会	工作坊	实际项目参与	行业人士参与教学	行业实习
斯坦福大学		√	√	√		
罗德岛设计学院	√	√	√	√	√	
帕森斯设计学院	√	√	√	√	√	√
洛杉矶加利福尼亚大学	√	√	√	√	√	
奥的斯艺术与设计学院			√	√	√	
哥伦比亚大学					√	
伯恩茅斯艺术大学	√		√			
创意艺术大学	√	√	√	√	√	√
俄亥俄州立大学		√	√			
德国施瓦本格明德设计学院		√	√	√		

资料来源：笔者整理。

四、结论

对于未来中国设计教育的对比研究和实地调研，现阶段仍有许多任务亟待解决。对于之后的设计教育研究应从以下几个方面进行：第一，要对已选定的美国、韩国、英国、中国的设计教育发展现况及具体选择院校进行进一步研究；第二，要研究美国、韩国、英国、中国受设计领导力影响的企业发展道路，重点探索设计及设计教育对设计领导者的影响；第三，对中国现有的高等设计教育体系进行回溯（H－C 研究），并且明确中国设计教育的发展状况和需求；第四，要对中国和西方在文化和学习方式上的差异进行研究，在中国国情的基础上提出设计教育发展建议。

参考文献

[1]Çeviker－Çinar Gözde Gökhan M, et al. Design thinking: a new road map in business education[J]. The Design Journal,2017(20):977－987.

[2]Design Council. The design economy 2018[R]. UK:London Rureprint Group, 2008.

[3] Hollamders H, Van C A. Design, creativity and innovation: a scoreboard approach[M]. Pro Inno Europe, Inno Metrics: Holanda, 2009:1 -36.

[4] Hui D, Ng C, Mok P, et al. A study on creativity index[R]. Home Affairs Bureau, The Hong Kong Special Administrative Region Government, 2005.

[5] Huang Y G, Hands D. Design thinking: practice and applications[M]//Design thinking for new business contexts: a critical analysis through theory and practice. Cham: Springer International Publishing, 2022: 149 -175.

[6] Klaus S. Global competitiveness report 2019[R]. World Economic Forum, Cologny/Geneva, Switzerland, 2019.

[7] Liu J K, Zhan M X. Reflections on design management education in China: a review of the future development of design management education in China and the relevance of the MBA[J]. Design Management Journal, 2008, 3(1): 17 -22.

[8] Matheson B. A culture of creativity: design education and the creative industries[J]. Journal of Management Development, 2006, 25(1): 55 -64.

[9] Moultrie J, Livesey F. Design scoreboard: development of an approach to comparing international design capabilities[M]//2010 Designing for the 21st Century: Interdisciplinary Methods and Findings. Farnham: Gower Publishing Limited, 2010: 25 -38.

[10] Paark W H, Lee H K. Creative integration of design thinking and strategic thinking in a design education framework[J]. Creativity Studies, 2021, 14(1): 160 -174.

[11] QS Art & Design University Ranking[EB/OL]. https://www. topuniversities. com/university - rankings/university - subject - rankings/2021/art - design.

[12] Schwab K, Zahidi S. Global competitiveness report: special edition 2020 [R]. World Economic Forum, 2020.

[13] Whicher A. Benchmarking design for innovation policy in Europe[D]. Cardiff Metropolitan University, 2016.

[14] World Intellectual Property Organization. Global Innovation Index 2021[R]. 14th edition, Geneva, Switzerland, 2021.

附录 A

指标		评论	来源
A1 设计部门			
A1.1	创意商品出口占贸易总额的百分比	根据《扩展的国际收支服务分类》(EBOPS 2010)，创意服务出口占总出口的百分比，即 EBOPS，代码 SI3：信息服务；代码 SJ22：广告、市场研究和民意调查服务；代码 SK1：视听及相关服务；以及代码 SK23：遗产和娱乐服务占贸易总额的百分比	世界贸易组织，商业服务贸易数据库，根据国际货币基金组织《国际收支和国际投资头寸手册》第六版(2009 年）的分类和国际收支数据库(2011—2019 年）的价值（https：//timeseries. wto. org；www. oecd. org/std/its/EBOPS－2010. pdf)
A1.2	文化和创意服务出口占贸易总额的百分比	创意商品出口总值（现值美元）占贸易总额的比例	联合国，商品贸易数据库；2009 年联合国教科文组织文化统计框架，表 3，用 2007 年协调制度（HS）编码定义的文化产品和服务的国际贸易；世界贸易组织，商业服务贸易数据库，其本身基于国际货币基金组织的《国际收支和国际投资头寸手册》第六版(2009 年）和国际收支数据库（2012—2019 年）（http：//comtrade. un. org；https：//unstats. un. org/unsd/statcom/doc10/ BG － FCS － E. pdf；https：//www. wto. org/english/res_ e/ statis_ e/tradeserv_ stat_ e. htm；https：//www. oecd. org/sdd/its/EBOPS－2010. pdf)
A1.3	设计公司总数	每百万人口中的设计公司数量。设计科目包括平面/通信设计、室内设计、工业/产品设计、数字/网络/媒体设计、时尚设计	
A1.4	设计服务部门的总营业额	设计服务部门的营业额占国内生产总值的百分比：就业应包括所有雇员，而不仅仅是从事设计的雇员	
A1.5	设计服务领域的总就业人数	每百万人口中设计服务领域的就业人数。就业应包括所有雇员，而不仅仅是从事设计的雇员	

续表

指标		评论	来源
A1. 6	全球品牌价值，前5000名，GDP百分比	全球品牌价值之和，前5000名占GDP的百分比。Brand Finance使用特许权使用费减免方法计算品牌价值，该方法确定了一个公司在不拥有其品牌的情况下，愿意支付的品牌许可价值。该方法符合ISO 10668中规定的行业标准。这种方法涉及估算归属于一个品牌的未来收入，并计算出使用该品牌所需的特许权使用费率。Brand Finance的研究是基于世界上最大的品牌的公开信息。这个指标评估了该经济体在全球5000个品牌数据库中的品牌，并产生了对应于该经济体的品牌价值总和。这个总和再按GDP的比例计算。如果该国没有品牌进入前5000名，则得分为0。如果由于数据的限制，Brand Finance无法确定该国是否有品牌进入前5000名，则得分为不详	品牌金融数据库；国际货币基金组织，世界经济展望数据库，2020年10月（https：//brandirectory. com；https：//brandfinance. com/knowledge – centre；https：//www. imf. org/en/Publications/SPROLLs/ world – economic – outlook – databases）
A1. 7	创新公司的增长	对调查问题“在贵国，具有创新理念的新公司在多大程度上快速成长?”的答复［1 = 完全没有；7 = 在很大程度上］中，2018—2019年加权平均数或最近一期的数据	世界经济论坛，行政人员意见调查（各种版本）
A2 研究与设计			
A2. 1	每百万人口的国家专利申请	计算方法是在世界五大（IP5）局中至少两个局提交的专利族申请的总和：欧洲专利局（EPO）、日本专利局（JPO）、韩国知识产权局（KIPO）、中华人民共和国国家知识产权局（SIPO），以及美国专利商标局（USPTO）。数据是从PATSTAT数据库中按最早的申请日期和发明人国家提取的，使用分数计数，并以每百万人口的申请数表示。在将原始得分归一化为0～100分之前，对其进行了对数转换	2020年全球竞争力报告（www3. weforum. org/docs/WEF_ The Global Competitiveness Report 2020. pdf），经济合作与发展组织（OECD），STI微观数据实验室，知识产权数据库（http：//oe. cd/ipstats，2019年5月）

续表

指标		评论	来源
A2. 2	每百万居民的商标申请	直接或通过马德里体系发出的国际商标申请数；按每百万人口的原属国分列的直接或通过马德里体系发出的国际商标申请数。第一名称的申请人的住所被用来确定申请的来源。当有多个申请人时，只考虑第一个申请人。这个指标是基于“等值计数”的概念。也就是说，在一个地区知识产权局提交的申请根据其成员的数量被多次计算。在将原始得分归一化为 0 ~ 100 分之前，对其进行了对数转换	2020 年全球竞争力报告（www3. weforum. org/docs/WEF_ The Global Competitiveness Report 2020. pdf），世界知识产权组织，WIPO 统计数据库（https：//www3. wipo. int/ipstats/IpsStatsResultvalue，2018 年 12 月）
A2. 3	大学—产业研发合作	对调查问题的平均答案。在贵国，企业和大学在研究与开发（R&D）方面的合作程度如何？［1 = 完全没有；7 = 很大程度上有］	世界经济论坛，《2020 年高管意见调查（2018—2020）》，《2020 年全球竞争力报告》附录 C（www3. weforum. org/docs/WEF_ The Global Competitiveness Report 2020. pdf）
A2. 4	全球企业研发投资者 TOP3	全球前 3 名公司的平均研发支出。如果一个国家上市的全球公司少于 3 家，这个数字是上市的两家公司之和的平均值，或者是一家上市公司的总额。没有上市公司的国家则得 0 分。这些数据包括欧盟（EU）以外的经济体	2020 年欧盟工业研发投资记分牌。（https：//iri. jrc. ec. europa. eu/ scoreboard/2020 - eu - industrial - rd - investment - scoreboard）
B1 设计教育			
B1. 1	设计专业毕业生总数	每百万人口中的设计毕业生数量。 学科包括平面/通信设计、室内设计、工业/产品设计、数字/网络/媒体设计、时装设计	
B1. 2	QS 大学专业排名	2018—2021 年 QS 大学排名前 50 名中的设计专业数量	
B2 政府参与			
B2. 1	在设计推广和支持方面的公共投资总额	在设计促进和支持方面的公共投资占 GDP 的百分比：政府投资，而不是来自私营部门的投资，当投资被用于不同的举措，以及在一个国家的不同地区时，在捕捉所有投资方面出现困难。因此，这个数值只包括对公认的国家机构的投资	

续表

指标		评论	来源
B2. 2	知识产权支付占贸易总额的百分比	不包括在其他地方的知识产权使用费，即付款（占贸易总额的百分比），最近3年的平均值或最近的值。价值根据《2010年扩展的国际收支服务分类》计算，即代码SH：未包括在其他地方的知识产权使用费，作为贸易总额的百分比。贸易总额被定义为代码G商品和代码SOX商业服务（不包括未包括在其他地方的政府商品和服务）的进口总额加上代码G商品和代码SOX商业服务（不包括未包括在其他地方的政府商品和服务）的出口总额之和除以2。根据国际货币基金组织第六版《国际收支和国际投资头寸手册》，“商品”项目包括一般商品、商品交易中的净出口和非货币黄金。“商业服务”类被定义为等于“服务”减去“未列入其他项目的政府货物和服务”。居民和非居民之间因使用所有权（如专利、商标、版权、工业流程和设计，包括商业秘密和特许权），以及因复制或分发（或两者）体现在生产的原件或原型中的知识产权（如书籍和手稿的版权、计算机软件、电影作品和录音）和相关权利（如现场表演和电视、有线或卫星广播）的许可而获得的收益	世界贸易组织，商业服务贸易数据库，价值基于国际货币基金组织《国际收支和国际投资头寸手册》第六版（2009年）的分类和国际收支数据库（https：//www. imf. org/external/pubs/ft/bop/2007/pdf/bpm6. pdf；www. oecd. org/std/its/EBOPS－2010. pdf）
B2. 3	研发总支出，GDP百分比	一定时期内国内校内研发支出总额占国内生产总值的百分比。“校内研发支出”是指在特定时期内，在一个统计单位或经济部门内进行的所有研发支出，无论资金来源如何。数据收集自联合国教科文组织统计研究所、欧盟统计局以及经合组织主要科学和技术指标	联合国教科文组织统计研究所（UIS）在线数据库；欧盟统计局，欧盟统计局数据库；经合组织，主要科学和技术指标（MSTI）数据库，2021年（2010—2019年）（http：//data. uis. unesco. org；https：//ec. europa. eu/eurostat/data/ 数据库；https：//stats. oecd. org/Index. aspx？DataSet－Code＝MSTI_PUB）

实践性理论与设计：设计在可持续发展领域中的位置及其作用

Zhisen Sun①

Oslo Symposium（1994）将可持续消费定义为使用满足基本需求并带来更好生活质量的商品和服务，同时在生命周期内最大限度地减少自然资源、有毒物质的使用以及废物和污染物的排放，从而不危及后代的需求。随着工业化与现代化进程的发展，基于破坏环境的粗放发展方式引来众多批评。社会学家 Southerton（2004）认为导致该情况的一个原因是“消费者的有限自主权”，该观点认为，人类行为本身是由社会价值观和态度决定的，个人自主权受到规范、资源获取、基础设施和社会技术系统的约束。通过个人之间的互动，这些想法被扩展并成为共同的感觉，这通常形成了对正常期望的集体理解。实践理论可以通过对包括当代规则、现状、基础设施和供应体系在内的政策质疑，将一些常态化的不可持续消费模式导致的“灰色系统”转变为“绿色系统”（Middlemiss，2018）。它可以通过 3 个相互关联的元素影响人们的理解以及他们的行为，根据 Shove（2010）提供的观点，这 3 个要素就是意义（包括文化习俗、期望和社会共享的价值观）、能力

① 英国曼彻斯特大学社会科学学院学生。

（注重知识和具体技能）和材料（包括对象、工具和基础设施）。基于可持续消费的定义和实践理论，本文首先将重点放在实践理论如何重新定义与可持续消费相关的政策行为变化的理解，概述了 Spaargaren（2010）以消费者为导向的政策改变行为的核心论点，以及 Shove（2010）以通过验证针对技术系统的政策来改变生活环境为重点的陈述；其次，结合各国典型案例，指出设计如何与可持续发展、实践性理论相结合；最后，论述了实践理论的局限性，包括人们不能有效地应对政策，以及潜在的反弹效应。

一、实践性理论概述

本部分将详细阐述实践理论如何通过使用与可持续消费相关的政策来改变人们的行为。一方面，Spaargaren（2010）借鉴吉登斯的结构理论，在全球化、环境治理的背景下，关注“公民消费者”在促进消费“生态现代化”中的行为角色和能力（Welch and Warde，2015）。基于消费者在监督和控制商品生产方面具有一定的权力，并通过购物等行为成为市场的“主导”，Jacobsen 等（2007）认为，社会实践应旨在向人们的思想中注入新的思想，从而改变人们看待事物的方式，并通过个人的生活方式和行为方式明确地反映出来。因此，重要的是以消费者为导向的环境政策，使消费者的权力能够程序化和系统地运作（Welch and Warde，2015）。根据 Middlemiss（2018）的说法，“系统”一词可以集中在 3 个行动上：认识到近期政策的影响，政府制定替代干预措施，并使其稳定化。Sahakian 和 Wilhite（2010）在他们关于从“瓶装水到伦敦自来水”的转变研究中提供了一个例子。在注意到较少的政策限制后，瓶装水会产生环境问题（Gleick and Cooley，2009），伦敦自来水运动通过引入自来水最大限度地减少影响。这些情况可被视为与“认识到最近政策的效果”和制定替代干预措施的过程相一致。为确保新政策运行的稳定性，政府采取了一系列措施。例如，有关部门为了让人们接受这种新型的水，塑造了一种环境友好、易于获取、清洁的自来水形象（Sahakian and Wilhite，2010）。人们在餐厅点自来水是不可接受的常态化观念也被转变，活动公开讨论了这一社会禁忌，为点自来水创造了有利条件（Sahakian and Wilhite，2010）。由于这项运动，瓶装水的消费量下降了8%。因此，在这种情况下，实践理论通过实施政策来刺激可持续消费，首先关注存在的问题，其次发展替代方法，最后通过改变人们的常态化态度和行为来稳定新理念。

另一方面，Shove（2010）建立了可持续消费与实践理论之间联系的新视角。考虑到塞克对消费者持悲观态度，这意味着消费者不会改变自己的行为，他认为，通过“更高效、可持续技术的创新推广”（Welch and Warde，2015）和共同进化的实践、惯例和习惯之间的联系，可以带来更可持续的消费模式。这意味着在可持续消费的情况下，社会技术变异对推特来说是可行的。通过考虑塞克的社会技术变异理论和“意义、能力和材料”等要素，Jackson（2005）的研究“在墨尔本什么算干净”中提出了一个合适的例子。因为在研究过程中，参与者被要求在3个月内的大部分时间里穿一条牛仔裤，他得出的结论是，对所有参与者来说，“不洗牛仔裤所造成的心理活动比实际情况更令人反感”。这是一个理论应用的代表性研究，因为例子中的“技术变革”是随着当代社会洗衣机的标准化和普及，在它的影响下，消费者对清洁的观念以及对清洁气味的需求的惯例和态度，进一步引导或刺激人们更频繁地清洗衣物，改变了刻板的行为。Shove（2010）进一步认为，干预和创新是两种“转向更可持续形式的实践”，因为技术创新可以通过提高机器的效率来帮助减少消费对环境的影响，而在再生产过程中，干预可以通过挑战文化习俗来帮助消费进入可持续的道路（Shove et al.，1998）。因此，Shove认为，由于“物质背景对个人在实践、习惯和生活方式方面具有重大影响”，因此，创新和干预驱动的社会技术系统的改变可以被视为减少对环境负面影响的核心方式。

二、实践性设计在可持续研究领域的价值

在对实践理论应用进行理论分析的基础上，我们将重点转向可持续政策的设计。考虑到设计通常针对现有的、可见的日常生活问题进行创新，因此，它在可持续发展领域可以被当作改变人们环保态度的有效工具。正

如 Shove（2018）所建议的那样，“设计师在人们的行为构成中起着间接但潜在的决定性作用”，设计能明确地改变人们的生活环境，从而改变他们看待事物以及行为的方式。在可持续发展设计领域中，消费者可以分为 3 类：第一类是 Zachrisson 和 Boks（2011）所提到的积极正向的消费者，这类人群已经想要朝着“好”的方向改变他们的行为，并且明确设计的形式和技术旨在帮助他们实现这一追求。针对这类消费者，设计政策的制定和设计行为应站在同理心的角度，与消费者发生共情关系，更准确、更便捷地满足他们的需求和想法。第二类人群是还没有形成环保意识的消费者。对于这类消费者，应将设计政策和设计活动内化到任务链、创新链、问题链和市场链中，强化任务、问题与目标设计的“实践理性”，来诱导并说服他们承担相应的社会责任。第三类是无法被说服自愿改变行为的消费人群。设计在应对这类消费者时，可以防止“低效”的操作程序（Lockton，2008），不需要消费者的合作甚至承认，可采取约束性设计方法或强制性设计政策来阻止他们的行为。后两个组成部分将进一步导致市场造成的环境问题，因为如果属于这类情况的生产企业缺乏环保生产的意识，它所影响的这类消费者就没有意愿改变他们不可持续的消费模式。因此，在新的商业文明中，企业必须首先建立更好的设计决策机制，将产品生态损害降到最低，将真正的生态价值创造提到最高，以此来影响和改善不可持续的消费理念。同时，还应当考虑到行为态度差距的问题（意味着一些人可能宣称他们是环保主义者，但其行为却破坏了环境），我们很难真正准确地定位不同的消费人群。因此，如何改变每个人不恰当的或保持积极正确地对待可持续发展的态度和行为，是解决或缓和这些问题的关键。这同样也是实践性理论与设计相交的环节：通过运用设计的实践性及改变各类人群的行为方式来达到实践理论的应用性，以及通过强化设计决策机制来降低传统产品、服务或商业模式带来的生态损害，使消费者处于更环保的循环经济中，将意义和相关能力注入消费者头脑中，从而使可持续的消费模式行为更加常态化、生活化。因此，“实践性设计”更适合用来描述实践理论与设计的结合体。

实践性设计，基于可持续发展理念，既包括产品导向性设计，也包括消费者导向性设计，具有双向性特征。一方面，产品导向性设计可以用来解决市场中客观存在的生态损害问题。这里我们将主要讨论设计是解决产品“生产消费”过程中所产生的不可持续发展的问题的方式。首先，设计可以用来解决生产所产生的环境问题。这个目标可以通过3种方式来达成。第一，实践性设计应帮助可持续产品的生产。这意味着设计的产品需要专注于延长产品生命周期，最大限度地创造价值，降低进货、库存及成品浪费。如乐高工厂颠覆性地对设计和生产过程进行重构，消费者被鼓励自行参与设计玩具，并回收旧玩具进入再生产、再循环系统，以生成新玩具。在乐高，创意和设计得到再利用，它将设计而不是玩具模块进行再循环，延长其生命周期，实现了高价值、高效率、高收益。第二，实践性设计帮助改善产品的生产材质。耐克用 Considered 环保指数来评估所生产运动鞋的环保性，其通过设计和生产环节来控制废料的产生，测量在加工过程中产生的诸如有害溶剂等有毒物质，评估生产中所使用材料的可持续性，即从能源使用、用水、回收程度、碳排放等方面进行测量，其目的就是以最经济的材料设计高品质的运动鞋。第三，实践性设计需要质疑组织存在的目的和理由，重新思考其核心目标、潜在流程以及如何创造新价值优势防止脱离社会和环境的问题。比如，沃尔玛为了改变其店铺所在社区对居民社会生活造成的破坏，通过开放式设计社区的创建，创新各类社区活动，重新吸引社区居民、商户参与到沃尔玛行动中，为超市带来新的客户、新的收益源和更通畅的信息，与当地人的关系也更密切、更持久，使沃尔玛真正成为社区和可持续消费的核心。其次，实践性设计也可以帮助解决不可持续消费所产生的问题。基于 Shove 的实践性理论，即通过改变人们所处环境，改变人们的生活方式，通过大众之间的相互合作和集体思考，从而达到更加可持续的发展。因此，产品设计应针对文中所提到的3类消费人群，更加专注于改变人们周围生活环境来实现可持续消费。英国服装品牌 H&M 提供了一个很好的案例。木质购物袋被用来替代塑料袋的使用，这为第一类消费人群创造了可及的实施可持续发展理念的环境，并迫使第三类消费人群加入可持续发展。同时，购物袋上被印满了不同语言的环保建议，以及“穿它、善待它、回收它”等诱导式语言，强化了第二类消费人群可持续发展的环境友好意识。通过这种设计方式，正如实践性理论中 Shove 所说的，消费者将逐渐习惯于被设计所改变的生活方式，从而实现人人创造生态价值的可持续发展目标。

另一方面，实践性设计还可以解决消费者自身所产生的环境问题。它包含 3 部分，即针对基础设施建设的设计政策和基于实践性理论的消费者行为改变。第一，实践性设计在支持公共基础设施建设方面，尤其在针对建筑、交通方式及整个城市的可持续发展等政策设计方面优势明显。比如，在绿色建筑领域，在建筑的全寿命周期内，最大限度地节约资源（节能、节地、节水、节材）、尽量减少使用合成材料，尽量减少废物的产生。西雅图的布利特中心（Bullitt Center）就是一个例子，这是一座六层的办公楼，通过屋顶的太阳能电池板为整体建筑提供能源保障。通过实施科技与设计并行的建设方式，可以潜移默化地引导人们融入可持续的生活。第二，在可持续交通领域，风靡世界的电动汽车、自行车和使用可再生能源的公共交通都是可持续交通的典型案例。英国的电动汽车项目是可持续交通解决方案的很好例证，英国正在迅速扩大其电动汽车包括充电站等基础设施的设计和建设。除此之外，电动公交车、共享单车等交通工具的设计政策也开始被大范围推广。通过推广这种绿色出行方式，激发消费者对购买电动汽车的热情，从而促进更加可持续的消费。第三，在可持续城市规划领域，也将促进社会、经济和环境可持续性作为政策目标来设计城市。典型的例子就是德国弗赖堡的 Vauban 社区，它的设计优先考虑行人和自行车，减少对汽车的使用，并纳入绿色能源生活空间。

从 Spaargaren 实践性理论角度来看，针对消费者个体的生活需求和生活方式，通过发掘设计创新的潜质，赋予产品或服务以生态价值和意义，改变消费者的传统认知和消费态度，从而形成自发的环保认同与消费选择。因此，通过观察消费者的生活消费习惯，来验证人们日常的态度、行为是否可以转变为可持续性的态度和行为。但在实施这些方法时，有些问题也不容忽视，比如潜在的反弹效应。虽然实践性设计从理论上看能实现可持续性发展，但可能伴随着更多数量及更多使用频率的出现而造成不可持续的问题。以照明为例，虽然用紧凑型荧光灯（CFI）取代白炽灯可以提高单位能源使用效率，但消费者可能会更频繁地使用CFI以达到阅读和工作的更高舒适度，这必然会导致反弹效应（Sahakian，2010）。这个案例说明，虽然产品本身可以提高环保效益，但随着更大量的生产、更多人的使用以及更频繁的电力交易，可能会造成更大的环保问题。在这种情况下，即使技术或设计提高了效率，也未必能减少不可持续的消耗。

三、结论

综上所述，本文通过关注Spaargaren提出的以消费者为目标的政策，以及Shove提出的关于社会技术变革的政策，首先，阐述了实践理论如何通过与可持续消费相关的政策来重塑消费者的行为；其次，分析了设计通过哪些途径可以与实践理论相结合并创建更加可持续的发展途径，以及实践性设计在可持续发展中扮演了怎样的角色；最后，基于潜在的反弹效应理论，本文指出了实践性理论与设计的局限性。

参考文献

[1] Middlemiss Lucie. Sustainable consumption: key issues [M]. UK:Taylor & Francis Group, 2018.

[2] Spaargaren G. Theories of practices: agency, technology, and culture: exploring the relevance of practice theories for the governance of sustainable consumption practices in the new world - order [J]. Journal of Global Environmental Change, Science Direct publication, 2010(3):813 - 822.

[3] Welch D, Warde A. Theories of practice and sustainable consumption[J]. Handbook of Research on Sustainable Consumption, 2015:84 - 100.

[4] Jacobsen E, Dulsrud A. Will consumers save the world? The framing of polit-

ical consumerism [J]. Journal of Agricultural & Environmental Ethics, 2007: 469 - 482.

[5] Gleick H, Cooley S. Energy implications of bottled water [M]. UK: Bristol IOP Publishing, 2009.

[6] Sahakian M, Wilhite H. Making practice theory practicable: towards more sustainable forms of consumption [J]. Journal of Consumer Culture, 2014, 14(1): 25 - 44.

[7] Shove E. Beyond the ABC: climate change policy and theories of social change [J]. Journal of Environment and Planning A: Economy and Space, 2010, 42(6): 1273 - 1285.

[8] Jackson T. Live better by consuming less? Is there a "double dividend" in sustainable consumption? [J] Journal of Industrial Ecology, 2005: 19 - 36.

[9] Warde A, Shove E. Inconspicuous consumption: the sociology of lifestyles, consumption and the environment [M]. UK: Lancaster University Press Publication, 1998.

[10] Shove E, Noel C, Tim S. Infrastructures, intersections and societal transformation [M]. London: Sage Publication, 2018.

[11] Zachrisson J, Boks C. A framework for selecting sustainbale design strategies [M]. US: IEEE Publication, 2011.

高度艺术化的价值观形塑：中国传统文化当代视觉符号体系建构研究

张　瑞[①] 孙　强[②] 毕欣雨[③]

中华优秀的传统文化对中国传统造物美学产生了深刻的影响，形成了丰富多彩的造型艺术形式，构建了关于功能、实用、精神追求等特有的价值取向和文化内涵，塑造了“和”“义”“仁”等独特的价值观。在当下传统文化的新一轮建构与传播过程中，保持对文化价值和文化生命力的高度自信，维护好中华民族的文化根基，实现优秀传统文化的设计创新，是国家文化软实力建设的时代责任。

艺术图像是视觉符号的重要表现形式，具有浓厚的文化内涵和社会属性，视觉符号化以其个性鲜明、富有感染力的传播特点在艺术发展和价值观重塑中发挥着创新性的作用。传统文化视觉符号化的起源、路径与价值等问题，成为学者们主要探讨的焦点，并在文化产品生产销售、文化服务和其他提供文化附加值商品的行业领域进行针对性研究。

传统文化视觉符号化是一种塑造中国文化命脉的独特语言设计，是当

① 山东工艺美术学院。
② 山东工艺美术学院。
③ 山东大学。

代跨文化传播背景下中国文化传承和活化的“窗口”。传统视觉符号体系是中国文化的重要组成部分，是价值观念、生活方式与意识形态的外在体现。视觉艺术符号体系与核心价值观建构的运行机制研究、对传统视觉艺术资源转化的探索与研究，揭示出中国设计学研究作为应用型艺术型学科能够始终聚焦于现实，积极探索设计语言在当前社会发展中的功能意义，从而发挥传统文化艺术符号促进文化认同和社会主义核心价值观的重建中的作用[1]。

一、当代视觉符号体系的造型审美与价值观在关系与目的方面的取舍融通

中国设计深受传统文化影响，并在此基础上建立、发展和完善，随着不同时期社会背景的变化，形成区别于其他时期的时代特征。21 世纪，思想趋于多元化，设计风格更加多样，中国设计更加展现出对中华传统文化的思考，试图建立起连接古代时空与现代时空的桥梁，增进审美情趣与实用功能之间的联系，建立文化与消费的关联。在庆祝中国共产党成立 100 周年之际，纷繁多样的文物展、绘画展、文创纪念品、雕塑等呈现出中国共产党百年的奋斗史和融入血脉的精神特征。天安门广场前建党百年庆祝大会的服装以“百年耀万川”为设计主题，诉说着对党的礼赞之情；“七一勋章”以朴素、庄重为主要设计理念，将向日葵、山河等传统元素与党的精神融合，将百年精神具象化表达。

设计审美与国家形象展示密不可分，冬奥赛场上“一墩难求”的冰墩墩是中国形象与奥运精神融合的成功典范。冰墩墩的冰晶外壳取源于冰糖葫芦，熊猫向来是中国传递和平的桥梁，冰墩墩 IP 引起的热烈反响带动了动漫产业等相关产业的发展，瞬间拉动了文化经济消费。中国国家文化公园作为展示国家形象、呈现中国智慧创造的文化工程，是讲述中国故事、坚定文化自信的重大工程，山海关中国长城博物馆、黄河国家博物馆等博物馆的陆续建成，成为城市旅游的新热点和新打卡地标。

近几年，中国风、国潮的兴起体现在人们衣食住行的各个方面。中国

传统文化的创新设计展现是中国文化生命力和软实力的直接表征。中国设计的主体性逐渐建立，推动了我国消费者对国货的消费热情，促进了国货走向世界。乡村文明的保护和传承使许多传统技艺得以复苏，越来越多的人对乡村旅游产生兴趣，回归本土自然生活的热情被激发，对乡村振兴战略产生了积极的作用。中国设计带给中华优秀传统文化的活力是源源不断的，两者相互促进，不断融合发展。

（一）造型艺术是核心价值观的表征

中国传统造型艺术是在民族融合和历史沉淀中形成的，通常包括书法、绘画、工艺美术、雕塑、建筑、园林等。中国传统造型艺术的形成是经济、政治、文化等多个方面影响作用的结果，是从认识到实践、从意识到存在的结果。中国传统造型艺术的创造是创造“形”和“物”，通过“形”和“物”来表达某种意义。造型艺术的意义主要有以下 3 个方面：一是造型艺术是人们眼中的客观存在，是物化的，人们通过知觉、感觉、想象等感知能力接收到客观物体的“形”。二是人们接收到“形”和“物”后形成认知，反映出某种评价和观念。三是人们对意义形成文化层面的认知，是一个时代、一个国家、一个民族作用在人身上的烙印和社会属性。

中国传统造型艺术的呈现是为了满足使用，这种使用可以是物质上的，也可以是精神上的。从书法、绘画、建筑等造型中获得审美的愉悦，或传递政治宗教等精神文化，都体现着使用的功能。造型一旦成为艺术，便成为审美的客体，便与社会属性产生了联系。马克思认为艺术是意识形态的一种形式，是对现实世界的反映，艺术在呈现过程中的观念和思想都可以被列入意识形态。创作主体不能独立于世界之外，其审美情感、意识等都有着深刻的现实根源，在阶级社会中，通常还带有阶级性质的色彩。

造型艺术是核心价值观的表征。远古时期，半坡出土人面鱼纹彩陶盆的鱼纹已经可以体现出阴阳哲学；部落的图腾纹样成为人格化的崇拜对象，用来体现血缘间的同一性；西汉中后期完成的纹样发展则体现了君臣、父子、夫妇等一系列以“礼”为核心的“文化系统”的建立，目的在于塑造整个社会共同的意识形态。但艺术是意识形态的表现与存在形式，而并非意识形态本身。

（二）核心价值观是艺术表达的逻辑起点

人类在进入群居时代后，已经有了社会价值观，价值观是维系整个社会群体和社会秩序不可缺少的规范。中国古代社会核心价值观的图像实践可以划分为两个阶段[2]。第一个阶段是原始社会中形成的承担维系部落精神同一的图像表达，在这个阶段，人们认为“万物有灵”，巫术和宗教的符号表达出人们对自然的崇拜，部落图腾展现出人们对自然的幻想和信仰。第二个阶段是奴隶社会和封建社会时期自觉形成的色彩更强烈的价值观念，在这个阶段，诞生出“礼制”“三纲五常”“忠信”等维系中国2000多年制度的“社会价值观”，这层价值观在不同的历史阶段不断革新，奠定了社会价值观的机理。

在中国古代社会价值观的发展历程中，图像发挥着将国家倡导与个体的知行黏合的功能，将看不见的国家意志转变为看得见的国家形象。在中国封建社会，人们的受教育水平大不相同，同时阶级性较为凸显，统治阶级为了方便统治意志的传达，通常运用壁画、绘画、雕塑等形式展现以“三纲五常”“仁义”为代表的价值观。封建社会的社会价值观适应了不同人群的需要，实现了从上向下的全面渗透，官方用其教化，知识分子用其科考，民众用其维系家庭和宗族。人们在生活中不自觉地完成对价值观的接受和传播，并加以效仿。

在我国长期的革命实践与探索中，中国共产党重视利用图像进行宣传和教育。革命时期，中国共产党经常就地取材，利用画报、墙画、版画等形式宣传党的政策和方针，各种感人至深的故事被镌刻在纸上、木板上、墙壁上，这对革命的宣传以及民众的启蒙起到了重大的促进作用。

新中国成立后，伴随着技术的传入与革新，出现了越来越多的能够体现价值观的表现形式，如电影、动画、相片等。在那个时期，涌现出了许多红色革命宣传作品和政治宣传画。图像技术进一步普及和应用，人们不仅能够从中感受到精神的愉悦，还能潜移默化地接受方针、政策，形成对社会价值观的自信和拥护。

当今世俗物质化的环境伴随着图像的泛滥，机械性质的图像已难以满足人们的精神需要。核心价值观的传递需要有效的图像载体，需要从中华民族特定的文化方式出发，关注人们的情感与心理，在图像中感受到文化内涵和文化价值。

（三）伦理教化是艺术审美传达的核心目标

伴随着人类文明的进步，图像单纯存在的意义已近乎不可见，或多或少蕴含着需要被表达的内容。黑格尔说过，“在艺术里，这些感性的形状和声音之所以呈现出来，并不只是为着他们自身或者他们直接现于感官的那种模样、形状，而是为着要用那种模样去满足更高的心灵的旨趣……”，换句话说，任何图像都有着能够生成意义的空间。

图像是承载“理”的重要载体。图像文本置身于发展的社会中，与政治、教育不可避免地产生联系，成为社会伦理教化的重要工具。例如，日常常见的梅兰竹菊等图像被赋予代表民族气节的形象，进而教导人们学习其背后蕴含的意志。图像承载的“理”需要人们先动用感官去领悟，然后需要人们再进行“理”思想层面的构建。在此情况下，图像的生产必须要照顾到整个社会的价值取向，艺术需要成为有生命力的花朵，需要正确价值观的浇灌。

因此，在当下需要引导艺术与社会价值观相结合，把握好图像传递的价值和意义，认真讲述中国故事，传递社会主义核心价值观。

一是展现中华文化持久生命力。围绕国家发展战略，探索“传统文化＋思政教学＋专业设计＋服务社会”价值观塑造模式。传统文化不能仅停留在观赏的阶段，而应当与社会实际应用相结合，通过艺术设计蕴含在生活中。

二是满足人民美好的生活需要。中华优秀传统文化包含了多元的文化内容，人们在生活中通常是通过眼睛、耳朵等器官去感知，但仅通过间接认识是非常单一和片面的。可以以中华优秀传统文化为内容，在社区、学校开展多方面的艺术实践，以及民间工艺的普及和传授，使得我们民族优秀的传统文化实实在在地满足人们的需要，成为人们的精神食粮。

三是要用艺术文化讲好中国故事。我国的社会主义核心价值观立足于丰富多彩的生活实际和文明历史，是当今时代和国家对群体的约定。我们要利用艺术文化讲好中国故事、传递社会主义核心价值观。艺术文化能够体现价值观，并能够具象价值观，是活化了的符号，是社会主义核心价值观由“言”生“象”的外在形式。它理应成为面向人们的一种可感、可知、可理解、可分析、可认同的视觉表达，这要求社会主义核心价值观视觉符号能够有效运用象征、隐喻、叙事等视觉修辞方法，拓展社会主义核心价值观的表现方式，并能够做到由此及彼、由表及里，不断催生探究性的意识，唤醒人们内在情感自觉和文化记忆[3]。换言之，当我们找到艺术文化与中国故事的连接点，找到情景、故事、人物的契合点，便能够用艺术的方式讲出中国故事。

二、当代视觉符号体系的造物审美与价值观在现实转化应用方面的取舍融通

造物从传统文化、革命成就、日常生活中，继承和重塑社会主义核心价值观视觉符号，坚持统一性和灵活性相结合的原则，选择与社会主义核心价值观联系密切的视觉符号，提炼视觉元素，进行巧妙组合、重构和表达，赋予其新时代价值。因此，我们需要系统地研究现代中国国家形象传播中典型的图形符号与民族语言，深入解读中国文化精神内涵，将中国传统年画、版画、剪纸、书法等艺术表现形式的造型语言体系，创新转化为当代设计语言，助力中国特色设计艺术作品的生产和传播。

（一）创造“造物审美”的场景体验

传统视觉符号体系应当融入传统造物审美。我们需要守住传统文化底蕴，以创新手造、创新生活、创新产业为理念，突出时尚和创意，将织造印染、雕刻工艺、编织扎制、烧制锻造、漆器绘制等传统手工艺传承发展融入现代生活，构建起能够满足新时代人民群众个性化、品质化、情感化消费需求的产品体系。

应当注重审美场景的建设。艺术产品中既要有图形、色彩，也要有文化内涵、文化意义与文化价值，艺术产品可以通过形象的搭建形成具有影响力的 IP。文创界，以故宫淘宝、敦煌文创为引领，全国各地的文化都应当寻找一种特色 IP 发展方式。作为孔孟之乡的山东可以充分挖掘儒家文化精髓，建设有特色的文化标识和文化品牌。为文化赋能，让艺术搭建起多行多业的桥梁，创造更多的场景体验，在更加真实的空间中感受传统工艺之美，感知背后的内在价值观体验。

（二）创意为当代“造物审美”注入活力

创意为艺术创作提供源源不断的动力，是丰富艺术形式和内容的灵魂元素，能够为当代的“造物审美”注入活力。从人才方面来说，通过教育和培训，培养具备创新意识的设计家，使其具备全球化战略眼光、市场开拓精神、管理创新能力、文化担当力、社会责任感，成为不仅懂设计，还懂时代方向的企业家；从内容方面来说，加强深化主题设计传播研究，以“生肖文化”“农耕文化”为基础，通过课程、展览、自媒体推送、创意设计大赛、与企业合作开发定制节气文创产品等方式，向青少年和公众传播，实现向国家、社会、政府、个人等多个层面的传播，将原有的图形、海报、插画设计研究延伸至玩具、服饰、食品等“日用设计”研究。

利用设计助推生活富裕，塑造美丽乡村。结合农耕、生活、游戏、绘画等内涵融入，以“传统文化艺术形式”为载体，以“生活美育”为核心，全方位开展民间文艺实践体验，多样化开展民间工艺项目实践、应用传播，传承中华造物智慧，使我们保有民族有形的文化意象、文化精神、乡愁记忆、造物智慧，发挥“美教化、厚人伦、移风俗”的积极作用，用创意为艺术开路，从内容和形式两个方面促进“工艺审美”的提升。

（三）数字技术发展促进传统造物体系的发展

从艺术的发展历程来看，科技的发展对艺术产生的影响十分重大。在互联网技术飞速发展的时代，图像也经历了极为重大的变革，它改变了人们的认知方式、记忆方式和表达方式。

第一，数字化技术的发展能够唤起人们对传统手工艺的关注。数字媒介的发展，如微博、抖音、微信等平台更新了人们获得信息的途径和方式。李子柒、南翔等博主的视频，唤起了人们对中国传统手工艺的记忆。前几十年的工业化发展对传统技艺产生了巨大冲击，高度同质化、复制化、低价格的工业产品充斥着市场，严重压缩了手工艺产品的空间。近年来，传统手工艺的复苏和出圈，背后体现的是人们对淳朴和自然生活的回归的渴求。

第二，数字化技术有利于传统手工艺的保存和传承。随着虚拟现实技术的发展，手工艺技术的保存不再成为难题，学术界正在探索活化保存手工艺的可能性。从技术层面来看，VR、云计算、数据库等技术的逐渐成熟为数字化保存和传承传统手工艺提供了支持。让传统手工艺动起来、活起来，为内容生产提供素材，传承工匠精神，增进文化认同。

第三，数字化技术能够拓展传统手工艺传播的途径。在互联网时代以前，传统手工艺仅能够通过线下的实体进行传播，进入互联网时代人们可以通过非常丰富的平台来了解传统手工艺。网店、直播都带给了传统手工艺不一样的传播方式，在社会中激发出文化热度和艺术热度，因此要重视数字化技术在传统文化复苏方面的应用，加强互联网企业与传统手工艺的结合，打造出新时代里技艺的发展路径。

第四，数字化技术有利于传统手工艺的时代化发展。数字化技术的发展极大地拓宽了受众的参与度，消费者并不仅限于消费，同时能够参与艺术创作。人们通过短视频、综艺、游戏等多种方式促进传统手工艺的多方位发展和生产。数字化技术对文化创意的激发作用是巨大的，它拓展了以前人们从未想象过的艺术发展可能性，需要我们紧跟时代发展，将时代精神与传统文化相结合，不忘来路，开拓创新，促进传统手工艺的时代化发展。

三、包豪斯设计体系、中国传统审美体系在价值观同异方面的取舍融通

包豪斯设计体系是在当代设计领域极具影响的设计体系，它重新审视了设计和技术之间的关系。在其影响下，艺术不再是专门的职业，而是与工人技术相结合，艺术作品也强调功能性，造型艺术直截了当地反映作品在功能和结构上的特征[4]。

我国的现代设计教育晚于西方国家，包豪斯设计体系与我国设计在社会经济、传统造物观念上具有一致性，在我国的现代设计土壤中也有所发展，对我国的现代设计产生的影响是巨大的，既有积极影响，也有消极影响[5]。

一方面，包豪斯设计体系引导了中国现代设计，推动了我国产学研的融合。包豪斯推动了我国的工艺美术教育，教育学生透过现象看本质，将设计思想转变为现实中的真实存在。为生产和社会服务是包豪斯的办学宗旨，它影响着我国的教育教学培养体系，学校要培养出有理论、有技术的综合人才，达到多方共赢的结果。

另一方面，包豪斯设计体系对我国的传统文化和人文主义精神有所压抑。包豪斯设计强调功能和理性，这或多或少会对艺术作品中的人文性产生压抑。包豪斯是工业时代下的产物，在学习外来设计文化的同时，没有与我国传统文化和自然人文精神相结合，造成了对自我文化的阶段性迷失。由此，中国设计技术的变迁实际上不仅有包豪斯设计体系作用的影响，也是中国本土的文化特征与科技相互作用的结果。历史上，中国设计拥有辉煌的时期，也有包豪斯中艺术与技术结合的体现。当代中国设计的发展必然要体现中国的时代特色与发展，向设计大国和设计强国迈进。

如今，中国正经历信息化与新技术的革命，新材料、新技术影响着中国设计。包豪斯曾经面临的大工业化与当下我国面临的工业化背景极为相似，但并不意味着这会成为德国的翻版。比较而言，包豪斯的设计理念从人出发，从造物者的意识出发，理念通过艺术体现出来。这样的设计方式

和设计理念符合现代设计的规律，而中国设计立足于中国文化土壤，汲取造物的智慧，连接古今，以现代的语言回溯历史文明，二者存在基本的契合因素：

一是“艺术与技术统一”的口号，将理性精神与感性精神相结合。中国是一个多民族融合的国家，受到多民族文化的影响，中国设计需要考虑多种元素的整合，既要考虑到特色性，又要考虑到整体性，因此包豪斯的艺术与技术统一，与中国设计理性与人文相结合具有一致性。

二是设计拓展了艺术的功能。设计艺术具有技术功能、指示功能和暗示功能。技术功能是指艺术具有实际的功能，不再高高在上与现实分离。指示功能是指艺术作品通过色彩和造型指明其功能。暗示功能是连接技术功能和指示功能的桥梁，功能事实上不一定是物用的功能，也包含心理上的功能。

三是在艺术设计创造中更加注重科学的运用。包豪斯是工业化时代的产物，伴随着工业化和科学技术的发展，中国设计也受到现代技术的影响，新材料、新技术都向设计提出了更高的要求，艺术也应当融合科技，向可持续化的方向发展。

四是设计作品对人的重视。包豪斯时期的艺术主要关注人的身体、社会环境等物理意义上的需要，应当加入对人心灵上需要的关注。随着科技的发展，虚拟世界是满足个体心灵需要的重要空间，因此要重视虚拟世界的设计。

传统文化视觉符号体系作为艺术设计、社会人文、思想政治、伦理道德的集合体，所传递的价值追求要被各领域受众接受，并在思想上“同频共振”，要实现中华优秀传统文化创造性转化和创新性发展，需要以社会主义核心价值观为统领，打破中国沿袭几十年的包豪斯设计教育体系，重建艺术设计表现的东方文化视觉符号系统，以民间文艺多元化、生活化、实践性的形式，开展从历史传统、思想精神、艺术审美、实践素养到创意设计等系统全面的设计实践和应用传播，实现与中国传统设计理念的融会贯通。

四、结论

中国设计面向在中华优秀传统文化的传承发展中包含中国智慧、中国方案的艺术载体而展开，通过创新设计、落地转化、融入生活、应用传播，形成思想和精神上的某种联系与认同。我们需要以东方独有的视觉符号体系语言进行阐释和交流，形塑当代具有文化驱动力的视觉符号系统，在视觉符号和观看关系中建构与传递执政党和政府的思想、制度和行为规范，使观者在观看凝视中感悟社会主义核心价值观的精神理念、美学价值与艺术旨趣。

参考文献

[1] 安丽哲. 乡村振兴情境下图像与视觉造型的功能阐释与资源转化:2020年度中国艺术人类学图像与视觉造型研究综述[J]. 民族艺术研究,2021,34(2):125－130.

[2] 周琪. 中国古代社会核心价值观图像实践与创新[J]. 社会主义核心价值观研究,2018,4(3):60－66.

[3] 郁有凯. 培育社会主义核心价值观需要视觉思维[J]. 重庆大学学报(社会科学版),2020(26):1－10.

[4] 翁立立. 包豪斯与中国现代艺术设计教育[J]. 重庆科技学院学报(社会科学版),2010(17):193－194.

[5] 李欣. 包豪斯办学精神对中国现代高校设计教学的影响[J]. 艺海,2012(2):97－98.

国事活动中服务性制服设计程序实践研究

邹 渊 高瑞彤[①]

进入21世纪以来，我国的国际影响力和国际话语权显著提高，越来越多的国家和个人将目光聚焦在崛起的中国身上。中国声音在国际社会中扮演着举足轻重的角色，因此打造我国特色的国际形象，塑造优良的国际声誉，是中国国际事务中不可或缺的一环。习近平总书记强调："中国必须有自己特色的大国外交。我们要在总结实践经验的基础上，丰富和发展对外工作理念，使我国对外工作有鲜明的中国特色、中国风格、中国气派。"[②]

过去10年中，诸多重要的国际会议在我国举办，如2014年北京APEC峰会、2016年杭州峰会、2017年厦门金砖国家峰会、2017年北京"一带一路"国际合作高峰论坛、2018年上海合作组织青岛峰会等，中国愈加频繁地成为世界焦点。这一"由客变主"的过程与我国日益强盛的综合国力息息相关，能力越大，责任越大，以中国为发起和主办的主场外交，是国际社会中重要的新生力量，为全球和谐发展增添了新的助力。同时，也是我

---

① 山东工艺美术学院服装学院。

② 习近平总书记在2014年11月28日中央外事工作会议上的讲话。

国向世界证明中国实力、传播中国理念的方式。与“走出去”参加他国主办的国际活动不同，“引进来”的主场外交活动，需要形成更广泛、多层次的对外开放模式。在完成向全球传递中国的国际发展理念，打造中国的国际力量，不断提升我国国际地位这一主要任务的同时，借助主场外交舞台，全方位展示我国深厚而独特的历史和民族文化，塑造良好且富有魅力的国际形象，建立深刻而自信的国际印象，也是让更多人认识中国、理解中国、认同中国，继而扩大中国国际影响力的方式之一。

在短暂而繁忙的国际会议期间，文化的展示不能只来源于他国领导人的主动融入与理解，需要进行有目标性和针对性的定向输出。想要准确自然地输出，就需要一个完善的构建过程——艺术设计。根据活动内容和任务需求进行的优秀艺术设计，可以更好地向国际社会展示中国精神、宣扬民族情怀、传播中国文化、树立大国形象，以达到促进中外文化交流，树立中国国际形象的目的，从而展现国家文化软实力。针对国事性会议中起到文化展示重要作用的艺术设计，从二维的平面展示到三维的器物造型，都需以主题性和目标性为中心围绕进行，运用的设计体系涵盖环境、视觉传达、产品设计等。其中具有流动展示效果的设计艺术，就是本次探讨的围绕着参会人员和会议服务人员所进行的服装设计艺术。服装在社会生活中具有主流文化特色以及文明认同价值，可以体现穿着者对于民族文化的自信和自豪，是借助参会人员树立中国印象的重要节点。我国自古以来被称为“衣冠上国，礼仪之邦”，因此参会相关人员的制服设计，首当其冲地成为国事活动中展示中国文化、建立我国良好国际形象的一个重要环节。

一、 繁中求简——目标任务的复杂性

在国际会议中服务工作人员是外宾顺利参加各项活动的依靠和保障,对活动顺利展开起到极为重要的支撑作用，形成参会外宾对中国的第一印象，得体的着装是展现国家和民族文化的窗口之一，也是国家设计软实力的见证，所以，服务工作人员的制服设计尤为重要。在国事活动中，服务工作人员身着统一且具有中国文化色彩的制服，对于工作本身来说，不仅有利

于强化工作人员的使命感和责任意识，还有助于在服装形象主导的文化信息和背景中，使得其举止更具文化属性；对于文化传播来说，则能够提升国家和主办城市的形象，向国际社会宣介中国的优秀传统文化，从而将美好且深刻的中国印象传播到世界各处。因此，无论从工作完善还是从文化传播等方面来看，对国事活动服务工作人员制服的艺术设计都是极为重要的。

服饰是世界各民族传统文化的具象体现，能够反映穿着者的价值感和文化属性。国事活动服务制服，作为官方场合的制式服装是国家形象的一个缩影，是展示本民族的文化、心理和气质的三维视觉语言，其风格、款式、色彩、材料和图案，都可以通过设计反映出民族价值、审美兴趣、生活方式和文化认同的方向。

具有民族文化特征的优秀国事制式服装设计，不仅能够在官方外交场所令民族形象脱颖而出，也是一个民族具备强大凝聚力的体现，反映着一个民族的精神、智慧、信仰和审美。当一个代表着国家的团体，其着装设计中民族特征越强，带给外界的国家形象就越清晰和明显。就如在国籍不明的情况下，同是黄种人，身着同种服装的中国人、韩国人、日本人很难区分，但一旦穿上自己的民族服饰就很容易被识别出来，此时的服饰就等同于国家形象的体现。具有民族特色的服饰是国家形象最亮丽的旗帜，是国家最直接的形象阐释，呈现着国家人民的精神和文化内涵。

二、简中见道——科学程序的重要性

大型国事活动中，参与人员身份类别繁多，既有参会领导人员，也有其他各类工作人员，根据不同的职能，服装的设计各有不同。此外，还需要结合会议主题和举办地的文化特点进行设计。由此可见，国事活动中服装的设计工作比其他服装设计所需要综合的元素更多，限制级别更多，要求也更为复杂。为了更好地开展工作，科学的设计程序是必不可少的。

科学的程序是处理复杂问题的有效方法，建立符合逻辑规律的设计程序，可以减少不必要的设计反复或无效劳动，最大限度地实现设计过程的准确性与简约化。合理的国事活动服务性制服设计程序建立在清晰逻辑层面之上，每个设计步骤都要有符合这次活动定位明确的目标。只有这样设计师才能够全面地研究可以采纳的设计元素，了解本次设计服务的目标不再局限于 Who（穿着者本身），更重要的是 Whom（为谁穿）的设计原则，避免绕道而行，最为高效地取得最佳设计结果。程序设计的合理化、规范化在整体服装设计过程中占有非常重要的地位。杂乱的工作程序一方面可能让设计过程中产生大量的重复和无效的劳动，另一方面容易造成设计成品缺乏本次国事活动的针对性。与其他设计相比，国事活动的制服设计需要在条理性、规范性的基础上，以会议主旨、主题为中心，开展款式设计、颜色搭配、面料选择、结构合理、制造精工等众多环节的复杂工作。

三、道中有术——设计内容的有序性

当服装经过不断的发展和传承，从普通的生活用品演化为代表着民族特点的文化产物，乃至为专项活动而定制的服装设计时，其元素设计比任何情况都更加复杂，既要考虑到活动当地文化属性的呈现，同样也要注意属于国事活动特殊性的有限设计范围。面对如此系统而烦琐的工作，仅仅依靠设计师传统感性自由挥洒的创作方式，显然已经难以达到这种理性类型的设计项目预期效果。“建立符合逻辑规律的设计程序，可以减少借助设计程序对过程的规范和引导作用，还能够产生事半功倍的设计功效。”① 国事活动服务性制服设计任务中包含众多的设计步骤和设计阶段，将设计任务中的过程根据设计目标需要进行规划和统筹是这项工作的程序设计。这是一项复杂的系统工程，首先需要根据会议性质、大会主题、参会人群、穿着需求等设计任务提出设计要求，并进一步分析上述要求，其次获得满足要求所需要进行的设计方法，最终确定设计任务的实施目标。只有在合理而严谨的程序设计下，设计师才能有条不紊地分析和创作，确保设计效果与设计目标的统一。

---

① 吕学海．服装系统设计方法论研究[M]．北京：清华大学出版社，2016.

本文内容通过调查研究、资料收集、设计框架——三大部分内容整合后，形成设计方案有序的设计程序（见图1）。

（一）调查研究

从活动性质的角度来看，国事活动可大致分为政治性活动、外交性活动、文化娱乐性活动、商业性活动等。从活动过程进行分析，则同一活动中不同的阶段其服务内容也各不相同，如迎宾服务、会议服务、宴请服务等阶段。这就需要设计师根据活动性质、活动人员、活动过程进行服务工作的穿着要素设计。

国事服务工作人员服装属于制服的一种，在满足工作内容需要的基础上，制服元素设计要融入民族特色，在可行的前提下兼顾主办地区特点、风俗习惯和宗教信仰等，达到彰显国家风范的目的。综上所述，其制服应具备识别性、统一性、规范性等特点，将文化意义、实用目的和观赏价值融入制服设计之中。

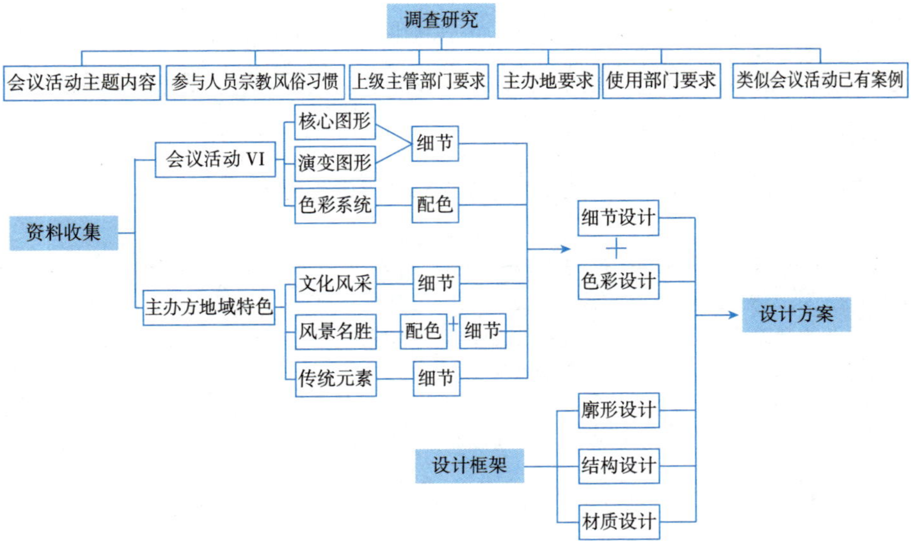

图1　国家活动服务性制服的程序设计过程

在设计实施前的调研工作中，调研内容主要包括活动主题、参会人员宗教风俗习惯、上级主管部门要求、承办单位的建议和要求、使用部门的建议和要求、同类活动案例以及活动地区气候特点等。厘清设计责任，并根据重要程度标注，进行依次排序，严格执行，以确保在进行设计工作时，设计效果能够符合各项要求。当设计效果与限制内容出现冲突时，可以根据级别先后顺序，改动设计方案。调查研究是设计进行的基础，时刻提醒设计师不要盲目设计和越线设计。

本文设计实践案例是为2018年上海合作组织青岛峰会进行服务性制服设计。

活动主题内容调研：20年来，上海合作组织在安全合作、经济合作、人文合作——“三大支柱”中建立了合作伙伴相互尊重、合作内容平等正义、合作效果互惠共赢的新模式，成为欧亚和国际事务中一支重要的建设性力量。① 作为欧亚地区的重要国际组织，上海合作组织通过在成员国经济合作的基础上建立共同繁荣的经济关系，不断为区域合作注入活力，实现了上海合作组织的可持续发展。

成员国宗教风俗调研。由于上海合作组织成员国众多，国家之间存在诸多分歧，在历史、文化、宗教、社会制度等方面多有不同。所以制服的设计内容，需要对相对重要的不同之处进行调研，达到在设计中不触碰他国禁忌，求同存异的目标。

为了更好地在设计中执行，需按表1进行设计需求调研。

表1 设计需求调研表

部门	设计要求
上级主管部门（外交部）	具备中国传统服装特点，端庄大气，符合服务人员身份特征，不触碰参与人员的宗教风俗禁忌
主办地（山东省青岛市）	在富有仪式感的基础上，体现山东特色、青岛精神，凸显山海文化
使用部门	穿着舒适，行动方便，不会对服务工作造成不良影响
设计团队	提升国家形象，凸显中国气派，展示山东风格，体现青岛特色
参考方向	同类国事活动的工作制服，借鉴优点，区别特点

① 李克强．在上海合作组织成员国政府首脑（总理）理事会第十九次会议上的讲话[J]．中华人民共和国务院公报，2020（35）：8－9.

（二）资料收集

此次资料收集是在调研工作之后，针对具体服装设计开展资料收集活动，准备设计工作所需的有效素材元素。资料的收集可以确保制服的服装风格和视觉符号设计充分满足峰会活动的各项要求。当服饰参与民族形象和文化的传播时，峰会制服作为活动中较为鲜明的文化符号之一，每一个身着制服的工作人员都是移动的文化符号，醒目地伫立在国际视野当中，是中国文化和时尚向世界较为直观的展示方式。

国事活动中参与人员服装的设计，应当遵循“本于传统，汲取精华；立足当代，彰显特色；裁制有据，秉承礼法；款式纹理，蕴含文化”的原则，重视传统文化在现代设计中的融会与运用。在舒适得体的基础上，需要通过一系列设计内容，向参会外宾和世界公众传播具有中国文化特色的视觉符号。这就需要提取植根于中华民族的血脉中的印痕，将文化浓缩于其中。服装中的视觉符号设计是整个服务性制服设计程序中画龙点睛的一步，也是决定性的一步，是能够被世界关注和铭记的重要节点。以我国传统文化的精髓为基础，整合国事活动相关的信息和元素，形成符合现代社会和国际审美，既有历史传承感和深度感，又具备现代亲和力的形象符号和话语体系。

1. 会议 VI

制服类服装属于形象识别系统中视觉识别 VI 应用要素之一，并通过两方面与之呼应。一方面，将国事活动的核心图形，或会议视觉形象中极具代表性的演变图形作为设计元素，合理地融入制服款式的设计中；另一方面，将本次国事活动的标准色彩应用到服装中（见图 2）。

图 2　2018 年上海合作组织青岛峰会标志核心图形与延展图形

2. 地域特色

主办地在承担大型国际活动时，其展示目的都是希望把城市标签推向世界各地，让世界更好地了解城市的文化、风光、特产、传统等元素，形成有效的吸引力，塑造国际形象。设计师在设计中需要均衡主办地的展示需求，将地域特色以细节或色彩的形式在服装上进行展示。

以上设计主要来源于上海合作组织峰会会议活动 VI 和主办方地域特点。当相关资料收集完毕，制服设计中展示地域形象的细节装饰和色彩搭配才能随之成型。

标识化设计需要将活动的 VI 作为最主要的参考和信息收集对象，收集视觉团队围绕主题展开的核心造型、演变造型和色彩系统资料，再从中筛选合适的元素进行服装设计中的标识化设计。由于上海合作组织峰会 VI 核心图形现代感较强，与中国传统服装风格出入较大，难以在服装设计中直接使用，所以在设计使用中对其进行了适当的延伸，延伸图形既有青山、绿水、如意三者的变形造型，颇具中国古典韵味，也有接近于西方抽象艺术的现代感，是服装设计中装饰图案元素的点睛之笔（见图 3）。

图 3　2018 年上海合作组织青岛峰会服务性制服使用的延伸图形刺绣

3. 色彩标识

制服的色彩是另一个能够体现出活动符号化的标识系统。上海合作组织标识的主调为蓝色，主办城青岛又是山海一色的旅游胜地，基于以上两点，制服的色彩确定在清新稳定的蓝调范围内。既要尊重参会各国的风俗习惯，也要更好地体现中国文化，在具体定色上，参考中国传统色谱进行筛选，最终确定月白、竹绿、象牙白、蔚蓝的色彩体系。

以上设计过程中调查研究和资料收集的内容不是独立的，在展开设计时要整体把握其中的内在和外在因素，将两者相互联系，并对其进行归纳整理，制定下一步的设计框架。

（三）设计框架

根据会议的相关主题和要求，为设计工作提供基本的执行步骤和设计方向，即指定设计工作在明确的框架范围内进行构思并实现创新设计。

服装设计不仅是外观的表面设计，想要通往更高的层次，还要关注内涵的延伸。服装外观设计由 3 个基本特征决定：性别、风格、颜色。内涵的延伸还需要关注穿着者的身份、动机和环境因素。服装设计的内涵延伸跟穿着者与观看者的美学修养、社会信仰、宗教信仰、政治理想和道德活动等有关。

国事活动服务制服作为一种特殊的服装产品，服务对象明确，功能界定清晰。通过调查研究和资料收集明确设计方向，可以有效地避免设计展开时的盲目性。设计展开中通过色彩、风格、面料、图案、工艺等细节的运用，设计成品不仅要体现我国的文化审美和艺术状态，还要能够从侧面展现出我国人民的意识形态、情感审美偏好乃至民族精神，成为国家形象的缩影，经济文化形象建设的基本要素。

1. 廓形设计

廓形设计是服装设计中的关键，决定服装结构的合理性和穿着者的舒适性。日常服装的廓形设计通常根据穿着者的形体比例和风格特征进行确定，制服类服装则另有侧重。在设计程序中廓形设计的环节会根据服装穿着场合和行为动机直接形成一个立体的结构造型，设计工作在这个结构造型中进行命题设计。本次设计任务既归属于服务类制服，又需要兼顾强调中国传统文化体现，因此宽大或者紧身的廓形都无法满足设计需求，通过将二者相融合，设计出相对比较修身的 X 廓形，是较为理想的选择，对服装的长度和空间度则以调查研究得来的数据进行限制。

2. 结构设计

在服装廓形的固定框架结构下，对服装内结构的设计成为廓形设计的延伸与发展，省道、分割线成为制服款式结构设计的主要手法，通过精细的制作工艺，将省道、分割线、衣片、衣领、衣袋、面料有机结合。将局部的细节设计与服装整体设计有条理、有秩序地进行视觉再现。结构线的设计既对服装起到拼接、缝合、修身、造型的作用，还能够烘托设计风格，塑造服装效果。本次服装的结构线多采用圆弧形，既能在视觉上形成如海浪的曲线度，也具有中国文化中圆满的美好寓意（见图4）。

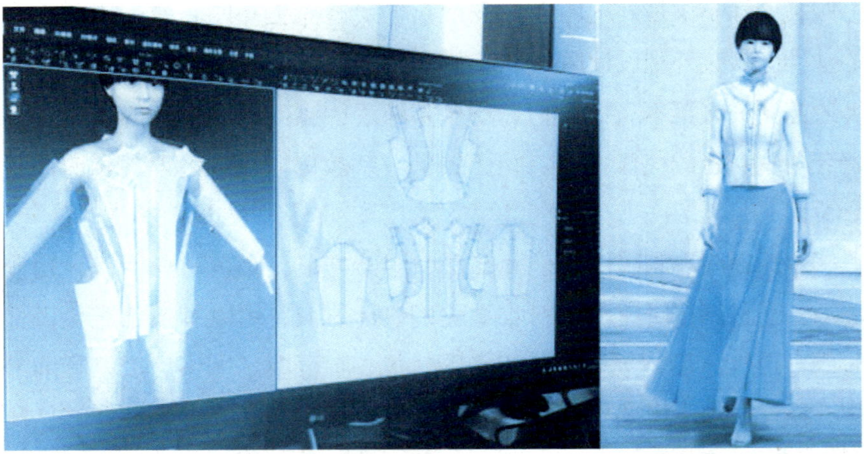

图4　2018 年上海合作组织青岛峰会服务性制服的结构分割设计方案

3. 材质设计

材料作为服装的载体，其选择与应用在本次制服设计程序中具有举足轻重的作用，影响着设计意图的实现，关乎设计整体的成败。目前我国大多数服务性制服的材质选择档次偏低，还停留在程式化的设计当中，不利于良好形象的建立，因此国事活动中的制服在材质设计与选择上要区别于常规的工装制服，要求能够合理地融合民族特色。在大量的收集和比较下，进行广泛而严谨的考究之后，本次设计最终决定选用桑蚕丝、羊毛混纺材质，既能满足穿着者的工作活动要求，还具备高档的品质感受，彰显中国服装的文化内涵，符合上海合作组织峰会的会议气氛。

国事活动中，服务人员是主办国友好外交形象的载体之一。因此，其制服在设计过程中要从全局出发，将活动主题形象与标识作为主要的设计标准指导，对中国传统图案进行创新，结合会议视觉系统设计，体现和合共生的文化与外交理念；继而综合款式设计要素、细节设计要素等，辅之以地区特色，最后决定服装的面料运用和色彩系统等相关设计内容，才能设计出符合活动主题内涵、文化展示需求，以及与会议理念完美融合的制服产品。

（四）设计方案

设计方案需根据已有框架内呈现的内容和范围，进行下一步具体的设计工作。

在设计程序链中，各个环节在设计工作上相互独立，但在设计内容和表达上则环环相扣，通过组合构成彼此间的联系，并在互动中形成了一个成熟的服装设计系统，充分满足国事活动的需求。

可以通过已经进行完毕的调查研究和资料收集界定出设计的参考框架，本次峰会设计框架内容如表 2 所示。

表 2　2018 年上海合作组织青岛峰会服务性制服设计框架

构成	方向	内容
风格	中国古典风格	中国文化的视觉效果
色彩	中国传统色系	月白、竹绿、象牙白、蔚蓝
材质	中国传统特色材质与现代结合	桑蚕丝混纺，深浅搭配
标识	刺绣	会议延伸图形
廓形	略修身的小 X 形	与传统服装廓形相结合
结构	圆弧形线条	部分结构线条既是装饰又是结构
工艺	传统手工与现代缝制相结合	绲边、嵌条、镶牙
禁忌	长度	裙长至少要过膝，袖长过肘，要有领子，领口不能低于锁骨往下 5 厘米

四、结论

本文研究项目意在为国内尚属起步阶段的国事服务性制服设计提供具有现实意义的服饰规范和设计参考。“礼之大者，莫过于衣冠”，纵观我国服饰历史文化的变迁和发展，历朝历代在重大活动中对服饰的穿着制度都有着严格规定。新中国成立初期，在务实与实干的领导风格下，加之生产力相对不足，没有建立新中国的礼仪服制。同时为了顺应以西方为主体的国际主流，我国在各类国际会议中，参会人员、各类服务人员、内勤外勤、新闻记者等，服装大都沿用西服款式，缺乏民族特色和一定辨识度，功能分类不明确，不利于民族文化的传承和发扬。在现有的服务性制服中，各种行业服务和工作人员的制服已经发展得极为成熟，制服的程序设计和艺术设计研究大都以酒店、餐饮、空乘等行业团体为主体。针对国事服务类的制服研究相对较少，关于此类服装的设计程序研究更是处于空白阶段。国事服务制服与其他行业制服相比虽然有相同之处，但也有着自身显著的特殊之处，不能一概而论，混为一谈。

本文研究的理论意义在于更好更准确地突出国事服务性制服特点，在区别于其他制服的同时，体现本国特色，展示民族风格。在兼顾主办国与参与国风俗习惯和宗教信仰等特点的前提下，打造出具有识别性、统一性、规范性，具有文化意义、实用性和观赏性的国事服务性制服。因此，在满足服务工作职能的基础上设计出具有民族特色、彰显国家风范，又符合国际化潮流的国事活动服务性制服程序，达到通过设计提高国家软实力的目的，是本次研究的突破性目标（见图5和图6）。

本文研究意在为设计师提供一套“繁中求简—简中见道—道中有术”的适用于国事服务性制服的服装设计程序，帮助设计师在短时间内迅速完成重要而烦琐的设计任务，规避设计盲区，明确设计目标，还能起到清晰设计规范，避免设计中出现原则性错误的作用，为设计任务的圆满完成提供有效助力。国事服务性制服设计程序能够帮助设计师从根本上对制服设计要求和限制进行罗列和分析，从而更好地从宏观角度制定设计目标，使得设计过程能够更为高效地有的放矢，通过最佳的工作程序，产生优异的服装设计成果；使制服的设计更加科学化、规范化，整合不同领域知识，将来无论是个体服装设计师还是服装设计团队面对此类任务，均可参照本程序进行，从而设计出符合会议活动特殊需求的服务性制服。

在国家重大外事活动中，服务性制服既能增强我国的国际识别性，还

图 5　2018 年上海合作组织青岛峰会服务性制服成衣

能起到传播中华民族深厚历史文化的作用，同时对于展示国家发展新形象具有重大作用。本文重在提出服务性制服程序设计的重要思路，通过程序化的设计，在国事活动服务性制服的设计中，将 VI 系统展示、传统文化元素与制服款式有机结合，将活动主题与形象展示进行系统的统一，从而将会议理念和文化展示进行充分表达，让大众产生认同感，催生出共同的价值观，起到完善战略性活动中制服的作用。努力做到传统与创新结合、外观与内涵并重，富有人文精神和文化内涵，实现以高水平的服装设计营造交流文化氛围，诠释中华美学精神。

图 6　2018 年上海合作组织青岛峰会服务性制服成衣实际使用

参考文献

[1]吕学海. 服装系统设计方法论研究[M]. 北京:清华大学出版社,2016.

[2]李克强. 在上海合作组织成员国政府首脑(总理)理事会第十九次会议上的讲话[J]. 中华人民共和国国务院公报,2020(35):8-9.

基于领导力的设计艺术学科的学术进路

张　航①

一、领导力概念、演进维度与跨学科的逻辑转换

作为学术概念的“领导力”，本源于社会心理学及组织行为学领域，并偏重个体指向，即为“领导者核心素质”，具体表现为“由管理者向领导者”的转型。然而，伴随着个体塑造，领导力在应用与实践过程中，为组织发展、团体建构、效率优化乃至公众自觉等方面的发展，均带来了更为向好的趋向。领导力的学术研究在 1980 年后进入“新兴领导理论阶段”，显示出了基于不同文化基底的各类学术观点与研究方向。

对领导力理论本体而言，沃伦·本尼斯以领导者主体的视角，将其定义为“领导力就是对权力的妥善应用”②。约翰·C. 马克斯韦尔在肯定“领导力就是影响力”③ 的基础上，列出了练就高效领导力的法则清单。约翰·P. 科特则认为，“领导与管理不同，推动各种重要事项成功变革的主要力量

---

① 天津大学冯骥才文学艺术研究院博士。

② 沃伦·本尼斯，伯特·纳努斯．领导者[M]．方海萍，等，译．北京：中国人民大学出版社，2008.

③ 约翰·C. 马克斯韦尔．领导力 21 法则[M]．萧欣忠，林静仪，译．北京：新华出版社，2003.

是前者，而不是后者”①。此后，领导与管理概念渐渐分野，更为科学和细化。随着中国学者徐中表明“变革加速，人人需要领导力”②、刘峰阐述“要以科学的态度和方法研究及实践领导力”③，领导力的理论研究渐渐延展至中国领导力研究的本土化进程，并侧重于社会普适性层面。

对领导力演进维度而言，首先体现在领导主体的延展上，即由独立领导者的培育，转向组织领导力的开发需求上。诺埃尔·蒂奇主张在发展个人领导力的基础上，构建一个可以“生产”出领导者的体制，他在此方面提出了“有效教学循环模型”④，以尽可能使“领导者”充裕到组织的每个层次中。其次体现在内蕴价值的延展上，即由偏重实践应用能力向共同文化理念的生成，以及社会共同体构建的过渡上。大卫在论述与领导力有关的社会文化维度时明晰了这一点：“文化可以看作一组相对稳定、能够共享的基础性实践方法与价值观，它有助于人类社会群体和人类社会寻找根本性问题的解决方案。”⑤

对领导力跨学科的逻辑转换而言，管理学中强调“有效的领导力”，以变量要素模拟领导力效用的强与弱，如 Hughesd 根据领导者、追随者、情境中各类要素创建分析框架，用于塑造丰满的“领导者”角色⑥；经济学则致力于研究创造激励约束机制，寻求个人与组织利益共同最大化，如戴夫·乌尔里克等认为将客户的期望转变为组织的行为，以驱动绩效和建立持久

---

① 约翰·P. 科特. 领导力革命[M]. 廉晓红，栾涌泉，译. 北京：商务印书馆，2005.

② 徐中. 变革加速，人人需要领导力[M]//大卫·V. 戴. 领导者的本质. 林嵩，徐中，译. 北京：北京出版社，2015.

③ 徐中. 变革加速，人人需要领导力[M]//大卫·V. 戴. 领导者的本质. 林嵩，徐中，译. 北京：北京出版社，2015.

④ Noel M Tichy, Nancy Cardwell. The cycle of leadership: how great leaders teach their companics to win[M]. New York: Harper Business, 2002.

⑤ 大卫·V. 戴. 领导者的本质[M]. 林嵩，徐中，译. 北京：北京出版社，2015.

⑥ Hughesd R L, Ginnett R C, Curphy And G J. Leadership: enhancing the lessons of experience. 5th ed. [M]. New York: The McGraw – Hill Companies, 2006.

价值[①]；教育学中对“教师领导力”[②] 的研究角度基本分布在权力、影响力、能力、过程、行为5个方面，意在通过教师专业角色功能价值的提升，推动教育体系的发展与变革；本土化过程、多元话语实践与合法性权力及权威，则共同复合于政治学范式下的领导力研究内涵之中。

作为独立的学术体系，领导力具有科学且明确的要素与模型，而作为适配的实践工具，领导力亦具有广阔的延展性与适用性。在学科发展的视域下讨论领导力问题，是助力高等教育高质量发展与培养新时代创新型人才的有效途径，因此针对学科领导力的探索需依据具体的学科语境加以调整。本文试图将此项讨论纳入设计艺术学科范围，一是将“学科领导力”作为研究视角，探讨设计学中领导力的学术语境与机制建构，逐步引申出其所隐含的学科建设的学术进路，可为设计艺术学科的时代发展走向提供一种学术支撑；二是通过“设计学领导力”概念的塑造，深入探索新时代格局下设计艺术教育的研究侧重、文化心理与学科特性，为设计思维驱动下的国家发展提供一种新的有效手段。

二、设计艺术学科下领导力的学术语境与机制构建

王受之先生阐释过现代设计教育的特性：“设计教育只能因地制宜，因国情设立，因市场需求而发展，并且随时都处在一种为应付变化的市场、社会需求而改变的状态之中。”[③] 这为领导力介入设计学科语境构设了更加宽泛的探讨空间。由图案学到工艺美术，再到设计艺术，是世纪之交的中国设计教育变革发展的时代历程，设计学于2011年成为一级学科。那么，领导力及其内在诸要素的功能与联系，必然伴随着学科的建立而展开为切实的、契合的领导行动，并发挥出具有时效的、实效的领导效能。

---

① 戴夫·乌尔里克，诺姆·斯莫尔伍德．领导力品牌：培养以客户为中心的领导者以驱动绩效和建立持久价值[M]．刘安国，解献芬，译．北京：商务印书馆，2009.

② Lieberman A, Saxl E R, Miles M B. Teacher leadership: ideology and practice[M]//Lieberman A. Building a professional culture in schools. New York: Teachers College Press, 1988.

③ 王受之．世界现代设计史[M]．北京：中国青年出版社，2002.

就国家规划层面而言，国务院于2015年指出中国高等教育“双一流”建设的基本原则之一为“坚持以学科为基础”①。设计学基于实现高等教育强国目标的建设进程，在专业教育与创业教育融合方向显示出了可长足发展的优势，由这种宏观的规划观念到宏观的社会呈现的态势，说明社会进步需要所促发的领导力，与设计艺术学科健康发展密不可分，并已发挥出融合且升华的合力作用。

就社会评价体系而言，随着2022高等教育专业评价机构软科以“学校—学科—专业”3个层次汇总了“软科中国大学专业排名”，其中新纳入评价维度的“高等学校科技成果转化和技术转移基地、高端智库建设试点单位、知识产权信息服务中心等服务社会重大平台”，与设计艺术学科重视高校产学研融合、促进科技成果转化的特点相契合。评价体系的不断完善为设计艺术学科指明：“学科领导力”的培育将慢慢成为提升学科综合实力的重要指标。

因此，“领导力”在设计艺术学科下的学术语境需要科学且系统地明晰：

（一）国家新政策的战略定位

广域上的设计观念，是基于生活和生产的需要而建立的。② 它包含了人类所有生物性和社会性的原创活动。③ 那么，将与生活息息相关的设计行为，归纳为科学且能够传习的学科体系，必然脱离不了国家战略层面的正确导向。国务院在2014年发布的《关于推进文化创意和设计服务与相关产业融合发展的若干意见》④ 中，首次将文化创意与设计服务提升至国策层面，设计学科的发展逐渐走向以设计能力的培育，促生出驱动社会创新的手段和良性解决社会矛盾的能力。由于领导力的有效实现依存于组织所处的社会文化背景，因而设计学科在国家战略导向背景下所呈现的新态势，

① 《关于印发统筹推进世界一流大学和一流学科建设总体方案的通知》，国发〔2015〕64号。
② 张道一．设计在谋［M］．重庆：重庆大学出版社，2007.
③ 尹定邦，邵宏．设计学概论：全新版［M］．长沙：湖南科学技术出版社，2017.
④ 《关于推进文化创意和设计服务与相关产业融合发展的若干意见》，国发〔2014〕10号。

塑造了设计学领导力的核心理念。

首先，设计学科秉承着促使国民素养发展的现代教育理念，肩负着助力国家文化软实力的重要使命，培育具有中国设计观的设计实践人才。经过近百年间中国设计对自身主体性的自觉建设，为文化传承创新而设计、为服务民生而设计、为绿色持续发展而设计、为资源合理配置而设计、为民族文化自信而设计等中国设计方法、模式和实践，都已然深入设计教育环节之中，对于未来中国设计学领导力的研究而言，立足于国家战略规划与中国设计教育体系相衔接的基础之上，为中国设计在世界设计话语场中的崛起提供了契机。

其次，设计不仅可以作为现实的创造手段，也可以作为一种宏观的观照力，呈现的是人类对生存观念的投射。一般而言，这种设计观照力的呈现可以具象化为物质性的应用类设计和精神性的艺术类设计两种实现途径，而科学的设计学领导力能够为此两种实现途径注入新的文化和战略，并生成未来愿景，从而将设计与设计学科带入未来发展。因此，对于设计学领导力的构建与研发，既可作为一种保障机制，又可促发一种驱动力量，保障设计学科可以满足人们更多的发展需求，驱动国民生活美学品质逐步提升。

（二）交叉学科的引领转型

设计学科在学科门类设立之初即已兼顾了工科及艺术学科，但近年来人才培养成果却显示出受制于专业壁垒，造成了职业化与学术化相互桎梏、艺术力与逻辑力无法兼容等问题，传统的单一化学科定位显然已经不能满足当下中国设计学科的未来发展。设计学领导力肩负着为学科发展进行变革的责任感，践行交叉学科的创新理念势在必行。设计学领导力在加深对设计学科本体认识的同时，将多元的学科资源集中并加以利用，确立培养人格完满的设计人才的学科目标，以实现交叉学科的引领转型新机制。

引领力是设计学领导力实现交叉学科转型机制的首要表征。宏观而论，习近平总书记就“加快构建中国特色哲学社会科学”的建设提出：“解决中国的问题，提出解决人类问题的中国方案，要坚持中国人的世界观、方法论。”① 交叉学科理念在为中国设计学科解决突出矛盾的同时，为其创新发展铺设了坦途。智联时代下设计的实质逐步上升到引领生产方式与社会需求的价值高度，以培育多元设计人才为目的的设计学科，亦不再拘泥于单一学科概念，而是以开放且包容的引领力去开拓学科革新之新，以探索更为丰厚的学科内涵。当下在“新文科”与“新工科”建设机遇下，将设计学科打造为突出跨界融合、实践国家创新发展战略的典型学科代表，是设计学领导力发挥引领作用的一个重要表现。

自信力是设计学领导力实现交叉学科转型机制的时代目标。如何深入地理解交叉学科理念下设计学科的科学发展？其最重要的意义在于提升中国设计学科建设的自信力。张道一曾洞察到“学问”的内涵：“孤立的学问做得再大，依然是孤立的；唯有成为整体的一部分，才能使整体强大起来。这种整体的观念，确实须要深切思考，认真对待。”② 这与交叉学科建设的观念耦合。交叉学科理念为时代需求服务，以现有设计学科的短板为基点所推动的新发展与创新，为设计学科的未来之路激荡起一种观念自信。这种自信力既可具象为对设计的创新能力，又可宏观于对社会乃至世界的认知，在满足自身发展的同时为其他学科提供了宝贵经验。

（三）民族文化资源的时代精神

文化定位是设计活动中对领导力的一种自觉践行。不同的文化背景与社会结构中所涵盖的问题有所区别，设计的时代任务与价值展现亦随之演变。中华民族作为一个已经创造出鲜明的民族设计风格的文化主体，其所依存的深厚的民族文化资源，是为中国设计建构具有领导力的文化定位的重要源泉。当下中国设计学科建设是中国设计在世界设计话语场中获得独立文化身份的直接途径，因此，设计学领导力的开发固然离不开民族文化精神的时代性探索。

---

① 习近平．在哲学社会科学工作座谈会上的讲话[M]．北京：人民出版社，2016.
② 张道一．张道一选集[M]．南京：东南大学出版社，2009.

“物态文化层、制度文化层、行为文化层、心态文化层”是文化结构的4个层次，文化定位的概念可与“心态文化层”作为类比，“是由人类在社会实践和意识活动中长期孕育而生的价值观念、审美情趣、思维方式等构成的”①。设计学领导力对文化定位的践行体现在其运用以民族文化资源所提炼出的适合人民发展规律的、普适于中华民族品性的永续路径。在当代中国文化建设强调对优秀传统文化进行“创造性转化与创新性发展”② 的时代转折节点上，民族文化资源为中国设计学领导力打下了深厚的文化基础，真正的设计学领导力的实现，应该是在设计学科建设的过程中自觉地立足中国立场、贯彻中国精神、扩展中国方式、洋溢中国风格，从而形成一种学术的理论基础与民族的意识崛起。

组织中领导力的强弱程度往往是通过获得的成效来展现的，成效范围越大，影响越深，则领导力越强。针对当下中国设计事业主体对“中国样式”的实践，国潮、国风渐盛，已然显示出了中国设计事业深厚的文化积淀与光明的发展前景，但仍需明晰的是，设计学领导力不同于元素化应用或在地化推广，其根源应在于充分发挥出学科之力，构建并完善中国设计事业的基础建设，使中华民族未来发展中的各类设计问题创造出真正基于中国立场的自主性，从而更加丰富和延展世界以及人类命运共同体的内涵，并加深对中国设计的认知。

（四）设计赋能的创新机遇

源于管理学中“Empower”一词的赋能概念，与领导力有着异曲同工之妙，均强调激发能量，关照至个体、组织和公众群体等多个层面，用以提升被赋能对象的自我效能或对外影响力。③ 设计在当代社会中的生存范畴已经突破了解决人与物、人与环境的问题，而更多地涉及人与人、人与社

---

① 冯天瑜，何晓明，周积明．中华文化史［M］．上海：上海人民出版社，1990.

② 习近平．决胜全面建成小康社会　夺取新时代中国特色社会主义伟大胜利：在中国共产党第十九次全国代表大会上的报告［M］．北京：人民出版社，2017.

③ Zimmerman M A. Taking aim on empowerment research: on the distinction between individual and psychological conceptions［J］. American Journal of Community Psychology, 1990(1): 169 – 177.

会的联系，设计赋能的多种可能性备受关注。随着云计算、AI 智能、区块链等信息技术为设计赋能提供愈加强大且多元的技术支撑，以设计赋能驱动社会创新与可持续发展逐步呈现出由技术到社会、由思维到文化的深层结构。可以说，设计赋能的本质在于达到价值共创，设计学领导力所发挥出的作用则在于为构建设计与其相关领域业态融合的生态系统提供保障。

具体而言，设计学领导力为设计赋能所带来的创新机遇形成了多种维度，并从 3 个方面向外无限延展：一是以新科技结合新融媒的智能创新探索生活新方式；二是以传统手工艺的传承形成高效益产业化业态；三是立足于社会结构优化的具体问题增进民生福祉。当然，此 3 种方向在教育施行之中的演化必然形成交互作用，逐步构建出人与社会、学理与实践、艺术与科技、文化与民生相互联结、互惠共生的生态网络，从而使设计赋能所激发的设计学领导力在确保更加强效的同时实现更加科学与精准。

“数据素养、科技素养与人文素养”被认为是未来教育变革中的关键要素①，那么设计艺术教育的人才培养，在注重教育变革重心的同时，是否有发挥设计学领导力作用的特殊优势呢？答案是肯定的。设计赋能的观念介入为设计艺术教育人才培养创造了新的发展契机。首先，设计赋能增进了设计学科人才培养中的社会化思维，更具参与感的设计人才能够为社会创造出更高的价值；其次，设计赋能优化了设计学科人才培养中的服务化流程，设计人才对设计服务过程细化且精准地把握能够为共创目的增加触点；最后，设计赋能革新了设计学科人才培养中的智能化手段，突破传统技术短板的设计人才能够在创意实践的过程中实现价值变现。综合而言，设计赋能确实为设计学领导力的发力提供了多种实现途径。

---

① 约瑟夫·E. 奥恩. 教育的未来：人工智能时代的教育变革［M］. 李海燕，王秦辉，译. 北京：机械工业出版社，2019.

三、基于领导力的设计艺术学科的学术进路

上述研究表明，领导力在设计学科建设下的学术语境之所以需要明晰，是由于领导力介入设计学科发展的时效性与实效性，而设计学科的科学构建背后蕴含着多元的逻辑环境与深刻的理论基础。国策定位、交叉转型、文化资源与赋能形式都是设计学领导力发挥效力的学科语境，基于此的设计艺术学科的学术进路也呈现了诸多生机。

（一）塑造国家形象建构

国家形象是指“国家在国际社会中通过交往互动而被对象国赋予的一种身份表达、折射”①。2022 年国际奥林匹克冬季运动会在北京成功举办，清华大学美术学院以自身设计学科优势参与了 2022 年北京冬奥会多项设计相关工作，讲述大国崛起的精神内核；在 2018 年上海合作组织青岛峰会上，山东工艺美术学院在国礼、国宴器具、视觉形象系统、室内陈设、服装设计等方面完成了上千套设计方案，呈现出新时代的中国气派。由此可知，拥有设计艺术实践能力的大学为国家重大外交事务而服务的实例屡见不鲜，其原因是设计学领导力所发挥的文化传播能力，既是塑造国家形象建构强国战略的有效手段，又是高等教育作为社会服务平台的优质学术进路，具体体现在以下几个方面：

（1）在文化身份上，设计学领导力逐步由强化国家自我立场转为开展文化平等交流，以展现当代中国的文化自信与发展愿景。

（2）在文化形式上，设计学领导力促发的中华文化的审美情趣和艺术气质成为世界潮流趋向之一，能够达到阐明国家外交理念、共系人文纽带的目标。

（3）在文化接受上，国家形象构建的典型参与经验，已深入设计学科健康发展的长效机制之中，设计学领导力一直朝向具备根据国家与社会需

---

① 李智．中国国家形象：全球传播时代建构主义的解读[M]．北京：新华出版社，2011.

求而自主革新的视野与能力而发展。

（二）拓展科艺互涉路径

科学和艺术作为人类追求真理的两种不同方式，融合式的发展形式早已不算是新概念的提出。科艺互涉的属性是动态性的、过程性的，并且在不同的背景与不同的组织中均会产生新形式、新思维与新功效。因此，设计学科下科艺互涉方法的探索，是领导力作用于设计学科建设，不断创造出符合时代要求的新兴之美的重要学术路径之一。

蔡元培在现代科学教育之初即已言明“科学美术，同为新教育之要纲”①。既为要纲，则必然是组织创新发展所立足的根基。当代设计的结构伴随着5G时代、虚拟技术等科技革命的来临，承担起为设计艺术教育积攒经验和供给营养的使命，拓展科艺互涉的路径能够使当代中国设计教育获得一大批智能与审美兼具的“设计胜任力”人才，并以此不断构建为实现中华民族伟大复兴而服务的设计学科人才培养体系，走出以科学美术为纲要的新时代设计教育创新之路。

丰富炫酷的视觉呈现、前沿智能的流程创新、立体多元的沉浸体验、健全便捷的品质生活、尚善至美的文化传承……设计艺术中科艺互涉的诸多可能性正在向世界普及，而设计学领导力在人才培育方面拓展科艺互涉的路径，是设计为造福人类未来所提供的良好支撑。

（三）打造特色文化品牌

相较于国家形象建构，打造文化品牌更偏重区域化范围，是设计学领导力助力强国战略的小型“试验田”。立足于“百年未有之大变局”的态势下，设计学领导力很好地把握住与文化品牌创造的关系，在运用文化资源创造产业价值、发挥出凝聚品牌魅力的同时，亦能够经历一系列对学科自身发展的检验与淬炼。目前以设计学领导力促进特色文化品牌打造的可行策略经验大致包括以下几项：

---

① 蔡元培．蔡元培美学文选[M]．北京：北京大学出版社，1983.

（1）推动文化品牌进课堂，利用设计学科各专业优势合力构建以高校为基站的实验平台。

（2）发挥创新型应用设计人才优势，形成创意产业与创新创业共同体样态。

（3）依托区域内设计学科优势较强的高校，进行文化品牌理论深度研究与实践推广。

（4）联合开发以大学生为主体的展览、创意大赛等活动形式，以充盈文化品牌智库建设。

（5）对接高校建设创意设计知识产权平台，高效整合设计学科与品牌资源无缝衔接。

当然，设计学领导力与打造特色文化品牌的联结不仅限于上述几项。就设计学科自身而言，在二者良性互动的趋势下需要进一步加强自主能动性，以国家战略为导向预测学科发展走向，以本地特色文化资源分析学科发展需求，在提升自身学科领导力的同时，帮助本地特色文化品牌“落地生根”，探寻形成文化 IP 中所需的美学思想与地域精神，能够为特色文化品牌塑造注入活跃的衍生力与传播力。

（四）设计服务民生力量

党的十九大报告中指出的“坚持以人民为中心”“深化供给侧结构性改革”“加快建设创新型国家”“实施乡村振兴战略”“推动文化事业和文化产业发展”“优先发展教育事业”“推进绿色发展”等基本方略①，都显示出设计艺术教育与服务民生的密切程度将更加深层且多元。在设计学领导力发挥效用下的学科建设，将广泛地参与到国计民生的时代发展中，形成中国设计艺术教育与国民福祉互兴俱荣的新局面。

不同的民生问题都能为设计艺术教育带来新的变革和发展，例如，设计教育服务乡村振兴战略，发展乡村产业多种形式；关注非遗活态传承，

---

① 习近平. 决胜全面建成小康社会　夺取新时代中国特色社会主义伟大胜利：在中国共产党第十九次全国代表大会上的报告[M]. 北京：人民出版社，2017.

振兴传统手工艺兴旺；致力于文化博物馆建设创新，助力全民美育，坚定人民文化自信；探索智慧城市与宜居生态，革新科技时代新生活方式；胜任设计时效创作，担当新冠疫情威胁下的导向责任。通过参与这些具有创造性意义的民生问题，极大地丰富了设计学领导力的发展理念与建构方法。这对设计艺术学科适应时代的发展是很有必要的。

毋庸置疑，新时代设计艺术教育的发展走向依然秉持着服务民生的立场与宗旨，不断地挖掘设计学领导力的潜力来实现教育与民生的叠加效应，发挥设计服务民生的深层次作用，以学科力量引领中华民族民生发展走向品质化。

四、结论

历史告诉我们，任何一个设计力发达的时代，都会为国家和社会带来文化、经济、教育等方方面面的内生活力。设计艺术学科建设既是文化教育事业的重要组成部分，又是民族文化传承创新的重要引擎，设计学领导力的研究可作为国家深入部署强国战略不断推进的探索基点之一，为实现中华民族伟大复兴以及实现人类命运共同体理念进入关键时期，发挥至关重要的作用。厘清设计学领导力的学术语境，不仅是在领导力标签下泛化的解读，而且是针对中国设计艺术学科发展中亟待解决的问题，以学科领导力开发的视角，探寻一条具有中国特色的学术构建路径。同时，探索设计学领导力有效的学术进路，应在学科建设的过程中寻找高效且永续的精神理念，驱动国家及国民的设计思维的创新，这对促进当前高校设计艺术教育革新与增强民族自信心具有重要而积极的意义。

科技艺术中国潮文化创意的数字化呈现

戚 艺①

随着新时代中国经济的持续发展，科技艺术的数字化呈现方式越发多样化，科技艺术的蓬勃发展不应仅仅只是新科技的展示，而应该承载深厚的文化内涵。如何更好地凝聚、引导科技艺术的多元发展，激发科技艺术中“国潮”文化创意的创新活力与社会参与，是新时代科技艺术工作者关注的焦点之一。

一、数字化呈现的热门主题

近年来，随着国潮兴起，非遗的传承发展迎来新机遇。国内许多设计师深挖非遗与国潮文化创意，以“非遗 + 国潮 + 新消费”为切入点，通过“线下置景、数字影像展陈、直播互动、沙龙论坛、创新创业项目路演”等形式，驱动国潮、非遗的新消费产业变革，引领非遗新国潮成为联结传统文化与时尚潮流的价值载体，共同挖掘非遗传承赋新的跨界原创科技艺术力量。

① 湖北商贸学院。

二、数字化呈现的技术手段

数字化呈现有多种技术手段，目前较为前沿的两大技术手段为扩展现实（Extended Reality，XR）技术和全案设计技术。XR 技术是在 VR、AR 技术基础上衍生出的扩展现实技术，全案设计技术则能预演真实场景的展示效果。

（一）扩展现实技术

扩展现实技术，凭借摄像机追踪技术及实时渲染技术，导演或观众就可以通过真实的摄像机视角进入虚拟场景。虚拟内容可以在被拍摄“主演”周边的非平面屏幕或监视视角前显示出来，借此可以完成 AR、XR 技术对现实世界的扩展延伸。

1. 摄像机追踪系统

通过摄像机追踪系统，为摄像机所在摇臂的每一个关节安装编码器，经计算后将编码信息转换为描述真实摄像机的 8 组参数，用于确定摄像机的位置、姿态及镜头参数。

2. 背景透视投射

实时渲染引擎渲染出的背景影像通过全案设计软件透视投射至 LED 屏或幕布上，为画面建立摄像机观测视角下的正确透视关系。

3. 实时渲染

实时渲染引擎接受来自全案设计软件服务器的镜头信息，基于镜头信息实时渲染出虚拟的前景与背景影像。

4. AR 技术前景叠加

实时渲染引擎渲染出的前景影像叠加在全案设计软件对导播台的输出画面上，呈现给镜头前的观众（见图 1）。

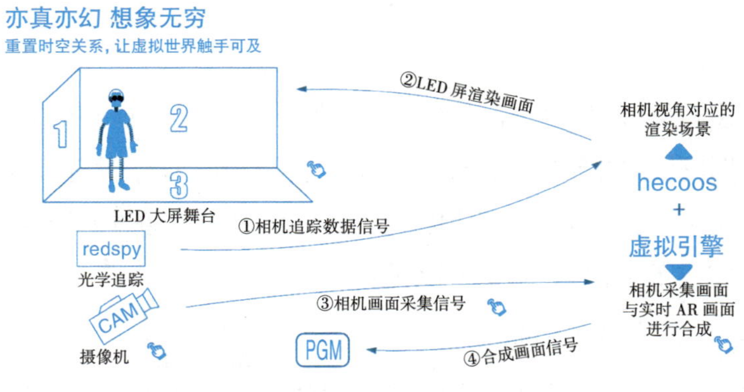

图 1　AR 技术前景叠加方式

资料来源：https：//www. hecoos. com。

（二）全案设计技术

全案设计技术是指可预演真实场景的新媒体全域制作软件的应用技术。它以细腻质感模拟舞台、灯光、摄影的现场效果，预演完整活动过程，在视频播控、灯光和机械控制方面，实现设计与现场执行的无缝对接，能够有效提高提案成功率和现场执行效率，是全域制作师的得力工具。

1. 三维场景还原

凭借三维模型及材质系统，实现场景在光影关系之下的逼真效果，并结合时间线功能，不止于光影的效果还原，让预演场景呈现出细腻丰富的真实质感。

2. 基于时间轴的播控

全案设计技术的时间线具有非线性编辑功能，可以对媒体素材编辑多种视觉效果，凭借强大的解码技术，实现大多数格式的超大分辨率视频解码和流畅播放。结合智能总控及云控系统，可以完成对项目工程的远程操控。

3. 灵活扩展的 I/O 系统

通过接入 Arduino 套件或直接接入雷达、编码器、控制器等设备，以连接更丰富的输入与输出环境。可直接对接伺服电机、舵机、步进电机等机械设备，为项目实现提供更多可选项。

4. 导演切换

内置多种类型摄像机设备（摇臂、轨道等），提前预演摄像机拍摄画面，基于时间轴的控制方式，实现精准的导播切换。同时可基于 CUE 点管理生成电子台本，将导播设计和现场执行无缝对接，通过云端来实现协同工作，可完成无人值守的导播切换任务。

5. 灯光预演与预编程

灯光效果对于舞台气氛的烘托极为重要，全案设计软件内置主流品牌灯具，基于 Art – Net 协议配接，实现灯光的预编程、现场真实灯具控制，模拟三维场景中的真实光影效果，再现舞台现场灯光的绚丽多彩。

6. 追踪系统与实时渲染

支持基于红外的光学定位传感器实现对移动物体的精准追踪，结合 3D Mapping 技术完成影像追踪。支持主流摄像机追踪协议，支持镜头文件导入，可以完成真实世界与虚拟世界的 1∶1 精准对位。支持 Notch、Unreal Engine 4 等实时渲染引擎，实现物体与内容交互的 XR 技术全流程对接。

7. 投影光路设计与 3D Mapping

模拟真实投影机的光路和画面畸变，精准测量投影机在实际环境中的照度和遮挡区域，通过内置多个品牌多种参数的投影机，轻松完成各种复杂模型的光路设计和 3D Mapping。还可通过 3 ~ 6 个特征点的调试，在软件内实时反算投影机位置、姿态及输出画面，实现多人协同调试从而大幅提高现场调试效率。

三、数字化呈现的创意风格

科技艺术中国潮文化创意的数字化呈现案例较为少见。经笔者研究整理，结合上述两大技术——扩展现实技术和全案设计技术，在科技艺术与国潮文化创意的主题背景下，富有独特的创意风格和文化价值，并应用了扩展现实设计技术和全案设计技术的案例有：丝绸之路和敦煌壁画风的 XR

技术虚拟场景、古诗词和敦煌穹顶风的 XR 技术虚拟场景、文博风的国宝数字艺术、奇幻东方美学的沉浸式数字艺术展、数字工艺文化卧游。

（一）丝绸之路和敦煌壁画风的 XR 技术虚拟场景

作为中国舞剧的巅峰之作，《丝路花雨》将东方艺术与东方美人完美结合，一次次在海内外掀起“敦煌风”“中国潮”，在“一带一路”沿线洒下了开放、合作、友谊的“花雨”，在 40 多个国家和地区演出 2800 多场，观众超过 400 万人次，创造了中国舞剧之最的骄人佳绩。

《丝路花雨》以中国唐朝极盛时期为背景，以举世闻名的丝绸之路和敦煌壁画为素材，以英娘、神笔张父女俩救起波斯商人伊努斯为情感主线，高度颂扬了中国和西域人民源远流长的友谊。从 1979 年到 2019 年，整整 40 年，该剧仍熠熠生辉。

纪念《丝路花雨》创演 40 周年文艺晚会于 2022 年 5 月 23 日在甘肃大剧院成功举办。晚会的视觉部分由科技艺术视觉团队倾力打造，并运用 XR 技术和全案设计系统作为技术基础，进行整体舞台视觉预演（见图 2 和图 3）。

图 2　XR 技术虚拟场景（一）

本次纪念晚会，在视觉设计上汲取了敦煌壁画色彩元素的灵感，深度挖掘《丝路花雨》创演 40 年来的背后故事，根据舞蹈、表演、颁奖等不同形式的节目需求来完成一系列的视觉影像创作。多种艺术形式互相赋能，追溯 40 年光阴岁月，让敦煌壁画文化“活”了起来。视觉、艺术、文化与表演得以完美融合与呈现，使整场晚会达到较高的水准。

图 3　XR 技术虚拟场景（二）

（二）古诗词和敦煌穹顶风的 XR 技术虚拟场景

2022 中国诗词大会以千年敦煌的恢宏穹顶作为灵感来源，共使用 3 台全案设计系统虚拟制作服务器，装载 Unreal Engine 5 引擎共同搭建 XR 技术虚拟场景，将千人团影像集合，并艺术性地幻化为旋转向上的天阶，营造出一种“欲与天公试比高”的攀登感。节目现场百人团与云上千人团共同吟诗，呈现古今碰撞、四海共读的场景（见图 4）。

图 4　XR 技术虚拟场景（三）

（三）文博风的国宝数字艺术

1. 国宝数字艺术 IP

中华文化 5000 年发展史为我们留下了无数文物瑰宝，其蕴含的独特东方魅力与美学价值，成为许多行业创新发展的灵感源泉。但如何将主流价值观念与文物融为一体，让宝藏与时代同频共振，走出博物馆、传递文化内涵，需要每一位文化工作者深入思考。

科技艺术者们携手故宫共建国宝数字艺术 IP（见图 5），在文物数字化演绎与创新领域，与故宫博物院正式签署战略合作协议，围绕现藏于故宫的多项国宝级文物进行数字研发，与世界分享中华文化精髓，开启“国宝 3.0 系列”数字艺术 IP 研发计划。自 2018 年起，其陆续推出多个国宝级数字艺术项目，获得社会各界高度关注与广泛好评。

图 5　国宝数字艺术 IP

通常，数字科技团队是由视觉艺术家、设计师、软件工程师、机械工程师等各界人才组成的，集策划、设计、落地、运营于一体的顶级数字创意团队。作为国家双高新企业，围绕“文化 + 科技”，整合文博、艺术等领域顶级资源，持续打造拥有自主知识产权的高品质创新文化 IP。

至今，相关科技艺术团队已开发出近 20 项以中华文化为主的精品 IP，如《画游清明上河》《画游千里江山》，以及宫囍龙凤呈祥、宋潮游乐园等，并围绕自有 IP 打造展览、主题馆、出版物、文创周边等多种形式的线上线下体验产品与消费品，建立商业生态系统，以多元形式产品赋能文化产业创新发展。

2. 跨界 · 数字科技赋能，画游国宝画卷

基于故宫博物院与传媒的战略合作，2019 年以故宫馆藏国宝级文物《千里江山图》为创作源头，以巨幅高清动态数字长卷与丰富交互项目为核心亮点的《千里江山图 3.0》数码艺术展作为新中国成立 70 周年、澳门回

归20周年献礼之作在澳门首展，让观众沉浸式“入画”赏山阅水，体验文人雅士在山水之间观景作画的情境，实现“人在画中游”。

2019年8月，全新升级的《画游千里江山》以更为丰富、交互性更强的数字科技互动项目，对国宝级文物进一步创新性开发与创造性诠释，更加深层次地展现中华文化瑰宝的底蕴与魅力。首展落地重庆，展览融合视觉、听觉、触觉等多感官综合体验，结合现代美学语言与极富创造力的沉浸交互形式，构筑了一处具有东方美学气质的书画幻境空间，一经亮相即获得主流媒体多次深度报道，视频与图文报道全网浏览量过亿次。

新华社年终报道《舞动千里江山·2021》结合新闻大事件于《画游千里江山——故宫沉浸艺术展》实景拍摄（见图6），报道播放之后在新华网、央广网、中国经济网等多家新闻网站首页进行展示，全网浏览量过亿次。

《画游千里江山》数字艺术IP助力打造北京台2022春晚节目《山河无恙在我胸》，超100家官方“蓝V”及主流媒体刷屏传播，微博浏览量过亿次。

3. 画游千里江山沉浸式动漫数字艺术展

2022年9月15—19日，由中国文化产业协会、山东省文化产业发展协会主办，山东省旅游行业协会承办，中国民间文艺家协会、山东省民间文艺家协会协办的第三届中国国际文化旅游博览会在济南举办。博览会的主题是“开放合作·共享未来”，凝五湖四海之合力，共同传承中国传统文化的精气真髓，体验文旅融合的生生不息，展现山东全面开创新时代社会主义现代化强省建设新局面的决心与诚意。

在此次博览会中，由故宫博物院与传媒卫视联合出品，数字科技团队精心制作，传承宋代美学经典的数字艺术IP《画游千里江山》受邀作为此次展会重点展示项目，在博览会主会场5号馆“文化数字化展区”惊艳亮相。其中，凤凰数字科技展区《画游千里江山》动漫数字艺术内容丰富。《画游千里江山》携《千里江山》动态数字长卷、《云游江山》数字影片、《绘染千山》与《心相山水》互动体验项目于现场进行展示，《千里江山》动态数字长卷，是首个以实时分层渲染的三维引擎技术、融合时间变换系统打造的文物主题数字长卷。长卷围绕“行、游、望、居”四大主题，高清呈现原作的细致笔墨，以数字技术展现了千里江山破晓、白昼、雨后、黄昏、月夜5种山水梦幻场景，延续了《千里江山图》雄浑壮阔、气势恢宏的东方意境。

图6 《画游千里江山——故宫沉浸艺术展》

另一部动漫影片《云游江山》，是由中央美术学院某集体“ART + TECH”团队打造的，以抽象神秘的光影粒子和线条勾勒山水轮廓，呈现千里江山的三维粒子化数字景观，为观众构建在千里江山中穿梭云游的超现实体验。在《绘染千山》与《心相山水》交互项目体验区，观众可以在《绘染千山》触摸屏上用毛笔滑动，感受水墨色彩晕染交融，也可以在《心相山水》触摸屏上自由挪动山体、树木、建筑图组，拼出自己创作的《千里江山图》，并扫描二维码生成数字海报，带走一角美好的小小山水世界。

结合《画游千里江山》与《画游清明上河》两大数字艺术IP，数字科技团队研发了多种多样的文创产品，随巡展与主题馆同步售卖。此次博览会中，凤凰吉象的《清明上河图》儿童立体书、《给孩子的故宫节日》等书籍，《画游千里江山》相关文创周边同步亮相展台。让观众一睹科技赋能传世名画《千里江山图》的全新魅力，传扬中华传统文化之美。

4. 奇幻东方美学的沉浸式数字艺术展

和美共生，是人类文明从古至今都在追寻的物质与精神状态。无论是远古先民刻在石壁上用以祈求繁衍生息、风调雨顺的壁画，抑或寄托于文学、音乐、绘画、影像中的，用以表达天人合一、万物共生美好愿望的作品，万物各得其和以生，各得其养以成。和美共生的概念，正是我们与世界的相处之道，也是我们走出迷思的钥匙。

《穿越万象　绮丽共生》沉浸式数字艺术展（见图7），基于和美共生的世界观，由5位新锐艺术家领衔，携手众多东方文化爱好者，打破传统艺术边界，打造了《穿越万象　绮丽共生》沉浸式数字艺术展。展览强化观众角色沉浸代入感、互动叙事路径、文化共鸣、群体仪式感，描绘东方文化中生命的华美和无限遐想，献上一场近2000平方米的沉浸式数字艺术盛宴，带你游历种种心象、幻象、物象，从更广的维度再识森罗万象。

图7　《穿越万象　绮丽共生》沉浸式数字艺术展

沉浸式数字艺术展携手艺术家，打造庞大而不知归处的镜像迷宫，美轮美奂的221张面具迷宫装置作品折射出外化的情绪与浮世的倒影，使人不仅能体验到视觉上的震撼，还感受到情感与灵魂的共鸣。

沉浸式数字艺术展携手电影人，展现能量失序带来暗潮涌动的重重险象。永劫冰封、海潮吞天、炽焰连绵、堕天之怒，目之所及处处险象环生。我们将如何重构内心秩序，在乱流中寻到心安的方向？穿越乱象带来的危机，原力等待被觉醒。以吾之念，绘汝之名，赋汝之形，象征彼此信任与守护共生世界的契约就此结下，你将与何种力量定下牢不可破的誓言？

沉浸式数字艺术展携手水墨艺术家，打造全场唯一的大穹顶作品，穿梭于梦的初启、梦的狂想、梦的真相，在这场镜花水月的虚实幻境中，我们是否能凭借不灭的心火找到真相的出口，从迷乱的梦境中醒来，纷乱归于平静？携手艺术家，打造四季万物自由生长的森罗世界，自身也将成为数字艺术作品的一部分。万象之界，以机械伞装置分割出具有结构层次的离合空间。漫步在光影婆娑的破次元结界，跟随伞界的光影变幻，在志怪世界留下惊鸿照影。

5. 数字工艺文化卧游

2022 年 9 月 9 日至 11 月 13 日，由 K11 Craft & Guild Foundation（KCG 是注册于中国香港的非营利性机构）策展的 K11 首个沉浸式数字工艺文化展——《K11 工艺卧游 Voyage de Savoir - Faire》于上海 chi K11 美术馆展出。本次展览以千年东方的艺术观赏形式——“卧游”，多维度体验“中国风”（Chinoiserie）席卷欧洲、影响欧洲艺术文化以及审美目标的重要时期。其中包括珍藏的 14 组珍稀黑漆描金古董，并运用当代数字影像科技营造一隅观赏、品味繁华盛世的浪漫梦境，邀请公众于坐卧行止间探索中华工艺的瑰奇万千。作为“卧游者”，公众将透过五大展区，以当代数字影像、沉浸式学习、交互体验，让感官及精神遨游进入“黑漆描金”的奇幻世界，体验一次跨越时空及地域的文化之旅，探索中国千年工艺文化对世界范围的碰撞和深远的影响。此外，展览还携手新一代匠人与当代艺术家，用现代手法演绎“黑漆描金”工艺，传承与复兴即将失传的中国工艺文化，借此焕发全新活力。现代与传统、文化与科技、东方与西方在此交汇碰撞，在因不可抗力而囿于城市某处的当下，入梦畅游（见图 8）。

“循声入梦”，K11 Craft & Guild Foundation 创办人、文化企业家郑志刚先生将引领卧游者梦回 17 世纪末，学习历史悠久的中国工艺文化，探索“中国风”（Chinoiserie）席卷欧洲的传奇故事，“黑漆描金”的梦境遨游就此启航。

华梦之始，“盛世启航”。航运发展，信件往来，借由当代数字科技，康熙与路易十四共耀寰宇的盛世跃然于数字屏上。随着新航线漂洋过海抵达亚欧大陆的彼端，在当时整个中国热潮下蔚然成为时代风尚。

行进观景，卧游者将于“坐卧之间”感受当代数字艺术与中式浪漫的

图 8　《工艺卧游》

多感官碰撞。展览将层层解构“黑漆描金”的臻微入妙，呈现富丽鲜活的东方美学。一仰一止，品味无处不东方的精妙；一坐一卧，重启古代“卧游”的热潮。

时光流转，再回现代，“盛世工艺”更在体悟与传承。展览既有黑漆描金古董鉴赏，也有 Z 世代喜闻乐见的交互技术加持下的黑漆描金工艺技法过程，唤醒青年一代中华文化基因。

跨越至“方寸之外”，传统中国工艺在当代艺术中得以延伸。梦境尾篇，翁纪军、文森·漆的两组当代黑漆描金作品以及 Obvious Art 的一组数字艺术藏品，将展现描金工艺在当代的应用与复兴。

这场联系中西文化，呈现中华工艺精华的梦结束，而中华工艺文化仍在传承与复兴过程中，由当代艺术家，以及每一位热爱中国工艺的卧游者合力续写，将意蕴深远的中式美学和工艺传承下去，让描金工艺继续流传，让中国人引以为傲的“Chinese is Cool”在世界舞台上演绎当代中国故事。

四、结论

当代科技艺术中最前沿的数字化呈现方式一直在进步与更新，目前，在 XR 技术、全案设计技术的支持下，将国潮文化创意进行数字化呈现，已经成为当下科技艺术领域的流行风格趋势。相信更多的科技艺术设计师与工作者会更加关注国潮文化创意这一内涵，跨界科技与艺术，在智能化时代，通过数字化的呈现方式探索国潮文化全新的创意路径，鼓励每一位观众跨越时代，与国潮文化对话，成为中国文化的传播者。设计是一种文化的体系，设计可以创造的是文化的影响，而非文化本身。设计学科有了新动向，我们需要探索新的学科划分方式，新形式的设计也会成为新的科学，从而塑造更加广泛的文化。应将中国传统文化中的图形艺术与现代的科技艺术进行融合，引导观众形成正确的价值观、文化观，建立民族自豪感，对中华优秀传统文化进行借鉴，弘扬中式设计背后的中国传统美学精神，传播中国设计走向世界的故事，引领文化自信的价值导向。

参考文献

[1]张盼. 新时代国潮热视域下非遗技艺的传承与发展辽宁[J]. 丝绸,2022(3):52－53.

[2]柏群. 以实际行动开创非遗传承发展新未来[N]. 团结报,2022－10－29(5).

[3]谭力勤. 奇点艺术:未来艺术在科技奇点冲击下的蜕变[M]. 北京:机械工业出版社,2018.

[4]屈婷. 科技＋艺术带来全新的审美尝试[J]. 艺术市场,2022(6):27－29.

[5]王壮. Arduino 课程研发实践[J]. 天津科技,2017(4):51－53.

[6]曾爱苹. 实时渲染技术对三维动画的美学影响[J]. 美术教育研究,2022(19):106－108,118.

[7]王志鸥. 用科技艺术打造中国文化记忆[J]. 数字媒体艺术设计,2020(12):76－81.

[8]张健铭. 虚幻引擎 5 在影视制作方面的优势[J]. 科技资讯,2022(11):10－12.

[9]李思涵. 数字经济背景下文化产业与非物质文化遗产融合发展研究[J]. 中国民族博览,2022(5):102－104.

[10]王茹. 超级IP的开发策略研究:故宫IP的升级之路[J]. 文化创新比较研究,2022(1):124-127.

[11]卞德龙. 探索"文化+科技"融合发展[N]. 南方日报,2022-03-08(5).

[12]孙玉洁. 数字媒体艺术沉浸式场景设计研究[J]. 中国艺术研究院,2021(9):198.

[13]姜鋆爱. 宋代审美文化的传承与创新:以北宋画家王希孟《千里江山图》为例[J]. 三角洲,2022(13):151-153.

[14]张春. 新媒介环境下的博物馆文创研究[D]. 兰州:兰州大学,2016.

[15]马骏. 超民族文化共鸣背景下档案文创产品的开发策略[J]. 黑龙江档案,2020(4):69-70.

[16]董甜甜. 互联网时代中华元素的数字化艺术传播研究[D]. 南京:东南大学,2020.

[17]王艳. 数字影像技术在艺术与科技专业建设中的重要性:以应用型高校山西大学商务学院为例[J]. 艺术品鉴,2019(17):355-356.

[18]胡传雄. 浅析当代沉浸式数字艺术的三种表现形式[J]. 美术文献,2020(7):28-29.

[19]丁多凡. 浅析信息时代下中华传统手工艺文化发展的再创新[J]. 天工,2022(6):27-29.

[20]陈昊. 全球化背景下讲好中国故事提高文化软实力的路径探索[J]. 视听,2022(11):14-16.